职业教育·铁道运输类专业教材

# 铁道工程概论

(第2版)

陈小雄　李和平　主　编
　　　　周小虎　副主编
　　　　秦永平　主　审

人民交通出版社股份有限公司
北　京

## 内 容 提 要

本书是职业教育·铁道运输类专业教材。全书系统地介绍了铁路土建工程的基础知识,全书共分十二章,分别为概述、高速铁路与重载铁路、铁路线路设计、线路平面和纵断面设计、铁路轨道结构、轨道几何形位、铁路路基构造、铁路路基施工方法、铁路桥梁构造、铁路桥梁施工方法、铁路隧道构造、铁路隧道施工方法。

本书可供非铁路工程专业师生使用,亦可供相关专业技术人员参考。

\* 为方便教学,本书配有教学课件,任课教师可加入"职教铁路教学研讨群"(教师专用 QQ 群:211163250)获取。

**图书在版编目(CIP)数据**

铁道工程概论 / 陈小雄,李和平主编. — 2 版. — 北京:人民交通出版社股份有限公司,2020.8
ISBN 978-7-114-16388-3

Ⅰ. ①铁⋯　Ⅱ. ①陈⋯ ②李⋯　Ⅲ. ①铁路工程　Ⅳ. ①U2

中国版本图书馆 CIP 数据核字(2020)第 041458 号

职业教育·铁道运输类专业教材
书　　名:铁道工程概论(第 2 版)
著 作 者:陈小雄　李和平
责任编辑:司昌静　任雪莲
责任校对:孙国靖　宋佳时
责任印制:张　凯
出版发行:人民交通出版社股份有限公司
地　　址:(100011)北京市朝阳区安定门外外馆斜街 3 号
网　　址:http://www.ccpcl.com.cn
销售电话:(010)59757973
总 经 销:人民交通出版社股份有限公司发行部
经　　销:各地新华书店
印　　刷:北京武英文博科技有限公司
开　　本:787×1092　1/16
印　　张:18
字　　数:426 千
版　　次:2010 年 1 月　第 1 版
　　　　　2020 年 8 月　第 2 版
印　　次:2023 年 6 月　第 2 版　第 3 次印刷
书　　号:ISBN 978-7-114-16388-3
定　　价:49.00 元

(有印刷、装订质量问题的图书由本公司负责调换)

# 前·言
Preface

**编写背景**

　　随着我国铁路划入交通运输部统一管理,综合交通理念进一步建立,铁路、公路两大系统融合发展,不同交通运输方式之间的界限和壁垒逐步消除。铁路与公路技术相互借鉴、优势互补。近年来,铁路、城市轨道交通,特别是高速铁路的大规模持续建设,加之"一带一路"倡议的实施,需要大量各层次专业技术人才。因此,在交通类院校开设"铁道工程概论"课程,概括性地介绍铁路选线的基本原则、基本标准,铁路轨道、路基、桥梁、隧道的结构类型、施工原则,铁路行业现行的工程技术规范、规程、规则、指南等铁路工程的基础知识,帮助交通院校的毕业生尽快适应铁路工程施工岗位的工作十分必要。

　　人民交通出版社股份有限公司率先提出编写一本适用于交通土建类高职高专的《铁道工程概论》教材,邀请长期从事铁路工程专业教学工作的教师陈小雄担任主编,于2010年出版了第一版教材。

**修订原因**

　　近十年来,伴随着中国铁路建设飞速发展、路网规模不断扩大,尤其是高速铁路领跑全世界,我国铁路行业涌现了许多新理念、新技术、新材料、新装备,积累了丰富的建设经验。中国国家铁路局集团有限公司和国家铁路局对相关技术规范、标准进行了较大规模的修订。因此,人民交通出版社股份有限公司和本教材编写组商定启动本次修订工作,将这些新理念、新技术、新材料纳入教材之中。

修订后的教材主要介绍土建工程设计施工，对轨道线路检测和维修仅作简要介绍，共分为十二章，具体编写分工为：第一章、第二章、第十一章、第十二章由陈小雄编写；第三章、第四章、第八章由李和平编写；第五章由黄梅编写；第六章由杨润萍编写；第七章由周小虎编写；第九章由李清编写；第十章由付凯峰编写。甘肃交通职业技术学院教师宋晓光参加了配套PPT课件的整理工作。本书由湖北交通职业技术学院陈小雄和李和平担任主编，并负责全书的统稿工作。

与本教材相关的新技术规范、规程、标准、指南有可能更新，如书中内容与之不符，请以最新文件为准。

中国国家铁路局集团有限公司工程设计鉴定中心原副总工程师、现雄安高速铁路公司副总经理秦永平在百忙之中对本教材进行了审阅，尤其是对修改方向提出了明确的建设性意见；各位参编人员克服各种困难，投入大量时间和精力到修订工作中，付出了辛勤的劳动；在修订过程中也得到了人民交通出版社股份有限公司编辑任雪莲的多次指导，在此一并表示衷心感谢！也谨以此书表达对已故的本书策划者卢仲贤的怀念。

陈小雄

2020年1月

# 目 录
Contents

**第一章 概述** ········· 001
　思考题 ········· 007

**第二章 高速铁路与重载铁路** ········· 008
　第一节 世界高速铁路 ········· 008
　第二节 中国高速铁路 ········· 017
　第三节 世界重载铁路 ········· 029
　第四节 中国重载铁路 ········· 032
　思考题 ········· 033

**第三章 铁路线路设计** ········· 034
　第一节 铁路等级与主要技术标准 ········· 034
　第二节 主要自然条件下的选线原则 ········· 042
　第三节 桥涵、隧道及道口地段的选线 ········· 049
　第四节 车站设计 ········· 054
　思考题 ········· 062

**第四章 线路平面和纵断面设计** ········· 063
　第一节 概述 ········· 063
　第二节 区间线路平面设计 ········· 064
　第三节 区间线路纵断面设计 ········· 073
　第四节 桥涵、隧道、路基地段的平纵断面设计 ········· 077
　思考题 ········· 079

**第五章 铁路轨道结构** ········· 080
　第一节 轨道的结构类型 ········· 080

第二节　钢轨 083
　　第三节　轨枕 086
　　第四节　联结零件 091
　　第五节　有砟轨道碎石道床 095
　　第六节　无砟轨道 098
　　第七节　道岔 102
　　思考题 110

第六章　轨道几何形位 111
　　第一节　机车车辆走行部的构造 112
　　第二节　直线轨道的几何形位 113
　　第三节　曲线轨距加宽 117
　　第四节　缓和曲线及外轨超高 118
　　思考题 121

第七章　铁路路基构造 122
　　第一节　路基的组成及横断面 122
　　第二节　路堤及路堑 127
　　第三节　路基基床 130
　　第四节　路基排水 137
　　第五节　路基防护及支挡建筑物 140
　　第六节　特殊地质条件路基 142
　　第七节　高速铁路路基 150
　　思考题 159

第八章　铁路路基施工方法 160
　　第一节　路基施工的准备工作 160
　　第二节　路堤施工 162
　　第三节　路堑施工 166
　　思考题 171

第九章　铁路桥梁构造 172
　　第一节　概述 172
　　第二节　简支梁桥 178
　　第三节　钢桥 184
　　第四节　拱桥 188

第五节　地道桥 191
　　第六节　桥梁支座 192
　　第七节　桥梁墩台 194
　　思考题 198

**第十章　铁路桥梁施工方法** 200
　　第一节　墩台施工 200
　　第二节　简支梁的预制和架设 204
　　第三节　其他施工方法 209
　　思考题 221

**第十一章　铁路隧道构造** 222
　　第一节　概述 222
　　第二节　支护结构的构造 230
　　第三节　围岩的稳定性分级 240
　　第四节　隧道结构设计 244
　　思考题 249

**第十二章　铁路隧道施工方法** 250
　　第一节　施工方法分类、适用条件及选择原则 250
　　第二节　矿山法 252
　　第三节　新奥法 253
　　第四节　其他施工方法 257
　　第五节　隧道施工的相关问题 269
　　思考题 273

**附录** 274
　　铁道工程常用技术规范、规程、标准 274
　　铁道工程概论课程标准 277

**参考文献** 280

# 第一章 CHAPTER ONE
# 概　述

## 一、铁路的由来和特点

### 1. 现代意义的火车及第一条铁路

19世纪初,伴随着欧洲资本主义革命,以英国为代表的一些国家在社会文化、政治经济、生产关系、科学技术等方面取得了显著进步,史称第一次工业革命。1804年英国人特雷维西克试制了第一台行驶于轨道上的蒸汽机车,其载货能力比马车有极大的提高。1825年英国人斯蒂芬森主持修建了从斯托克顿(Stockton)到达林顿(Darlington)的世界上第一条铁路,长度约27km,通行能力比泥结石道路强大得多。由此就形成了"火车铁路"这种现代陆路运输方式。

与公路运输及航空运输相比,铁路运输具有运输速度快、能量效率比高、环境污染小、运输能力强、运输成本低、安全性能好、全天候等优点,在中长距离运输和大宗货物运输中具有明显优势,是中长距离客货运输的主要方式。

### 2. 铁路的特征及其与公路的区别

火车的特征是"钢轮",铁路的特征是"钢轨"。钢轮在钢轨上滚动,钢轨承载并引导钢轮转向,构成"轮轨关系"。通过在钢轮上设置轮缘和在轨道上设置形位,形成轮轨之间相对固定的"双向约束",从而实现利用轨道转弯引导火车转向的目的。

作为陆上运输道路,铁路与公路都是由路基、桥梁、隧道及路面组成的。不同的是铁路路面主要由轨道(track)系统(分为有砟轨道和无砟轨道)构成,而公路路面由混凝土系统(分为水泥混凝土和沥青混凝土等)构成。常将轨道称为线路的上部结构,而将路基、桥梁、隧道合称为线路的下部结构。

除路面系统不同以外,铁路和公路的选线原则、设计原理、线下结构类型,以及结构与荷载之间的力学关系均没有本质的区别,但由于铁路列车荷载与公路汽车荷载的分布状态不同,使得铁路与公路的构造形式,尤其是桥梁结构形式存在一些差异。

### 3. 世界铁路总里程及各国比较

20世纪70年代中期,世界石油产量有限,使得汽车用油紧缺,导致汽车工业发展和公路建设规模受到极大限制。但蒸汽火车是使用煤炭作为燃料的,而煤炭已有较大产量,加之蒸汽火车运输能力和效率的提高,使得铁路运输方式成为陆上运输的主要方式,并促进了欧美发达国家铁路的大规模建设,尤其是美国铁路曾一度达到30万km。

20世纪70年代以后,世界石油产量的增加推动了汽车工业的极大发展和公路的大规模建设,同时也催生出大功率柴油机车用于铁路运输列车牵引,继而促进了铁路牵引方式的转变和铁路技术的快速发展。20世纪末,伴随着大功率/高速度电力机车、交通信号及调度控制、桥梁/隧道建造、轨道材料及结构等铁路技术的进步,高速铁路运输和重载铁路运输得以迅猛发展,使铁路运输步入现代化发展的新时期。

截至2017年12月底,全世界已建成并投入营业的铁路总里程为120余万公里。美国营业铁路总里程26余万公里(2010年统计数据),居世界第一位。截至2018年我国营业铁路总里程已突破13万公里,居世界第二位。

但是,如果按2017年拥有铁路营业里程1.5万km以上的部分国家及其2014年人口数量和国土面积统计数据(表1-1)来计算,我国人口数量排第一位,人均拥有铁路长度仅为0.1m/人,排在第41位;我国国土面积排第三位,单位面积国土拥有铁路长度仅为10.2m/km$^2$,排在第31位。这些数据表明,我国铁路的密度仍然是较低的。虽然2013—2017年,我国铁路总里程数增加约3万km,排名有所提前,但至少在21世纪上半叶,我国铁路仍然需要大规模建设和发展。

世界拥有铁路1.5万km以上的部分国家铁路按人口、面积平均值排名　　表1-1

| 国家 | 铁路里程(km) | 里程排名 | 人数(万人) | 人数排名 | 人均里程(m/人) | 人均排名 | 面积(万km$^2$) | 面积排名 | 密度(m/km$^2$) | 密度排名 |
|---|---|---|---|---|---|---|---|---|---|---|
| 美国 | 224792 | 1 | 31384 | 3 | 0.716 | 13 | 936.4 | 4 | 24.01 | 22 |
| 中国[①] | 127000 | 2 | 134323 | 1 | 0.0945 | 41 | 960.1 | 3 | 13.23 | 31 |
| 俄罗斯 | 87157 | 3 | 14251 | 8 | 0.612 | 17 | 1707.5 | 1 | 5.10 | 41 |
| 印度 | 63974 | 4 | 120507 | 2 | 0.053 | 47 | 328.8 | 7 | 19.46 | 23 |
| 加拿大 | 46552 | 5 | 3430 | 28 | 1.357 | 3 | 997.1 | 2 | 4.67 | 43 |
| 德国 | 41981 | 6 | 8130 | 12 | 0.516 | 21 | 35.7 | 31 | 117.59 | 3 |
| 澳大利亚 | 38445 | 7 | 2201 | 31 | 1.746 | 1 | 774.1 | 6 | 4.97 | 42 |
| 阿根廷 | 36966 | 8 | 4261 | 25 | 0.868 | 10 | 278.0 | 8 | 13.30 | 29 |
| 法国 | 29640 | 9 | 6563 | 17 | 0.452 | 26 | 55.2 | 24 | 53.70 | 13 |
| 巴西 | 28538 | 10 | 19932 | 5 | 0.143 | 37 | 854.7 | 5 | 3.34 | 46 |
| 墨西哥 | 26704 | 11 | 11497 | 10 | 0.232 | 33 | 195.8 | 13 | 13.64 | 28 |
| 意大利 | 24179 | 12 | 6126 | 19 | 0.395 | 28 | 30.1 | 35 | 80.33 | 7 |
| 日本 | 23474 | 13 | 12754 | 9 | 0.184 | 35 | 37.8 | 30 | 62.10 | 11 |

续上表

| 国家 | 铁路里程（km） | 里程排名 | 人数（万人） | 人数排名 | 人均里程（m/人） | 人均排名 | 面积（万km²） | 面积排名 | 密度（m/km²） | 密度排名 |
|---|---|---|---|---|---|---|---|---|---|---|
| 乌克兰 | 22300 | 14 | 4485 | 24 | 0.497 | 24 | 60.4 | 23 | 36.92 | 17 |
| 罗马尼亚 | 22298 | 15 | 2184 | 32 | 1.021 | 5 | 23.8 | 38 | 93.69 | 5 |

注：①未包括港澳台地区。

## 二、中国铁路建设历程

我国铁路建设大致经历了三个时期：第一个时期是1865—1950年，可以概括为"从无到有，争取路权"；第二个时期是1951—2002年，可以概括为"建成路网，改造提速"；第三个时期是2002年至今，可以概括为"客货分流，高速发展"。

1865年英国商人杜兰德在北京宣武门外修建了长约0.5km的窄轨铁路。这条铁路是中国大陆的第一条铁路，但是其产权并不属于我国。

1905年，当时的清政府冲破英国、俄国等殖民主义者的阻挠，委派詹天佑主持建设了京张铁路（1909年通车）。京张铁路全长201km，采用了著名的"之字拐"爬高和八达岭隧道穿越燕山八达岭，是我国第一条拥有自主产权的铁路。詹天佑主持编定的《京张铁路标准图》和《行车、养路、机车、电报规则》等共33章，是我国最早的铁路设计规范与管理规程，为我国铁路建设和发展做出了重要贡献。

1934年我国著名桥梁工程师茅以升主持修建的连接沪甬、浙赣铁路的钱塘江大桥（1934年8月8日开工，1937年9月26日建成），全长1453m，是我国自主设计建造的第一座公铁两用大桥，也是在抗日战争期间几毁几建、饱经战乱和承载着中华民族苦难的著名桥梁。2018年该桥入选第一批《中国工业遗产保护名录》。在桥梁施工中茅以升采用"射水打桩法"将1440根木桩成功打入41m深的砂层中，在当时的技术条件下，很好地解决了深水桩基施工技术问题。

清末民初战乱频繁，加之日本侵略，使得我国铁路建设发展步履维艰。截至1949年，我国大陆通车铁路总里程仅为21800km（台湾地区未计入），且多分布在东北地区与沿海各省，西北、西南的广大地区几乎没有铁路，而且标准低、设备简陋、型号多、破损不堪，断道停运经常发生。

在中华人民共和国成立的70多年里，我国铁路建设有了极大的发展，在路网建设、线路状况、技术装备和运输效率上都取得了光辉的成就。历经几次重大的管理变革和技术改造，逐步形成了北煤南运、西煤东运、西棉东调等大宗货物长距离运输的基本格局，并创建了我国独立自主的、体系完整的铁路运输网，成为我国现代综合交通运输体系的重要组成部分。

在路网建设方面，在崇山峻岭的西南地区，修建了成渝、宝成、成昆、南昆、内昆等干线。在西北地区，建成了兰新、兰青、青藏等干线。在华北地区，建成了京原、京通、京秦、太焦等干线。在东南沿海，建成了兰烟、鹰厦、广梅汕、三茂等干线。在华中地区，建成了焦枝、枝柳、合九、汉宜—宜万等干线。还建成了纵贯南北的京九大干线，首都北京已形成9条干线引入的大型枢纽。铁路网骨架已经形成，布局已大为改观，铁路已延伸到西南、西北的边远地区，京广线西侧的铁路营业里程占全国铁路的45%左右。四纵四横高铁网已经建成，八纵八横高铁骨架网雏形初现。

在队伍建设方面，现有多个综合勘察设计院和专业设计院。航空勘测、遥感技术和电算程序已在勘测设计中广泛采用。在线路选择、既有线改建和第二线设计方面，在风沙、冻土、软土、盐渍土、膨胀土、岩溶等特殊地质条件的铁路设计方面，积累了丰富的铁路勘察设计经验。主要有中国铁路建设集团有限公司、中国铁路工程集团有限公司，下属综合工程集团公司、桥隧电专业工程集团公司等施工队伍，积累了丰富的铁路工程施工经验。

在既有铁路技术改造方面，到2005年，进行了京广线、京沪线、京哈线、陇海线、兰新线、浙赣线、武昌至成都、京九线、沪杭线骨干线路的电气化改造，完成了4次铁路大提速，使这些骨干线路设计速度普遍达到了120km/h、140km/h、160km/h。到2007年，又完成了第6次铁路大提速，使部分线路客运速度达到了200km/h，繁忙区段速度达到了250km/h。

在机车车辆制造方面，中国南车股份有限公司和中国北车股份有限公司两大机车车辆制造集团公司合并组建中国中车股份有限公司（简称中国中车），继自主生产东风内燃机车和韶山型、和谐型大功率电力牵引机车之后，又研制出各型高速货运车辆、高速动车组（和谐号CRH、复兴号CR）以及各型车辆。

在新建线下工程方面，新建铁路桥梁两万余座，总延长1600多公里；新建铁路隧道5万多座，总延长2000多公里。长江上已建成的铁路（或公铁两用）大桥有攀枝花、安庆、宜宾、重庆、枝城、武汉、九江、南京、芜湖、武汉天兴洲、南京大胜关等11座。黄河上自刘家峡至济南段，已建成的铁路（或公铁两用）大桥共有20余座。新型混凝土轨枕、整体道床、无砟轨道、焊接长钢轨、可动心轨道岔，以及钢轨扣件等轨道结构得到广泛应用。采用60kg/m以上的重型钢轨的线路已占正线的48%，铺设钢筋混凝土轨枕的正线已占铁路线的80%以上。

在客运专线铁路建设方面，2000—2015年，我国在秦（皇岛）—沈（阳）等客运专线铁路试验线上成功取得了高速铁路中级配碎石路基填筑、900t 32m整体箱梁、130$m^2$超大断面隧道及光面爆破、无砟轨道、高速动车组、跨区间大功率接触网供电、地面应答器、高速列车控制系统等一系列重大关键核心技术的突破。全面推广并充分发挥试验线建设的成功经验，采用"技术引进、消化吸收、整合创新"的技术路线和"小业主大咨询"的建设模式，投资万亿元，建成了合肥—武汉、武汉—广州、郑州—西安、北京—上海、上海—南京、石家庄—太原、哈尔滨—大连、北京—石家庄—武汉、上海—昆明、兰州—乌鲁木齐等客运专线高速铁路，主要采用300~350km/h的运营速度。2016年7月，我国发布《中长期铁路网规划》（修订版），提出到2030年实现"八纵八横"高速铁路网。

截至2017年底，我国（不含港澳台地区）国家铁路营业里程达到127000km（居世界第二位），其中高速铁路25000km（占世界总量超过60%，比其他国家的总和还多，位居世界第一），中西部地区（含东三省）营业里程97000km（路网布局有了很大程度的改善）。在建设标准、装备制造、运营里程、管理制度、服务水平、安全保障、环境保护等方面，均处于世界前列。尤其值得一提的是，高速铁路建设技术和装备制造能力成为我国的一张"国家名片"。"中欧班列"的开通运营，在中国与欧洲各国之间成功架起了"欧亚大陆桥"，成为"一带一路"建设的重要载体。

### 三、中国铁路建设规划

随着国家经济的繁荣、稳定,尤其是改革开放不断推进,我国工农业生产能力和社会生活水平进入高速增长期,人们对交通运输能力、运营速度、服务水平的要求越来越高,极大地促进了交通运输业的发展和进步,而具有较多优点的铁路运输业必然成为新世纪发展的重点。

为了更好地服务于国民经济,满足人民出行需要,促进社会文明进步,我国政府和铁路管理部门都将铁路建设和发展规划作为重要内容纳入国民经济发展规划中。尤其是21世纪之初,分别于2004年、2008年、2011年、2016年对《中长期铁路网规划》做了几次重要调整,凸显了铁路交通建设在国民经济中的重要作用和优先地位。

1. 2004年中长期铁路网规划——客货分线

在基本完成既有铁路路网改造后,2004年1月国家批复《中长期铁路网规划》,确定铁路网要扩大规模,完善结构,提高质量,快速扩充运输能力,迅速提高装备水平。确定到2020年,全国铁路营业里程达到10万km,主要繁忙干线实现客货分线,复线率和电化率均达到50%,运输能力满足国民经济和社会发展需要,主要技术装备达到或接近国际先进水平。

2. 2008年中长期铁路网规划——四纵四横

2008年10月国家批准《中长期铁路网规划》(2008年调整),重点规划在2020年以前,在主要繁忙干线通道上建设"四纵四横"客运专线1.6万km以上;在经济发达和人口稠密地区建设城际客运系统,实现客货分线;并实现全国铁路营业里程12万km以上,复线率和电气化率分别达到50%和60%;基本形成布局合理、结构清晰、功能完善、衔接顺畅的铁路网络,运输能力满足国民经济和社会发展需要,主要技术装备达到或接近国际先进水平。这一目标已于2017年12月30日提前3年实现。

"四纵"客运专线:一是北京—上海客运专线(包括蚌埠—合肥、南京—杭州客运专线),贯通京津至长江三角洲东部沿海经济发达地区;二是北京—郑州—武汉—广州—深圳客运专线,连接华北和华南地区;三是北京—沈阳—哈尔滨(大连)客运专线(包括锦州—营口客运专线),连接东北和关内地区;四是上海—杭州—宁波—福州—深圳客运专线,连接长江、珠江三角洲和东南沿海地区。

"四横"客运专线:一是徐州—郑州—兰州客运专线,连接西北和华东地区;二是杭州—南昌—长沙—贵阳—昆明客运专线,连接西南、华中和华东地区;三是青岛—济南—石家庄—太原客运专线,连接华北和华东地区;四是南京—武汉—重庆—成都客运专线,连接西南和华东地区。

增建城际铁路,包括南昌—九江、柳州—南宁、绵阳—成都—乐山、哈尔滨—齐齐哈尔、哈尔滨—牡丹江、长春—吉林、沈阳—丹东等多条路线。

经济发达和人口稠密地区包括环渤海地区、长江三角洲、珠江三角洲、长株潭、成渝以及中原城市群、武汉城市圈、关中城镇群、海峡西岸城镇群。

3. 2011年中长期铁路网规划——兰新二线

《国民经济和社会发展第十二个五年规划纲要》中指出,在"四纵四横"客运专线高速铁路网的基础上,增加建设兰新铁路第二双线,以扩大欧亚大陆桥的运输能力,同时提出增建郑州至重庆等区际干线,使快速铁路网营业里程达到 4.5 万 km,基本覆盖拥有 50 万以上人口的城市。

**4. 2016 年中长期铁路网规划——八纵八横**

2016 年 7 月,国家发展和改革委员会、交通运输部、中国铁路总公司[1]联合发布了《中长期铁路网规划》(2016—2030 年)。该规划设计了三个阶段的目标:近期到 2020 年,铁路营业里程达到 15 万 km,客运专线高速铁路 3 万 km,覆盖 80% 以上的大城市。中期到 2025 年,铁路营业里程达到 17.5 万 km 左右,客运专线高速铁路 3.8 万 km 左右。远期到 2030 年,铁路营业里程达到 20 万 km 左右,客运专线高速铁路 4.5 万 km 左右,实现以"八纵八横"主通道为骨架,全面连接 20 万人口以上的城市,高铁路网基本连接省会城市和其他 50 万人口以上的城市,相邻大中城市之间 1~4h 交通圈,城市群内 0.5~2h 交通圈。值得注意的是首次提出大陆与台湾的铁路连通。

"八纵"通道包括沿海通道、京沪通道、京港(台)通道、京哈—京港澳通道、呼南通道、京昆通道、包(银)海通道、兰(西)广通道。

"八横"通道包括绥满通道、京兰通道、青银通道、陆桥通道、沿江通道、沪昆通道、厦渝通道、广昆通道。

## 四、中国铁路建设程序

1998 年原铁道部制定了新的《铁路基本建设工程设计程序改革实施方案》,将铁路建设项目的前期工作划分为预可行性研究阶段可行性研究两个阶段,将铁路设计调整为初步设计和施工图设计两个阶段,并提出了铁路建成后的"后评价"工作要求,因此铁路基本建设程序可划分为 7 个阶段,并沿用至今,没有太大变化。

(1) 预可行性研究:在预可行性研究阶段,要从宏观上论证项目的必要性,为项目建议书提供必要的基础资料。工作内容包括研究建设项目在路网中的意义和作用,邻接铁路的能力制约及加强措施,设计线的客货运量调查、远期预测及设计能力,对地区国民经济发展的意义,外部协作条件及相关工程;线路走向,接轨方案,主要技术标准的初步意见;建设年限,投资估算,资金筹措设想与经济评价;环保评价。

(2) 可行性研究:为了提高投资与效益的估算精度,决定将现行初测和初步设计的部分工作,特别是关于线路、地质的工作提前到可行性研究阶段进行。工作内容包括线路方案、建设规模、主要技术标准、主要设计原则、主要设备制式及类型和概数、主要工程数量、主要材料概数、用地及拆迁概数、建设工期、投资估算、资金筹措方案及外资使用方案建议、财务评价和国民经济评价。文件组成增加了环保与节能部分。

(3) 初步设计:工作深度要求达到技术设计水平,应解决各类工程设计方案和技术问题、工程数量、主要设备数量、主要材料数量、用地拆迁数量、施工组织设计及概算。文件经审查批准后,作为控制建设项目总规模和总投资的依据。

(4) 施工图设计:工作深度与现行施工图阶段相同,应详细说明施工具体事项和要求。

---

[1] 2019 年 6 月 18 日,经国务院批准,中国铁路总公司改制成立中国国家铁路局集团有限公司,在北京挂牌。

(5)工程施工和设备安装。

(6)验交投产,正式运营。

(7)后评价:在铁路运营若干年后,由建设单位会同有关部门对立项决策、设计质量、施工质量、技术经济指标、投资和经济效益等进行后评价,以总结经验,提高决策水平。

1. 交通运输的主要方式有哪几种?
2. 铁路与公路的最显著区别是什么?
3. 铁路运输具有的物质生产三要素是什么?
4. 铁路运输的生产量是用什么指标来衡量的?
5. 简述中国铁路建设基本程序。

# 第二章 CHAPTER TWO
# 高速铁路与重载铁路

## 第一节　世界高速铁路

### 一、高速铁路发展简史

**1. 关于速度**

速度是交通运输能力和服务水平的重要标志。在人类文明进步的过程中，人们从未停止过对提高速度的追求和探索。两百多年的铁路发展史不仅充分表明人们努力攀登速度高峰的勇气和决心，也记载了人们一次又一次不断创造和刷新铁路运输速度的纪录。

**2. 火车速度竞赛**

1830 年英国在斯托克顿（Stockton）到达林顿（Darlington）的世界第一条铁路上举行了火车速度比赛。斯蒂文森父子制造的"火箭号"蒸汽机车在牵引 17t 重车辆的条件下，跑出了 22km/h 的平均速度，取得了速度冠军。这个速度比当时的马拉车在木轨上行驶要快得多。

1948 年我国在沪宁线上也开行过称之为"飞快"的列车：用蒸汽机车牵引 8 节客车，全程运行 5h，旅行速度达到 60km/h，这在当时已经是我国了不起的速度了。

19 世纪末，英法两国先后用蒸汽机车创造了 145km/h 和 144km/h 的试验速度；美国在纽约中央铁路创造了 181km/h 的试验速度；德国用电力机车创造了 210km/h 的试验速度，用内燃动车组在柏林至汉堡间创造了 230km/h 的试验速度。

第二次世界大战后，民用航空和高速公路的发展更促使铁路提高速度。1955 年法国用一台电力机车牵引 3 节客车，创造了 331km/h 的试验速度，1981 年用 TGV-PSE 电动车组创造了 381km/h 的试验速度；1988 年德国用 ICE 电动车组创造了 406.9km/h 的试验速度；1990 年法国又用 TGV-A 创造了 515.3km/h 的试验速度；1993 年日本在上越新干线用 STAR21 型电动车组创造了 425km/h 的试验速度；2007 年 4 月 3 日，法国再次用 TGV 创造了 574.8km/h 的更高速度。

3. 高速铁路运输组织类型

世界高速铁路运输组织模式大致可分为三种类型：第一种是客运专线型，如日本、法国的高速铁路；第二种是客货共线型，如德国和意大利的高速铁路；第三种是客货共线摆式列车型，如瑞典、意大利、西班牙、英国、日本等国的部分干线，是在既有铁路上开行摆式列车以实现高速运行。

4. 高速铁路发展现状

截至2017年底，世界高速铁路运营总里程约4万km。我国已建成并投入营业的高速铁路2.5万km，运营总里程占世界总量的60%以上，高速铁路总里程比其他国家的总和还多，位居世界第一，到2018年底，又增加了0.4万km，占比超过世界总量的2/3。

## 二、高速铁路的优缺点

与高速公路、民用航空相比，高速铁路具有运能大、速度快、能耗小、污染小、占地少、安全度高、经济效益好、换乘方便等优点。

1. 运能大

高速客运专线双向年输送能力可达1.6亿人次，运输能力大于高速公路和航空。如我国京沪高铁投入运营的前7年，总运量达到8.25亿人次；日本东海道新干线1975年运送旅客达1.57亿人次。

2. 速度快

高速铁路的旅行速度为高速公路的2~3倍。从节省旅途时间的角度看，高速铁路的经济运输距离在200~1000km。国外研究表明，若高速铁路的最高速度达到250~300km/h，考虑各种运输方式包括市内交通所用时间在内的旅途时间，则高速铁路与长途汽车比，优势距离大于85km；与小汽车比，优势距离大于200km；与民用航空比，优势距离小于1000km。

3. 能耗小

据日本统计，每人千米的能耗量为高速铁路：长途汽车：小汽车：民用航空为1：1.02：5.77：5.23。高速铁路仅为小汽车和民用航空的1/6~1/5。

4. 污染小

交通运输污染环境主要是运行中沿程的废气和噪声污染。高速铁路100%采用电力牵引，其他铁路采用电力牵引的比例已经达到95%以上，实现了最大限度地降低沿程废气污染，比汽车、飞机的沿程废气污染要小得多；电力牵引的铁路其沿程噪声污染也比汽车、飞机要小得多。

5. 占地少

四车道的高速公路路面宽26m，而高速铁路路基面宽度仅约13.0m，为高速公路的一半。一个大型飞机场包括跑道、滑行道、停机坪、候机大楼及其他设施，占地约20km$^2$，且多占用的是市郊良田。

#### 6. 安全度高

据德国统计,每百万人千米的伤亡人数比例,高速铁路为 1 时,公路为 24,航空为 0.8。日本的新干线安全性高,其事故率仅为公路的 1/1570,为航空的 1/63,同时高速铁路舒适性最好,最准时且全天候运行,而民航则受大雾、雷雨等天气影响。

#### 7. 经济效益好

高速铁路的造价一般低于同等长度的高速公路。完成相同的旅客周转量,高速铁路的机车车辆购置费远低于小汽车的购置费。高速铁路能吸引大量客流,经济效益比较高。日本东海道新干线和法国东南干线都是运营不到 10 年,所获盈利就超过了全部投资。

#### 8. 换乘方便

铁路车站既可以设在城区内客流相对集中的区域,方便旅客快捷地换乘其他交通工具,也可以与城市建设统一规划、协调布局,促进城市发展,能最大限度地做到"近城不扰城",更符合现代交通建设理念。

根据国际铁路协会(IRCA)和国际铁路联盟(UIC)的研究,就欧洲而言,在既有线客货能力已经饱和的条件下,双向年客运量达到或超过 1000 万人次时,修建高速客运专线是有利的。根据德、法、比利时三国的研究,在既有线能力饱和的条件下,当双向年客运量大于 500 万人次时,修建客货共线的高速铁路是有利的。

当然,高速铁路也存在一些缺点:高速铁路建设需要在 3~5 年的时间内投入数量巨大的资金,必须要有足够强大的经济实力才能支撑建设项目的资金周转并最终建成和实现运营,即便是建成并投入运营,其资金回收周期也是很长的,因此其投资风险很大。

### 三、高速铁路技术指标

高速铁路设计不仅要考虑车轮轨与钢轨之间的黏着力(影响牵引力和制动力)的极限问题和经济速度问题,还应该考虑高速运行条件下的空气动力作用、最大坡度、最小曲线半径、线间距离、轨道及线路建筑物的形变等问题,同时还要考虑列车牵引模式、牵引功率、制动装置、列车构造等问题,进而确定合理的技术经济指标。

#### 1. 黏着铁路的极限速度

理论上讲,牵引力越大,获得的速度就越高,但在借助轮轨之间的黏着作用而产生牵引力的火车铁路上(汽车公路也一样),牵引力与机车(动力车)质量的比值不可能大于轮轨之间的黏着系数,即牵引力不可能无限增大,因此,速度也就不可能无限提高。另外,随着行车速度的提高,轮轨黏着系数还会降低,致使牵引力/制动力减小——这种现象称为"黏着限制"。实际行车过程中发生的"轮子打滑"和"车子漂移"现象就是"黏着限制"的表现。

我们把在轮轨黏着技术条件下可能实现的最高速度称为"极限速度"。国外早期研究显示,黏着铁路的极限速度一般约为 350km/h。

研究表明,随着轮轨材质和构造的改善、列车轴重的增加、牵引功率的加大,以及交流电机驱动的采用,都会使极限速度相应有所提高。进一步的研究表明,随着列车外形的流线型设计和优化,列车所受空气阻力相应减小,极限速度也会进一步提高。但由于轮轨黏着条件的限制,无论列车制造技术何等精良,也无论轨道线路如何顺直,更无论控制系统如何准确,列车的"构造速度"和"在线试验速度"都不可能超过极限速度。

2. 高速铁路的经济速度

提高速度可以节省旅途时间,可吸引更多旅客乘车,从而增加铁路的收入和盈利,但在追求速度的实践中人们发现,并非速度越高盈利就越多。因此,西欧各国在筹建高速铁路之初,都对速度与建设投资、运输成本、安全风险等因素之间的关系进行过研究,揭示了成本与利润之间的关系,继而提出了"经济速度"的概念,即在一定的速度范围内,速度越高,利润率越高;超过这个速度范围,速度越高,利润率反而降低。这个速度就叫作经济速度,指铁路运营过程中营业收入与成本支出比值最大时的行车速度。

经济速度是评价铁路技术水平、服务水平、盈利能力的重要指标。显然,每条铁路的经济速度的高低都与其建设投资数量的多少、设备折旧率的高低、营业支出的多少、营业收入的多少等指标有关。因此,在不同的技术条件、经济形势、运量需求、社会环境的客观条件下,不同铁路的经济速度会各不相同。

20世纪70年代前后,西欧各国根据本国的具体情况,研究出各自的经济速度,英国为230km/h,法国为280~300km/h,德国为270km/h,国际铁路联盟的研究结果则是300km/h。经济速度对各国拟定高速铁路的速度标准有指导作用,一般速度标准要略高于经济速度。

3. 铁路速度标准

一般将铁路速度分为常速、快速、准高速、高速四个等级。

世界各个国家铁路的速度标准稍有差异。我国把运营速度在160km/h以下称为"常速";把运营速度160~200km/h称为"快速";把运营速度200~250km/h称为"准高速";把运营速度250~380km/h称为"高速"。

4. 线路最大坡度

法国东南干线通过丘陵地区,采用了35‰的最大坡度12处,但长度均较短。全线无隧道,桥梁长度仅占1.20%,工程量不大,造价是高速铁路中最低的。设计思路是:TGV列车的总功率较大,能实现动能冲坡,可大量减少线路工程数量。经测算,若坡脚速度为260km/h,则冲上高122m的坡顶,可采用3.5km长的35‰坡度,坡顶速度为220km/h,运行时间仅比维持260km/h等速运行多4s。

日本东海道新干线设计时,考虑白天走客车,晚上走货车,为了不致引起货物列车的机车电机过热,采用15‰的最大坡度时,持续上坡长度不超过7km;采用20‰的最大坡度时,持续上坡长度不超过1km。此后借鉴法国经验,修建的北陆新干线,虽然最大坡度仍按高速旅客列车运行需要定为15‰,但在一段20km长的短坡道上,采用了30‰的坡度。有的新干线还准备采用38‰的坡度。

德国两条客货共线的高速铁路,最大坡度定为12.5‰,是考虑了快运货物列车牵引定数1200t,最高速度120km/h的需要。意大利罗马—佛罗伦萨客货共线的高速铁路,最大坡度定为8.5‰,个别路段坡度为30‰。由罗马向南至巴蒂帕利亚的高速铁路,因地形复杂,拟采用18‰的坡度。

### 5. 最小曲线半径

高速客运专线的最小曲线半径 $R$ 是根据客运最高速度 $V_k$ 以及最大超高值 $h_{max}$ 和允许欠超高 $h_Q$ 按公式算得的。

法国和日本的高速客运专线最大超高均为 180mm，法国东南干线和大西洋干线以及日本的东北新干线和上越新干线，其最小曲线半径均为 4000m，但客运最高速度却不同，法国约为 300km/h，日本为 200km/h，原因是（体现乘车舒适度）欠超高值不同，法国取 90mm，日本仅取 35mm。显而易见法国所定的最小曲线半径对进一步提高速度的潜力不大，所以法国修建北欧干线时，将最小曲线半径取为 6000m。

德国和意大利的客货共线高速铁路，客、货运的最高速度都分别采用 250km/h、120km/h，但最小曲线半径却分别为 7000m 和 3000m。

### 6. 相邻线间距离

在并行的双线铁路中，相邻两条铁路线之间的距离与行车速度、车体宽度、列车流线形程度等因素有关。速度越高，线间距离应越大；客货共线铁路的线间距应与客运专线铁路的线间距有所不同。尤其是高速铁路上相向运行的两列车交会时，正面压力、侧面吸力都很大，若线间距离不足将危及行车安全。因此，应通过空气动力学的研究和风洞试验，并经过运行实践的验证，决定合理取值。

### 7. 国外高速铁路主要技术指标

国外几条主要高速铁路的技术指标见表 2-1。

**国外几条主要高速铁路技术指标** 表 2-1

| 技术指标 | | 德国 | | 法国 | | 日本 | | | | 意大利 |
|---|---|---|---|---|---|---|---|---|---|---|
| | | 曼海姆—斯图加特 | 汉诺威—维尔茨堡 | 东南干线 | 大西洋干线 | 东海道新干线 | 山阳新干线 | 东北新干线 | 上越新干线 | 罗马—佛罗伦萨 |
| 路网连接 | | 与改造既有线联网运行 | | 与既有线联网运行 | | 新干线独立路网 | | | | 与旧线联网 |
| 运营方式 | | 客货共线混营 | | TGV 电动车客运专用 | | 新干线电动车组客运专用 | | | | 客货混营 |
| 设计速度(km/h) | | 280 | 295 | 330 | 210 | 260 | 260 | | | 300 |
| 运营速度(km/h) | | 250 | 270 | 300 | 220 | 230 | 240 | | | 250 |
| 最小曲线半径(m) | 一般 | 7000 | 4000 | 4000 | 2500 | 4000 | 4000 | | | 3000 |
| | 困难 | 5100 | 3250 | — | 2000 | 3500 | — | | | — |
| 最大超高(mm) | | 150 | | 180 | | 180 | | | | 125 |
| 允许欠超高(mm) | | 60 | | 90 | 86 | 90 | | | | 92 |
| 允许过超高(mm) | | 20 | | — | | — | | | | |
| 最大坡度(‰) | | 12.5 | 35 | 25 | 20 | 15 | | | | 8.5 |
| 竖曲线半径(m) | 一般 | 25000 | 25000 | 凸形 14000 | 10000 | 15000 | | | | 3000 |
| | 困难 | — | 16000 | 凹形 12000 | — | — | | | | 2000 |
| 线间距离(m) | | 4.7 | 4.2(4.5) | 4.2 | 4.3 | | | | | 4.0(4.3) |
| 车体宽度(m) | | 3.27 | 2.80 | 3.38 | 3.38 | | | | | 3.02 |

续上表

| 技术指标 | 德国 | | 法国 | | 日本 | | | | 意大利 |
|---|---|---|---|---|---|---|---|---|---|
| | 曼海姆—斯图加特 | 汉诺威—维尔茨堡 | 东南干线 | 大西洋干线 | 东海道新干线 | 山阳新干线 | 东北新干线 | 上越新干线 | 罗马—佛罗伦萨 |
| 车体间距离(m) | 1.43 | | 1.40(1.70) | | 0.82 | | 0.92 | | 0.98(1.28) |
| 路基面宽度(m) | 13.5~13.7 | | 11.35~13.00 | 13.6 | 10.7 | 11.0~11.6 | 11.6~12.2 | | 11.0 |
| 线路构造 | 道砟 | | 道砟 | | 道砟 | 板式占50% | 板式占90%以上 | | 道砟 |
| 钢轨 | UIC60 | | UIC60 | | 60kg/m | | | | UIC60 |
| 轨枕 | 钢筋混凝土 | | 双面钢筋混凝土 | | 预应力混凝土 | | | | |
| 道床厚度(cm) | 30 | | 35 | ≥30 | 25 | 25~30 | 30 | | 35 |
| 信号系统 | 列车自动控制+地面信号 | | 列车自动控制 | | 列车自动控制 | | | | 列车自动控制+地面信号 |
| 供电系统 | 15kV 162Hz | | 25kV 50Hz | | 25kV 60Hz | | | | 3kV 直流 |

注：本表根据原铁道部科学技术情报所《高速铁路发展的相关经济问题的研究》《高速铁路技术发展的研究》《有关高速铁路发展的综述和译丛》及其他文献摘编。

**8．国外高速铁路路基桥隧占比**

高速铁路因国家、国情、地形条件、技术路线而不同，各类建筑物的长度占比出入较大，国外几条主要高速铁路路基、桥梁、隧道的长度占比见表 2-2。

**国外几条主要高速铁路路基、桥梁、隧道的长度占比** 表 2-2

| 国别 | 铁路起止点 | 里程(km) | 路基(%) | 隧道(%/座) | 桥梁(%/座) |
|---|---|---|---|---|---|
| 日本 | 东海道新干线：东京—新大阪 | 515 | 54 | 13 | 33 |
| | 山阳新干线：冈山—博多 | 398 | 15 | 54 | 29 |
| | 东北新干线：大宫—青森 | 471 | 5 | 24 | 71 |
| | 上越新干线：大宫—新潟 | 275 | 1 | 39 | 60 |
| 法国 | 东南干线：巴黎—里昂 | 417 | 98.8 | 0 | 1.2 |
| | 大西洋干线：巴黎—勒芒、图尔 | 282 | 92 | 6 | 2.0 |
| 德国 | 汉诺姆—维尔茨堡 | 327 | 54 | 36 | 10 |
| | 曼海姆—斯图加特 | 99 | 65 | 30 | 5 |
| 意大利 | 罗马—佛罗伦萨 | 236 | 55.8 | 32.5 | 11.7 |

## 四、高速列车技术指标

前已述及高速铁路设计不仅要考虑车轮轨与钢轨之间的黏着力（影响牵引力和制动力）的极限问题和经济速度问题，还应该考虑列车牵引模式、牵引功率、制动装置、客车构造等问题，进而确定合理的技术经济指标。

### 1. 牵引模式

目前世界上高速列车的牵引模式分为两类：一是动力分散的动车组，二是动力集中的动车组。

动力分散式是将动力分散装于客车下部，全列车大部分为动车、少量为拖车。如日本 0 系列车编组 16 辆，全部为动车；100 系列车 12 辆为动车、4 辆为拖车；300 系列车 10 辆为动车、6 辆为拖车。意大利 ETR450 型摆式列车，10 辆为动车，仅 1 辆为拖车。动力分散式高速列车的动车轴重较轻，一般仅 12～16t，对线路作用力小；牵引力和制动力分散于多个轴上，不受轮轨黏着条件限制，可使全列车的牵引力和制动力较大。它的缺点是制造和维修费用高，客车内的噪声和振动较大。

动力集中式高速列车多在头尾两端配置动力车，中间为拖车，如法国的 TGV、德国的 ICE、意大利的 ETR500。动力集中式高速列车，制造和维修费用低，西欧各国普遍采用。法国的 TGV-PSE 配有 2 辆动车、8 辆拖车。动力集中式高速列车多采用交流电动机，因其质量小、功率大、可靠性高、故障率低，其中异步电机性能更为优越，是牵引电机的发展方向。如德国的 ICE 和法国的 TGV-N 就采用了交流异步牵引电动机。

### 2. 牵引功率

在有效的轮轨黏着条件下，列车牵引功率的大小是由动力车的动轴所能产生的功率大小决定的。直流牵引电动机的轴功率一般为 800～900kW，4 轴动力车的总功率为 3200～3600kW。交流牵引电动机的轴功率一般为 1100～1200kW，8 轴总功率为 8800～9600kW。

考虑到轮轨间黏着力的限制作用，虽然可用增加轴重的方法来增加牵引力，但高速列车的轴重过大，会加剧轨道损伤，所以各国都对轴重加以限制：德国 ICE 最高速度为 300km/h，限制轴重最大为 19.5t，最高速度为 300km/h，限制轴重最大为 17t；日本 0 系、100 系、300 系列车，最高速度分别为 210km/h、260km/h、300km/h，限制轴重最大分别为 16t、15t、14t。

列车运行速度越快，受到的空气阻力就越大，要保持高速运行所需要的牵引功率[单位质量功率(kW/t)]就应该越大。考虑到区间线路坡度的变化，要使列车在较小的上坡道(坡度 2.8‰～4.7‰)上，也能保持像在平直道上一样的运行速度，就要保有一定的牵引功率富余量，即保有加速度余量($0.03$～$0.05 m/s^2$)，以克服坡道阻力，维持绝大多数区段的等速运行。

### 3. 客车构造

列车行车速度不仅受极限速度的限制，也与列车转向架性能、列车结构及材料等因素有关。因此，要保证列车在高速运行条件下稳定，还必须解决好列车结构问题。

(1) 车体尽量采用铝合金等轻质高强材料；尽量减少转向架数量并采用单轴转向架等，以降低车辆自重(法国、日本的高速客车自重已降低到 36t 左右)。

(2) 客车连接多采用无间隙车钩，以减小纵向冲击；也要尽量减小转向架自重(减小簧下质量)，并采用空气弹簧、液压弹簧，以减小车体振动、减小车体对钢轨的冲击损伤；采用径向转向架，以消除车辆通过曲线时的冲击角，减小轮轨磨耗。

(3) 列车运行时所受的空气阻力与列车断面大小、形状及表面构造等因素有关。列车运行时所受的空气阻力至少与行车速度的平方成正比。如在车体两侧下部安装"裙板"；将空调设备内装；将车窗密闭安装，即尽量使车体外形平滑呈流线型(尤其是车头)，以降低列车受到的空气阻力。欧洲国家及日本设计制造的高速列车车头多为"子弹头"流线型。

（4）车厢壳体采用隔音材料，车轮上安装噪声消音器，以降低车厢内噪声。轨下铺设橡胶垫板，用有砟桥取代明桥面，以降低振动噪声。在线路两侧设置隔音壁，以减少噪声扩散。国外对高速列车的噪声限定为：线路两侧一般不大于70～75dB，车内噪声一般不大于65dB。

#### 4. 制动装置

列车在运行过程中，如果遇到紧急情况，就需要采取制动措施，迫使列车在一定的距离内减速并停车。高速列车行车速度高、动能大，因此需要强大的制动力。传统的靠闸瓦与车轮之间的摩擦力产生制动力是远远不够的。因此，高速列车都需在动力车上安装动力制动装置，即双重制动系统，以保证紧急情况下的有效制动。

动力制动有两类：一类是制动力要受轮轨间黏着力制约，如电阻制动、再生制动、旋转涡流制动等；另一类可不受轮轨间黏着力的限制，如磁轨制动、线性涡流制动。

### 五、气垫车与磁浮车

传统的轮轨铁路受轮轨黏着力的限制很难实现500km/h以上的高速度（称为极限速度），因此相继出现了气垫车、磁浮车等新的运输工具。

#### （一）气垫车

气垫车用燃气轮机作为动力产生高压喷气，在导轨与车辆间形成气垫使车辆浮起，并用喷气机驱动车辆前进。

英国、法国、苏联和美国在20世纪六七十年代，就着手研制气垫车。法国试验的飞行列车，车长26m，质量20t，可载客80人，用530kW的燃气轮机产生气垫，用2956kW的动力驱动，在18km长的高架轨道试验线上试运转时，最高时速达422km。

此后，由于喷气机噪声太大、环境污染等原因，各国先后停止了对气垫车的进一步探索，转而研制电磁悬浮车。

#### （二）磁浮车

1922年德国工程师赫尔曼·肯佩尔（Hermann Kemper）提出了电磁悬浮原理，并于1934年获得专利。1969年德国开始正式研制电磁悬浮列车，至今已经历了8代，设计时速高达500km，实际运行时速为400km。后来日本、美国、韩国等国家也相继开展了磁悬浮运输系统的研发。

磁浮车有两种类型：一种是常导体吸引式磁浮车，另一种是超导体相斥式磁浮车。两种磁浮车技术都日臻成熟。

#### 1. 常导体吸引式磁浮车

常导体吸引式磁浮车的车辆跨坐在导轨之上，车上安装的集电设备向供电轨供电，导轨相应部位安装感应轨，利用两轨间磁场的吸引力将车辆吸起10mm左右，然后利用线性电动机驱动车辆前进。这种磁浮车因受供电技术制约，故速度受一定限制。

美国1974年8月曾在普通轨道中心加铺铝感应轨，启动时用喷气机驱动，启动后用线性电动机驱动,最高时速达410km。英国伯明翰在机场到铁路车站间0.4km内,建成了磁浮高架线路,并正式投入商业运行。由于距离太短,最高时速限制为50km,全程需时15min。每辆车载客40人,每小时可运送旅客1500人。

德国已于20世纪90年代较好地解决了供电技术问题,使常导体吸引式磁浮车行车速度不受取流设备的限制,并于1983年用两辆磁浮车载客200人,在试验线上跑出了高达400km/h的试验速度。此后修建了柏林汉堡间292km的磁浮线,最高速度为450~500km/h,总投资约18亿马克。

上海市与德国合作开发,于2001年开工,建成了我国第一条投入商业运营的磁浮线,并于2002年12月31日正式通车。该磁浮铁路示范线集交通运输和旅游观光于一体,西起上海地铁2号线龙阳路站南侧,东到浦东国际机场航站楼东侧,采用双线上下折返运行,正线全长29.863km。设计时速505km,运行时速431km,平均时速220~250km。列车由9节车厢组成,可乘坐959人,每小时可发车12列,按每天运行8h计算,最大年运量可达1.5亿人次。乘客只需8min就可从龙阳路站到达浦东国际机场。

西南交通大学经多年研究,于20世纪90年代初试制出载人磁浮车,该磁浮车设计构造速度为100km/h。1997年西南交通大学又与长春客车厂和株洲电力机车研究所合作,在都江堰市青城山下成功修建了2.0km长的常导体吸引式磁浮试验线。该试验线采用单线高架结构,线路最大坡度为60‰,平均坡度约30‰,最小曲线半径300m,并于1998年进行了运行试验,试验运行最高速度为100km/h。长沙市于2014年5月16日开工建设一条中低速常导体吸引式磁浮车运输铁路,并于2016年5月6日开通运营。长沙磁浮快线的核心技术就是来自西南交通大学的磁浮研究成果,是我国第一条拥有完全自主知识产权的常导体吸引式磁浮铁路,线路全长18.55km,共设3个车站(长沙南站站、榔梨站、黄花机场站),采用3节编组列车。

2. 超导体相斥式磁浮车

超导体相斥式磁浮车的车辆跨坐在导轨上,车上装有超导体线圈,超导体线圈由铌钛合金制成,浸入-268.8℃的氦溶液中,线圈电阻即接近于零,一旦有电流通过,即可持续通电,不需再供电。车下导轨相应部位也安装有线圈,当车辆通过时,导轨上的线圈产生感应电流,超导体线圈的磁场与导轨上线圈的磁场产生相反力,可使车辆浮起100mm左右,适合高速运行。这种磁浮车仍采用线性电动机驱动车辆前进。"超导体相斥式磁浮技术"既可以实现"磁浮",也可以实现"磁悬挂""侧壁悬浮"。

日本等国较早开展磁浮技术研究。1979年12月在宫崎县7km长的试验线上,实现了517km的最高时速,持续时间为5s,运行距离为0.7km,其余6.3km用于加减速。试验车长13.5m,宽3.8m,高2.7m,质量约10t,磁浮力为100kN,驱动力为44kN,每吨车辆具有4400kN的推力。1980年日本又对磁浮车的车型和导轨进行了改进,1982年进行载人运行,最高时速达262km,1987年2月最高时速达408km,磁浮技术已接近实用阶段。

1996年日本在山梨县修建18.4km的新试验线,其中隧道总长16km,最小曲线半径为8000m,最大坡度为40‰,复线线间距为5.8m。制造了MLX-01号超导体相斥式磁浮列车,采用侧壁悬浮方式,导轨横断面为U形,两端头车长28m,中间车辆长21.6m,列车宽2.8m、高2.65m,列车长度为77.6m,质量为80t,可载客146人。为减轻质量,车体采用铝合金的筒形结构,具有流线形外形、客室密闭,最高试验速度达到550km/h。当速度小于100km/h时,用胶轮支承车体运行;若需停车,则将胶轮放下,利用盘形制动器使列车减速停止。速度大于100km/h时,车体浮起与轨道保持100mm间隙。造价低于新干线,而能耗仅为飞机的60%。

西南交通大学磁浮研究室在"高温超导磁浮技术"研究方面也取得了重要的阶段性成果,并于2016年试制出高温超导磁浮载人试验小车,并实现了150km/h的实验室内速度。西南交通大学磁浮研究室等科研单位为我国继传统的轮轨黏着式高速铁路之后,建设更高速度的交通系统做了重要的技术储备,也是走在世界前列的。

3. 管道磁浮高速运输系统

列车在地面高速运行时要克服空气阻力,当速度超过500km/h时,空气阻力将非常大;如果将磁浮车系统置于空气稀薄的管道中,时速几乎可以无限制地提高。基于这种认识,美国兰德公司提出来一种"管道磁浮高速运输系统"的设想。

该设想的轮廓是:由纽约到洛杉矶修建一条横贯美国东西的长3950km的地下隧道,隧道内抽成相当于1‰个大气压的真空,将磁浮系统安装在隧道内,悬浮力和驱动力都由超导电磁形成。速度受3950km的加速与减速距离限制,3950km的一半用于加速,一半用于减速,中间速度最高为22550km/h,即采用中速13000km/h,平均速度为6750km/h,由纽约到洛杉矶也只要36min30s的旅行时间。隧道当然不宜转弯,转弯时曲线半径需达700~800km。20世纪80年代估算,隧道造价要1850亿美元,包括磁浮系统总费用约需2500亿美元。

这个设想有两个技术难点需要解决才能进入实际应用阶段。第一个技术难点是:如何解决长度3950km的隧道结构稳定和地质影响。第二个技术难点是:在长度为3950km的隧道(管道)内如何实现并保持1‰个大气压的真空状态。

## 第二节 中国高速铁路

### 一、中国速度

(一)三个阶段

自20世纪70年代末开始,我国推行改革开放政策,并于2001年加入世界贸易组织(WTO),国民经济进入快速增长时期,尤其是世纪之交的20年经济高速增长,使得社会、经济、技术等各方面发生了深刻变化,以至于出现了"中国速度"这样一个热词。它反映了中国各行各业的高速发展和深刻变化。我国铁路也进入"提质增效""客货分流"的高速发展时期,成为"中国速度"的有力例证。

高速铁路的含义不仅是指既有铁路的改造提速,而且更多的是指新建客运专线高速铁路。我国铁路在完成既有铁路的六次大提速的基础上,紧接着就大规模地进入客运专线高速铁路建设。从世纪之交的酝酿跟进,到21世纪之初的大规模建设,我国高速铁路的发展历程可以划分为三个阶段。

第一个阶段是引进借鉴合作试验阶段：2001—2005年，主要在秦沈、京津、合武线进行高速铁路的试验性建设。主要是以购买或合作建设模式引进技术，在建设中借鉴学习并消化吸收，消化过程中发现问题并寻找差距，在解决问题中寻找方法并积累经验。

第二个阶段是推广应用研发整合阶段：2006—2015年的10年，主要是武广、郑西、京武、沪宁、京沪、石太、哈大、沪杭、杭长、杭瑞、沪昆、兰新等一大批高速铁路的大规模建设，并在建设中推广应用成功经验、改进技术方法、整合建设资源、改进管理模式、提高投资功效（降低投资风险）。

第三个阶段是自创品牌走出国门阶段：2015年至今，在持续建设中，总结建设经验，打包高铁技术，创建"中国高铁"品牌，制定"高铁标准"，借助"一带一路"平台，走出国门，参与国际铁路工程建设投资。

（二）速度目标

1. 设计速度

设计速度是指在不受列车构造速度限制的情况下，铁路线路允许列车在其上开行的最高行车速度。铁路线路属土木工程建筑，设计使用寿命长达百年，一旦建成后就很难改变。所以铁路的设计（线路平纵面、建筑限界、线间距离、桥梁结构、隧道结构等）不仅要考虑近期需要，还要考虑远期可能提速的技术改造需要、投资回报速度等因素，尽量按远期速度一次性建成，以减少远期改造的困难。

我国在贯通特大城市和交通繁忙通道上按高速标准修建客运专线铁路，设计速度为近期350km/h，预留远期380km/h，如京广线、京沪线、京哈线、郑西线等。在区域连接的次要通道上按准高速标准修建客运专线铁路，设计速度为200~250km/h，如合武线、沪宁线、石太线等；城际铁路原则上采用200km/h以下的设计速度。对既有铁路按快速标准进行技术改造提速，采用客货共线运输模式，大部分路段设计速度不低于120km/h，部分达到200km/h，如京广、陇海、石太等既有线。

2. 构造速度

构造速度是指在不受道路条件限制的情况下，列车（机车+车辆）所能达到的最高速度。它是评价机车车辆技术性能的重要指标。机车车辆的构造速度也可以在室内实验室的试车台上取得。一般要求列车（机车+车辆）的构造速度必须高于运营速度，以保证在行车中列车（机车+车辆）不至于发生破坏。

2011年12月，中国南车集团（现已并入中国中车）在中车青岛四方机车车辆股份有限公司的高速列车国家工程实验室中，采用其研制的（设计速度500km/h、6辆编组、全部为动力车）试验列车，创造了605km/h的世界最高轮轨试验速度，再次刷新了轮轨系统的世界最高速度纪录。该速度标志着我国高速列车制造技术达到并超过法国、德国和日本三个高速铁路技术发达的老牌强国。

3. 试验速度

试验速度是指在不受列车构造速度限制的情况下，列车在实际线路上可以达到的最高行车速度。它是评价铁路线路技术性能、控制系统技术性能，以及整合性能的重要指标。一般要求试验速度必须高于运营速度,以保证在行车中不至于因线路及控制系统的原因导致事故。

2010年9月28日,我国又在京杭高速铁路试验段用具有更高知识产权比例的和谐号CRH380A高速动车组创造了416.6km/h的试验速度。同年12月3日在京沪高速铁路枣庄—蚌埠段用和谐号CRH380AL高速动车组创造了486.1km/h的试验速度。2011年1月9日又用同系列CRH380BL高速动车组创造了497.3km/h的试验速度。

2017年6月26日,原中国铁路总公司牵头组织研制具有完全自主知识产权、达到世界先进水平的动车组列车复兴号CR400(同系列还有CR300、CR200)在京沪高速铁路正式双向首发投入商业运营,表明我国铁路运输已进入崭新的现代化高速铁路时代。

4. 运营速度

运营速度是指在不受列车构造速度限制,也不受道路条件限制的情况下,列车在实际运营线路上允许达到的最高行车速度。出于安全考虑,运营速度只可以低于设计速度。

设计速度越高,运营速度也相应越高。随着机车车辆制造技术、轨道线路建造技术、控制系统制造技术的改进、完善,铁路的设计速度就可以提高,因此铁路运营速度也会相应提高。

5. 旅行速度

旅行速度是指旅客(或货物)在运输全程(从起点到终点)的平均速度。由于有中途在车站的停靠时间,以及进站减速、出站加速过程的低速运行,旅行速度肯定低于运营速度。运营速度越高,中途停靠站越少,则旅行速度越快。

我国高速铁路的建设和发展,不仅使乘坐火车的旅行速度越来越快,铁路运输服务质量也显著提高了,且票价也带有国家补贴性质,获得了我国人民的称赞和很多其他国家的羡慕。

## 二、运输模式

一般而言,"客运更需要高速"而"货运更需要重载"。而传统的铁路运输绝大多数是客货共线运输模式。因此,客货共线运输模式就不可避免地存在"快慢不好调度、轻重不好协调,综合能效不高"的缺点。如何既尽可能地满足旅客运输与货物运输的差异性需要,又能最大限度地发挥铁路的整体运输效能,就需要研究好既有线与高速线的分工以及高速线的运输组织等重要问题。

1. 线路分工

到20世纪90年代,我国运营铁路已接近9万km,路网基本形成,但输送能力和运营速度仍然不能满足我国经济增长的需要。因此,我国铁路在世纪之交实施了"两步走发展战略",其终极目标是客货分流,提高铁路的整体运输效能。"两步走发展战略"的基本思路和做法如下。

第一步,既有铁路的全面"改造提速、挖潜增效",即对既有铁路进行电气化改造,使骨干线路设计速度普遍达到120km/h、140km/h、160km/h,部分线路客运速度达到200km/h,个别区段客运速度达到250km/h。

第二步,"建设客运专线,实现客货分流",即在客货运量大的交通繁忙的通道上,新建客运专线高速铁路,主要承担旅客运输——开行高速列车,同时将既有线上的中速客运列车移入高速线,以满足旅客对速度的要求;在既有线上仅保留少量慢速客运列车,同时增开货运列车,使之既能主要承担大量的货物运输(速度也大幅度提高)任务,又能满足短途旅客出行需要。

2. 行车组织

高速铁路线的运输组织方式有三种,即中速车上线方式、跨线换乘方式和高速车下线方式。

第一种中速车上线方式,即在高速线上的高速(直通)列车跑高速,同时中速列车也跨线进入高速线,但只能按中速运行。

中速车上线方式的优点是:长途(跨线)旅客无须换乘,能满足不同层次旅客的旅行需要(速度越快票价越贵),可以减少高速列车数量(节省购置费)。缺点是:中速列车占用高速线,造成高速线资源浪费,且高速线的信号制式要适应高、中速列车运行需要。当远期高、中速列车数量很多时,运行图变得更为复杂,进而导致整体通过能力显著降低,运行秩序也很不稳定。

第二种跨线换乘方式,即高速(直通)列车只在高速线上跑,中速列车不跨线进入高速线,长途(跨线)旅客在接轨站换乘列车。

跨线换乘方式的优点是:行车组织简单、信号制式和线路设施的作用能充分发挥、通过能力大、铁路资源利用率较高;缺点是:长途(跨线)旅客不方便,换乘站建设规模加大、管理难度增加、换乘客流波动、不稳定,列车总数量和车型较多。

第三种高速车下线方式,即在高速线上的高速(直通)列车跑高速,但为了不使长途(跨线)旅客在接轨站换乘,高速列车下线在邻接路线跑中速,把长途(跨线)旅客直接运达目的地。

高速车下线方式的优点是:长途(跨线)旅客无须换乘;缺点是:高速列车下线到中速线上跑中速,需要增加高速列车数量(增加购置费),造成列车资源浪费。

这三种运输组织方式各有利弊,且随着时间和客流等具体情况的变化,利弊也会有所改变。

我国幅员辽阔、人口众多,且长途(跨线)旅客占比较大,经过技术经济比较,我国高速铁路运输组织近期均采用中速车上线方式。因此,我国高速铁路线下工程一般尽量按远期高速标准建设。但随着国家经济的进一步发展,人民生活水平的进一步提高,以及国产高速列车的产量增加,高速铁路线路更长距离、更大范围的连通,我国高速铁路也会逐步减少中速列车的开行数量,增加高速列车开行数量,向高速车下线方式转变,直至远期全跑高速列车。现在繁忙高速干线都采用高速车下线方式。

3. 列车编组

我国生产的高速列车一般都是8辆构成一个列车。为适应骨干铁路线上大运量的需要,常将两列车串联起来构成16辆编组的"重联"列车,但"重联"列车受发线有效长度和站台长度的限制。

4. 机车交路

机车交路又称机车牵引区段,是指机车担当运输任务的固定周转区段,即机车从机务段所在站到折返段所在站之间往返运行的线路区段。机车交路是组织机车运用工作,确定机务段的设施和配置、机车类型分配、机车运用指标等的重要依据。

### 三、线路标准

我国高速铁路的线路标准经过长期的研究论证,形成了《高速铁路设计规范》(TB 10621—2014),其要点概括如下。

（一）线路平面标准

1. 最小、最大曲线半径

最小曲线半径既要适应初期的运营需要,也要满足远期的运营要求;既要保证高速列车的舒适度,也要满足中速列车的轮轨磨耗要求。高速铁路区间正线最小曲线半径:一般条件下采用9000m,困难条件下采用7000m。准高速铁路区间正线最小曲线半径:一般条件下采用7000m,困难条件下采用5500m。大站前后可采用与进出站速度相适应的曲线半径。

曲线半径太大就接近直线特性了,而大半径曲线线路的铺设和维护难度却很大。因此,规定最大曲线半径一般不宜大于12000~14000m。

2. 缓和曲线

缓和曲线线形采用三次抛物线。缓和曲线最小长度受超高时变率和欠超高时变率限制,可按两个公式计算,取其中较大者,并进整为10m的倍数。缓和曲线的超高顺坡,可采用改善型线形,即将直线形超高顺坡在直缓点和圆缓点各加一个40m长的小弧,代替目前的自然圆顺,以减小这两点轮轨的冲击作用。

3. 夹直线和圆曲线段的最小长度

一般条件下,夹直线和圆曲线段的最小长度应不小于$0.8V_{max}(m)$,困难条件下不小于$0.6V_{max}(m)$。

4. 车站正线平面

车站一般宜设在直线上,困难条件下不得不设在曲线上时,曲线半径应满足通过列车不限速的要求,一般不宜小于5000m。所有列车均需停车的大站,经技术经济比选和鉴定审批,曲线半径不得小于1000m,咽喉区的正线应设在直线上。

5. 线间距离

正线的线间距离,区间和车站均为5.0m,曲线地段不加宽。引入既有线大站的加、减速路段,可采用与行车速度相适应的较小线间距。

（二）线路纵断面标准

1. 最大坡度

一般地段,线路最大坡度采用12‰,以减少立交桥、高架桥和通航河流桥头引线填方工程,因其上升高度仅10m左右,不会影响行车速度。困难条件下,经牵引计算检算,可采用不大于20‰的坡度。最大坡度暂不考虑曲线阻力和隧道阻力折减。

一般桥梁及高架线路上的纵断面无特殊要求。连续梁、钢梁及大跨度桥梁上的变坡点和坡度代数差应满足桥梁设计技术要求。跨越高速线的立交桥,桥下净空高度一般不得小于7.0m。

隧道内宜设计为不小于3‰的坡度,以利排水,地下水发育的长隧道宜采用人字坡。

路堑内线路纵坡不宜小于2‰,正线两线并行在同一路基上时,两线轨面宜按等高设计;区间渡线范围内两线轨面必须等高。

站坪宜设在平道上,困难条件下,可设在不大于1‰的坡道上;特别困难条件下,不办理摘挂机车作业的中间站可设在不大于2.5‰的坡道上,越行站可设在不大于6‰的坡道上。车站咽喉区的正线坡度宜与站坪坡度一致,困难条件下,可适当加大,但不宜大于2.5‰,特别困难条件下不应大于6‰。

2. 坡段长度

区间正线最小坡段长度一般不小于400m,困难条件下不小于300m。

3. 竖曲线

相邻坡段的坡度代数差未做限制,但坡段之间应设竖曲线。

当$V \geqslant 160 km/h$,坡度代数差$\geqslant 1‰$时,设置竖曲线;当$V < 160 km/h$,坡度代数差$> 3‰$时,设置竖曲线。竖曲线半径根据所在路段的远期设计最高速度$V_{max}$,按表2-3取值。

竖曲线半径表 表2-3

| $V_{max}$(km/h) | $V<160$ | $160 \leqslant V < 250$ | $250 \leqslant V < 300$ | $300 \leqslant V$ |
|---|---|---|---|---|
| $R$(m) | 10000 | 15000 | 20000 | 25000 |

4. 曲线与平曲线的重叠问题

纵断面相邻两竖曲线不得重叠;竖曲线与缓和曲线、道岔不得重叠;竖曲线与圆曲线不宜重叠;困难条件下,允许半径不小于7000m的圆曲线与半径不小于25000m的竖曲线重叠。

(三)路基宽度

1. 路基横断面

路肩宽度:路堤一侧为1.0m,另一侧为1.4m,路堑两侧均为1.0m。

2. 路基面宽度

路基面宽度:双线路堤为13.4m,双线路堑为13.0m。路基填料和密实度比常规铁路要求要高,保证工后沉降在5~10cm。

(四)轨道结构

1. 轨道结构

高速铁路正线轨道一般均采用无砟轨道,且宜采用板式结构或双块式结构,隧道内则宜采用弹性支承块式结构。

2. 钢轨

正线钢轨采用60kg/m的钢轨,一次铺设为跨区间无缝线路。

3. 道岔

正线道岔采用18号可动心轨道岔,站坪两端八字形渡线采用36号可动心轨道岔。

4. 轨枕

有砟线路轨枕采用Ⅲ型预应力混凝土轨枕,每千米铺设1667根。碎石道床厚度为35cm。道床砟肩宽度为50cm,曲线外侧不加宽,道床边坡坡度为1:1.75。

## 四、工程概况

### (一)我国高铁主要技术指标

我国高速铁路主要技术指标见表2-4。

我国各技术等级高速铁路主要技术指标　　表2-4

| 技术指标 | | 高速 | 准高速 | 快速 |
|---|---|---|---|---|
| 实用线路或路段 | | 京广、京沪、郑西、哈大、济青、沪宁等 | 合武、石太、广昆、宝兰等 | — |
| 路网连接 | | — | — | 与改造既有线联网运行 |
| 运营方式 | | 客运专线专营 | 客运专线专营 | 客货共线混营 |
| 设计速度(km/h) | | 350(预留380) | 250 | 160 |
| 最小曲线半径(m) | 一般地段 | 9000~12000 | 7000 | — |
| | 困难地段 | 7000 | 5500 | — |
| 最大曲线半径(m) | | 12000~14000 | | |
| 最大坡度(‰) | 一般地段 | 20 | | |
| | 困难地段 | 12 | | |
| 竖曲线半径(m) | 一般地段 | 25000 | 20000 | 15000 |
| | 困难地段 | | | |
| 到发线有效长度(m) | | 700 | 650 | |
| 线间距离(m) | | 5 | 5 | |
| 路基面宽度(m) | | 双线路堤为13.4,双线路堑为13.0 | | |
| 轨道结构 | | 无砟轨道、无缝线路 | | 道砟、无缝线路 |
| 钢轨(kg/m) | | 60 | 60 | 60 |
| 信号系统 | | 列车自动控制+地面信号 | 列车自动控制+地面信号 | 列车自动控制+地面信号 |
| 供电系统 | | 接触网 50Hz 25kV | 接触网 50Hz 25kV | 接触网 50Hz 25kV |
| 列车型号 | | CRH3/380A/380B/380BG、CRH5G、CR400 | CRH1/2、CR300 | CRH1/2、CR200 |
| 列车编组 | | 单列八节双驱动,可重联 | | |

## (二)我国主要高速铁路桥隧占比

我国主要高速铁路桥隧占比及投资规模见表2-5。

我国主要高速铁路桥隧占比及投资规模  表2-5

| 起止车站 | 开工—运营时间 | 运营速度(km/h) | 里程(km)/车站数(座) | 投资(亿元) | 隧道(%/座) | 桥梁(%/座) |
|---|---|---|---|---|---|---|
| 武汉—广州 | 2005.06—2009.12 | 350~300 | 1068/15 | 1166 | 18.5/237 | 41.4/661 |
| 北京—武汉 | 2008.10—2012.12 | 350~300 | 1224/22 | 1552.5 | — | — |
| 郑州—西安 | 2005.09—2009.12 | 350~300 | 505/13 | 547 | — | — |
| 北京—上海 | 2008.04—2011.06 | 350~300 | 1318/24 | 2209.4 | 1.3/12 | 86.5/765 |
| 石家庄—太原 | 2005.06—2009.04 | 250 | 225/6 | 130 | 20.0/32 | 38.7/94 |
| 上海—昆明 | 2009.02—2016.12 | 350~300 | 2252/53 | 2777 | — | — |

## (三)京沪高速铁路简介

北京市是环渤海经济区的核心城市,上海市是长江三角洲经济区的核心城市。在北京市至上海市之间,既有的京沪铁路贯穿河北、山东、安徽、江苏四省,联络北京、天津、上海三大直辖市,经行济南、徐州、南京等大城市,连接环渤海和长江三角洲两大经济区,是"四省三市"客货运输的重要通道。其辐射范围的国土面积占全国国土面积的6.5%,人口数量占全国人口数量的1/4,GDP占全国的40%,是我国经济非常活跃和极具潜力的地区之一,客货运输需求巨大。

2000年前后,通过对既有京沪铁路多次挖潜改造、提速增效,其运输能力得到了显著提升,且已经达到了传统铁路客货混线运输模式的极限能力。到2007年,既有京沪线上,本线直通列车约占1/3,跨线运行列车约占2/3,平均客运密度为4782万人公里/km、货运密度为6277万吨公里/km,分别为全国铁路平均密度的5.2倍和2.1倍,处于极度超负载状态。

为缓解京沪通道运力紧张的状况,适应东部地区经济快速增长的实际需要,带动沿线社会、经济进一步发展,在京沪通道修建一条高标准、大能力的现代化高速铁路,使之实现既提高客运速度,又提高货运能力,成为"十二五"期间中国铁路建设的当务之急。

京沪高速铁路基本走向与既有京沪铁路大致并行,双线铁路全长1318km;自北京南站至上海虹桥站,共设置车站24个,平均站间距离约55km;设计最高行车速度380km/h,初期运营时速300km,乘车从北京至上海只需要5h。该铁路于2008年4月18日全面开工建设,到2011年6月30日投入运营,总工期为38个月,总投资2209.4亿元,是世界上一次建成线路最长、技术标准最高的高速铁路,是中华人民共和国成立以来一次投资规模最大、建设速度最快的重大交通建设项目。

京沪高速铁路设计客运能力为单向8000万人/年,开通运行的7周年(2011年6月30日—2018年6月30日)实际客运量8.25亿人次,是其设计运输能力的73.7%;而且它的建成实现了在京沪铁路通道上的客货分线运输,使得既有京沪铁路货运能力达到1亿t/年以上,从根本上解决了京沪铁路通道"运输瓶颈"的制约问题。

京沪高速铁路经由华北、黄淮和长江三角洲几大平原,跨越海河、黄河、淮河、长江四大河流。全线大部分地区地形平坦,多为深厚松散沉积地层,地基承载力差,部分地段为软土地层;海河、淮河流域部分地段为滞洪区。京沪高速铁路全线特大、大中桥梁765座,总长432km,占全长的33%;隧道12座、总长16.9km,占全长的1.3%;土石方1.13亿 $m^3$,每千米平均8.65万 $m^3$。

京沪高速铁路的重点工程主要有南京大胜关长江大桥、济南黄河大桥、丹阳—昆山特大桥。

(四)主要高速铁路重点工程简介

1. 京广高速铁路重点工程

(1)乐昌大瑶山隧道群

大瑶山隧道群位于广东省韶关市乐昌市境内,隧道穿越南岭山脉乐昌大瑶山,分为大瑶山一、二、三号隧道,三座隧道共长约24.6km,其中大瑶山一号隧道长10081m(是京广高速铁路最长的山岭隧道),大瑶山二号隧道长6027m,大瑶山三号隧道长8289m。隧道开挖断面大,达150$m^2$,地质异常复杂。大瑶山一号隧道穿越13条大断层,其中断层破碎带累计长度占隧道总长度的23.8%,高地应力区段长度占隧道总长度的22.4%,高压强富水岩溶发育区长度1366m。

(2)木兰隧道

木兰隧道位于湖北省武汉市黄陂区,隧道穿越武汉市风景旅游区木兰山风景区,全长4745m,最大埋深为320m,进出口浅埋段、岩体破碎易失稳坍塌;褶皱较发育,基岩产状变化较大,岩质软弱,裂隙发育,岩体破碎,进口左侧有一顺层岩层,洞身有一断层破碎带宽30m。部分地段为断裂及其影响带,岩体破碎,导水性和富水性较好,且本段为浅埋隧道,处于冲沟之下,隧道开挖过程中常产生突水现象。隧道整体岩体呈中层状,少量呈碎块、碎片状。洞身岩体较破碎、较完整,部分地段构造\节理裂隙发育,岩体破碎,易造成隧道坍塌。

(3)黄龙寺隧道

黄龙隧道位于鄂豫交界处,穿越大别山山脉。区域地势北高南低,海拔一般为200~800m,属低山丘陵区,地表水系仅局部沟谷内较发育,隧道洞身发育三条北东向和近东西向溪流。隧道全长8715m,埋深100~200m,穿越5条断裂带。区域构造以南东—北西张性断层为主,节理发育主要有两种,即风化节理和构造节理,构造节理以张性节理为主,节理面较平直。断裂带内为构造角砾,未胶结,导水性和富水性较好,最大涌水量187$m^3$/d。不良地质及特殊岩土主要是危岩落石、放射性等。

(4)大悟跨京珠高速公路特大桥

大悟跨京珠高速公路特大桥位于湖北省大悟县,桥址范围内主要为稻田、丘陵、山岗,山坡大多为旱地和灌木丛。桥长913.990m,并跨越京珠高速公路路堑地段,该高速公路与线路的夹角为49°,保证桥下净宽50m、净高6.0m。桥梁主要跨越京珠高速公路,并采用60m+100m+60m连续梁,其他采用简支箱梁。主跨采用挂篮悬臂浇筑法施工。基础类型采用扩大基础和钻孔桩基础,桩径根据不同跨度和地质条件分别采用1.0m、1.25m、2.0m三种。桥台采用双线矩形空心桥台,简支箱梁桥墩采用圆端形空心墩,与高速公路相邻的两个桥墩及连续梁桥墩采用实心墩。

(5）跨合武铁路特大桥

跨合武铁路特大桥全长 15.27km，大桥连续跨越黄孝公路、麻汉铁路联络线、川龙大道，并实现两次跨越沪汉蓉快速铁路线，施工难度大，安全风险高。桥墩采用圆端形实心/空心墩，双线采用门式刚构墩或矩形空心桥台。

2. 京沪高速铁路重点工程

（1）南京大胜关长江大桥

南京大胜关长江大桥位于南京长江大桥上游 20km 处，下游南京长江三桥约 1.55km，是京沪高速铁路和沪汉蓉铁路越江通道，同时预留南京地铁 S3 号双线地铁的六线铁路大桥。桥梁全长 9273m，跨水面正桥长 1615m，桥下通航净空高度 32m，可以确保万吨级巨轮通过。

南京大胜关长江大桥主桥为双跨连拱下承式钢桁拱形复合结构，是世界首座六线铁路大桥，也是世界跨度最大、设计荷载最大、设计速度最高（时速 300km）的铁路大桥，代表了我国当代桥梁最高建造水平，被誉为"世界铁路桥梁之最"。2012 年南京大胜关长江大桥在第 29 届国际桥梁大会上被授予"乔治·理查德森"大奖。2013 年获得中国建设工程鲁班奖（国家优质工程奖）。

（2）济南黄河大桥

京沪高速铁路济南黄河大桥位于山东省济南市，是北京至上海、太原至青岛铁路两线共用的四线桥。大桥包括主桥、北引桥和南引桥三部分，全长 5143.4m，跨度 728m，宽 31m，共有 144 个桥墩，由 70 多万个螺栓连接而成。2008 年 4 月 18 日开工，2010 年 4 月 14 日建成，总工期 2 年。

（3）丹阳—昆山特大桥

丹阳—昆山特大桥全长 164.8km，是我国客运专线中桥梁长度最长的，也是世界上最长的铁路桥梁。

3. 沪昆高速铁路重点工程

（1）北盘江特大桥

北盘江特大桥位于贵州关岭布依族苗族自治县与晴隆县交界的峡谷中，全长 721.25m，主跨 445m，桥面距江面约 300m。截至 2016 年 12 月，在全世界范围内的钢筋混凝土拱桥中，跨度超过 300m 的高速铁路桥仅有 6 座。北盘江特大桥是跨度最大、高度最高的高速铁路桥梁，也是沪昆高速铁路全线建设难度最大的桥梁工程，并代表了钢筋混凝土拱桥建造的最高水平。

北盘江特大桥首次在同类桥梁中成功应用了 C80 高性能混凝土材料、新型拱底检查车技术、钢筋混凝土大跨度拱桥的施工方法、刚度控制方法，以及道床新型聚氨酯固化层铺设方法等，实现了世界"五大新技术"的重大突破。

（2）雪峰山一号隧道

雪峰山一号隧道从湖南省隆回县金石桥镇兰草田村穿山而过至湖南省溆浦县，全长 11670m，隧道最大埋深约 750m，为沪昆高速铁路全线控制性工程，也是湖南辖区内最长的高速铁路隧道。

雪峰山一号隧道穿越 5 条大断层，断层区域围岩破碎软弱，最大日涌水量近 14 万 $m^3$，极易发生岩爆、突水、突泥等地质灾害,加之特长隧道远距离通风排烟、反坡排水等施工技术问题,使施工风险极高,属于一级风险隧道。2013年10月20日,沪昆高速铁路湖南段最长隧道雪峰山一号隧道贯通。

(3) 跨京广高速铁路转体斜拉桥

沪昆高速铁路跨京广高速铁路转体斜拉桥位于高速铁路长沙南站以南约2km处,是我国首例高速铁路跨高速铁路的转体斜拉桥。沪昆高速铁路上跨京广高速铁路十字交叉并采用"转体法"施工的斜拉桥共有两座:2013年7月20日凌晨成功转体的是西北上行联络线斜拉桥;2013年7月30日凌晨成功转体的是西南联络线斜拉桥。

该桥集斜拉桥建造施工技术之大成,创下六个"第一":高速铁路跨高速铁路跨度第一、桥体总质量第一、转体长度第一、独塔非对称斜拉索第一次应用、槽形梁第一次应用、独塔非对称斜拉索与槽形梁的组合结构第一次应用。

(4) 赣江特大桥

赣江特大桥位于南昌市进贤县、南昌县、红谷滩新区,经过6个乡镇,19个村庄,先后跨越了村镇道路、抚河、堂世河、G316国道、京九铁路、G105国道、抚河故道、向莆铁路、赣江,总长度37106.475m,全部采用钻孔桩基础。

该桥施工创造了国内桥梁建设史上六项第一:主桥钢梁采用"双桁四PSBASE系统",是国内第一座;桥梁工程施工测量采用"CORS系统",是国内第一次;深水大体积承台施工采用"锁口套箱围堰技术",是国内第一次,并拥有自主知识产权,获得国家专利;铁路50m简支箱梁制造应用1500t移动模架造桥机,是国内第一次,也是铁路最大的;平均日成桥单线130m的施工速度,是国内同类桥梁中最快的;1.7万t钢梁悬拼架设仅用时137天的施工速度,是国内同类桥梁中最快的。

(5) 小寨坡特大桥

小寨坡特大桥位于贵州省龙里县洗布河谷之中,全长780.60m,主梁设计为40m+3×64m+40m连续梁;桥墩设计为圆端形空心墩,最大高度62.5m;熔岩地层钻孔灌注桩基础。桥址山高沟深坡陡、地势险峻、水流湍急,加之墩身高、跨度大,因此施工难度极大,是沪昆高速铁路贵州段的控制性工程。

在山高坡陡、场地狭小、熔岩多发的条件下,施工单位创新使用钻孔机自动控制系统顺利完成240多根钻孔灌注桩基础施工,大大节省了时间和成本。2014年4月14日清晨,该桥胜利合龙。

(6) 壁板坡隧道

壁板坡隧道进口位于贵州省盘州市红果镇,出口位于云南省曲靖市富源县。隧道设计为进口合并为双线隧道,出口变为分离式单线隧道,最大埋深达到735m,全长14756m,是沪昆高速铁路全线最长的隧道。

隧道穿越断层、岩溶地层、岩层接触带、高压富水区、煤层采空区,受到煤层瓦斯、高地应力、高压富水等不良地质的显著影响,是全线3座Ⅰ级高风险隧道之一和重点控制性工程。2010年12月开工,2014年12月28日,壁板坡隧道正洞左线顺利贯通。

(7) 大独山隧道

大独山隧道位于贵州关岭布依族苗族自治县,大独山隧道全长11.882km,总投资约10亿元,位于隧道熔岩高度发育的复杂地层,被专家认定为目前国内最典型的喀斯特复杂地质特长高速铁路隧道,是全线3座Ⅰ级高风险之一和重难点工程之一。

施工中共揭示断层破碎带15处(Ⅳ、Ⅴ级围岩占67%),可熔岩长度区间8745m(占73.6%),溶洞/溶腔44个,最大溶腔体积17.7万 $m^3$,下穿地下暗河1处。2015年10月15日,经过长达5年的建设,大独山隧道顺利贯通。

(8)沾益特大桥

沾益特大桥位于云南省曲靖市沾益区,是全线跨度最大、转体梁体重最大、距营业铁路线接触网最近(1.864m)的"T构"连续梁桥。大桥全长1768.386m,主桥72m+128m+72m(27~30号墩),主跨128m,上跨5股铁道与既有沪昆铁路相交(交角25.3°)。

沾益特大桥主桥施工分为两步(分别重达8300t),在既有铁路两侧分别悬臂现浇施工,然后转体合龙。其难点在于:桩基施工多次遭遇溶洞、溶腔、流沙;转体梁体质量大、跨度也大;转体梁紧邻既有铁路,离接触网最近距离才1.864m;施工区昼夜温差较大,对合龙有显著影响。

2014年9月10日,沾益特大桥主桥转体采用2个牵引反力座,梁端行程27.8m,历时1h2min转体成功。

(9)金华江特大桥

金华江特大桥位于浙江省金华市婺城区,全长11.4km,工程造价7.745亿元,是沪昆高速铁路浙江段的重点控制性工程。其中跨金华江主跨按75m+4×135m+75m连续箱形梁设计,且处于主河道,设计为深水基础。施工重难点有两个:其一,该连续梁桥上部采用T形悬灌法施工,每半跨需悬灌17个节段,最大节段重量231.14t,节段悬灌几何线形的高精度控制是工程的难点。该连续梁集大跨,技术含量高,施工难度大,是同期国内在建高速铁路中跨度最长、连续跨数最多的连续梁;"温度跨度"(是指固定墩到自由节点之间的距离)378m,为同期国内CRTSⅡ型板式无砟轨道温度跨度之最。

金华江特大桥于2010年5月开工建设,2014年12月开通运营,经过运营使用,结构安全稳定,运行良好。

**4. 哈大高速铁路重点工程**

哈大高速铁路北起黑龙江省哈尔滨市,经吉林省松原、长春、四平、辽宁省铁岭、沈阳、辽阳、鞍山、营口,南抵滨海城市大连,线路纵贯东三省。它是我国东北严寒地区第一条高速铁路客运专线,所经地区极端最低温度-39.9℃。防冻是哈大高速铁路和列车都要解决的工程重点问题。

哈大铁路客运专线的总体设计单位——中铁第三勘察设计院在哈大客运专线设计过程中,开展了"哈大客运专线基础工程综合技术"等一系列课题的研究,以保证在严寒环境下列车的运营安全。研究主要包括严寒区铁路路基防冻胀结构及设计参数研究、寒区铁路工程冻胀特点与防治措施研究、寒区客运专线路基与桥涵防冻胀技术研究、寒区铁路混凝土结构耐久性技术研究等。

采取的防冻措施主要有:

(1)路基在冻结深度范围内均填筑非冻胀性填料。

(2)路基高度小于冻结深度的地段设置降水设施。

(3)路基间排水采取轨道板底座内设置钢管外排设计。

(4)低路堤地段设置防冻胀护道。
(5)地下排水设施出水口采用防冻胀设计。
(6)轨道采用防开裂的双向预应力 CRTS I 型板式无砟轨道,并在通用图基础上予以加强。
(7)轨枕板与基床之间,采用防冻高性能 CA 砂浆。
(8)道岔加装融雪设施。
(9)牵引供电接触网系统加设融冰装置。
(10)全线设置冰雪监控系统。
(11)采用 CRH380BG 防寒型高速列车。

# 第三节　世界重载铁路

在不同的国家,其自然资源分布状态和客货源分布状态不尽相同,这就导致客货流向分布状态(流向、运量、运距)不尽相同,有时甚至是极不均衡的。为了适应本国的运量需求和不均衡运输,各国铁路运输能力的布局和解决方案也相应不同。尤其是在解决大宗货物长距离单向运输问题时,一些技术先进、经济发达的国家都较早地致力于发展铁路重载运输。

通常把能承担重载运输的铁路统称为重载铁路。铁路重载运输较多采用大功率内燃或电力机车单机、双机或多机牵引,以增加编组车辆数、提高牵引吨数、提高运输能力、降低运输成本、提高运输效率的运输方式;但也有采用"小吨数牵引、大密度行车"等运输方式的,并逐步形成了三种不同的重载运输方式。

## 一、大吨数牵引、小密度行车

### 1. 形成背景

大吨数牵引、小密度行车的运输方式以美国为代表。加拿大、澳大利亚、巴西、南非等国在煤炭、矿石的运输中,也广泛地采用重载列车直达运输方式,这种运输方式与国情、路情有关。为了降低铁路长距离运输的成本,提高与水运的竞争能力,铁路公司采用多机牵引的重载列车,组织专列直达运输。牵引吨数为万吨的列车很普遍,有的装运煤炭或矿石的列车牵引吨数高达 3 万 t 以上。

美国疆域辽阔,领土面积达 783.8 万 $km^2$,东部地区工业集中,工矿企业规模大,用煤量大;西部地区产煤量大且质优,所以大量煤炭需要东运,导致产销两地货运品种单一、运量大、运距长。美国铁路车站到发线一般长 2.4~2.7km,行车密度不大,机车可靠性强,单机功率可达到 2200kW。1988 年货车的平均装载质量高达 78t,主要线路普遍铺设 60~70kg 钢轨,桥梁活载标准达到轴荷载 36.3t 的 E-80 级,为开行重载列车提供了装备基础。1995 年,美国一级铁路货物列车平均牵引吨数高达 4657t,而平均行车密度仅 10.8 列/d,其中货运密度为 10.0 列/d,客运为 0.8 列/d。

## 2. 多机牵引超重列车

多机牵引超重列车头部的机车数量受车钩强度的限制。美国车钩的允许拉力一般限制在1112.5kN以内,因此超重列车就需要在中部与后部加挂补机,由主机司机通过遥控操纵,保持补机与主机同步,避免断钩事故。

1966—1967年,美国东部宾夕法尼亚中央铁路与诺福克西方铁路曾进行超重列车的竞赛。前者开行了总质量32000t,总长2.9km,挂车341辆的铁矿石列车,后者开行了一列总质量达48584t,挂车500辆的创纪录超重列车,由6台2650kW的内燃机牵引,头部3台,300辆之后挂补机3台,运行速度为48km/h。

1969年加拿大为了增加向日本出口煤炭,在太平洋铁路西段的罗伯茨班港至卡尔格里间(翻越洛基山)长约500km、最大坡度为22‰的线路上开行了重载列车。列车由105辆载重91t的货车组成,牵引吨数达到12300t,采用2200kV的内燃机车牵引,头部4台,全长2/3处挂补机2~4台,并由主机无线电遥控。通过22‰的陡坡时,列车尾部再加挂4~5台有人驾驶的补机推送。这种编列方式虽然提高了牵引吨数,但列车编组复杂,运行协调性不好,行车安全有较大的隐患。

## 3. 单元列车重载运输

20世纪50年代以来,美国开始出现了"单元列车"运输方式,即采用一种车型、固定编列、循环运行于一条固定的线路上,所运货物只有一个品种、一个货主。这种运输方式可更好地加速车辆周转,提高运输效率。

如1985年的美国南太平洋铁路,由矿区运送铁矿石直达钢厂,运距272km,列车由85辆载重90.7t的矿石车组成,总质量达10000t。加拿大东部拉布拉多半岛上运送铁矿砂的铁路,由矿区至圣劳伦斯河口(装船转运)长640km,最重列车由260辆荷载90.9~101.6t的矿石车编成,总质量达30000t。此后美国、加拿大的其他铁路公司争相仿效用,逐渐推广。

## 二、小吨数牵引、大密度行车

### 1. 形成背景

小吨数牵引、大密度行车的运输方式以西欧各国为代表,日本的铁路也具有这种特点。这些国家国土面积较小,大城市间的距离较近,既有铁路的货物运距较短、运量不大、设备标准较低,但是这些国家铁路的复线比例较高,通信信号设备也很先进,铁路的通过能力有较大富余,因此,大幅度提高牵引吨数的必要性不大,可用增大行车密度的办法来适应运量的增长,所以这些国家的行车密度都比较高。

据1987年统计,货物列车平均牵引吨数,联邦德国铁路为803t,法国国营铁路为797t,英国不列颠铁路为482t,意大利铁路为664t(1972年),日本国营铁路为740t。铁路的复线比例,联邦德国为45.5%,法国为44.8%,英国高达70.1%,意大利为34.4%,日本为37.2%。

### 2. 具体做法

在这种条件下,开行直达超重货物列车,同时适当加大行车密度,可以显著提高运输效率,降低运输成本,增加经济效益。西欧各国的直达超重货物列车主要运送的是矿石、煤炭等大宗货物,牵引质量一般为 4000~5500t。

如联邦德国,从 1977 年起,在汉堡至派纳和萨尔茨吉特钢厂间的 200km 线路上,用两台 6 轴电力机车牵引 5400t 的矿石列车,这是迄今为止西欧各国最重的列车;瑞典为了出口铁矿石,也在北部干线组织重载专列运输,东去波罗的海的牵引吨数为 3800t,西去挪威海口的牵引吨数可达 5200t。又如日本积极组织散装货物的直达专列运输,完成的运量约为总运量的 1/3。这些国家的铁路,为了与公路、航空竞争,还开行时速 120km 左右的快速货物列车,也积极发展时速大于 200km 的准高速客运列车。

## 三、大吨数牵引、大密度行车

### 1. 形成背景

大吨数牵引、大密度行车的运输方式在 20 世纪以苏联为代表。苏联国土广阔,铁路客货运量在整个交通运输业中所占比重较大,客、货周转量分别在 1/2、1/3 以上。加之铁路网的密度不太高,客货运量集中,且大宗货流的运距较远,如煤运 1958 年达 8 亿 t,平均运距为 850km。这样就形成苏联铁路客、货密度较高的特点。1988 年,运输密度高达 2960 万吨公里/km;客运密度为 280 万人公里/km,平均行程为 94.1km;货运密度为 2680 万吨公里/km,平均运距为 957km。

### 2. 组合列车重载运输

在运能紧张区段,将两列货物列车联挂、合并运行,称为组合列车。组合列车的牵引吨数为普通货物列车的两倍,但只占用一条列车运行线,故可提高区段输送能力。这种运输组织措施,开始仅为线路大修时的临时措施,到 20 世纪 80 年代在一些单线与复线上,大量组织组合列车运输渐臻成熟。

组合列车有三种组合方法:一为在装车站组合的始发组合列车;一为在编组站组合的技术组合列车;一为在技术站编成一列,在前方中间站再合并另一列的阶梯组合列车。两列车合并运行,两个机车的操纵需要协调配合,一般采用无线电话或无线遥控解决,并采用同类型牵引机车牵引。

### 3. 超长列车重载运输

1979 年初苏联莫斯科铁路局开始试验、组织超长列车的运行。超长列车是在通过能力接近饱和的区段,挖掘潜力提高输送能力的一种措施。这种列车利用起讫编组站的较长股道进行编发与到达,中间站站线有效长度不足时,一般不停车通过。

超长列车的牵引吨数和列车长度,按每个区段的具体情况分别确定,一般为 6000~10000t。在编组站上指定几条较长股道为超长列车专用。在双线区段只有站线长度足够的车站才办理旅客列车越行超长列车;在单线区段超长列车只在站线长度足够的车站停站,办理交会或越行。这种运输组织方式需要在进行特别运行组织,需要司机掌握较高的牵引操控技术,才能保证行车秩序和行车安全(不发生坡停与断钩等事故)。

# 第四节　中国重载铁路

我国疆域辽阔,东部工业发达、人口密集,中西部资源集中,人口稀疏。这些因素决定了我国铁路运输货源稳定、流向集中、运量大、距离长的运输特点。

发展重载运输既可有效地增大运输能力,又能降低运输成本,提高经济效益。大力发展重载运输,提高铁路输送能力,成为我国铁路发展的战略决策。重载运输需要增加牵引变电站容量,需要大功率的机车车辆,需要加强轨道结构,需要改建交叉道口为立体交叉,列车速度的提高,需要设置较长的站间距离,以减少重载列车停站减速与出站加速频次,降低能耗,提高运输效率。

我国自20世纪80年代中期以来,为了更多地开行整列式重载列车,提高货物列车的牵引吨数,学习国外经验,通过科学试验,逐步开行重载列车,经历了两个发展阶段,并采用了组合式、单元式、整列式三种重载列车运输模式。

机车车辆方面,到80年代末,我国已能批量生产大功率电力、内燃机车,以及重载车辆,轨道结构也有了长足的进步和发展,为重载运输奠定了设备基础。电力机车如韶山SS6、SS7型功率为4800kW、双节SS4型功率为6400kW。内燃机车如东风DF10型功率为4260kW、DF8型功率为3676kW、双节DF4E型功率4860kW。货车如C61、C62A、C63型载重60t以上,且全路载重量60t的货车拥有量已达81%(1996年)。还在进一步研制载重70~75t、轴重25t的低动力作用的大型货车。机车车辆的车钩强度、缓冲器容量和制动装置都有了很大改进。

轨道线路方面,到1999年,我国铁路完成了对京沪、京广、京沈等繁忙干线的线路改造和轨道加强,改铺重型钢轨、改造站场,将到发线有效长度延长到1050m,平交道口全部改为立交道口,配备大型机车车辆等。此后,其他繁忙干线也逐步进行了线路改造和轨道加强。

## 一、组合式重载列车

组合式重载列车既可作为线路大中修时封锁线路的应急措施,也可作为季节性货运量增加时的临时运输扩能措施,效果较显著,在单线和双线铁路上均可采用。

## 二、单元式重载列车

单元式重载列车可以大幅度增加铁路运力,提高运营效率,降低运输成本,适用于货流量大、运品单一、流向集中的铁路。

大同—秦皇岛铁路是以运煤为主的铁路干线,也是我国首先开行单元式重载列车的双线电气化铁路。自1992年大秦铁路经过一系列综合试验从大同湖东编组站至秦皇岛柳村站(秦皇岛港三期煤码头)先后成功开行了总质量6000t和10000t的单元重载列车。神木—黄骅港线、大同—准格尔线也都已开行了单元式重载列车。1995年运煤约5300万t,2000年运能达1亿t。

单元式重载列车在固定线路的专线上行驶,其运输组织和其他技术要协调配套,在运输组织上,要处理好产、运、销之间的协调关系,加强装、运、卸三个环节和铁路本身点线之间的能力匹配,密切路矿、路港、路厂之间的协作。

### 三、整列式重载列车

整列式重载列车的到发、编组和装卸作业与普通货物列车完全一样,只不过是列车质量有显著提高。列车由大功率的单机或双机牵引。在线路最大坡度和站线有效长度的可能条件下,最大限度地增大列车质量,在平原丘陵地区列车质量达到5000t,山岳地区达到3000~4000t。它是大面积、大幅度提高繁忙干线输送能力的有效措施,也是我国今后发展重载运输的主要形式。

1995年,京沪线每日开行5000t列式重载列车12列,京广线开行10对。自1992年至1996年6月底,共开行5000t级整列式重载列车29300多列。此后在各主要干线铁路上实现了"客货分线运输,客运向高速发展,货运向重载发展"的基本格局。

1. 简述高速铁路客、货分线运输的优点。
2. 简述重载铁路的优点及其适用条件。

# 第三章 CHAPTER THREE
# 铁路线路设计

## 第一节 铁路等级与主要技术标准

### 一、客货运量与输送能力

(一)客货运量调查

交通运输的三个要素是运量、运距、运速。在交通运输网络中,运输能力对运输需求的适应是一个动态变化的过程。因此要满足交通运输需求,就必须调查清楚各经济驻点之间的客货运量、运距、运速需求,协调好不同运输方式之间的分工、转换(联运/换乘),使不同运输方式之间既有竞争又有协作;解决好运输能力对运输需求的动态适应问题,使运输能力既不严重过剩又不严重欠缺。客货运量调查是铁路可行性研究、线路走向选择、主要技术标准选择的基本依据。

1. 客货运量调查目的

在新建及改建铁路设计之前,必须进行客货运量调查,目的是:明确设计线行经区域的政治、经济、文化、国防、地理等方面的实际状况和发展需要;确定设计线在铁路网中的地位和作用,作为铁路设计的依据。

2. 客货运量调查的作用

(1)客货运量是影响线路方案取舍的重要因素

铁路选线设计中要进行大量的线路方案经济比较。运量大的线路方案中选的可能性大,运量小的方案中选的可能性小。

(2)客货运量是确定铁路设计标准的重要依据

客货运量是选定铁路主要技术标准的重要依据,而主要技术标准又决定客货运输装备的能力,它不应小于调查或预测的客货运量,以满足国家要求的运输任务和国民运输需求。

(3) 客货运量是评价铁路经济效益的重要基础

客货运量决定铁路的运营收入、运输成本、投资偿还期等经济效益指标。客货运量大,则收入多、成本低、投资偿还期短。

总之,预测的客货运量较大时,一般铁路技术标准较高,技术装备能力也较高。反之预测的客货运量较小,线路标准、技术装备能力设计较低。

(二) 铁路的输送能力

铁路每昼夜可以通过的列车对数(双线为每一方向的列车数)称为通过能力。铁路的通过能力受线路平面、纵断面、车站、机务设备、信号和供电设备等限制。铁路所能实现的通过能力,取决于上述设备中最薄弱环节所限制的通过能力。设计铁路时,一般是根据区间(站间)通过能力来设计其他各种设备的能力,使之相互协调,且均不小于区间(站间)通过能力。

货运为主的铁路输送能力是指铁路单方向每年能运送的货物吨数。新建铁路各设计年度的输送能力不应小于经济调查得到的相应年度的货运量。

输送能力 $C$ 可用下式计算:

$$C = \frac{365 N_H G_J}{10^6 \beta} \quad (\text{Mt/a})$$

式中:$N_H$——折算的普通货物列车对数(对/d);

$G_J$——普通货物列车净载(t);

$\beta$——货运波动系数,由经济调查确定,通常可取 1.15。

## 二、设计年度与铁路等级

1. 铁路设计年度

设计线交付运营后,客货运量是随着国民经济的发展逐年增加的,设计线的能力必须与之适应。上述运量参数,也需分设计年度提供。铁路的设计年度一般分为近期、远期;近期、远期分别为交付运营后第十年、二十年。必要时,也可增加初期,初期为交付运营后第五年。各期运量均应通过经济调查确定。

铁路的建筑物和设备,应根据设计年度的运量分期加强,使铁路设施的能力与运量增长相适应。这样,既能满足日益增长的运输要求,又可节约铁路初期投资。对于可以逐步改、扩建的建筑物和设备,应按初期、近期运量和运输性质确定,并考虑预留远期发展的条件。对于不易改、扩建的建筑物和设备,应按远期运量和运输性质确定。

2. 铁路等级划分的意义

铁路等级是铁路的基本标准。设计铁路时需先确定铁路等级,然后选定其他主要技术标准和各种运输装备的类型。铁路等级越高,要求的设计标准就越高,则其输送能力越大、运营质量越好、铁路造价也就越高。反之,各项指标就低。

我国疆域辽阔,地形复杂,人口、资源分布很不平衡,工农业发展也不均衡,铁路的经济、文化、国防意义不同,其在路网中的地位与作用不同,所负担的运输任务也不同。因此,有必要将铁路划分成不同等级,有区别地规划各级铁路的能力,制定建筑物和设备的技术标准,使国家资金得到合理利用。

### 3. 铁路等级划分

运量大的铁路,铁路等级高,具有路网性质、起骨干作用的铁路,意义重大,一般运量也较大。高速铁路、城际铁路、市域铁路专门为客运服务,划分为不同设计速度等级。重载铁路按照牵引质量划分等级。

客货共线铁路根据其在铁路网中的作用、性质和远期客货运量确定等级。按照《铁路线路设计规范》(TB 10098—2017,以下简称《线规》):

(1) Ⅰ级铁路:铁路网中起骨干作用的铁路,远期年客货运量大于或等于20Mt者。

(2) Ⅱ级铁路:铁路网中起骨干作用的铁路,远期年客货运量小于20Mt者,或铁路网中起联络、辅助作用的铁路,远期年客货运量大于或等于10Mt者。

(3) Ⅲ级铁路:为某一区域服务、具有地区运输性质的铁路,远期年客货运量小于10Mt者。

以上年客货运量为重车方向的货运量与客车对数折算的货运量之和。每天1对旅客列车按1.0Mt/a货运量折算。

## 三、铁路主要技术标准

铁路主要技术标准包括正线数目、限制坡度、最小曲线半径、牵引种类、机车类型、车站到发线有效长度和闭塞类型等,高速铁路另外还有设计速度、列车控制方式和调度方式。这些标准是确定铁路能力大小的决定因素。一条铁路的能力设计,实质上是选定主要技术标准。同时这些标准对设计线的工程造价和运营质量有重大影响。

选定铁路主要技术标准是设计铁路的基本决策,应根据国家要求的年输送能力和确定的铁路等级,考虑沿线资源分布、国家科技发展规划和技术政策,并结合设计线的地形、地质、气象等自然条件,经过论证比选,慎重确定。

铁路能力由货物列车牵引质量和通过能力决定,并受列车运行速度的影响。

(一) 影响牵引质量的主要技术标准

### 1. 牵引种类和机车类型

我国铁路目前有电力、内燃和蒸汽三种牵引类型。蒸汽机车已停产多年,次要线路、专用线和部分地方铁路仍有使用。牵引动力的发展方向是大功率电力机车和内燃机车。

(1) 电力机车

电力机车的热效率高,火力发电为14%~18%,水力发电可达60%,整备一次走行距离长,不需燃料供应和中途给水,机车利用率高。机车功率大、速度高、牵引力大,可显著增大铁路能力。除噪声外,不污染环境,且乘务员工作条件好。与内燃机车相比,机车造价低,但需用接触网供电,机车独立性稍差。我国韶山型电力机车已形成不同轴数的系列,可供不同运营条件的设计线选用。

(2) 内燃机车

内燃机车热效率高达22%~28%，机车不需供电设备，独立性好。它的缺点是需要消耗较贵的液体燃料，且机车构造复杂、造价较高。高温、高海拔地区牵引功率降低，使用效率低。我国东风型内燃机车已形成不同轴数的系列，可供不同运营条件的设计线选用。

(3) 蒸汽机车

蒸汽机车构造简单，制造、维修技术简易，造价低廉，但热效率低，仅为6%~8%，且需每隔40~60km设置给水站，机车整备时间长、利用率低，机车功率小，运输能力低，乘务员工作条件差。1988年我国已停产蒸汽机车，以电力机车和内燃机车代之。

牵引种类应根据路网的牵引动力规划、线路特征、沿线自然条件及外部动力资源分布情况合理选定。运量大的主要干线，大坡度、长隧道或隧道毗连的线路应优先采用电力牵引。

机车类型应根据牵引种类、运输需求以及与线路平、纵断面标准相协调的原则，结合车站分布和邻线的牵引质量，经技术经济比选确定。

2. 限制坡度

限制坡度是设计线单机牵引时限制列车牵引质量的最大坡度，双机车或多机车牵引的坡度称为加力坡度。它不仅影响线路走向、线路长度和车站分布，而且直接影响运输能力、行车速度、工程投资、运营支出和经济效益，是铁路全局性技术标准。

设计线（或区段）的限制坡度应根据铁路等级、地形类别、牵引种类和运输需求比选确定，并应考虑与邻接线路的牵引定数相协调，但不得大于《线规》规定的数值。

3. 到发线有效长度

客货共线铁路到发线有效长度一般是车站到发线能停放货物列车而不影响相邻股道作业的最大长度。它对货物列车长度（牵引吨数）起限制作用，从而影响列车对数、运能和运行指标，对工程投资、运输成本等经济指标也有一定影响。货物列车到发线有效长度应根据运输需求和货物列车长度确定，且宜与邻接线路的到发线有效长度相协调，并应采用1050m、850m、750m、650m、550m等系列值。

改建既有线和增建第二线的到发线有效长度采用上述系列值引起较大工程时，可根据实际需要计算确定。

客运专线（高速铁路）到发线有效长度一般由列车长度和列控安全长度确定，有650m、600m、550m、500m、450m、400m等系列。牵引质量不是重要因素。

(二) 影响通过能力的主要技术标准

1. 正线数目

单线和双线铁路的通过能力悬殊，双线的通过能力远远超过两条单线的通过能力，而双线的投资比两条平行单线少约30%，旅行速度比单线高约30%，运输费用低约20%。可见，运量大的线路修建双线是经济的。

平原、丘陵地区的新建铁路，远期年客货运量大于或等于35Mt/a，山区新建铁路远期年客货运量大于或等于30Mt/a时，宜按双线设计，分期实施；近期年客货运量达到上述标准者，宜一次修建双线。远期年客货运量虽未达到上述标准，但按国家要求的年输送能力和客车对数折算的年客货运最大于或等于30Mt/a时,宜预留双线。

2. 车站分布

车站分布距离的长短决定列车在站间的往返走行时分,从而影响通过能力。车站分布距离影响车站数量,故对工程投资有较大影响,且影响起停次数和旅行速度,故对运营支出有直接影响。

车站分布必须满足国家要求的年输送能力和客车对数,并应考虑站间通过能力的均衡性。在站间通过能力设计中,电力牵引的单、双线铁路需分别扣除90min与120min的日均综合维修"天窗"时间;内燃牵引的单线铁路日客货行车量超过30对、双线铁路超过80对时,需扣除30min日均综合维修"天窗"时间。

新建单线内燃牵引铁路站间距离不宜小于8km,电力牵引不宜小于10km;新建双线内燃牵引铁路不宜小于15km,电力牵引不宜小于20km;客运专线(高速铁路)30~60km为宜,设计速度越高站间距越大。

3. 闭塞方式

铁路为了保证行车安全、提高运输效率,利用信号设备等来管理列车在站间运行的方法称为闭塞方式。闭塞方式决定车站作业间隔时分,从而影响通过能力。我国铁路的基本闭塞方式有自动闭塞和半自动闭塞,电气路签已经不再使用了。

(1) 自动闭塞

自动闭塞时,客货共线铁路区间被分为若干闭塞分区(图3-1),进一步缩短了同向列车的行车间隔距离。列车运行完全根据色灯信号机的显示:红色灯光表示前方的闭塞分区被占用,列车需要停车;黄色灯光表示前方只有一个闭塞分区空闲,要求列车减速;绿色灯光表示前方至少有两个闭塞分区空闲,列车可以按规定速度运行。由于信号的显示完全由列车所在位置通过轨道电路来控制,所以称自动闭塞。为保障安全,现在闭塞增加一个绿黄分区。

图3-1 自动闭塞分区

单线上使用自动闭塞,可以提高通过能力,但效果不显著。双线采用自动闭塞可使两列同向列车的追踪间隔时分缩短8~10min,通过能力达100对/d。

自动闭塞与调度集中配合,可使所有车站的道岔和信号均由调度员实行远程集中控制,从而加强行车组织的计划性和灵活性,使行车更为安全,并能提高通过能力。

在调度集中的基础上,利用电子计算机进行列车调度工作,构成行车调度自动控制系统,称为行车指挥自动化。在列车对数大量增加和行车速度不断提高的情况下,行车指挥自动化对提高通过能力和保证行车安全,均具有显著的优越性。

(2) 半自动闭塞

半自动闭塞是闭塞机与信号机发生联锁作用的一种闭塞装置。列车进入区间的凭证是出站信号机显示绿灯,但出站信号机受闭塞机的控制,只有在区间空闲、双方车站办理好闭塞手续之后,出站信号机方能再次显示绿灯。

采用半自动闭塞时,因列车进入区间凭证是信号机的显示,省去了向司机递交路签的时间,从而缩短了列车在车站接发车作业时分,提高了通过能力。

单线线路远期应采用半自动闭塞,双线线路应采用自动闭塞。一个区段内应采用同一闭塞类型。

(三)影响行车速度的主要技术标准

1. 最小曲线半径

最小曲线半径是设计线采用的曲线半径最小值,最小曲线半径不仅影响行车安全、旅客舒适度等行车质量指标,而且影响行车速度、运行时间等运营技术指标和工程投资、运营支出、经济效益等经济指标。

最小曲线半径应根据铁路等级、路段旅客列车设计行车速度和工程条件比选确定,且不得小于《线规》规定值。

2. 机车交路

铁路上运转的机车都在一定区段内往返行驶。机车往返行驶的区段称为机车交路,其长度称为机车交路距离。机车交路两端的车站称为区段站,机车交路距离影响列车的旅途时间和直达速度。

区段站按工作性质和设备规模分为机务段(基本段)和折返段。机务段配属有一定数量的机车,担任其相邻交路的运转作业,并设有机车整备和检修设备,配属本段的机车在此整备、检修,隶属本段的机车乘务组在此居住并轮换出乘。折返段设在机车返程站上,不配属机车。机车在折返段进行整备和检查,乘务组在此休息或驻班。此外,机务设备还有担任补机、调机或小运转机车整备作业的机务整备所和担任折返机车部分整备作业的折返所。

由于交路类型、运转方式和乘务制度不同,机车交路有多种形式,如图3-2所示,其交路距离也各不相同。

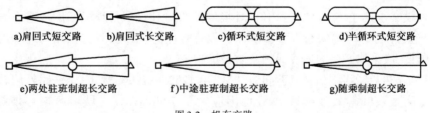

图3-2　机车交路

(1)机车交路类型

长交路:一个单程交路由一班乘务组承担。

短交路:一个往返交路由一班乘务组承担。

超长交路:一个单程交路由两班乘务组承担。

(2)机车运转方式

肩回式:机车返回区段站均要入段整备。

循环式:机车在相邻两个短交路内往返行驶,在区段站上机车不摘钩,在到发线上整备。

半循环式:机车在相邻两个短交路内往返行驶,每一循环入段整备一次。

(3) 乘务制度

铁路运输乘务组主要由司机、检修人员、服务员等组成。乘务组连续工作时间包括在本段或外段作业停留时间和出、退勤时间。司机实际驾驶机车的时间一般应小于6h,最长不得大于9h。

铁路运输乘务制度有包乘制和轮乘制两种。

包乘制:主要适用于蒸汽机车的乘务,原则上是三班包乘,若乘务组全月工作时间超过规定,则用三班半制调节。随着蒸汽机车被淘汰,包乘制也被淘汰。

轮乘制:不固定乘务组,由不同乘务组分段轮流出勤。采用轮乘制的铁路相应采用超长交路和电力或内燃牵引。采用超长交路和轮乘制,可以缩短机车在区段站非生产停留时间,加速机车车辆周转,机车日车千米客运可提高40%以上,货运可提高8%以上,运输成本显著降低。目前,我国铁路已广泛使用轮乘制度。

(4) 机车交路距离

机车交路距离的长短主要由交路类型决定,主要与机车乘务组连续工作时间和列车旅行速度有关,并受牵引种类、机车类型、车流特点、乘务制度、线路条件、路网结构、机务设备布局等因素影响。究竟采用多长的机车交路,应进行技术经济比选,并尽量采用较长的交路距离。

我国普速铁路的机车交路距离:短交路一般为 70~120km,长交路一般为 150~250km,超长交路可达 300~500km。高速铁路多采用超长交路,交路距离可达 4000km 或更长。

## 四、环境保护设计原则

### (一) 环境保护的重要性

铁路虽然在土地占用、能源利用、环境污染与生态影响方面优于其他运输方式,但对人类的生存环境仍会带来一定的影响,主要表现在噪声、振动、电磁干扰、大气环境、水环境及生态环境污染等方面。

铁路建设必须遵守《中华人民共和国环境保护法》《建设项目环境保护管理条例》《建设项目环境保护设计规定》和《铁路工程环境保护设计规范》等法规,为把铁路对环境的不利影响降到最低限度,应采取必要的环境保护及防护措施。

现行《铁路边界噪声限值及其测量方法》(GB 12525—1990)规定:距铁路外侧轨道中心线 30m 处的昼间及夜间等效连续 A 声级均不应大于 70dB(A)。《城市区域环境振动标准》(GB 10070—1988)规定:铁路两侧振动标准为昼间、夜间均为 80dB。

### (二) 铁路建设的环境保护措施

根据环境保护有关规定,在铁路规划与设计中宜采取以下环境保护措施。

1. 主要技术标准选择

(1) 牵引种类

电力牵引热效率高,能源利用合理,且可实现零排放、无污染,条件允许时,宜优先采用电力牵引,但因电力牵引时,大功率传输导线中的强电流及集电弓与接触网的离合对周围产生较强的电磁干扰,影响铁路通信、信号设备的正常工作,也给沿线精密电子设备和数字化自控设备的正常使用带来不利影响,故应采取防电磁干扰措施。

内燃牵引需用昂贵液体,蒸汽牵引机车(已停产)热效率低、能耗大。两种牵引均排放有害气体,蒸汽机车的烟尘、炉渣、油污、废水等也为主要污染源,采用内燃、蒸汽牵引时,应采取相应的环保措施。

(2)最大坡度与最小曲线半径

最大坡度与最小曲线半径标准应与地形相适应,以减少展线长度,减少高填、深挖,从而减少铁路用地、节约用地、少占良田,不过多破坏植被,减少局部水土流失,减轻对坡面稳定性的影响,以维护生态环境。

2. 选线设计

(1)走向选择应避免穿越密集的居民点,要结合城乡建设规划,配合城乡发展。

(2)新建铁路应避免破坏自然景观、人文景观、文物古迹及文化遗产。

(3)应注意资源保护,线路位置不宜覆盖矿产与生态资源。

(4)有配属内燃机车、蒸汽机车的车站,其站址应选在城镇主导风向的下游,以减少有害气体及烟尘对城镇的危害。

3. 路基设计

(1)土石方调配宜移挖作填,减少取、弃土石方,合理选择取、弃土场地,避好就劣,少占耕地。

(2)路基两侧征地范围内宜植树种草,搞好绿化,维护生态环境。

4. 桥涵设计

(1)桥涵位置及孔径应尽可能满足农田排灌和防洪、排洪要求,确保宣泄通畅,上下游做好铺砌,防止冲刷造成水土流失。

(2)保持天然径流流向及状态,尽量不改沟并沟。

(3)城镇附近宜避免采用钢梁桥,以减少噪声、振动。高架桥梁应避免破坏都市景观。

5. 隧道设计

(1)贯彻"早进晚出"原则,洞口避免高边坡、高仰坡,尽量少破坏山体平衡。

(2)隧道出渣应移作路基填料,避免弃渣堵塞河道,挤压河床。

(3)内燃机或蒸汽机牵引的隧道,应改善通风条件,以减少洞内废气污染。有条件时隧道应设在直线上,洞内地下水不发育时纵断面宜设计为一面坡,以利于烟尘排放。

6. 轨道设计

(1)无缝线路可减少振动和噪声,原则上选用无缝线路。

(2)为减少振动与噪声,有条件时宜用减震轨道结构。

7. 交叉设计

合理设置平交道口,方便人、畜、车辆通行,自然保护区宜设置野生动物通道。有条件时,应结合农田排灌与通行需要设置立体交叉。

**8. 车站及机务段等设计**

大型客货运车站,以及机务段排出的生产与生活污水及垃圾应加以处理,达标后才允许排放,避免污染附近水源,破坏水环境。

# 第二节 主要自然条件下的选线原则

## 一、河谷地段

沿河而行的路线称为河谷线。在路网中,以前河谷线路占有较大的比重。沿河谷选线有下列优点:

(1) 河谷纵坡为单向坡,可避免线路出现逆坡,且可利用支流侧谷展线。

(2) 多数城镇位于河谷阶地,在阶地设站,可更好地为地方服务。

河谷线也存在占用农田较多、弯曲河流可能引起线路延长、山区河流的横坡陡峻和地质不良等缺点。

沿河谷选线要着重解决好以下三个问题。

### (一) 河谷选择

在大面积选线时,为了选出合理的线路走向,要认真研究水系的分布,优先考虑接近线路短直方向的越岭垭口和垭口两侧的河谷,尽量利用与线路走向基本一致的河谷。

在选择河谷时,还要注意寻找两岸开阔、地质条件较好、纵坡及岸坡较平缓的河谷。

河谷纵坡的大小对最大坡度($i_{max}$)选定有较大的影响。各种河流的纵坡变化较大,一般情况下,上游河段比下游河段纵坡陡。因此,对于平缓河段,选用的限制坡度宜接近或略大于河谷纵坡,而对于个别纵坡较陡的河段,则可采用展线或加力牵引坡度的方法。

### (二) 岸侧选择

河谷两岸条件常有差别,应结合地形、地质、水文、农田及城镇分布情况,选择有利岸侧选线。但有利的岸侧不会始终局限于一岸,应注意选择有利的地点跨河改变岸侧。例如成昆线在沿龙川河红江到广通118km线路中,为了交替利用左右岸较好的地形和地质条件,共建龙川河大桥49座。在沿山区河谷选线时,遇到稍长的隧道,可考虑一次或两次跨河的方案。在图3-3中,线路沿右岸设隧道或建桥改变岸侧就形成两个方案,应结合其他条件进行比选。

影响岸侧选择的主要因素有三个。

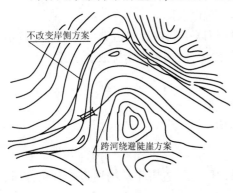

图 3-3 线路比选

### 1. 地质条件

河流两岸的地质条件常为岸侧选择的决定因素。沿河线路如遇不良地质,应通过跨河绕避与整治措施的比较确定岸侧。

在山区河谷中,如山体为单斜构造,应注意岩层的倾向。如图3-4所示,虽然左岸地面横坡较缓,但因岩层倾向河谷,容易产生顺层滑坡,反不如将线路设在横坡较陡,但山体稳固的右岸为好。

局部不良地质(如滑坡、崩坍、岩堆等)地段,影响岸侧选择,应进行综合整治、隧道绕避或跨河绕避等方案比较确定。

### 2. 地形条件

当河谷两岸地质条件较好或差异不大时,线路应选在地形平坦顺直、支沟较少和不受水流冲刷一岸的阶地上,如图3-5所示。当需要展线时,应选择在支沟较开阔、利于展线的一岸。一般来说,河谷两岸的地形条件易于识别,但地质条件则较为隐蔽,若疏忽地质条件,则可能造成不良后果。

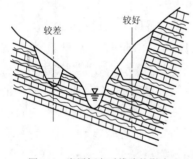

图3-4 岩层倾向对线路的影响

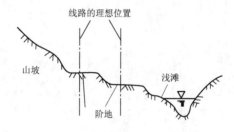

图3-5 河岸上线路位置的选择

### 3. 农田及城镇分布条件

线路一般应选择在居民点和工矿企业较多、经济较发达的一岸,使铁路便于为地方服务。但为避免大量拆迁民房和不妨碍城镇发展等,也可能需要绕避,应根据具体情况,征求地方意见,慎重取舍。河谷中遇有引灌渠道与线路平行时,若两岸地形、地质条件差不多,宜各走一岸,避免干扰。当必须选在同一岸时,线路位置最好设于灌渠上方。若铁路与公路频繁干扰,可改移公路或分设两岸。

### (三)线路位置的选择

沿河谷选线,线路位置往往相差几十米甚至几米,会对铁路的安全和工程量产生很大影响。应合理选择线路位置,可分三种情况加以分析研究:

(1)河谷较开阔,横坡较缓且地质良好时,理想的线路位置为不受洪水冲刷的阶地,如图3-5所示。

(2)河谷狭窄,横坡较陡,且地质不良时,可以考虑顺河建桥,但必须进行方案比选。

例如,成昆线铁马大桥位于牛日河左岸乃托站南端,原设计线路靠山,山坡高达400~500m,横坡达30°以上,松散的碎石土较厚,基岩也比较破碎,山坡处于极限平衡状态,且有几处表土坍塌、古滑坡、冲沟,威胁施工及运营安全。最后决定将线路外移至河谷阶地上,建顺河桥通过,如图3-6所示。

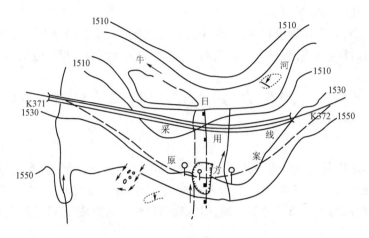

图 3-6　牛日河修建顺河桥方案

(3)河谷十分弯曲时,可以根据山咀或河湾的实际情况,采取沿河线行或取直方案。

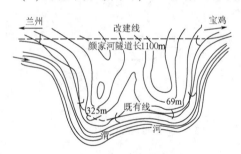

图 3-7　线路绕向与截弯取直图

①线路遇到山咀时有两种选线方案:一是沿山咀线行,线路较长,在紧坡地段有利于争取高度,但易受不良地质危害和河流冲刷的威胁,线路安全条件差;二是以隧道取直通过,线路短直,安全条件好,对运营有利,但工程投资较大。两者应比选决定。

例如,宝天线颜家河一段线路如图3-7所示,原系沿山咀线行,由4~5个小半径曲线组成。既有高填深挖,又有两座隧道,其中一座隧道进口因岩石风化,危岩落石严重,需接明洞50m,另一隧道出口处及路基,因受渭河主流冲刷,需修建河岸防护工程。1955年宝天线改建时,将线路取直,以1100m颜家河隧道穿过山咀,线路缩740m,年运营费减少4.6万元,线路病害得到根治,运营条件明显改善。

②当线路遇到河湾时,有沿河线行、建桥跨河及改移河道三种方案,如图3-8所示。沿河线行方案,线路迂回较长,岸坡一般陡峭,水流冲刷严重,路基防护工程量大,线路安全条件差;跨河建桥方案比较顺直,线路短,安全条件好,但两座桥的工程量较大;改河方案也可使线路短直,但改变了天然河槽,仅在地形条件好,能控制洪水流向,且土石方工程量不太大时才有利。方案的取舍应通过技术经济比较确定。

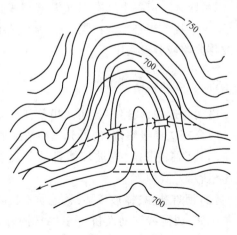

图 3-8　河湾地段选线方案

## 二、越岭地段

当线路需要从某一水系(河谷)转入另一水系(河谷)时,必须穿越分水岭,如宝成线横越秦岭,川黔线过娄山山脉,成昆线翻越小相岭,都是越岭地区选线的实例。越岭地区高程障碍大,一般需要展线,地质复杂,工程集中,对线路的走向、主要技术标准(特别是限制坡度和最小曲线半径)、工程数量和运营条件等影响极大。所以应大面积选线,认真研究,寻找合理的越岭线路方案。

越岭线路通常是沿通向分水岭垭口的河谷足坡选线,并以隧道(地形有利时用路堑)越过垭口,再沿分水岭另一侧的河谷向下游选线,如图 3-9 所示。越岭线路应解决的主要问题为越岭垭口选择、越岭高程选择和越岭引线选线。

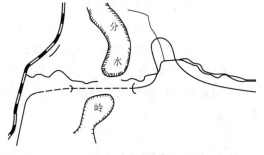

图 3-9 越岭线路

1. 越岭垭口选择

垭口是越岭线路的控制点,一般宜选择下列越岭垭口:

(1) 高程较低、靠近短直方向。
(2) 山体较薄。
(3) 地质条件较好。
(4) 引线条件较好。

同一垭口并非同时具备上述各条件,此时,应精心比选,找出最合理越岭垭口。

2. 越岭高程选择

越岭垭口一般都用隧道通过,越岭高程选择,就是越岭隧道高程与隧道长度选择。

高程越高隧道越短,但两端引线越长。就工程而言,理想的越岭高程应使引线和隧道总的建筑费用最小;就运营而言,越岭高程越低,引线越短越有利。垭口两侧的地面坡度多为上陡下缓,故选择隧道高程多以地面坡度陡缓过渡部分作为研究的基础。有时,隧道高程过高,隧道缩短有限;高程过低,则隧道急剧加长,且可能受洞口洪水位控制。

越岭隧道的合理高程与长度的选择,除取决于垭口的高程、地面自然坡度、地质条件外,还与设计线的运量、限制坡度(或加力牵引坡度)以及隧道施工技术水平有关。

设计线的运量大、限坡小时,宜采用高程低的长隧道方案。

隧道施工的技术水平是越岭高程选择的重要因素。中华人民共和国成立初期,由于受隧道施工技术水平的限制,越岭隧道长度一般控制在 2km 左右;随着施工技术水平的提高,隧道长度也在增加,但不超过 7km。因此,在越岭地区,常常不得不采用大量的人工展线以争取高度,致使线路盘旋于崇山峻岭,桥隧工程密集,既耗费巨额工程投资,又严重恶化运营条件。到 20 世纪 80 年代,京广铁路南段修建第二线,对坪石乐昌间沿武水狭谷的一段线路裁弯取直,选定了长达 14.3km 的大瑶山双线隧道,是我国特长隧道施工技术的新发展,为今后在越岭地区选线时合理选用高程低、坡度缓、运营条件好的长隧道方案提供了范例。

3. 越岭引线选线

越岭引线选线时，应注意下列几点：

(1) 结合地形条件选择合理的最大坡度（限制坡度或加力牵引坡度）。越岭地区高差大，为避免大量展线，除应研究低高程的长隧道越岭方案外，还应与采用较陡坡度（采用多机牵引或大功率机车）的方案进行技术经济比较。

(2) 为了控制合理的展线长度，应从垭口往两侧（从高处往低处）选线，以避免展线不足或过长。由于垭口两侧自然坡度上陡下缓，在上游应尽量利用支沟侧谷合理展线，使线路尽早降入主河沟的开阔台地。

(3) 垭口附近地形尤为困难，在有充分依据时，引线可合理选用符合全线标准的最小曲线半径。

## 三、平原、丘陵地区

平原地区地形平坦，丘陵地区丘岗连绵，但相对高差不大，一般工农业都比较发达，占地及拆迁问题比较突出，地质条件比较简单，但水文条件可能复杂。因此，在平原、丘陵地区选线，应着重解决好下列问题。

1. 线路要尽量顺直

平原地区地形平坦，地质条件相对一致，只要是不受地物影响，线路应尽量顺直，以缩短线路长度，减少工程数量。

2. 正确处理铁路与行经地区的关系

(1) 平原、丘陵地区城镇密布，工农业发达，城镇内外的道路、沟渠、电力线路等纵横交错，选线路位置时，应尽量减少拆迁和占地；在地形有利时铁路宜靠近山坡，并应尽可能减少现有道路、沟渠、电力及通信线路和管道系统的改移。

(2) 车站（尤其大型客、货站）分布应结合城镇规划，既要方便地方客货运输，也要充分发挥铁路运营效率；设站不应过密，也不宜为靠近城镇而过分迁回线路。

(3) 为方便沿线交通并确保铁路行车安全，要认真布置好沿线的道口和立交桥涵，并以交通量为依据确定其修建标准。有条件时，可加大排洪桥涵孔径，并修建路面兼做立交桥涵使用。

3. 注意适应水文条件的要求

平原和低级丘陵地区易受洪水泛滥的危害，线路高程应高出规定。跨河桥梁孔径不宜压缩，路基应有足够的高度，并做好导流建筑物与路基防护工程。

## 四、不良地质地区

线路行经地区的工程地质条件对铁路建筑物的稳定性和经济合理性有重大的影响，在线路方案选择、工程设计与施工中，必须给予足够重视。中华人民共和国成立前修建的宝天线，因忽视地质条件,不少地段出现崩塌、滑坡、路基变形等问题,经常危及行车安全,有时造成重大灾害。中华人民共和国成立后耗费了大量劳力和资金进行改线和整治。

1970年建成通车的成昆铁路地处西南山区,沿线地质构造极为复杂,不良地质现象十分严重,号称"地质博物馆",但由于吸取了以往的经验教训,十分重视地质工作,在工程地质问题的处理上采取了很多有效措施,通车运营后,灾害较少。

不良地质地区的选线,应做好以下三方面工作。

1. 掌握区域地质情况

在大面积选线和线路方案比选中,要了解区域地质情况,根据地质构造特征,慎重研究线路方案。地形、地质条件与工程地质特征都与区域地质构造有关,搞清线路通过地区的区域地质情况,才能深刻认识和理解沿线工程地质特征,掌握不良地质现象的分布和发展规律,预见各个地段可能发生的工程地质问题,这是选好方案和正确解决有关工程地质问题的基础。

例如,成昆线南段金沙江河谷三堆子至江头村长80km的一段线路,平行于元谋—绿汁江大断裂带,如图3-10所示,位于江的左岸,破碎带宽达500余m,河谷两岸山坡陡峻,岩层破碎,崩塌、岩堆、泥石流等不良地质现象极为发育,该段历史上曾发生过多次强烈地震。严重的地质问题成为选择线路方案的决定性因素。经地质勘察和慎重研究后认为,从两岸地形、地貌和各种不良地质现象的规模与活动性来看,右岸好于左岸,并因相对远离了大断裂带,避开了左岸严重不良地质地段。为绕避右岸的重大不良地质危害,有针对性地研究了80多个局部线路方案,或结合河道弯曲以较长隧道取直线路,或内移做较长隧道绕避开山坡不稳定的地段(其中有10座隧道共长30km是为了避开不良地质而修建),或外移做桥跨越泥石流沟,再结合其他有效的工程措施,使不良地质问题得以逐一解决。

图3-10 线路绕避断裂带

2. 合理绕避不良地质地段

线路行经不良地质地段时,要进行深入的调查研究,针对每段不良地质现象的规模、成因、发展状态、对铁路的危害以及整治的难易程度等,经过分析比较,确定采用绕避或整治措施。对规模较大,正在活动、整治困难、严重危及行车安全的不良地质地段应尽量绕避。对规模不大的不良地质,如绕避投资增加不多,也宜绕避,以利于施工、养护和行车安全。采取绕避措施应注意如下几点:

(1)在河谷地区沿山坡选线,因严重不良地质难以用路基通过时,可局部移动线路位置,或外移建桥或内移修隧道。外移建桥时,要注意墩台基础和桥头陡坡路堤的稳定性。内移修建隧道时,线路应避免选在傍山浅埋、偏压较大的位置或片面缩短隧道。必要时应早进洞、晚出洞。

(2) 当局部移动不能彻底绕避不良地质而可能留有后患时,可与较长线路的绕避方案(包括跨河建桥方案)进行技术经济比较。河谷线可根据两岸地质情况多次跨河,把线路选在有利河岸。线路高程不宜太高。

**3. 采用工程措施彻底整治**

对规模不大,稳定性较好,整治较易的不良地质地段宜选择有利部位、合理高程通过,并选用有效和经济合理的综合工程措施彻底整治。

## 五、水库地区

水库地区的选线,除线路高程必须保证至少高出水库最高水位(加波浪侵袭高)0.5m外,还要研究水库坍岸、水库淤积和地下水壅升三个问题,并处理好铁路建设与水库规划的关系。

**1. 水库坍岸**

新建水库蓄水以后,因风浪冲击、水流侵蚀和水位涨落等原因会引起库岸坍塌,选线前应判明可能产生坍岸的地段及其影响范围,应将线路定在坍岸范围之外,如图 3-11 所示。当不能绕避时,则应对可能发生坍岸的岸坡采取防护和加固措施,确保铁路安全。

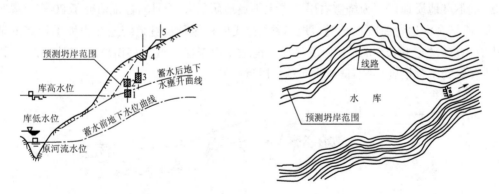

图 3-11　水库坍岸对线路的影响

注:位置 1 高程太低,地下水位壅升后建筑物受影响;
　　位置 2 坍岸后隧道偏压严重;
　　位置 3、4、5 符合要求。

线路跨越库岸支沟时,也应根据岩土性质和横坡大小,估计坍岸的可能性或可能出现的不良地质现象,结合桥涵布置,正确选择线路位置和路基防护及加固措施。

**2. 水库淤积**

水库回水范围内,水流受阻而使流速变缓,会导致大量泥沙淤积,特别是含沙量大的河流,淤积速度更快,使回水区内的水位抬高。因此,跨越水库回水区的线路,也要相应地提高设计高程,以保证必要的路肩高度和桥下净空。

然而,水库岸边某些地段因水流由急变缓形成的淤积对库岸有防护作用,线路在这样的岸边通过对安全是有利的。

3. 地下水壅升

水库蓄水后,地下水位壅升,造成湿陷、翻浆、沼泽化或诱发滑坡、崩塌等地质灾害,也有可能使建筑物基底承载力降低,从而使建筑物产生变形而遭到破坏。因此在水库区选线,还应考虑地下水位壅升后的影响,如图 3-11 所示。

4. 正确处理铁路建设与水库建设的关系

远期规划水库因工程尚未施工,为节约铁路投资,经比较可考虑暂按无水库影响进行选线,但需取得有关方面的同意。在水库修建计划已落实的情况下,宜配合水库建设的要求进行选线。

当线路从水库堤坝下游穿过而大坝采用的洪水频率标准又低于铁路标准时,为避免危及铁路安全,线路应尽可能远离坝址,或者和有关部门协商加固堤坝。若大坝采用的洪水频率不低于铁路的设计高程,可不考虑溃坝的影响,但线路位于大坝下游时,仍应离开水坝一定距离,以免集中冲刷引起河槽变形而危及铁路的安全。

# 第三节 桥涵、隧道及道口地段的选线

线路与桥隧建筑物是互相依存的整体与局部的关系,必须综合考虑,慎重选择,保证这些建筑物的安全和经济合理。一般来说,数量众多的中小桥涵、隧道,随所选线路而布置,而特大桥和长隧道,因工程大、技术复杂,常常需要根据地形、地质和水文条件将线路做局部移动。

## 一、桥梁地段

桥梁地段的选线主要是解决好桥位选择与引线设计两个问题。桥位选择所考虑的主要因素可归纳为水文和地貌条件有利、工程地质条件较好以及满足选线的一般要求三个方面。

桥梁附近的路基设计如图 3-12 所示,路基高程应满足:

$$H_{min} \geq H_j H_L - H_g$$

式中:$H_{min}$——路肩设计高程(m);

$H_L$——梁底设计高程(m),其值按规定的洪水频率(Ⅰ、Ⅱ级铁路为 1/100,Ⅲ级铁路为 1/50)的设计水位与要求的净空高度决定,要求的净空高度可查有关部门颁发的标准;

$H_g$——梁底至轨底的高度(m);

$H_j$——轨底至路肩的高度(m)。

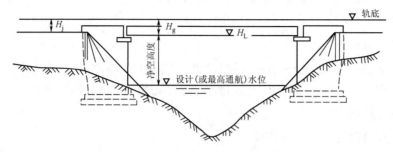

图 3-12　桥梁及桥头路基与水位的关系

大跨、高墩桥梁施工技术的进步,有利于在地形、地质复杂地区选择较理想的桥位。如狭谷地区山高谷深,采用大跨度桥梁可避开高墩和不良地质,而大跨高桥的采用,还可减少展线总长度。

在桥隧毗连地段,线路平面、纵断面设计应与桥隧方案选择综合考虑,如采用架桥机架设桥梁时,线路平面、纵断面设计和隧道洞门的位置应考虑架桥机架梁时施工的安全与便利。决定设计高程时,除应满足桥下净空要求外,还应注意隧道施工弃渣的影响。

## 二、涵洞地段

涵洞是位于路堤填土内孔径不大于 6.0m 的排洪、灌溉或用于交通的建筑物。涵洞的数量很多,每千米约 25 座。在选线时,要解决好涵洞的分布、类型选择和路堤高度等问题。

(一) 涵洞的分布

涵洞的分布一般应根据现场勘察来确定,尤其是影响农田灌溉和人畜交通的涵渠必须与当地政府有关部门协商确定。凡线路跨越的水沟,一般都应设置涵洞或小桥。

天然沟谷的平面和纵坡一般不宜轻易改动。只有当沟谷洪水流量较小,改沟工程量不大,且不致产生淤塞或冲刷时,才允许将水流引向邻近的桥涵排出。

平坦地区沿线很长的地段设有明显河沟时,可考虑在有利排洪的地点设置涵洞,使桥涵的距离适当,排洪通畅,确保路基安全。

(二) 涵洞类型和孔径的选择

涵洞类型及孔径大小一般按标准设计图进行选择,要点如下。

1. 流量大小和路堤高度

流量较小时,可用钢筋混凝土圆形涵洞;流量较大时,宜用混凝土箱涵、石砌或混凝土拱形涵洞。

流量较大而路堤高度较低时,可采用盖板箱涵,或双孔、多孔涵洞。如仍不能满足流量要求时,宜采用小桥。

2. 地质条件

拱涵需要坚实的地基,以免不均匀沉陷引起建筑物的损坏。单孔圆涵和盖板箱涵对地基适应性强,后者也适用于松软地基。

遇含砂石量较大,容易淤塞的涵洞时,应加大孔径或改用小桥,泥石流沟不宜采用涵洞。

3. 施工和维修条件

当地石料丰富时可采用石砌拱涵,获取砂石方便时,也可以采用混凝土拱涵,以降低成本,节约钢材、水泥。

钢筋混凝土圆涵可在制品厂预制,运往现地安装,施工简便,进度快,在石料缺乏地区也经济合理。

为施工方便,同一段线路涵洞类型不宜太多。

为了便于维修、养护、清淤,排洪涵洞的最小孔径不小于 1.0m。位于淤积较少的灌溉渠道上的涵洞,孔径一般不小于 0.75m,全长不宜超过 10m。

各式涵洞的长度应视其净高(或内径)h 按下列要求选定:

(1) $h = 1.0$m,长度不宜超过 15m。
(2) $h = 1.25$m,长度不宜超过 25m。
(3) $h \geq 1.5$m,长度不受限制。

4. 农业及交通要求

分布涵洞时,应力争不改变或少改变现有的灌溉系统,以免影响农用灌溉。灌溉涵洞的出水口高程应与当地农田水利部门协商确定。排洪涵洞还应考虑涵前积水不致淹没上游村舍农田。交通涵洞应尽力满足当地交通需要。

(三) 对路堤高度的要求

在选择排洪涵洞类型时,涵洞孔径主要根据规定的洪水频率(各级铁路为 1/50)的流量选用,并按下列条件验算路肩设计高程。

1. 水力条件

涵洞附近路肩设计高程应比规定洪水频率(Ⅰ、Ⅱ级铁路为 1%,Ⅲ级铁路为 2%)的设计水位连同塞水高度至少高出 0.5m,即要求路堤填土高度($h_{min}$)高出涵前积水高度($h_p$)至少 0.5m:

$$h_{min} \geq h_p + 0.5 \text{(m)}$$

2. 结构条件

为了改善洞身受力状况,涵洞顶上应有一定厚度的填土,以保证涵洞结构条件所需的最小路堤高($h_j$)。涵洞处自沟底起算的路堤填土高度($h_h$)应满足:

$$h_h \geq h_j \text{ (m)}$$

各种孔径涵洞相应流量的涵前积水高度和结构条件所需最小路堤高度,可从桥涵水文计算的有关手册中查到。

当纵断面设计的路堤填土高度不能同时满足上述两项要求时,可采取如下措施:

(1) 在满足设计流量的要求下,改用需要填土高度较小的涵管类型。

(2) 加大孔径降低积水高度,改单孔为双孔甚至多孔,但拱涵不得用3孔。
(3) 适当挖低沟底,适用于出口有较深或纵坡较陡的沟床。
(4) 改变纵断面坡度,提高路肩设计高程;或者改动线路平面,降低涵洞处地面高程。

## 三、隧道地段

### 1. 隧道工程的特点

铁路选线中,采用隧道是克服高程障碍、降低越岭高程、缩短线路长度和绕避不良地质的重要措施。合理设置隧道,是提高选线设计质量的重要环节。铁路选线时,遇到下述情况常用隧道通过:

(1) 线路翻越分水岭,在垭口修建隧道,即越岭隧道。
(2) 沿河傍山选线,或要求裁弯取直,或绕避不良地质而修隧道,即傍山隧道。

### 2. 隧道位置的选择

傍山隧道的位置选择应注意以下问题:

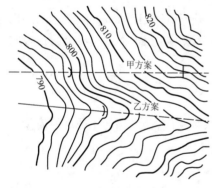

图3-13 沟谷洞口位置比较

(1) 埋藏较浅时,线路宜向内移,以避免隧道偏压过大。
(2) 应避开岩堆、滑坡等不良地质以及河岸冲刷、水库坍岸范围。
(3) 可结合当地的地形、地质情况和工程大小,进行裁弯取直的长隧道方案和沿河线方案的比较,如图3-13所示。
(4) 地形曲折、地质复杂时,河谷线常出现隧道群。在决定线路平面位置与高程时,要充分注意隧道施工期间的弃渣、排水和便道运输之间的相互干扰,并尽量减少对现有的水利、道路等设施的影响。

### 3. 隧道洞口位置的选择

洞口是隧道的薄弱环节,洞口工程处理不当,易产生病害,危及行车安全。隧道地段选线,应考虑下列因素,通过技术经济比较,认真选择洞口位置。

(1) 选择洞口位置宜贯彻"早进洞,晚出洞"的原则;避免片面追求缩短隧道长度,忽视洞口边坡稳定。不宜用深路堑压缩隧道长度,以免洞口边坡、仰坡开挖过高。一般情况下,边仰坡开挖高度不宜超过15~20m,围岩较差时不宜超过10~15m,围岩较好时也不宜超过20~25m。不应将洞口设在沟心,否则,不但工程地质条件差,且施工时排水和弃渣也较困难。因此,洞口线路一般选定在沟谷一侧。高速铁路隧道洞口常常外延出山坡。

(2) 洞口应尽可能设在山体稳定、地质条件较好之处,以保证洞口安全,否则应修建挡护工程或延伸洞口,增建明洞。

(3) 洞口宜设在线路与等高线正交或接近正交处。如采用斜交,则要修建斜交洞门或修建明洞。

## 四、道口设置

当铁路与道路相交时,为保证行车和人身安全,应设置平交道口或立体交叉。交叉的形式应根据铁路与道路的性质、等级、交通量、地形条件、安全要求及经济与社会效益等因素确定。近十几年来,新建铁路一般设置立体交叉,平交道口极少。

1. 立体交叉的设置原则

(1)高速铁路与其他铁路、公(道)等设施立体交叉时,宜采用高速铁路上跨的方式。

(2)高速铁路之间、其他铁路之间的立体交叉,应根据工程条件、线路安全性要求、施工对运营干扰等因素,宜选择较高等级线路上跨通过。

(3)铁路与公(道)路立体交叉时,宜采取铁路上跨的方式。

(4)铁路与输油、输气、输水管道等设施交叉时,应符合国家有关标准和规定。

2. 铁路与道路立体交叉的建筑限界

(1)铁路的建筑限界应符合《标准轨距铁路建筑限界》(GB 146.2—1983)规定。

(2)道路应符合《公路工程技术标准》(JTG B01—2014)、《城市道路工程设计规范》(CJJ 37—2012)、《厂矿道路设计规范》(GBJ 22—1987)建筑限界的规定。

(3)铁路立交桥下的乡村道路净空不得小于表 3-1 的规定。

立交桥下乡村道路净空(m)   表 3-1

| 通道种类 | 汽车及大型农机通道 | 机耕车和畜力车通道 | 人力车和人行通道 |
| --- | --- | --- | --- |
| 净宽 | 6.0 | 4.0 | 3.0 |
| 净高 | 4.5 | 3.5 | 2.5 |

注:1. 通行汽车及大型农机的乡村道路,特殊困难条件下净宽可减至 5.0m,净高可减至 4.0m;
 2. 特殊困难条件下机耕通道净高可减至 3.0m;
 3. 特殊困难条件下仅供人行的道路,净高可按不小于 2.2m 设计。

3. 道口设置条件

道口宜设在瞭望视距不小于表 3-2 规定的位置。

最 小 瞭 望 视 距   表 3-2

| 铁路路段速度(km/h) | 140 | 120 | 100 | 80 |
| --- | --- | --- | --- | --- |
| 火车司机最小瞭望视距(m) | 1200 | 900 | 850 | 850 |
| 机动车驾驶员侧向最小瞭望视距*(m) | 470 | 400 | 340 | 270 |

注:*指机动车在距道口相当于该级道路停车视距并不小于 50m 处,能看见两侧铁路上火车的范围。

线间距小于或等于 5.0m 的双线铁路道口,机动车驾驶员侧向最小瞭望视距应另加 50m,多线铁路道口按计算确定。

# 第四节 车站设计

铁路车站是为办理客货运业务而设置的建筑和服务设施,是铁路运输的基本生产单位。铁路运输的各种客货运作业,如旅客的乘降,货物的托运、装卸、交付、保管,都必须通过车站才能实现。铁路运输的各种技术作业,如列车接发、会让、越行,车列的解体、编组,机车和乘务组的更换等都是在车站办理的。

根据车站所担负的任务和在铁路运输中的地位,可以分成六个等级,即特等站、Ⅰ等站、Ⅱ等站、Ⅲ等站、Ⅳ等站、Ⅴ等站。车站按其技术作业和设备不同,可分为会让站、越行站、中间站、区段站、编组站和枢纽等。

## 一、会让站和越行站

### (一)会让站

1. 会让站的作业

会让站设在单线铁路上,主要办理列车的到发、会车、越行,也办理少量的客货运业务。因此,会让站应铺设到发线,并设置通信、信号及旅客乘降设备、办公房屋等。

2. 会让站的布置

会让站应采用横列式,可按图 3-14 布置。在特别困难条件下,可采用其他形式。

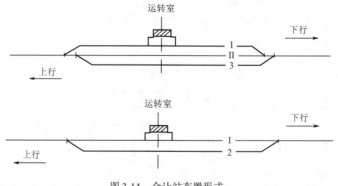

图 3-14　会让站布置形式

会让站宜设两条到发线,使车站具有三交会的条件;当行车量较小时可设一条。为使不正常情况时运输秩序影响范围不至过大,便于调整运行图,设置一条到发线的会让站连续布置不应超过两个。

当会让站设一条到发线时,其到发线宜布置在运转室对侧。其优点是便于利用正线接发通过列车,车站值班员可不跨越线路,也不被停留在到发线上的其他列车隔开,在基本站台上就可以办理正线列车通过作业;经由正线接发的旅客列车可停靠在基本站台旁,而不经过侧向道岔,列车运行平稳,旅客比较舒适。

横列式会让站设两条到发线时,以两条到发线分设正线两侧为宜,与两条到发线设于正线一侧相比站坪长度短,土石方工程量小,在单线发展为双线时,拆迁工程也较少。

会让站一般不设中间站台。若旅客乘降较多且远期发展快时,可设中间站台,其位置应设在旅客站房对侧到发线与正线之间。

纵列式会让站是将两条到发线纵向排列,并向逆行方向错移一个货物列车到发线有效长度。

(二)越行站

1. 越行站的作业

越行站设置在双线铁路上,主要办理同方向列车的越行,必要时办理反方向列车的转线,也办理少量的客货运业务。因此,越行站应铺设到发线,并设置通信、信号及旅客乘降设备、办公房屋等。

2. 越行站的布置

越行站应采用横列式,一般应设两条到发线,分设于正线两侧,以便双方向列车都能同时待避[图 3-15a)]。特殊困难条件下,可设一条到发线,设于两正线中间[图 3-15b)]。

越行站两端咽喉的两正线间应各设两条渡线,宜布置成"八"字形。特殊困难条件下,每端各设一条渡线时,渡线应朝向运转室,并应预留铺设第二条渡线的位置。交叉渡线养护维修不便,故仅在站坪长度受限制时采用。

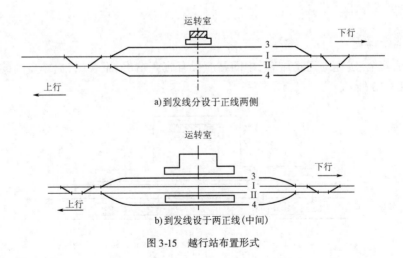

图 3-15 越行站布置形式

## 二、中间站

(一)中间站的作业

中间站一般办理以下作业:

(1) 列车的通过、会让和越行,在双线铁路上还办理调整反方向运行列车的转线作业。
(2) 旅客乘降和行李、包裹的收发与保管。
(3) 货物的承运、装卸、保管与交付。
(4) 零摘挂列车向货场甩挂车辆的调车作业。

有的中间站有工业企业线接轨,需办理取送车作业;蒸汽机车给水站需办理给水、清灰、检查作业;加力牵引起终点站及机车折返站需办理补机摘挂、待班和机车整备、转向等作业;在客货运量较大的个别中间站,还有始发、终到旅客列车及编组始发货物列车的作业。

(二) 中间站的布置

中间站应采用横列式。横列式布置具有以下优点:站坪长度短、工程投资少,在紧坡地段可缩短线路长度;车站值班员对两端咽喉有较好的瞭望条件,便于管理;无中部咽喉,可减少扳道人员;零担、摘挂列车调车时车辆走行距离短,节省运营费;到发线使用灵活,站场布置紧凑。在特别困难条件下,单线铁路中间站可采用其他布置形式。

纵列式中间站的特点是到发线纵向排列,有利于组织不停车会让,便于超长列车的会车,站坪宽度小,在地形狭窄时可减小工程量。但站坪长度较长,使紧坡地段延长线路,调车作业走行路线长,道岔分散,管理不便。

双线铁路中间站两端咽喉区的两正线间各设两条渡线,以满足调车作业、列车反方向运行以及双方向接发列车的需要,或因区间线路大修、线路临时发生故障和其他情况下采取运行调整措施,必须使一条正线上运行的列车转入另一条正线上继续运行。特殊情况下,当每端各设一条渡线时,应预留铺设第二条渡线的位置。当站坪长度受限制时,可采用交叉渡线。

(三) 中间站的主要设备

1. 客运业务设备

为了保证安全、迅速地运送旅客,中间站应设有旅客站房、旅客站台、站台间的横越设备及雨棚等,如图 3-16 所示。

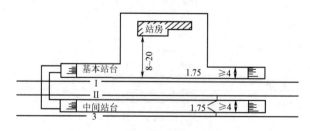

图 3-16　中间站客运设备(尺寸单位:m)

(1) 旅客站房

旅客站房是办理售票、候车和行包邮件承运、交付及保管的地方。中间站由于客货运量小、作业简单,往往将站长室、行李房、运转室合并于旅客站房内。

① 站房位置。站房应设在线路靠近市镇或居民区的一侧,并尽量位于车站中部,以方便旅客乘降。站房边缘距最近线路的中心距离一般不小于 15m。如因地形困难,也可采用较小距

离,但应保证在车站房范围内基本站台的宽度不小于6m,即站房距最近股道中心线不小于7.75m。

旅客站房一般应与基本站台在同一高度上。地形困难时,在保证值班员瞭望条件下,也可高于或低于基本站台。

②站房规模。中间站的旅客站房规模通常根据旅客最高聚集人数确定。最高集聚人数是指设计年度全年最高月的平均一昼夜同时聚集在车站的最高人数。

(2)旅客站台

旅客站台按其与站房和车站到发线的相互位置可分为基本站台和中间站台两种。靠近站房一侧的为基本站台,设在线路中间的为中间站台。不论是单线铁路还是双线铁路中间站都应设置基本站台。单线铁路中间站宜设置中间站台,双线铁路中间站应设置中间站台。中间站台一般应设在站房对侧的到发线与正线之间。

旅客站台的长度:应按旅客列车长度、零摘列车编组情况确定,一般不短于300m。

站台的宽度:基本站台在旅客站房范围内不应小于6m,其余部分不应小于4m。中间站台不应小于4m。站台上设有跨线设备时,站台应适当加宽。

旅客站台的高度:有高出轨面0.3m、0.5m和1.1m三种。在中间站上,旅客站台高度一般应高出轨面0.5m;邻靠正线及通行超限货物列车线路旁侧的旅客站台应高出轨面0.3m,仅在特殊情况下方可采用高出轨面1.1m的高站台。站台面横向排水坡度不宜过大,一般采用向站台边缘倾斜2%的坡度。

(3)跨线设备

站台间的跨线设备一般有天桥、地道、平过道三种。中间站一般多采用平过道,其宽度应不小于2.5m,数量应不少于两处;在旅客乘降人数较多的大型中间站,为确保安全,可根据需要修建天桥或地道等立体跨线设备。由于天桥遮挡行车视线,占用站台面积较多,故宜优先选用地道。天桥、地道的宽度一般不小于3m。

2.货运业务设备

为办理货物作业,应在中间站设置货场。

(1)货场位置

中间站的货场位置应结合主要货源、货流方向、环境保护、城市规划及地形、地质条件等选定。货场宜设于主要货物集散方向的一侧。当有大量散堆货物装卸时,可在站房对侧设置货物线,如图3-17所示。

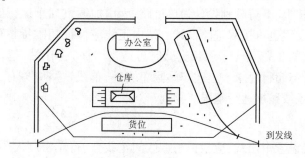

图3-17 中间站混合式货场

(2) 货物线

中间站货场内的货物线布置形式有通过式、尽头式和混合式三种。通过式两端均连通到发线,上下行调车作业灵活,易于管理,中间站多采用这种形式。尽头式货物线一端伸入货场,另一端和到发线连通,调车不够灵活,但线路布置可以多样化,适合货物作业量较大、货物线较多的车站。图 3-17 为中间站混合式货场布置图。

货物线有效长度应按货运量、取送车间隔时间确定,但最短不应小于 5 辆货车长度,即不短于 70m 货物线与到发线的间距应考虑货物线两侧堆放与装卸作业的需要,当线间有装卸作业时应不小于 15m,无装卸作业时不小于 6.5m。

(3) 货物仓库

中间站小型货场货物仓库宽度一般采用 9~12m,长度根据需要堆积货物的面积计算确定。为方便装卸作业,仓库应设在货物站台上。

(4) 货物站台

货物站台有普通站台和高站台两种。普通货物站台高出轨面 1.1m。高出轨面 1.1m 以上的为高站台。

(四) 车站线路设备

中间站的线路设备除正线外,还有站线(包括到发线、货物装卸线、牵出线和存车线)、特别用途线(安全线、避难线、与车站接轨的工业企业专用线)等。

1. 到发线

中间站的到发线数量不宜与列车对数有关,而与车站性质和作业量有密切关系。一般应设两条到发线,作业量较大时可设三条。下列中间站的到发线数量应予增加,规定如下:

(1) 枢纽前方站、铁路局分界站、中间给水站、补给始终点站和长大下坡的列车技术检查站、机车乘务员换乘站,可增加一条。

(2) 有两个方向以上的线路引入或岔线(包括专用线、支线)接轨的中间站,有零担、摘挂列车进行整编作业的中间站,办理机车折返作业的中间站,到发线数量可根据需要确定。

当车站同时具备上述两项及以上作业时,其线路数量应综合考虑,不必逐项增加。

中间站的到发线可设计为单进路或双进路。单进路系指每条到发线固定一个运行方向(上行或下行)使用,而双进路的每条到发线可供下行两个方向使用。双进路机动性大,但需要增加信号联锁设备。单线铁路到发线一般应按双进路设计,使列车办理运行调整有更大的灵活性;双线铁路宜按上、下行分别设计为单进路;为增加调整列车运行的灵活性以及方便摘挂列车作业,个别到发线也可按双进路设计。站内正线应保证超限货物列车通行。换挂机车的车站及区段内选定的 3~5 个(采用长交路时可适当增加)会让站、越行站或中间站应满足超限货物列车的会让与超行要求。上述车站除正线外,单线铁路应另有一条线路。双线铁路上、下行应各另有一条线路能通行超限货物列车。

2. 牵出线

中间站是否需要设置牵出线,应根据衔接区间正线数、行车密度大小、车站调车作业量以及货场设置位置等因素确定。牵出线的设置条件如下:

（1）单线铁路平行运行图列车对数在每天 24 对以上，双线铁路采用半自动闭塞或自动闭塞平行运行图列车对数分别每天在 54 对或 66 对以上，且调车作业量较大，或平行运行图列车对数虽低于上述规定，而调车作业量很大的中间站，均应设置牵出线。

（2）当中间站上有岔线接轨，且符合调车条件时，应利用岔线进行调车作业。

（3）行车量不大或作业量较小的单、双线铁路中间站，可利用正线进行调车作业。

（4）当利用正线或岔线进行调车作业时，进站信号机需外移，但外移距离不应超过 400m。其平纵断面及视线条件应适合调车作业要求。在困难条件下，曲线半径不应小于 300m，坡度不应大于 6‰。在特别困难条件下，坡度不应大于正线的限制坡度，且不应大于 12‰。

（5）牵出线的有效长度不宜小于该区段的货物列车长度的一半，在困难条件下或车站作业量不大时，不应小于 200m。

### 3. 安全线

安全线为进路隔开设备之一，是防止列车或机车车辆进入另一列车或机车车辆进路的一种安全设备。其有效长度一般应不小于 50m。下列地点需要设置安全线：

（1）岔线在区间与正线衔接处，如图 3-18a）所示。

（2）岔线在站内与正线或到发线衔接处，如图 3-18b）、c）所示。

（3）当进站信号机外制动距离内向进站方向为陡于 6‰的下坡道时，为使车站能办理相对方向同时接车和同方向同时接发列车，应在接车线末端设置安全线，如图 3-18d）所示，防止下坡进站的列车与其他列车碰撞。安全线可设计为平坡或面向道岔不大 3‰的反坡，应避免将安全线尽端设在高填方、桥头或建筑物附近，以免机车车辆脱轨时造成更大损失。

岔线与车站到发线接轨，当接轨处受地形条件限制或向车站方向为平坡或下坡道时，可设置脱轨器或脱轨道岔代替安全线。脱轨器设置如图 3-18e）所示。当站内有平行进路或隔开道岔并有联锁装置时，可不另设其他隔开设备。

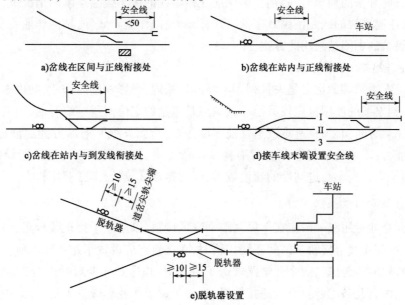

图 3-18 安全线和脱轨器设置（尺寸单位：m）

## 4. 避难线

在山岳或丘陵的陡坡地区，区间线路纵断面特殊不利时，为了防止在陡长下坡道上失控的列车发生冲突或颠簸，应根据线路情况，计算确定是否需在区间或站内设置避难线。避难线应设在陡长坡道的下方，依靠逐渐升高的位能来抵消失控列车的动能。

在相邻两车站站坪以外，站间线路的平均坡度大于或等于15‰时，应根据线路平纵断面，通过牵引计算进行失控列车的速度检算，确定是否需要设置避难线。

避难线的长度可根据站间坡道、列车质量、行车速度及制动能力等条件进行单独计算和设计。

避难线的位置应根据车站的作业性质、地形条件、站间通过能力以及失控列车进入避难线的最大速度等条件综合考虑。其设置位置有以下两种方案，如图3-19所示。

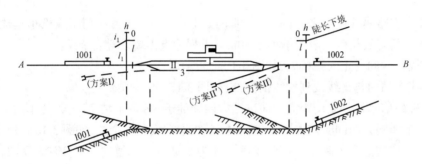

图3-19 避车线设置位置（尺寸单位：m）

（1）设在出站端（方案Ⅰ）

避难线设在出站端的优点是下坡列车不需站外停车，对站间通过能力影响较小。但办理由陡长下坡方向开来的列车时，必须在确认通往避难线的接车线路空闲的情况下，方可办理闭塞。因此，通往避难线的线路使用效率低，有时影响站内作业。此外，站内作业安全性较差，故多在作业不繁忙的中间站采用此方案。

（2）设在进站端（方案Ⅱ）

避难线设在进站端的优点是失控列车不易闯进站内，不影响站内作业，站内作业安全性较好，同时车站到发线的使用也比较灵活。其缺点是道岔的定位向避难线开通，当避难线未装设列车自动测速装置时，必须在避难线道岔前一度停车，待到发线开通后方能启动进站，不仅影响站间通过能力，增加列车起停车能时消耗及运营支出，而且列车一旦溜入避难线易堵塞站间。此外，由于失控列车在进站端的速度较大，因此避难线较长，工程费用较大。

## 5. 工业企业专用线接轨

新建工业企业专用线一般应在车站两端咽喉区接轨，以避免干扰正线行车；只有在特殊情况下，方可在区间正线上接轨。区间正线接轨时，在接轨点应设置车站或辅助所。

在车站接轨时应考虑工业企业铁路取送车的方便，并尽量减少对站内行车和调车作业的干扰。当车站内有几条工业企业铁路接轨时，为便于调车作业和减少干扰，宜集中在车站的一个区域内，通常与货场设在同一象限。在旅客列车停站较多的中间站上，不宜在站房同侧的到发线上接轨,以免行车相互干扰。城镇规划、厂矿企业位置、货流方向及地形条件等均会影响接轨位置。因此,在研究接轨方案时,应根据具体情况比选确定。

图 3-20 为几种接轨方案布置图。当厂矿企业位于站房同侧且地形条件有利时,可采用Ⅰ或Ⅱ接轨方案,Ⅰ方案为佳。当厂矿企业位于站房对侧时,可采用Ⅲ或Ⅳ接轨方案。

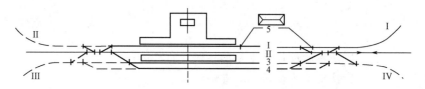

图 3-20　工业企业专用线、岔线接轨示意图

(五)股道、道岔的编号

在铁路车站内,除与区间直接连接的正线外,还设有站线及特殊用途线。为便于车站作业和设备维修管理,股道和道岔均应按规定统一编号。

股道编号:单线铁路从站房向对侧依次编号;双线铁路应从正线向两侧顺序编号,上行进路方向为双数,下行进路方向为单数。正线编号采用罗马数字,站线编号用阿拉伯数字。

道岔编号:以站房中心为界,由上行列车到达一端开始按双数编号,下行列车到达一端按单数编号。渡线道岔及相连接的道岔应尽量编为连续号码。在低等级铁路线上设有人工扳道道岔时,扳道房由下行到达一端顺序编号为 N1、N2、N3…直到车站另一端扳道房。

## 三、区段站、编组站和枢纽

### 1. 区段站

区段站是铁路网上牵引区段的分界处,是设有机务设备的车站,它的主要任务是为邻接的铁路区段供应及整备机车或更换机车乘务组,并为无改编中转货物列车办理规定的技术作业。此外,还办理一定数量的列车解编作业及客货运业务。在设备条件具备时,还可进行机车、车辆的检修业务。

### 2. 编组站

编组站是在铁路网上办理大量货物列车解体、编组作业,并设有较完善的调车设备的车站,一般设在干线交叉点或大中城市、工矿企业、港湾码头等车流大量集散的地区。

编组站和区段站的作业数量、性质、设备种类和规模均有明显区别。区段站以处理无改编中转货物列车为主,办理少量区段、摘挂列车的改编作业;而编组站以办理改编中转货物列车为主,编解各种货物列车和小运转列车,负责路网上和枢纽的车流组织,供应列车动力,对机车进行整备和检修,并对车辆进行日常维修和定期检修,作业数量和设备规模较区段站大。

### 3. 枢纽

在几条铁路干线相互交叉或接轨的地区,除编组站以外还建有几个专业车站或综合车站,统一指挥,分工合作,办理各种列车运转和客货运业务,这些车站连同该地区内的联络线及其他铁路设备统称为铁路枢纽,如陇海线和京广线交叉的郑州枢纽,陇海线和津浦线交叉的徐枢纽等。

　　铁路枢纽是随着铁路建设、城市和工业的逐步改扩建形成的,因此,枢纽的布置形式是多种多样的。按铁路枢纽范围内的专业车站和铁路线路在总图结构上的特点,分为一站枢纽、三角形枢纽、十字形枢纽、顺列式枢纽、并列式枢纽、环形枢纽、尽端式枢纽和混合式枢纽八种类型。

1. 铁路的设计年度是怎样划分的?
2. 铁路主要技术标准有哪些?
3. 简述线路的建筑组成。
4. 简述路基设计施工的四项基本原则。
5. 简述桥梁在线路中的作用。
6. 简述隧道在线路中的作用。
7. 简述车站在线路中的作用。
8. 简述中间站、区段站、编组站的作用。

# 第四章 CHAPTER FOUR
# 线路平面和纵断面设计

## 第一节 概述

如图 4-1 所示,线路中心线是用路基横断面上 $O$ 点纵向的连线表示的。$O$ 点为距外轨半个轨距的铅垂线 $AB$ 与路肩水平线 $CD$ 的交点。线路的空间位置是由它的平面和纵断面决定的。线路平面是线路中心线在水平面上的投影,表示线路平面状况。线路纵断面是沿线路中心线所作的铅垂剖面展直后线路中心线的立面图,表示线路起伏情况,其高程为路肩高程。

图 4-1　路基横断面

各设计阶段编制的线路平面图和纵断面图是线路设计的基本文件。各设计阶段的选线要求不同,平面图和纵断面图的详细程度也各有区别。图 4-2 为新建铁路概略选线的平面图和纵断面图。

概略平面图中,等高线表示地形、地貌特征,村镇道路等表示地物特征。图中粗线表示线路平面、标出里程、曲线要素(转角、曲线半径 $R$)、车站、桥隧特征等资料。

概略纵断面图的上半部为线路纵断面示意图;下半部为线路基础数据,自下而上标出线路平面、里程、设计坡度、设计高程、工程地质概况等栏目。

线路平面和纵断面设计必须保证行车安全和平顺,主要指不脱钩、不断钩、不脱轨、不途停、不运缓和旅客乘车舒适等,这些要求反映在《铁路线路设计规范》(TB 10098—2017,简称《线规》)的技术标准中,设计时要遵守《线规》规定。

平面与纵断面设计既应当减少工程数量、降低工程造价,又要为施工、运营、维修提供有利条件,节约运营开支。因此,设计时,必须根据线路行经地区的地形、地质特点,分析路段的具体情况,综合考虑工程数量、投资与运营成本、维修费用的要求,通过方案比较,正确处理两者之间的矛盾。

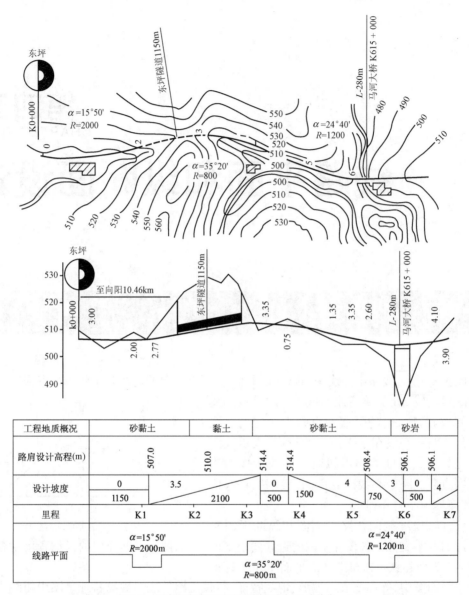

图 4-2 概略选线的平面图和纵断面图(尺寸单位:m)

# 第二节 区间线路平面设计

## 一、平面组成和曲线要求

线路平面由直线和曲线组成,铁路曲线由圆曲线和缓和曲线构成。

概略选线时,平纵面图中不加设缓和曲线,仅绘出圆曲线,如图 4-3a)所示。圆曲线要素

为偏角 $\alpha$、半径 $R$。

详细选线时,平纵面图中要绘出加设缓和曲线的曲线,如图 4-3b)所示。曲线要素为偏角 $\alpha$、半径 $R$、缓和曲线长 $l_a$、切线长 $T$ 和曲线长 $L$。

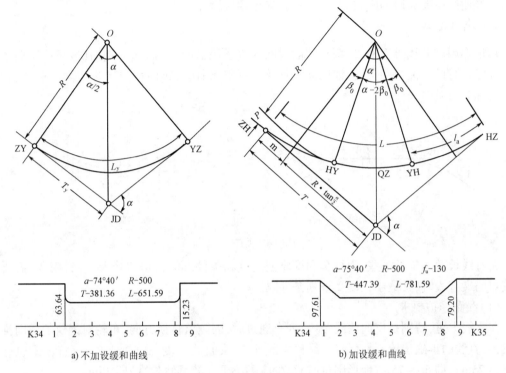

a) 不加设缓和曲线　　　　　b) 加设缓和曲线

图 4-3　铁路曲线

纸上选线时,采用"导向线法",即先在经济据点之间(平原地区),或者按限制坡度(紧坡地段)定出导向线,然后在相邻两直线之间加配圆曲线,并使圆弧与两侧直线相切连接,如图 4-4 所示。

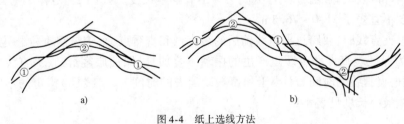

图 4-4　纸上选线方法
①-导向线；②-圆曲线

## 二、直线

**1. 直线位置**

(1)设计线路平面时,相邻两直线的位置不同,其间曲线位置也相应改变。因此,在选定直线位置时,要根据地形条件使直线与曲线相互协调,使线路的所处位置最为合理。

(2) 设计线路平面时,应力争设置较长的直线段,减少交点个数,以缩短线路长度、改善运营条件。只有遇到地形、地质与地物等局部障碍,而引起较大工程时,才设置交点绕避障碍。

(3) 设计线路平面时,应力求减小交点转角的度数。转角大,则路线转弯急,总长增加,同时列车经曲线所要克服的阻力功增大,运营支出相应增加。

2. 夹直线长度

在地形困难曲线毗连地段,两相邻曲线间的直线段,即前一曲线终点(HZ)与后一曲线起点(ZH)间的直线,称为夹直线,如图4-5所示。两相邻曲线,转向相同者称为同向曲线,转向相反者称为反向曲线。

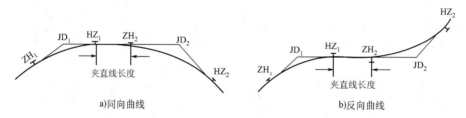

图 4-5 夹直线

夹直线长度力争长一些,为行车和维修创造有利条件。但为适应地形,节省工程,需要设置较短的夹直线时,其最小长度受下列条件限制。

(1) 线路养护要求

夹直线太短,特别是反向曲线路段,列车通过时,因频繁转换方向,车轮对钢轨的横向推力加大,夹直线的正确位置不易保持。维修实践证明:夹直线长度不宜短于2节钢轨(钢轨标准长度为25m),即50~75m;地形困难时,至少应不小于一节钢轨长度,即25m。

(2) 行车平稳要求

旅客列车从前一曲线通过夹直线进入后一曲线的运行过程中,因外轨超高和曲线半径不同,未被平衡的横向加速度频繁变化,引起车辆左右摇摆,反向曲线地段更为严重。为了保证行车平稳、旅客舒适,夹直线长度不宜短于2~3节客车长度。我国25型客车全长为25.5m,故夹直线长度不宜短于51.0~76.5m。

客车通过夹直线时,要跨过夹直线前后的缓直点和直缓点,车轮与钢轨冲击引起转向架弹簧的振动。为保证缓直点和直缓点产生的振动不叠加,以保证旅客舒适,夹直线应有足够长度,使客车通过夹直线的时间 $t$ 不小于弹簧振动消失的时间 $t_z$。《线规》拟定的不同路段不同速度的夹直线最小长度见表4-1。

| | 夹直线最小长度 | | | | 表4-1 |
|---|---|---|---|---|---|
| 路段设计速度(km/h) | | 140 | 120 | 100 | 80 |
| 夹直线最小长度 (m) | 一般 | 110 | 80 | 60 | 50 |
| | 困难 | 70 | 50 | 40 | 30 |

我国台湾地区规定:同向曲线间,夹直线最小长度丘陵地区为100m,山岳地区为60m;反向曲线间,丘陵地区为60m,山岳地区为30m。苏联规定:同向曲线间为100m、50m,反向曲线间为30m、20m。

夹直线长度不够时,应修改线路平面。如减小曲线半径或选用较短的缓和曲线长度,或改移夹直线的位置,以延长两转点间的直线长度和减小曲线偏角[图4-6a)];当同向曲线间夹直线长度不够时,可采用一个较长的单曲线代替两个同向曲线[图4-6b)]。

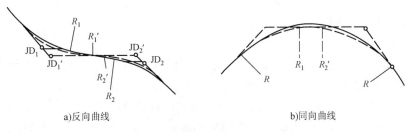

a)反向曲线　　　　　　　　　　b)同向曲线

图4-6　夹直线长度不够的修正设计
----- 初定线路　　——— 修正线路

## 三、圆曲线

(一)曲线半径对工程和运营的影响

1. 曲线限制速度

曲线限制速度 $v$ 受曲线半径 $R$、外轨实际超高 $h_{SH}$ 和允许欠超高 $h_Q$ 的影响。

2. 曲线半径对工程量的影响

地形困难地段,采用较小的曲线半径一般能更好地适应地形变化,减少路基、桥涵、隧道、挡土墙的工程数量,对降低工程造价有显著效果,但也会由于下列原因造成工程费用增大。

(1)增加线路长度。如图4-7所示,相同线路转向角 $\alpha$,采用 $R_2$ 小半径曲线的线路长度要比采用 $R_1$ 大半径曲线的线路长度要长。

(2)降低黏着系数。机车在小半径曲线上运行,车轮在钢轨上的纵向和横向滑动加剧,引起轮轨间黏着系数的降低。

(3)轨道加强构件数量。小半径曲线上,车轮对钢轨的横向冲击力加大,为了防止钢轨被挤压而引起轨距扩大,以及整个轨道的横向移动,所以轨道需要加强。加强的方法是设置轨撑和轨距杆,加铺轨枕,增加曲线外侧道床宽度增铺道砟,从而增大工程投资。

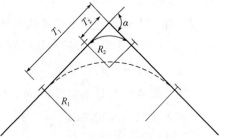

图4-7　小半径曲线增长线路
$R$-圆曲线半径;$T$-圆曲线切线长

(4)增加接触导线的支柱数量。电力牵引时,接触导线对受电弓中心的最大容许偏移量为500mm。曲线地段,若接触导线的支柱间距不变,则曲线半径越小,中心弧线与接触导线的矢度越大。为防止受电弓与接触导线脱离,接触导线的支柱间距应随跳线半径的减小而缩短。曲线半径越小导线支柱的数量越多(表4-2)。

导线支柱的最大间距(m)　　　　　　　　表 4-2

| 曲线半径 | 300 | 400 | 500 | 600 | 800 | ≥1000 | ∞ |
|---|---|---|---|---|---|---|---|
| 导线支柱的最大间距 | 42 | 47 | 52 | 57 | 62 | 65 | 65 |

**3. 曲线半径对运营的影响**

(1) 增加轮轨磨耗

列车经行曲线时,轮轨间产生纵向滑动、横向滑动和横向挤压,使轮轨磨耗增加。门曲线半径越小,磨耗增加越大。钢轨磨耗用磨耗指数(每通过兆吨总质量产生的平方毫米磨耗量)表示。运营部门实测的磨耗指数与曲线半径的关系曲线表明:当曲线半径 $R \leqslant 400$ m 时,钢轨磨耗急剧加大;当 $R > 800$ m 时,磨耗显著减轻;当 $R > 1200$ m 时,磨耗与直线接近。车轮轮箍的磨耗大致和钢轨磨耗规律相近,也是随曲线半径的减小而增大。

(2) 加大维修工作量

小半径曲线地段,轨距、方向容易错动。采用木枕时,容易产生道钉孔扩大和垫板切入枕木等病害,钢轨磨耗严重。电力牵引时轨面更会出现波浪形磨耗,需要打磨轨面、倒轨、换轨。这样,必将增加维修工作量和维修费用。

(3) 增加行车费用

采用小半径曲线,因线路加长、总转角增大,使要克服的曲线阻力功加大,也要增加行车费用。若小半径曲线限制旅客列车的行车速度,则列车在曲线前方要制动减速,曲线地段要限速运行,通过曲线后又要加速。这样,必然使机车额外做功,且增加运行时分和行车费用。

综合以上分析,小半径曲线在困难地段,能大量节省工程费用,但不利于运营,特别是曲线限制行车速度。因此必须根据设计线的具体情况,综合比较利弊,选定合理的最小曲线半径。

**(二) 最小曲线半径的选定**

最小曲线半径是一条干线或其中某一路段允许采用的曲线半径最小值。它是铁路主要技术标准之一,应在初步设计阶段比选确定。

**1. 最小曲线半径的计算式**

客货共线铁路的最小曲线半径既要保证旅客乘车通过曲线时的舒适条件,又要考虑货物列车通过时不致引起轮轨的严重磨耗。其数值应采用其中的较大值,并取 50m 的整倍数。

(1) 旅客舒适条件

最小曲线半径应保证旅客列车以最高速度 $V_{\max}$ 通过时,欠超高不超过允许值 $h_Q$,可根据相关公式导出。

(2) 轮轨磨耗条件

客货列车的行车速度与实设超高是确定轮轨磨耗的基本依据。曲线外轨实设超高 $h_{SH}$ 应根据各种列车的均方根速度 $V_{JF}$ 确定。

在实设超高时,高速旅客列车以速度 $V_{\max}$ 通过时,产生的欠超高不应超过允许值 $h_Q$,以保证旅客的舒适度；低速货物列车以速度 $V_H$ 通过时，产生的过超高也不应超过允许值 $h_G$，以免引起钢轨的严重磨耗。

允许过超高值 $h_G$ 应根据通过的旅客和货物列车总质量的比重拟定。世界各国因铁路客货通过总质量的比重不同，采用值有较大出入，国际铁路联盟（UIC）的推荐值为 30～90mm。我国铁路的货运比重较大，尤其是在客货共线运输的线路上，宜采用较小的允许过超高值，《线规》推荐：一般地段取 $h_G$ = 30mm，困难地段取 $h_G$ = 50mm。

2. 选定最小曲线半径的影响因素

（1）路段设计速度

路段设计速度是设计线某一路段旅客列车远期可能实现的最高速度。一条设计线各路段的地形条件不同，远期旅客列车能达到的最高速度也不同，拟定的最小曲线半径应满足各路段设计速度的需要。《线规》推荐了 4 档设计速度。

（2）货物列车的通过速度

设计线各路段的坡度不同，货物列车的通过速度不同。坡度陡峻的困难地段，上坡时速度受机车牵引力制约，下坡时速度受制动条件限制，通过速度较坡度平缓路段为低。在曲线上因受允许过超高的制约，外轨超高值不能过大，从而影响最小曲线半径的大小。

《铁路主要技术政策》明确指出，货物列车的最高速度要逐步提高到 90km/h。为了适应货物列车逐步提高的现实情况，《线规》推荐了 4 档货物列车设计速度。

（3）地形条件

平原浅丘地区，曲线半径的大小通常对工程量影响不大，为创造良好的运营条件和节省运营费用，应选定较大的最小曲线半径。

山岳地区地形复杂，曲线半径的大小对工程量影响很大，为适应地形，减少工程，需要选定较小的最小曲线半径。但小半径曲线会引起线路额外展长，从而增大工程费用。

综上所述，设计线的最小曲线半径可根据具体情况分路段拟定。必要时可初步拟定两个以上的最小曲线半径，选取设计线的某些代表性地段，分别进行平面和纵断面设计，通过技术经济比较，并结合上述因素分析评价，来确定采用的最小曲线半径。

3.《线规》拟定的最小曲线半径

编制《线规》时，对采用的参数进行了细致研究，按计算公式得到初步结果，并结合我国铁路的工程和运营实践，确定了各级铁路不同路段设计速度的最小曲线半径值。

(三) 曲线半径的选用

1. 曲线半径系列

为了测设、施工和养护方便，一般客货共线铁路曲线半径应取 50m、100m 的整倍数，即 10000m、8000m、6000m、5000m、4000m、3000m、2500m、2000m、1800m、1600m、1400m、1200m、1000m、800m、700m、600m、550m、500m、450m、400m、350m。特殊困难条件下，可采用半径为 10m 整倍数的曲线半径。

最大的曲线半径定为 10000m，是考虑到如再增大曲线半径，因行车速度不高，行车条件的改善并不显著。相反，因曲率太小，维修工作加大，曲线也不易保持圆顺。

我国台湾地区铁路的曲线半径目前仍用20m弦长所对中心角的度数$\alpha_{20}$表示。曲线半径$R$与$\alpha_{20}$的关系为$R = 10/\sin(\alpha_{20}/2)$（m）。例如，2°、4°、6°曲线的半径分别为573m、287m、191m。

设计速度越高，要求的曲线半径越大，最大不宜大于12000m。350km/h高速铁路最小曲线半径一般为7000m，困难地形为5500m。

### 2. 因地制宜由大到小合理选用

各个曲线选用的曲线半径值不得小于设计线选定的最小曲线半径。小半径曲线的缺点较多，故选配曲线半径时，应遵循由大到小、宁大勿小的原则。选用的曲线半径应适应地形、地质、地物条件，以减少路基、挡墙、桥隧工程量，少占农田，并保证线路的安全稳定。

### 3. 结合线路纵断面特点合理选用

坡道平缓地段与凹形纵断面坡底地段，行车速度较高，应选配不限制行车速度的较大半径。在长大坡道地段、凸形纵断面的坡顶地段和双方向均需停车的大站两端引线地段，行车速度较低，若地形困难，选用较大的曲线半径会引起较大工程时，可选用较小曲线半径。

紧坡的长大坡道坡顶地段和车站前要用足坡度上坡的地段，虽然行车速度较低，但不宜选用600m或550m以下过小的曲线半径，以免因严重黏降，使坡度减缓和额外展长路线。

地形特殊困难，不得不选用限制行车速度的小半径曲线时，这些小半径曲线宜集中设置。因分散设置要多次限速，使列车频繁减速、加速，增加能量消耗，不便于司机操纵机车，且为运营中提速、改建增加困难。

## 四、缓和曲线

在直线与圆曲线之间要设置缓和曲线，其作用是保证行车平顺。

在缓和曲线范围内，其半径由无穷大渐变到圆曲线半径，外轨超高由零递增到圆曲线上的超高量，使列车在行驶过程中离心力和向心力相平衡。

设计缓和曲线时，有线形选择、长度计算、如何选用和保证缓和曲线间圆曲线的必要长度4个问题。

我国铁路一直采用直线形超高顺坡的三次抛物线形缓和曲线。这种缓和曲线的优点是线形简单，长度较短，计算方便，易于铺设，便于养护。

缓和曲线长度影响行车安全和旅客舒适，拟定标准时，一要保证超高顺坡不致使车轮脱轨，二要保证超高时变率或欠超高时变率不致影响旅客舒适。缓和曲线长度应取三个计算值中的较大者，并取10m的整倍数。

线路设计时，应根据圆曲线半径、旅客列车的路段设计速度和地形条件按《线规》规定的缓和曲线长度系列，选择缓和曲线长，应尽可能选用较长的缓和曲线。

《线规》规定两缓和曲线间圆曲线的最小长度与关于夹直线长度的规定相同，见表4-1。

设计线路平面时，若曲线偏角较小，设置缓和曲线后，圆曲线长度达不到规定值，则宜加大半径增加圆曲线长度，或采用较短的缓和曲线长度，或适当改动路线平面。

高速铁路缓和曲线长度分高、中、低三档。

## 五、线间距离

铁路并行修建第二线、第三线时,区间相邻两线中心线间的距离称为线间距离,简称线间距。线间距需根据铁路直线建筑限界拟定,因此直线路段线间距最小,而曲线路段线间距则需要加宽。

(一)限界

限界分为机车车辆限界、直线建筑接近限界、隧道建筑限界和桥梁建筑限界;隧道、桥梁建筑限界在相应课程中介绍。

机车车辆限界是国家规定的机车车辆宽度和高度的最大轮廓尺寸线,并包括机车车辆预留双道空间。一般情况下,机车车辆无论空车还是重车状态,均不得超出机车车辆限界。特殊情况下,车辆装载的货物超出此最大轮廓尺寸的列车,称为超限货物列车。超限货物应按有关规定尺寸装载。

直线上建筑接近限界是铁路两侧建筑物和设备,在任何情况下都不得侵入轮廓尺寸线,如图 4-8 所示。

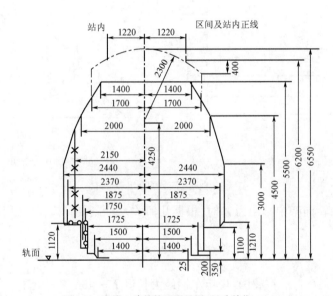

图 4-8 直线上建筑接近限界图(尺寸单位:mm)

(二)区间直线地段的线间距离

1. 第一、第二线的线间距离

区间直线地段第一、第二线间不需设置信号机和其他标志,仅需保证两线不限速会车,机车车辆限界的半宽为 1700mm,列车信号限界宽度为 100mm,两列车不限速会车的安全量取 400mm,则线间距离为 2×(1700+100)+400=4000(mm),即第一、第二线间的最小线距。双线铁路有超限货物列车通过时的会车条件按《线规》规定执行。高速铁路设计速度 350km/h、

300km/h、250km/h,双线间距分别为5.0m、4.8m、4.6m、4.4m。

2.第二、第三线的线间距离

因为第二、第三线间要装设信号机,信号机最大宽度为410mm,直线建筑接近限界的半宽为2440mm,故线距为 $2 \times 2440 + 410 = 5290 (mm)$,取5.3m。此时,两线可同时通过超限货物列车。

(三)区间曲线地段的线间距离加宽

1.加宽原因

(1)车辆位于曲线上时,车辆中部向曲线内侧凸出,其值为 $W_1$;车辆两端向外侧凸出,其值为 $W_2$,如图4-9a)所示。

(2)曲线上外轨实设超高 $H_{sh}$ 使车体向内侧倾斜,如图4-9b)所示。在距轨面高度 $H$(3850mm)处,车体内侧倾斜值为 $W_3$(两轨中心距按1500mm计)。

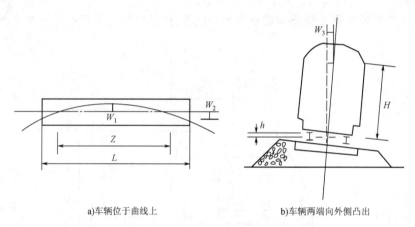

a)车辆位于曲线上　　b)车辆两端向外侧凸出

图4-9　曲线上车体的凸出和倾斜

当车体长为 $L$,转向架中心距为 $Z$ 时,根据几何关系,可求出 $W_1$、$W_2$ 如下:

$$W_1 \approx Z^2/8R, W_2 \approx \frac{1}{8}R(L^2 - Z^2)$$

式中:$R$——曲线半径(m)。在我国,规定车辆最大长度 $L = 26$m,$Z = 18$m。

2.加宽值计算

不同曲线半径的线间距离加宽值可在《线规》中查得。

3.加宽方法

新建双线并行地段曲线两端线距为4.0m时,内外侧两曲线按同心圆设计,曲线线距加宽应采用加长内侧曲线的缓和曲线长度的方法,如图4-10a)所示。

曲线毗连地段,如果夹直线长度较短,或者曲线转角过大,不能过多地加长内侧线的缓和曲线长度时,内外线可采用相同的缓和曲线长度,而加宽曲线两端夹直线段的线间距,可使其满足曲线加宽要求,如图4-10b)所示。

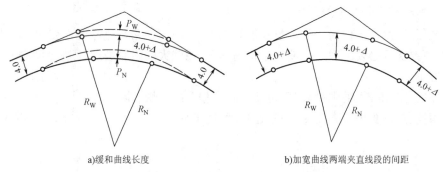

a) 缓和曲线长度　　　　　　　b) 加宽曲线两端夹直线段的间距

图 4-10　曲线地段线距加宽（尺寸单位：m）

# 第三节　区间线路纵断面设计

线路纵断面是由长度不同、陡缓各异的坡段组成的。坡段的特征用坡段长度和坡度值表示，如图 4-11 所示。坡段长度 $L_i$ 为坡段两端变坡点间的水平距离（m），坡度值 $i$ 为该坡段两端变坡点的高差 $H_i$（m）与坡段长度 $L_i$（m）的比值，以千分数表示，即

$$i = H_i / L_i \times 1000(‰)$$

上坡取正值，下坡取负值。如坡度为 4‰，即表示每千米高差为 4m。

线路纵断面设计，除在初步设计阶段确定最大坡度外，主要包括坡段长度、坡段连接与坡度折减等问题，以下分别阐述其设计要求、技术标准和相互配合问题。

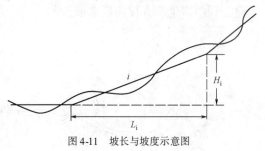

图 4-11　坡长与坡度示意图

## 一、线路的最大坡度

新建铁路的最大坡度在单机牵引路段称限制坡度，在两台及以上机车的牵引路段称加力牵引坡度，其中最常见的为双机牵引坡度。

（一）限制坡度

限制坡度是单机牵引普通货物列车，在持续上坡道上，最终以机车计算速度等速运行的坡度，它是限制坡度区段的最大坡度，据此计算货物列车的牵引吨数。因此，限制坡度对设计线的走向、工程数量、建设成本、输送能力和运营质量等技术、经济指标都有着直接的影响。

1. 限制坡度对输送能力的影响

输送能力取决于通过能力和牵引质量。在机车类型选定后，牵引质量即由限制坡度值决定。限制坡度大，牵引质量小，输送能力低；限制坡度小，牵引质量大，输送能力高。

## 2. 限制坡度对工程数量的影响

平原地区,限制坡度值对工程数量一般影响不大,但在铁路跨过需要立交的道路与通航河流时,因桥下要保证必要的净空而使桥梁抬高,若采用较大的限制坡度,则桥梁两端引线缩短,填方数量减少。

丘陵地区,采用较大的限制坡度,可使线路高程升降较快,能更好地适应地形起伏,从而避免较大的填挖方,减少桥梁高度,缩短隧道长度,使工程数量减少,工程造价降低(图4-12)。

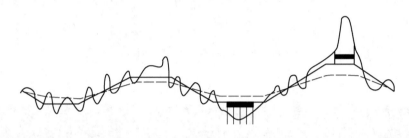

图4-12 不同限坡的起伏纵断面
——— 限制坡度较大的纵断面　- - - - 限制坡度较小的纵断面

在自然纵坡陡峻的越岭地段,若限制坡度小于自然纵坡则线路需要迂回展长,才能达到控制点预定高程,工程数量和造价急剧增加。图4-13为宝成线宝鸡秦岭间展线示意图。宝鸡秦岭间直线距离25km,高差810m;30‰中选方案线路长44.3km,20‰比较方案线路长61.9km,土建工程的造价前者仅为后者的56%。

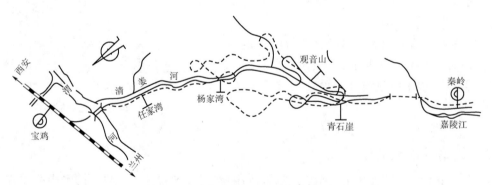

图4-13 宝秦段20‰与30‰方案线路示意图
——— 30‰中选方案　- - - - 20‰比较方案

在越岭地段,若使限制坡度大于平均自然纵坡1‰~3‰(自然纵坡越陡,地形越复杂,其值越大),就可避免额外的展长线路。这种方案通常是经济合理的。

线路翻越高大的分水岭时,采用不同的限制坡度,可能改变越岭垭口,从而影响线路的局部走向。

## 3. 限制坡度对运营费用的影响

在完成相同运输任务的前提下,采用较大的限制坡度,则货物列车的牵引质量减小,需要开行的货物列车对数加多,运营支出要相应增加,行车设备的投资也略有增加。

在平均自然纵坡陡峻地区,采用与自然纵坡相适应的限制坡度,可以缩短展线长度,使工程投资大量降低。同时,因线路缩短,机车台数、车站数目、旅途时间等也相应减少,虽然列车数目增多,运营开支总和也不致增加很多。

设计线选定的限制坡度,不应大于《线规》规定值,见表4-3。

限制坡度最大值(‰) 表4-3

| 铁路等级 | | I | | | II | | | III | | |
|---|---|---|---|---|---|---|---|---|---|---|
| 地形类别 | | 平原 | 丘陵 | 山区 | 平原 | 丘陵 | 山区 | 平原 | 丘陵 | 山区 |
| 牵引种类 | 电力 | 6.0 | 12.0 | 15.0 | 6.0 | 15.0 | 20.0 | 9.0 | 18.0 | 25.0 |
| | 内燃 | 6.0 | 9.0 | 12.0 | 6.0 | 9.0 | 15.0 | 8.0 | 12.0 | 18.0 |

限制坡度最小值,《线规》未做规定,但通常取4‰。这是因为限制坡度若小于4‰,虽然按限制坡度算得的牵引质量很大,但受启动条件和到发线有效长度的限制而不能实现,而工程投资却可能有所增加。所以一般不采用小于4‰的限制坡度。

(二)加力牵引坡度

加力牵引坡度是两台及以上机车牵引规定牵引吨数的普通货物列车在持续上坡道上,最后以机车计算速度等速运行的坡度,它是加力牵引坡度路段的最大坡度。

在各种不同的限制坡度和牵引条件下的双机牵引坡度值,应用主型机车按公式计算,并取0.5‰的整倍数。公式没有计入采用内燃机车双机牵引时的海拔与气温修正,需要时可计入海拔与气温修正值。

## 二、坡段长度

相邻两坡段的坡度变化点称为变坡点。相邻两变坡点间的水平距离称为坡段长度。

从工程数量上看,采用较短的坡段长度可更好地适应地形起伏,减少路基、桥隧等工程数量(图4-14)。但最短坡段长度应保证坡段两端所设的竖曲线不在坡段中间重叠。

图4-14 不同坡长的纵断面

从运营角度看,列车通过变坡点时,变坡点前后的列车运行阻力不同,车钩间存在游间,将使部分车辆产生局部加速度,影响行车平稳;同时也使车辆间产生冲击作用,增大列车纵向力。经过中国铁道科学研究院的理论计算与实践验证,《线规》规定了客货共线普速铁路一般路段的最小坡段长度,见表4-4。

最小坡段长度表(m) 表4-4

| 远期到发线有效长度 | 1050 | 850 | 750 | 650 | ≤550 |
|---|---|---|---|---|---|
| 最小坡段长度 | 400 | 350 | 300 | 250 | 200 |

350km/h、250km/h 高速铁路最小坡段长度分别为900m、600m。

## 三、坡段连接

### (一)相邻坡段坡度差

纵断面的坡段有上坡、下坡和平坡。上坡的坡度为正值,下坡的坡度为负值,相邻坡段坡度差的大小应以代数差的绝对值 $\Delta i$ 表示。如前一坡段的坡度 $i_1$ 为4‰下坡,后一坡段的坡度 $i_2$ 为2‰上坡,则坡度差 $\Delta i$ 为:

$$\Delta i = |i_1 - i_2| = |(-4‰) - (+2‰)| = 6‰$$

相邻坡段的坡度差不能太大,以保证列车不断钩。《线规》对最大坡度差的规定见表4-5。高速铁路坡度差没有限制。

最大坡度差　　　　　　　　　　　　　　表4-5

| 铁路等级 | | Ⅰ、Ⅱ | | | | Ⅲ | | | |
|---|---|---|---|---|---|---|---|---|---|
| 远期到发线有效长度(m) | | 1050 | 850 | 750 | 650 | 1050 | 850 | 750 | 650 | 550 |
| 最大坡度差(‰) | 一般 | 8 | 10 | 12 | 15 | 10 | 12 | 15 | 18 | 20 |
| | 困难 | 10 | 12 | 15 | 18 | 12 | 15 | 18 | 20 | 25 |

### (二)竖曲线

在线路纵断面的变坡点处设置的竖向圆弧称为竖曲线。

**1. 竖曲线的设置条件**

在线路纵断面上,若各坡段直接连接成折线,列车通过变坡点时,产生的车辆振动和局部加速度增大,乘车舒适度降低;当机车车辆重心未达变坡点时,将使前转向架的车轮悬空,或导轮悬空(图4-15);悬空高度大于轮缘高度时,就很可能导致脱轨;当相邻车辆的联结处于变坡点近旁时,车钩要上下错动(图4-16),其值超过允许值将会引起脱钩。所以必须在变坡点处用竖曲线把折线断面顺接起来,以保证行车的安全和平顺。

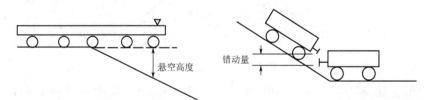

图4-15　导轮悬空示意图　　　　图4-16　车钩错动示意图

铁道科学研究院经过模拟计算,得出坡度差小于等于4‰时,列车以不同工况通过变坡点产生的最大纵向力和在平道上几乎相等。据此,《线规》规定,相邻坡段的坡度差,当Ⅰ级、Ⅱ级铁路大于3‰、Ⅲ级铁路大于4‰时,相邻坡段应以圆曲线型竖曲线连接。

**2. 竖曲线半径**

我国参照传统的采用值,并考虑到增大竖曲线半径通常对工程量影响不大,所以《线规》规定:竖曲线半径Ⅰ、Ⅱ级铁路为10000m,Ⅲ级铁路为5000m。

3. 竖曲线的几何要素

(1) 竖曲线切线长 $T_{SH}$：

由图 4-17 知：

$$T_{SH} = R_{SH} \cdot \frac{\Delta i}{2000} \quad (\text{m})$$

式中：$\Delta i$——坡度差的绝对值(‰)。

Ⅰ、Ⅱ级铁路，$R_{SH} = 10000$m，$T_{SH} = 5\Delta i$ (m)，Ⅲ级铁路，$R_{SH} = 5000$m，$T_{SH} = 2.5\Delta i$ (m)。

(2) 竖曲线长度 $K_{SH}$：

$$K_{SH} \approx 2T_{SH} \quad (\text{m})$$

(3) 竖曲线纵距 $y$：

$$y = \frac{x^2}{2R_{SH}}$$

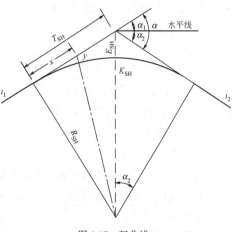

图 4-17 竖曲线

式中：$x$——切线上计算点至竖曲线起点的距离(m)。

变坡点处的纵距称为竖曲线的外矢距 $E_{SH}$，计算式为：

$$E_{SH} = \frac{T_{SH}^2}{2R_{SH}} \quad (\text{m})$$

变坡点处的路基面高程，应根据变坡点的设计高程，减去(凸形变坡点)或加上(凹形变坡点)外矢距的高度；路基填挖高度应根据路基面高程计算。

当变坡点处的坡度差 $\Delta i$ 不大时，竖曲线的外矢距值 $E_{sh}$ 很小；如Ⅰ、Ⅱ级铁路，$\Delta i = 3$‰时，$E_{sh} = 11.5$mm，Ⅲ级铁路，$\Delta i = 4$‰时，$E_{sh} = 10.0$mm。施工中，路基面不易作出竖曲线线形，故变坡点处的设计高程可按折线断面计算，不需计入外矢距的调整值。铺轨时，变坡点处的轨面能自然形成竖曲线，并不影响行车的安全和平稳。至于变坡点的道砟厚度，仅需较标准厚度增减 10 ~ 11.5mm，也不会影响轨道强度。《线规》规定：Ⅰ、Ⅱ级铁路相邻坡段的坡度差大于 3‰，Ⅲ级铁路大于 4‰时，才设置竖曲线，即在路基面上作出竖曲线线形。客运专线高速铁路变坡点必须设置竖曲线，350km/h、250km/h 高速铁路最小竖曲线半径分别为 25000m、20000m。

# 第四节　桥涵、隧道、路基地段的平纵断面设计

## 一、桥涵地段的平纵断面设计

桥梁按其长度可划分为特大桥(桥长大于 500m)、大桥(桥长 100m 以上至 500m)、中桥(桥长 20m 以上至 100m)和小桥(桥长 20m 以下)。涵洞孔径一般为 0.75 ~ 6.0m。

1. 桥涵地段的平面设计

小桥和涵洞对线路平面无特殊要求。

特大桥、大桥宜设在直线上，困难条件下必须设在曲线上时，宜采用较大的曲线半径。桥

梁设在曲线上有以下缺点:桥梁结构设计和施工不便;更换钢轨和整正曲线比较困难;线路位置容易变形,造成过大偏心,对墩台受力不利;曲线上行车摇摆对桥梁受力和运行安全均不利。

明桥面桥应设在直线上。如设在曲线上,因桥梁上未铺道砟,线路很难固定,轨距不易保持,影响行车安全;明桥面桥上的曲线外轨超高要用桥枕调整高度,铺设和抽换轨枕比较困难。确有充分技术经济依据时,方可将跨度大于40m或桥长大于100m的明桥面桥设在半径小于1000m的曲线上。

明桥面桥不应设在反向曲线上。如将桥梁设在反向曲线上,列车通过时,将产生剧烈摆动,影响运行安全,同时线路养护不易正确就位,桥梁产生偏心,有害于桥梁受力,明桥面桥更为严重。所以只有道砟桥面的桥梁,在困难条件下,才允许设在反向曲线上,并应尽量采用较长的夹直线。

桥梁上采用的曲线半径,应不限制桥梁跨度的合理选用。常用定型梁的允许最小曲线半径见表4-6。

常用定型梁的最小允许曲线半径(m)　　　表4-6

| 梁的类型 | | 钢筋混凝土梁 | | 预应力钢筋混凝土梁 | | 钢筋混凝土板梁与梁板结合梁 | |
| --- | --- | --- | --- | --- | --- | --- | --- |
| | | 普通 | 低高度 | | | | |
| 跨度 | | ≤14 | 20 | ≤20 | 23.8<br>24.0 | 31.7<br>32.0 | 32 | 40 |
| 允许最小曲线半径 | 一般情况 | 350 | 400 | 600 | 400 | 600 | 300 | 500 |
| | 特殊情况 | 250 | 300 | — | 300 | 450 | — | — |

连接大桥的桥头引线,应采用桥梁上的平面标准。如设计为曲线时,半径不应小于该路段的最小曲线半径,并应考虑采用架桥机架梁时对桥头引线曲线半径的要求。

**2. 桥涵地段的纵断面设计**

涵洞和道砟桥面桥可设在任何纵断面的坡道上。

明桥面桥宜设在平道上。设在坡道上时,由于钢轨爬行的影响,线路难于锁定,轨距也不易保持,给线路养护带来困难,也影响行车安全。如果必须设在坡道上时,坡度不宜大于4‰,以免列车下坡时,在桥上制动增加钢轨爬行,所以如将桥长大于100m的明桥面桥内设在坡度大于4‰的坡道上,应有充分技术经济依据。

明桥面桥上不应设置竖曲线,以免调整轨顶高程引起铺设和养护的困难。所以纵断面设计时,应使变坡点距明桥面桥两端不小于竖曲线切线长,如图4-18所示。

桥涵处的路肩设计高程,涵洞处应不低于水文条件和构造条件所要求的最低高度,而桥梁处应不低于水文条件和桥下净空高度所要求的最低高度。平原地区通航河流上的大型桥梁,为了保证桥下必要的通航净空,并使两端引线高程降低,可在桥上设置凸形纵断面。

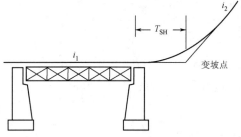

图4-18　变坡点距明桥面桥的距离

## 二、隧道地段的平纵断面设计

### 1. 隧道地段的线路平面

隧道内的测量、施工、运营、通风和养护等条件均比空旷地段差,曲线隧道更为严重,所以隧道宜设在直线上;如地形地质等条件限制必须设在曲线上时,宜将曲线设在洞口附近,并采用较大的曲线半径。

隧道不宜设在反向曲线上。必须设在反向曲线上时,其夹直线长度不宜小于44m,以免两端的曲线加宽发生重叠,施工复杂。

当直线隧道外的曲线接近洞口时,应使直缓点或缓直点与洞口的距离不小于25m,以免引起洞口和洞口的衬砌加宽。

### 2. 隧道地段的线路纵断面

隧道内的线路纵断面可设置为单面坡或人字坡。单面坡能争取高度且有利于长隧道的运营通风,人字坡有利于施工中的排水和出渣。

需要用足最大坡度路段的隧道,为了争取高度,一般应设计为单面坡。

越岭隧道,当地下水发育且地形条件允许时,应设计为人字坡。人字坡的长隧道,由于通风不良,内燃机或蒸汽机牵引时,双方向上坡列车排出的废气与煤烟污染隧道,恶化运营和维修工作条件,必要时应采用人工通风。隧道内的坡度不宜小于3‰,以利于排水。严寒地区且地下水发育的隧道,可适当加大坡度,以减少冬季排水结冰堆积的影响。

## 三、路基对线路纵断面的要求

大中桥的桥头引线、水库地区和低洼地带的路基,路肩设计高程应不小于设计水位 + 壅水高度 + 波浪侵袭高度 +0.5m。

小桥涵洞附近的路基,路肩设计高程应不小于设计水位 + 壅水高度 +0.5m。

长大路堑内的设计坡度不宜小于2‰,以利于侧沟排水,当路堑长度在400m以上且位于凸形纵断面的坡顶时,可设计为坡度不小于2‰,坡长不小于200m的人字坡。

1. 铁路线路的中线位置是如何表达的?
2. 线路遇到山岭、河谷地形障碍条件时,应如何处理?
3. 越岭线路应解决的主要问题有哪些?
4. 曲线半径系列及其选择原则是什么?
5. 缓和曲线长度受哪些因素影响?
6. 铁路中间站的货场位置的选定原则是什么?
7. 中间站货场内的货物线布置形式有哪几种?

# 第五章
# 铁路轨道结构

## 第一节 轨道的结构类型

### 一、轨道的作用

轨道的作用是直接承受由车轮传来的荷载,并引导列车运行。因此,为了确保列车安全运行和乘客舒适,轨道结构必须满足以下要求:

(1)具有正确的几何形位,以减少列车的振动、摇动、摆动,使列车运行平稳,乘坐舒适。
(2)具有适度的弹性,并尽量铺设无缝线路,以降低轮轨撞击引起的噪声、振动和损伤。
(3)具有足够的坚固性(包括强度、刚度)、稳定性和耐久性。
(4)具有足够的绝缘性,以减少迷散电流对周围金属构件的电腐蚀。
(5)构造简单,构件通用,防水/排水性能良好,便于养护和维修。

### 二、轨道结构类型、等级

1.轨道结构类型

按照道床结构形式的不同,铁路轨道结构分为有砟(碎石)轨道和无砟轨道两大类型。
有砟轨道:采用碎石等散粒体及轨枕为轨下基础(道床)的轨道结构。
无砟轨道:采用混凝土等整体结构为轨下基础(道床)的轨道结构。
按照钢轨连续性的不同,铁路轨道结构又分为有缝线路和无缝线路两种类型。
有缝线路:将定尺长度的钢轨用夹板和螺栓连接起来,并使钢轨接头,能适应温度变化引起的钢轨热胀冷缩变化。
无缝线路:将定尺长度的钢轨直接焊接起来,使钢轨真正连续,从而避免轮轨撞击,同时利用道床的埋置作用适应温度变化引起的钢轨热胀冷缩变化。

2. 轨道结构等级

按照承载能力的不同,铁路轨道结构划分为特重型、重型、次重型、中型和轻型五个等级。

3. 优缺点及适用条件

有砟轨道弹性较好,但结构较松散,几何形位容易发生变化,因此,维修工作量较大,高速运行时有道砟飞溅的危险,故主要用于普速和快速铁路,以及客货混线的次要线路。

无砟轨道刚度较大,整体性较好,易于保持几何形位,因此,维修工作量较小,没有道砟飞溅的危险,故主要用于客运专线高速铁路和货运专线重载铁路。

有缝线路的钢轨采用的是夹板接头,因此事实上钢轨是不连续的,因此,车轮在滚动过接头时,实际上是从一根钢轨跳到另一根钢轨上,产生轮轨撞击,导致损伤和噪声。主要用在低等级铁路和温差太大的地区。

无缝线路的钢轨采用的是焊接接头,使得钢轨真正连续,从而避免了轮轨撞击,消除了撞击噪声,大幅度减小了轮轨损伤。主要用在高等级铁路和温差较小的地区。

重型轨道承载能力大,运行条件好,投资也大,主要用于高等级铁路及国家骨干铁路。

轻型轨道承载能力小,运行条件差,投资也小,主要用于低等级铁路及支线铁路。

### 三、轨道的结构组成

轨道结构主要是由钢轨、轨枕、联结零件、道床、道岔、加强设备及钢轨伸缩调节器几个部分组成的。

1. 钢轨

钢轨是轨道的主要部件。其主要功能是承受车轮传来的压力,并将其传递给轨枕,同时,用于限制车轮使之不至于脱轨,并引导车轮的滚动方向(列车的行驶方向)。在电气化铁路或自动闭塞区段,钢轨还可兼做轨道电路之用。

2. 轨枕

轨枕是轨道结构的重要部件,承受来自钢轨的压力,并传递给道床,同时借助联结零件的作用,起到保持两股钢轨的相对位置的作用。

3. 联结零件

联结零件是指钢轨与钢轨、钢轨与轨枕之间的联结部件。钢轨与钢轨之间的联结部件称为"接头(夹板)",主要是为了保持钢轨的连续性。在无缝线路中,夹板被"焊缝"替代,钢轨的连续性就更好了。钢轨与轨枕之间的联结部件称为"扣件",主要是为了保证轨排(钢轨+轨枕)的整体性,并阻止钢轨相对于轨枕的纵、横向移动,保持正确的轨距。

4. 道床

道床是轨道结构的重要组成部分。道床铺设在路基、桥梁之上,承受来自轨枕的压力,并传递给路基、桥梁,同时固定轨枕的位置和提供一定的弹性。道床可划分为(有砟轨道)碎石道床、(无砟轨道)整体道床、(板式轨道)整体道床三大类多种结构。

### 5. 道岔

道岔是轨道结构的重要组成部分，是列车从一股轨道转入另一股轨道的线路设备，在铁路站场布置中必不可少。

### 6. 加强设备

加强设备包括防爬设备、轨距杆、轨撑等零件，主要用于坡道和曲线地段线路。防爬设备的作用是加强钢轨与轨枕之间的连接，防止钢轨与轨枕发生相对移动。轨距杆和轨撑一般安装在曲线路段，轨距杆的作用是保持轨距，增加轨排的横向抗弯能力；轨距杆和轨撑与道床协同作用，防止轨排在道床上的横向移动。

## 四、轨道结构的选择原则

### (一)影响因素

铁路线路运营条件的优劣与轨道结构的承载能力和耐久性能有密切关系，也与线路控制设备有密切关系。评价铁路线路运营条件的优劣，主要有速度、轴重和运量三个指标。这三个指标是影响轨道结构类型选择的主要因素。

#### 1. 行车速度与轨道的关系

列车在轨道上的行驶速度越大，对轨道结构的动力作用越大，造成的损伤就越大，对列车的损伤也越大。

#### 2. 列车轴重与轨道的关系

列车轴重越大，对轨道结构的作用力越大，造成的损伤就越大，这种损伤比行车速度对轨道的损伤更为显著。

#### 3. 铁路运量与轨道的关系

铁路运量越大，对轨道结构的作用次数越多，造成的损伤就越大，因此要求轨道结构具有较好的耐久性能。

### (二)选择原则

(1)轨道结构的承载能力和耐久性能必须能确保列车连续、平稳、舒适和安全运行。

(2)不同的铁路线路上，客货运量大小不同、客货占比不同、列车轴重不同，要求的速度也不同。因此，轨道类型和等级选择，应充分满足客货运输的差异性需要，并获得较好的投资回报和社会效益。

(3)高等级骨干铁路及客货运量大的铁路，应采用重型轨道，并尽可能采用无缝线路，有条件时宜采用超长无缝线路；普通支线铁路及客货运量小的铁路，应采用中型及轻型轨道，可以采用无缝线路。

### (三)正线有砟轨道设计标准

正线有砟轨道设计标准见表5-1。

正线有砟轨道设计标准　　　　表 5-1

| 项目 | | 单位 | 高速铁路 | 城际铁路 | | | 客货共线铁路 | | | | 重载铁路 | | | | |
|---|---|---|---|---|---|---|---|---|---|---|---|---|---|---|---|
| | | | | | | | I级铁路 | | | II级铁路 | | | | | |
| 运营条件 | 年通过总质量 | Mt | — | — | — | — | ≥20 | ≥20 | ≥20 | 10~20 | >250 | 101~250 | 101~250 | 40~100 | 40~100 |
| | 列车轴重 $P$ | t | ≤17 | ≤17 | ≤17 | ≤17 | ≤25 | ≤25 | ≤25 | ≤25 | 25~30 | 30 | 27、25 | 30 | 27、25 |
| | 旅客列车设计速度 $V_K$ | km/h | ≥250 | 200 | 160 | 120 | 200 | 160 | 120 | ≤120 | — | — | — | — | — |
| | 货物列车设计速度 $V_H$ | km/h | — | — | — | — | ≤120 | ≤120 | ≤80 | ≤80 | ≤100 | ≤100 | ≤100 | ≤100 | ≤100 |
| 轨道结构 | 钢轨 | kg/m | 60 | 60 | 60 | 60 | 60 | 60 | 60 | 60/50 | 75 | 75/60 | 60 | 60 | 60 |
| | 扣件 | — | 弹条IV或V型 | 弹条II、III、IV、V型 | 弹条II或III型 | 弹条II或III型 | 弹条II、III或IV型 | 弹条II或III型 | 弹条II或III型 | 弹条II或I型 | 与轨枕匹配的弹性扣件 | | | | |
| | 混凝土枕 型号 | — | III | III | III | III | III | III | III或新II | III或新II | 满足设计轴重要求的混凝土轨枕 | | | | |
| | 混凝土枕 间距 | mm | 600 | 600 | 600 | 600 | 600 | 600 | 600或570 | 600或570 | 600 | 600 | 600 | 600 | 600 |
| 道床厚度及材质 | 土质路基（双层道床）面砟 | cm | — | — | 30 | 25 | — | 30 | 30 | 25 | 35 | 35 | 30 | 35 | 30 |
| | 土质路基（双层道床）底砟 | cm | — | — | 20 | 20 | — | 20 | 20 | 20 | 20 | 20 | 20 | 20 | 20 |
| | 土质路基（单层道床）道砟 | cm | 35 | 30 | 30 | 30 | 30 | 30 | 30 | 30 | 35 | 35 | 35 | 35 | 30 |
| | 硬质岩石路基、隧道 道砟 | cm | 35 | 35 | 30 | 30 | 35 | 35 | 35 | 30 | 35 | 35 | 35 | 35 | 35 |
| | 桥梁 道砟 | cm | 35 | 35 | 30 | 30 | 35 | 30 | 25 | 25 | 35 | 35 | 35 | 35 | 35 |
| | 道砟材质 面砟 | — | — | 特级 | 特/一级 | 一级 | 特级 | 特/一级 | 一级 | 一级 | 特级 | 特/一级 | 一级 | 一级 | 一级 |

# 第二节　钢轨

　　钢轨轮载作用产生的弯曲应力、正压力和侧向推力，轮轨接触应力和摩擦力，温度变化和道床阻力共同作用产生的温度应力，在这些力的作用下，钢轨可能出现压缩、伸长、弯曲、扭转、压溃、磨耗、断裂等形式的破坏和失稳。

为使列车能够安全、平稳和不间断地运行,就要求钢轨必须连续、平顺;其横断面形状必须合理,尤其是顶面必须与车轮踏面相配合;并具有足够的强度、刚度、韧性和耐磨性能,且价格低廉,规格齐备。在车轮传来的荷载作用下,钢轨底面承受轨枕产生的反力,钢轨各截面主要产生弯矩。因此,钢轨的力学模型是支承在轨枕支座上的连续梁,其结构设计主要决定于其受力状况。

## 一、钢轨的质量规格和定尺长度

### 1. 钢轨的质量规格

钢轨的质量规格通常以每米长的质量表示。随着高速、重载运输的要求,钢轨正向重型化发展。世界上最重型的钢轨已达到 77.5kg/m。我国也在重载线路上逐步铺设 75 型钢轨,其每米质量达到 74.414kg。

我国铁路钢轨常用的质量规格主要有 50kg/m、60kg/m、75kg/m 三种。钢轨类型的选择必须与轴重相适应,必须与行车速度相适应。《高速铁路用钢轨》(TB/T 3276—2011,简称《路轨》)规定:高速、城际和客货共线Ⅰ级铁路正线应采用 60kg/m 钢轨,客货共线Ⅱ级铁路正线可采用 60kg/m 或 50kg/m 钢轨,重载铁路正线应采用 60kg/m 及以上钢轨。正线钢轨及道岔基本轨为 60kg/m 及以上钢轨时,宜采用 50N、75N 钢轨。

### 2. 钢轨的定尺长度

目前,我国钢铁厂生产的铁路钢轨的定尺长度有 100m、75m、25m、12.5m 四种,还有铺设于有缝线路曲线内股起调节钢轨接头位置作用的缩短轨。对于 25m 轨的有缩短 40mm、80mm、160mm 三种缩短轨;对于 12.5m 标准轨系列的有缩短 40mm、80mm、120mm 三种缩短轨。

无论是采用夹板连接还是铝热焊接,钢轨接头都是轨道线路的薄弱部位,其不连续、不平顺,以及强度不均匀,都会导致车辆振动和钢轨损伤等病害。因此,要尽量采用定尺较长的钢轨,以减少接头和焊缝,改善轨道条件。《路轨》规定:无缝线路 60、60N 钢轨宜选用 100m 定尺长钢轨,75、75N 钢轨宜选用 75m 或 100m 定尺长钢轨;有缝线路宜选用 25m 定尺长钢轨。

## 二、钢轨的横断面形状

钢轨的长度是可以无限接长的,其形状的合理性则主要取决于横断面的形状。钢轨的横断面形状采用工字形(称为异形工字钢),由轨头、轨腰和轨底三部分组成。我国经过多年的研究,总结设计、生产和实际使用了 50kg/m、60kg/m、60N、75kg/m、75N kg/m 五个规格钢轨的最佳断面形状和尺寸参数,如图 5-1 所示,见表 5-2。

轨头:直接与车轮接触,并承受车轮压力。轮轨的接触面很小,因此,需要轨头具有足够的抗压和耐磨的能力,故其横断面设计为大而厚实的形状,并且其顶面和侧面形状与车轮的踏面、轮缘侧面的形状相配合,以减小滚动阻力和轮轨磨耗。

轨腰:承受竖向压力和横向弯矩,因此,需要轨腰具有足够的竖向抗压和横向抗弯能力,故轨腰应有足够的厚度,并且有与轨头、轨底、夹板相配合的外形。

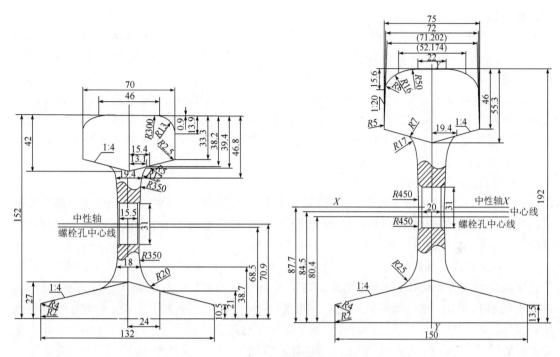

图 5-1  50kg/m、75kg/m 钢轨横断面图(尺寸单位:mm)

**钢轨断面尺寸及特性**(简表)    表 5-2

| 项 目 | 单 位 | 钢轨类型 | | | | |
|---|---|---|---|---|---|---|
| | | 50kg/m | 60kg/m | 60N | 75kg/m | 75N |
| 每米质量 $m$ | kg | 51.514 | 60.64 | 60.49 | 74.414 | 74.23 |
| 断面面积 $F$ | cm² | 65.8 | 77.45 | 77.05 | 95.04 | 94.56 |
| 钢轨高度 $H$ | mm | 152 | 176 | 176 | 192 | 192 |
| 轨头宽度 $b$ | mm | 70 | 73 | 70.8 | 75 | 72 |
| 轨头高度 $h$ | mm | 42 | 48.5 | 48.5 | 55.3 | 55.3 |
| 轨腰厚度 $t$ | mm | 15.5 | 16.5 | 16.5 | 20 | 20 |
| 轨底底宽 $B$ | mm | 132 | 150 | 150 | 150 | 150 |

轨底:需要承受竖向压力、纵向拉力以及横向弯矩,因此,需要轨底具有足够的竖向抗压、纵向抗拉以及横向抗弯能力,故轨底应有足够的宽度和厚度,并且有与轨枕相配合的底面形状。

常用的五个规格的钢轨断面尺寸及特性见表5-2,其中钢轨高度($H$)、轨头宽度($b$)、轨头高度($h$)、轨腰厚度($t$)及轨底宽度($B$)是钢轨横断面的五个主要参数。

## 三、钢轨的材质和强度等级

钢轨是一种合金钢材,其化学成分主要是铁(Fe),同时含有碳(C)、锰(Mn)、硅(Si)及磷(P)、硫(S)等微量元素。其中碳的含量对钢的物理力学性能影响最大,其他微量元素也有一些特殊影响。

钢轨用钢材的物理力学性能包括强度极限 $\sigma_b$、屈服极限 $\sigma_c$、疲劳极限 $\sigma_r$、伸长率 $\delta_s$、断面收缩率 $\phi$、冲击韧性(落锤试验)$\alpha_h$ 及硬度等。这些指标反映钢轨的承载能力、耐磨损、抗压溃、抗断裂的能力。

为提高钢轨整体的强度、刚度、耐磨和韧性,以及改善钢轨端头(局部)的物理力学性能,我国钢铁厂采用电感应加热的方法,对钢轨头部进行全长淬火处理(在线热处理)技术,以及微量元素调控技术,生产的 PD2 全长淬火钢轨、PD3 高碳微钒钢轨,其抗拉强度可达到 1000～1300MPa,使用寿命可延长 50% 以上。

《路轨》规定:

(1)对于高速铁路、城际铁路:应选用强度等级不低于 1080MPa 的 U71MnG 在线热处理钢轨;在曲线半径小于或等于 2800m 的正线以及曲线半径小于或等于 1200m 的动车组走行线、联络线、站线区段应选用强度等级的在线热处理钢轨。

(2)对于客货共线铁路:①在年通过总质量大于或等于 50Mt 的直线及大半径曲线地段,应选用强度等级为 980MPa 的热轧钢轨。在半径小于或等于 1200m 的曲线地段,应选用强度等级不低于 1180MPa 的在线热处理钢轨。在磨耗严重(磨耗速率大于 0.05mm/Mt)区段可选用强度等级为 1280MPa 的在线热处理钢轨。②在年通过总质量小于 50Mt 的直线及半径大于 1200m 曲线地段,应选用强度等级为 880MPa 的热轧钢轨,山区线路应选用强度等级为 980MPa 的热轧钢轨。在半径小于或等于 1200m 曲线地段应选用强度等级不低于 1080MPa 的在线热处理钢轨。

(3)对于重载铁路:钢轨强度等级的选用参照相应条款。

# 第三节 轨枕

轨枕是轨道结构的重要部件。轨枕横向间隔铺设于两根钢轨之下,其主要作用是承受来自钢轨的作用力,并传递给道床,同时借助联结零件,保持两股钢轨的相对位置(固定钢轨),保持轨道的几何形位、抵抗纵向和横向位移,特别是保持轨距和方向。因此,轨枕应具有必要的坚固性、弹性和耐久性。

按使用部位的不同,轨枕可分为正线枕、岔枕及桥枕三种。轨枕按其材料划分主要有木枕、钢枕、混凝土枕。混凝土枕使用最多。

在钢轨传来的荷载作用下,轨枕底面承受道床产生的反力,轨枕各截面主要产生弯矩。因此,轨枕的力学模型是支承在弹性基础上的短梁,其结构设计主要决定于其受力状况。

## 一、木枕

木枕又称枕木,是早期铁路大量使用的一种轨枕。其主要优点是弹性好,可缓和列车的动力冲击作用,易加工、运输、铺设,与钢轨连接比较简单,有较好的绝缘性能,养护维修方便等。

其主要缺点是易腐朽、磨损,使用寿命短,而且由于木材种类和部位的不同,其强度、弹性不均匀,在列车荷载作用下会造成轨道不平顺,增大轮轨动力冲击作用;尤其是道钉易松动、扣压力降低等;加之木材资源有限,价格越来越贵,世界各国铁路已经很少使用了。

普通木枕的标准长度为 2.5m,断面一般为矩形。其中Ⅰ型木枕断面尺寸宽 22cm × 高 16cm;Ⅱ型木枕断面尺寸宽 20cm × 高 14.5cm。

防腐处理是延长木枕使用寿命的最有效措施,主要是采用油类防腐剂浸泡工艺对木枕进行防腐处理。此外,还采用铺设垫板、预钻道钉孔、铁丝捆扎、C 形钉或组钉板、油膏麻筋填塞等技术对木枕进行防裂、防腐处理。

## 二、混凝土枕

(一)混凝土枕的优点

混凝土枕自重大、刚度大、稳定性好,具有较强的道床阻力,能很好地保持轨道几何形位。在露天环境条件下,混凝土枕抗风化、耐腐蚀,使用寿命长,且材源较多。但其刚度太大,使得列车通过不太平顺的混凝土枕线路时,轨道附加动力作用加大,会缩短轨道的使用寿命,降低行车舒适度。因此,需要提供更好的道床弹性,同时要求轨道具备更高精度的几何形位。

混凝土枕按结构形式的不同,可分有整体式、半枕式和组合式三种。按配筋方式的不同,又分为普通钢筋混凝土枕和预应力混凝土枕两大类。

整体式混凝土枕整体性强,稳定性好,制作简便,使用最多。半枕用两块普通钢筋混凝土块体分别支承左右两股钢轨,彼此间无直接联系,一般用于整体道床上,靠整体道床维持其稳定。组合式混凝土枕由两个钢筋混凝土块体用一根钢杆连接而成,其整体性不如整体式混凝土枕,使用较少。普通钢筋混凝土枕各项性能较差,容易开裂失效,已被淘汰。预应力混凝土枕,由于采用高强度混凝土和高强钢丝并施加预应力,其各项性能较好,尤其是抗裂性能好。我国主要采用整体式预应力混凝土枕,简称混凝土枕(PC 枕)。

(二)混凝土枕外形及尺寸

1. 轨枕形状

混凝土枕截面为梯形,上窄下宽。梯形截面可以节省混凝土用量,减少自重,也便于脱模。轨枕顶面宽度应结合轨枕抗弯强度、钢轨支承面积、轨下衬垫宽度、中间扣件尺寸等因素进行综合考虑加以确定。轨枕顶面支承钢轨的部分称为承轨槽,做成 1∶40 的斜面,以适应轨底坡的要求。轨枕底面在其纵向方向上采用两侧为梯形、中间为矩形的形状,两端有较大的道床支承面积,以提高轨枕在道床上的横向阻力。当中间部分不支承时,能使钢轨压力 $R$ 与道床反力 $q$ 的合力尽量靠拢,有利于防止中间断面上出现过大的负弯矩。轨枕底面宽度应同时满足减少道床压力和便于捣固两方面的要求。底面上一般还做出各种花纹或凹槽,以增加轨枕与道床间的摩阻力。

2. 轨枕长度

轨枕长度与轨枕受力状态有关。根据三种不同支承情况,对不同轨长进行计算表明,长轨枕可以减少中间截面负弯矩,但轨下截面上正弯矩将增大,这是矛盾的,一般应以轨下截面正弯矩与枕中截面负弯矩保持一定比例来确定轨枕的合理长度。

为适应高速、重载的需要,国外向增加轨枕长度的方向发展,在主要干线上普遍采用长度为 2.6m 的轨枕。有关试验结果表明,轨枕长度增加有以下优点:可减少中间截面外荷载弯矩,以提高轨枕结构强度;提高纵横向稳定性和整体刚度,改善道床和路基的工况,对无缝线路的铺设极为有利;提高了道床的纵横向阻力,可适当减少轨枕配置根数。

#### 3. 轨枕高度

混凝土枕的高度其全长是不一致的,轨下部分高些,中间部分矮些。这是因为轨下截面通常在荷载作用下产生正弯矩,而中间截面则在荷载作用下产生负弯矩。而混凝土枕采用直线配筋,且各截面上的配筋均相同,所以配筋的重心线在轨下部分,应在截面形心之下,而在中间部分则应在截面形心之上。这样对混凝土施加的预压应力形成有利的偏心距,使混凝土的拉应力不超过允许限度,防止裂缝的形成和扩展。

### (三) 中国混凝土枕现状

随着轨道荷载(轴重、速度、通过总重)的增加,混凝土枕也在升级换代。主要是通过提高混凝土强度等级,使用高强度钢丝,增加预应力和截面高度等措施提高轨枕的力学性能。

我国铁路混凝土枕分为Ⅰ型、Ⅱ型(新Ⅱ型)、Ⅲ型。原Ⅰ型、Ⅱ型枕因其力学性能较低,已不再生产。目前常用的是新Ⅱ型、Ⅲ型枕,其主要技术参数见表 5-3。新Ⅱ型枕底面宽度为 280mm,Ⅲ型枕底面宽度为 300mm,其他见相关规范。

常用轨枕主要设计参数　　　　表 5-3

| 型　号 | 长度(mm) | 轨下高度(mm) | 质量(kg) |
| --- | --- | --- | --- |
| 新Ⅱ型钢筋混凝土轨枕 | 2500 | 205 | 290 |
| Ⅲa 型钢筋混凝土轨枕 | 2600 | 230 | 370 |
| Ⅲb 型钢筋混凝土轨枕 | 2600 | 230 | 360 |
| 新Ⅲ型钢筋混凝土轨枕 | 2600 | 210 | 440 |
| Ⅲc 型钢筋混凝土轨枕 | 2600 | 230 | 370 |
| Ⅲqc 型钢筋混凝土轨枕 | 2600 | 210 | 440 |
| Ⅲ型电容轨枕 | 2600 | 230 | 368 |
| 新Ⅱ型电容轨枕 | 2500 | 205 | 290 |

#### 1. 新Ⅱ型轨枕

原Ⅱ型轨枕的设计是根据重载线路承受荷载大,重复次数多的特点,采用疲劳可靠性进行设计的。设计标准是按年运量 60Mt,轴重机车 25t,货车 23t,最高行车速度 120km/h,铺设 60kg/m 钢轨。与Ⅰ型轨枕相比,轨下截面正弯矩的计算承载能力提高了 13%~25%,中间截面正弯矩提高约 8.8%,中间截面负弯矩提高了 14%~41%。J-2 型轨枕采用 4 根直径 10mm 的高强度钢筋,C58 级混凝土。

Ⅱ型轨枕是目前我国普通铁路的主型轨枕,适用于次重型、重型轨道。但Ⅱ型轨枕的安全储备还不够大,整体性能还不足。现场使用情况调查表明,在重型、次重型轨道上使用的轨枕,在某些区段出现轨中顶面横向裂缝、沿螺栓孔纵向裂缝、枕端龟裂、侧面纵向水平裂缝、挡肩斜裂等,轨枕年失效下道率平均约1.2%。由此可知,Ⅱ型轨枕难以适应特重型轨道的承载条件。

为适应普通铁路的特重型轨道的承载条件,近年又设计生产了"新Ⅱ型轨枕"。

2. Ⅲ型轨枕

Ⅲ型轨枕是从1988年开始,由原铁道部专业设计院、中国铁道科学研究院等单位研制的。Ⅲ型轨枕分为有挡肩和无挡肩两种形式。轨枕长度原设计为2.6m,为适应重型和特重型轨道两种不同线路的需要,Ⅲ型轨枕生产时有2.5m和2.6m两种长度,其结构强度和承载能力相同。Ⅲ型混凝土枕如图5-2所示。

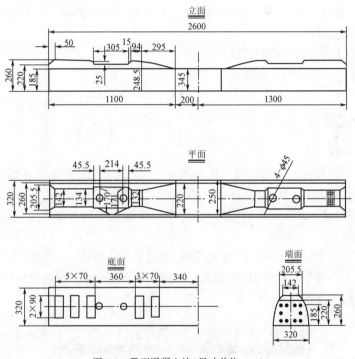

图5-2　Ⅲ型混凝土枕(尺寸单位:mm)

(四)轨枕间距

轨枕间距与每千米配置的轨枕根数有关,后者应根据运量、行车速度及线路设备条件确定,并结合钢轨及道床等综合考虑,合理配套,以求在最经济的条件下,保证轨道具有足够的强度和稳定性。轨枕密一些,道床、路基面、钢轨以及轨枕本身受力都可小一些,同时,使轨距、方向易于保持,对行车速度高的地段尤为重要。但也不能太密,太密则不经济,而且净距过小,也会在一定程度上影响捣固质量。

《铁路轨道设计规范》(TB 10082—2017)规定:每千米铺设数量由线路等级决定,一般轨枕间距600mm左右;轨枕数的级差为80根/km。对于正线轨道,可根据"正线轨道类型表"选定。对混凝土枕轨道,最多为1840根/km,最少为1440根/km;对木枕轨道,最多为1920根/km,最少为1440根/km。

标准轨距铁路使用轨枕条件见表5-4。

标准轨距铁路使用轨枕条件　　　　　　表 5-4

| 机车类型 | 轴重(t) | 年通过总量速度(Mt·km/km) | 最高客车行车速度(km/h) | 最高货车行车速度(km/h) | 钢轨类型(kg/m) | 铺枕根数(根/km) | 道床厚度 | | |
|---|---|---|---|---|---|---|---|---|---|
| | | | | | | | 非渗水土路基 | | 岩石、渗水土路基(dm) |
| | | | | | | | 面层(dm) | 垫层(dm) | |
| 内燃、电力 | 25 | >30 | 200 | 90 | 60/75 | 1680 | 30 | 20 | 35 |

符合下列条件之一的地段,正线轨道应加强,除按该表列出的每千米铺枕根数外,对于混凝土枕每千米增加 80 根,木枕增加 160 根。当条件重合时,只增加一次,但不能超过前述允许最大铺设数量。

(1)在混凝土枕轨道 $R \leqslant 600\mathrm{m}$ 的曲线(包括缓和曲线和圆曲线)或木枕轨道,电力牵引线路 $R \leqslant 800\mathrm{m}$ 的曲线地段。

(2)坡度大于 12‰ 的下坡制动地段。

(3)长度等于或大于 300m 的隧道内线路。

### 三、混凝土宽枕

1. 混凝土宽枕的特点

混凝土宽枕可以理解为普通混凝土枕的加宽,其制造工艺与普通混凝土枕基本相同,长度与普通混凝土枕长度相等,均为 2.5m,而宽度为 55cm,约等于普通混凝土枕的两倍。宽枕由于宽度较大,直接铺设在预先压实的道床面上,在纵横两个方向上都有弯矩作用,是一块支承在弹性基础上的板。

混凝土宽枕每千米铺设 1760 块,是密排的,净间距很小,因此在制造中要求对其宽度严格控制。每块宽枕上安装一对扣件,位于宽枕轴线的对称位置,可避免荷载的偏心。图 5-3 为混凝土宽枕轨道平面示意图。

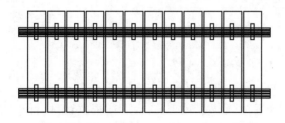

图 5-3　混凝土宽枕轨道平面示意图

混凝土宽枕与普通枕比较有以下优点:

(1)宽枕的支承面积较普通混凝土枕大一倍,使道床的应力大为减小。同时,每块宽枕的质量为 500kg 左右,可以减小道床的振动加速度,使道床变形减小,残余变形积累过程延缓,轨道几何形位易于保持,整个轨道结构得到加强。

(2)宽枕与道床接触面上的摩阻力增加约为 80%,提高了轨道的横向稳定性,有利于铺设无缝线路。

(3)宽枕密排铺设,枕间空隙用沥青混凝土封塞,把道床顶面全部覆盖起来,防止雨水及脏污侵入道床内部,从而有效保持道床的整洁,延长道床的清筛周期,外观整洁美观,方便走行。

(4)宽枕的轨道维修养护工作量较少,仅为混凝土枕轨道的1/2~1/4,从而改善了养护工作条件,减少作业次数,节省养护费用,适合铺设在运输繁忙的铁路上。

综上所述,混凝土宽枕适宜于铺设在大型客站到发线上。

2. 混凝土宽枕类型及铺设要求

我国铁路上使用的混凝土宽枕主要为弦76、筋76、弦82、筋82几种型号,也有少量的弦65A、筋65A、筋65B及弦72等。混凝土宽枕的铺设应按照"宽枕铺设养护维修技术条件"进行。

(1)要求路基坚实稳定,排水畅通,没有翻浆、冒泥等病害;采用碎石道床,由底、面两层组成,道砟材料要求坚硬耐磨,道床要分层夯实整平;混凝土宽枕端部埋入道床深度为8~10cm,其中部60cm范围内,道床顶面应低于枕底5~10cm。

(2)混凝土宽枕轨道的弹性、道床断面尺寸、排水方式等与其他结构形式的轨道不同,因此,与其他轨道连接时必须设置过渡段:与木枕轨道连接时,应用长度不短于25m的混凝土枕轨道过渡;与混凝土枕连接时,要求有5块混凝土宽枕伸入混凝土枕轨排内;混凝土宽枕轨道通过明桥面桥时,宽枕可直接铺到明桥面桥头双枕前。

## 第四节 联结零件

联结或连接主要是为了保持钢轨的连续性和轨排的整体性,分为两个部分:其一是指钢轨与钢轨之间的连接,其二是指钢轨与轨枕之间的连接。

钢轨与钢轨之间的连接称为接头。在有缝线路中,钢轨与钢轨之间的连接采用夹板和螺栓,称为夹板接头。在无缝线路中,钢轨与钢轨之间的连接夹板被焊缝替代,称为焊接接头。

钢轨与轨枕之间的连接部件称为扣件。扣件有板式扣件和弹条式扣件两种,目前最常用的是弹条式扣件。由于钢筋混凝土枕、整体道床以及板式轨道的大量使用,相应的对扣件的扣压力、弹性和可调性及绝缘性均有更高的要求。现代铁路已经大量使用弹条式扣件。我国铁路常用的有适用于有砟轨道的弹条Ⅰ型、Ⅱ型、Ⅲ型、Ⅳ型、Ⅴ型扣件和适用于无砟板式轨道的特制WJ7型、WJ8型扣件两大类。

### 一、有缝线路夹板接头

夹板接头在铺设轨道时,为了适应钢轨热胀冷缩、降低钢轨温度应力,相邻两根钢轨端头不直接接触,而是预留一定量的轨缝,称为有缝线路。

1. 接头组成及类型

有缝线路的钢轨与钢轨接头的联结零件是由夹板、螺栓、弹簧垫圈等组成的。其作用是把钢轨连接起来,保持轨道的连续性,同时,具有与钢轨相同的整体性和抗弯能力,并且满足钢轨伸缩的要求。

钢轨接头按其连接形式可分为普通接头、异形接头、绝缘接头、导电接头、伸缩接头、冻结接头等。按其相对于轨枕位置,可分为悬式和承垫式两种。按两股钢轨接头相对位置,可分为相对式和相错式两种。我国铁路一般采用相对悬空式,即两股钢轨接头左右对齐,同时位于两轨枕之间。

#### 2. 接头夹板

夹板是固定相邻两根钢轨端头,并承受弯矩、传递纵向力、阻尼钢轨伸缩的重要部件。因此,要求夹板具有足够的强度、刚度。夹板的形式很多,我国采用斜坡支承双头对称型夹板,简称双头式夹板。

双头式夹板的优点是在竖直荷载作用下,具有较大的抵抗挠曲和横向位移的能力。夹板的上、下两面均有斜坡,使其能楔入轨腰空间,但不贴住轨腰。这样,当夹板稍有磨耗,以致连接松弛时,仍可重新旋紧螺栓,保持接头连接牢固。每块夹板上有螺栓孔 6 个,圆形孔与长圆形孔相间。圆形螺栓孔的直径较螺栓直径略大,长圆形螺栓孔的长径较螺栓头下突出部分的长径略大。依靠钢轨圆形螺栓孔直径与螺栓直径之差,以及夹板圆形螺栓孔直径与螺栓直径之差,就可以得到所需要的预留轨缝值。

普通夹板用于连接同类型的钢轨,异形夹板用于连接两个不同断面(轨型)的钢轨。

#### 3. 接头螺栓及垫圈

接头螺栓、螺母是用来夹紧夹板和钢轨的配件的,垫圈是为了防止螺栓松动的。根据机械性能分级,我国螺栓划分为 8.8 级和 10.9 级两个等级,其抗拉强度相应为 830MPa 和 1040MPa。接头螺栓的扭矩不得低于 100N·m,材质等性能应达到《铁路轨道设计规范》(TB 10082—2017)的规定。

有缝线路的相邻钢轨之间事实上是不连续的,因此,车轮在滚动过接头时,实际上是从一根钢轨跳到另一根钢轨上的,这就必然导致车轮对钢轨的冲击作用很大,产生轮轨损伤和撞击噪声。所以,有缝线路的接头是铁路轨道结构的薄弱部位之一。

#### 4. 预留轨缝

预留轨缝应满足的条件是:当轨温达到当地最高轨温时,轨缝应大于或等于零,使轨端不受挤压力,以防温度太高而胀轨跑道;当轨温达到当地最低轨温时,轨缝应小于或等于构造轨缝,使接头螺栓不受剪力,以防止接头螺栓拉弯或拉断。构造轨缝是指受钢轨、接头夹板及螺栓尺寸限制,在构造上能实现的轨端最大缝隙值,应根据轨温计算预留轨缝的宽度。

## 二、无缝线路焊接接头

为了避免了轮轨撞击、消除撞击噪声、减小轮轨损伤、改善乘坐舒适性,现代铁路将定尺长度的钢轨直接焊接起来,使钢轨真正连续,称为无缝线路。我国已经很好地解决了钢轨焊接、桥梁上铺设无缝线路和超长无缝线路等技术问题,并且在京广、京沪、京沈、陇海等主要干线和全部高速铁路均已铺设无缝线路。

1. 钢轨连接方法

用于无缝线路钢轨连接的焊接接头主要采用电弧闪光焊法和铝热焊法。

2. 设计锁定轨温

由于取消了用于调节因温度变化产生钢轨伸缩和内应力的轨缝,无缝线路需要利用道床的埋置作用锁定轨道,避免因温度应力的作用发生"跑道",即防止轨道几何形位的变化。因此,无缝线路的钢轨温度应力比较大。为了尽量减小钢轨温度应力,必须在适当的温度条件下锁定轨道。这就需要根据气象资料和无缝线路允许温升、允许温降计算确定的无缝线路锁定轨温,称为设计锁定轨温。

3. 无缝线路类型

根据锁定方式的不同,无缝线路可分为放散温度应力式和温度应力式两种。放散温度应力式无缝线路主要用在年温差较大的地区;在严寒地区铺设无缝线路时,需采取轨道加强措施。温度应力式无缝线路结构简单,铺设维修方便,因而得到广泛应用。研究资料显示,对于直线轨道,铺设 50kg/m 和 60kg/m 钢轨,每千米配量 1840 根混凝土枕时,铺设温度应力式无缝线路允许轨温差分别为 100℃ 和 108℃。

4. 跨区间无缝线路

考虑到传统的全自动闭塞系统需要利用列车走行位置和轨道电路控制信号灯,通常是将一个区间设置为一段无缝线路,即一个区间仍然存在一个有缝的绝缘接头(道岔处)。为了进一步改善舒适性,现代高速铁路已经取消轨道电路,而采用其他技术(应答器)探测列车位置并实现列车信号控制,设置跨区间无缝线路,即长轨条跨越两个或更多区间,且车站正线上采用无缝道岔的无缝线路。

### 三、有砟轨道弹条扣件

适用于有砟轨道的弹条 Ⅰ~Ⅴ 型扣件主要由弹条、螺旋道钉、轨距挡板、挡板座及弹性橡胶垫板组成。其中,弹条Ⅲ型扣件无螺栓无挡肩扣件。它具有扣压力大、弹性好等优点,特别是保持轨距的能力很强,又由于取消了螺栓连接的方式,大大减小了扣件养护工作量,是世界各国轨枕扣件发展的趋势,特别适用于重载、大运量、高密度的运输条件。常用于标准轨距铁路直线或半径 $R>350m$ 的曲线,铺设 60kg/m 钢轨和Ⅲ型无挡肩混凝土枕的无缝线路轨道。有砟轨道常用弹条扣件构造如图 5-4 所示,适用范围见表 5-5。

有砟轨道常用弹条扣件的适用范围　　　　表 5-5

| 扣件类型 | 运营条件 |
| --- | --- |
| 弹条Ⅰ型 | 客车速度≤120km/h,货车速度≤80km/h,轴重≤25t |
| 弹条Ⅱ型 | 客车速度≤200km/h,货车速度≤120km/h,轴重≤25t |
| 弹条Ⅲ型 | 客车速度≤200km/h,货车速度≤120km/h,轴重≤25t |
| 弹条Ⅳ型<br>弹条Ⅴ型 | 适用于客运专线铁路。<br>客运专线:最高速度350km/h,轴重17t。<br>客运专线(兼顾货运):客车速度250km/h,客车最大轴重23t(客运机车),货车速度120km/h,最大轴重25t |

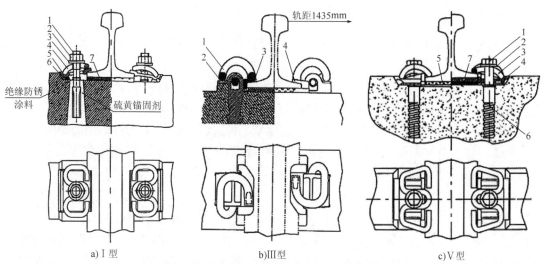

图 5-4 有砟轨道常用弹条 Ⅰ、Ⅲ、Ⅴ 型扣件组装图

Ⅰ 型：1-螺纹道钉；2-螺母；3-平垫圈；4-弹条；5-轨距挡板；6-挡板座；7-橡胶垫板
Ⅲ 型：1-弹条；2-预埋铁座；3-绝缘轨距块；4-橡胶垫板
Ⅴ 型：1-螺纹道钉；2-平垫圈；3-弹条；4-轨距挡板；5-垫板；6-预埋套管；7-调高垫板

## 四、无砟轨道特制扣件

适用于无砟轨道的 WJ7 型、WJ8 型扣件是特制的，主要是针对高速铁路轨道弹性要求和几何形位调整要求做了改进。其构造如图 5-5 所示，类型及适用条件见表 5-6。

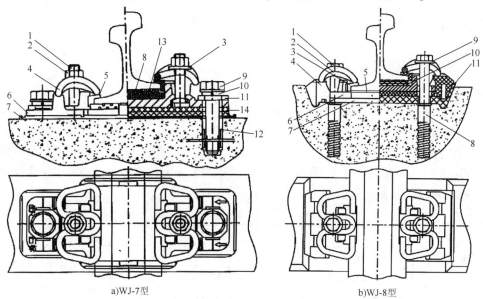

图 5-5 WJ-7 型、WJ-8 型扣件

WJ-7 型：1-T 形螺栓；2-螺母；3-平垫圈（A）；4-弹条；5-绝缘块；6-铁垫板；7-绝缘缓冲垫；8-垫板；9-锚固螺栓；10-弹簧垫圈；11-平垫块；12-预埋套管；13-轨下调高垫板；14-铁垫板下调高垫板

WJ-8 型：1-螺旋道钉；2-弹条；3-绝缘块；4-轨距挡板；5-垫板；6-铁垫板；7-铁垫板下弹性垫板；8-预埋套管；9-平垫圈；10-轨下调高垫板；11-铁垫板下调高垫板

无砟轨道扣件类型 表5-6

| 铁路等级 | 无砟轨道结构类型 | 采用扣件类型 |
|---|---|---|
| 高速铁路 | CRTS 双块式 | WJ-7B、WJ-8B |
|  | CRTS I 型板式 | WJ-7B |
|  | CRTS II 型板式 | WJ-8 |
|  | CRTS III 型板式 | WJ-8B |
| 城际铁路 | CRTS 双块式 | WJ-7B、WJ-8B |
|  | CRTS I 型板式 | WJ-7B |
|  | CRTS III 型板式 | WJ-8B |
|  | 弹性支承块式 | 弹性扣件 |
| 客货共线铁路 重载铁路 | CRTS 双块式 | WJ-7B、WJ-8A |
|  | 弹性支承块式 | 弹条VII型扣件、预埋铁座式扣件 |
|  | 长枕埋入式 | WJ-12 型扣件(重载)、WJ-13(客货共线) |

# 第五节　有砟轨道碎石道床

有砟轨道主要是依靠碎石道床对轨枕的埋置作用来固定和保持轨道线形的。碎石道床的优点是弹性较好,能很好地吸收和减缓轮轨的冲击、振动。以捣固道床的方法来校正轨道线形,作业简便快捷,但碎石道床是一种松散结构,难以长久保持轨道线形,线路整正工作量大且频率高,需要有足够的"窗口时间"。在行车密度较大的繁忙线路上,对交通量有明显影响。

## 一、碎石道床的材质

用作道床的石砟材料(道砟)应具有以下性能:质地坚韧,有弹性,不易压碎和捣碎;排水性能好,吸水性差;不易风化,不易被风吹动或被水冲走。常用的道砟有:碎石、天然级配卵石、筛选卵石、粗砂、中砂及熔炉矿渣等。

碎石道砟的技术性能有两个方面:①反映道砟材质的材质参数包括抗磨耗、抗冲击、抗压碎、渗水、抗风化、抗大气腐蚀等,为道砟材质的分级提供了法定依据;②反映道砟加工质量的参数包括道砟粒径、级配、颗粒形状、表面状态、清洁度等。现行的《铁路碎石道砟》(TB/T 2140—2008)、《铁路碎石道床底碴》(TB/T 2897—1998)规定的道砟技术指标主要有粒径、级配、颗粒形状、清洁度4个。

选用何种道砟材料,应根据铁路运量、机车车辆轴重、行车速度、就地取材等条件和投资成本来决定。我国铁路干线上基本使用碎石道砟,在次要线路上才使用卵石道砟、炉渣道砟。现行《铁路轨道设计规范》(TB 10082—2017)规定:有砟轨道正线道床采用的道砟等级应符合表5-1的要求,即对于特重型轨道、隧道内轨道及宽轨枕轨道,应使用一级道砟,重型轨道必须使用一级道砟。

### 1. 道砟的等级

根据材料性能将道砟分为适用于既有铁路的一级道砟、适用于快速和普速铁路的一级道砟,以及适用于高速铁路和准高速铁路的特级碎砟。

### 2. 道砟的级配

碎石道砟属于散粒体,其级配是指不同粒径的道砟所占的质量比。道砟粒径的级配对道床的物理力学性能、养护维修工作量有重要影响。现行标准按级配要求,可保证道砟产品有最佳的颗粒组成。宽级配道砟由于道砟平均粒径的减小,大小颗粒的相互配合以及道砟颗粒之间的填满,使得道砟有更好的强度和稳定性,也有利于道床作业。道砟的级配标准见表5-7。

铁路碎石道砟粒径级配　　　　表 5-7

| | | | | | | | |
|---|---|---|---|---|---|---|---|
| 高速特级 | 方孔筋边长(mm) | — | 22.5 | 31.5 | 40 | 50 | 63 |
| | 过筛质量百分比(%) | — | 0~3 | 1~25 | 30~65 | 70~99 | 100 |
| 新建一级 | 方孔筋边长(mm) | 16 | 25 | 35.5 | 45 | 56 | 63 |
| | 过筛质量百分比(%) | 0~5 | 5~15 | 25~40 | 55~75 | 92~97 | 100 |
| 既有线一级 | 方孔筋边长(mm) | — | 25 | 35.5 | 45 | 56 | 63 |
| | 过筛质量百分比(%) | — | 0~5 | 25~40 | 55~75 | 92~97 | 100 |

### 3. 道砟的颗粒形状

道砟的形状及表面状态对道床的性能有重要影响。一般而言,棱角分明、表面粗糙的颗粒集料具有较高的强度和稳定性。近似于立方体的颗粒比扁平、长条形颗粒有更高的抗破碎、抗变形、抗粉化能力。一般用针状指数和片状指数来控制长条形和扁平颗粒的含量。凡长度大于该颗粒平均粒径 1.8 倍的称为针状颗粒,厚度小于平均粒径 0.6 倍的称为片状颗粒。我国相关标准规定针状指数和片状指数均不大于 50%。

### 4. 道砟的清洁度

道砟中的土团、粉末或其他杂质对道床的承载能力是有害的,需控制其数量。土团是指那些泡水后出现软化,丧失其强度的颗粒,粉末会脏污道床,加速道床的板结,影响道床的排水。我国相关标准规定黏土团及其他杂质含量的质量百分率不大于 0.5%,粒径 0.1mm 以下的粉末含量的质量百分率不大于 1%。

## 二、碎石道床横断面形状

碎石道床既要保持自身的坚固和稳定,又要提供足够的阻力以保持轨排的稳定。因此其横断面形状应符合这个要求,即道床厚度、道床边坡坡度、道床顶面宽度、轨枕埋置深度。

道床边坡的稳定直接影响着道床的稳定程度,也与道床肩宽及砟肩堆高有关。增大肩宽及砟肩堆高也可以提高稳定性。道床边坡的稳定还对道床顶面高度做出了相应规定。

碎石道床横断面形状包括道床厚度、道床顶面宽度及道床边坡坡度三个主要特征。直线地段碎石道床横断面如图 5-6 所示。

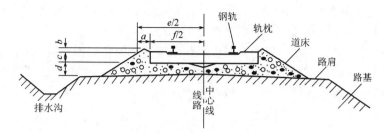

图 5-6 直线地段碎石道床断面图
a-肩宽;b-堆高;c-埋深;d-道床厚度;e-道床顶面宽度;f-轨枕长度

1. 道床厚度

道床厚度是指直线上钢轨或曲线上内轨中轴线下轨枕底面至路基顶面的距离。路基面的工作应力主要决定于道床厚度,增加道床厚度是降低路基面应力的主要手段。道床厚度根据运营条件、轨道类型、路基土质选用,并符合正线有砟轨道设计规范。

2. 道床顶面宽度

道床顶面宽度与轨枕长度和道床肩宽有关。轨枕长度基本上是固定的,因此道床顶面宽度主要决定于道床肩宽。道床宽出轨枕两端的部分称为道床肩宽。适当的肩宽可保持道床的稳定,并提供一定的横向阻力。一般情况,肩宽为 450~500mm 已能满足要求,再宽则作用不大。单线铁路正线道床顶面宽度见表 5-8。无缝线路曲线半径小于 800m、有缝线路曲线半径小于 600m 的地段,曲线外侧道床顶面应加宽 0.10m。

单线铁路正线道床顶面宽度　　　表 5-8

| 铁 路 等 级 | 路段列车设计行车速度<br>(km/h) | 曲线外侧道床加宽 | |
|---|---|---|---|
| | | 无缝线路轨道(m) | 有缝线路轨道(m) |
| 高速铁路 | 250≤V≤350 | 3.60 | — |
| 重载铁路 | V≤100 | 3.50 | — |
| 城际铁路、<br>客货共线铁路 | 160<V≤200 | 3.50 | — |
| | V≤160 | 3.40 | — |
| | 100<V≤120 | 3.40 | 3.10 |
| 客货共线铁路 | V≤100 | 3.40 | 3.00 |

3. 道床边坡坡度

道床边坡坡度大小与道砟材料的内摩擦角与黏聚力有关,道砟材料的内摩擦角越大,黏聚力越高,边坡的稳定性就越大。《铁路轨道设计规范》(TB 10082—2017)规定:正线道床边坡坡度均为 1∶1.7,无缝线路道床砟肩堆高 0.15m。

## 三、碎石道床的变形及控制

1. 变形原因及影响因素

道床是一种由碎石道砟构成的散粒体结构,它给轨排提供的阻力主要是道砟之间的摩擦力。因此,碎石道床具有较大的弹性和塑性。在列车荷载作用下将产生弹性变形、塑性变形;荷载消失后,弹性变形部分得以恢复,而塑性变形部分却不能恢复。

道床的塑性变形主要是在重复的列车荷载作用下道砟颗粒的相互错位和颗粒破碎两个因素的微小塑性变形逐渐积累的结果,并最终导致轨道几何形位的变化。多国的调查研究表明:轨道几何形位的变化量与通过列车的总重量密切相关。

2. 控制方法

控制道床的变形,主要是采用振捣的方法。过去多采用人工捣固锤进行,但其功效低,控制效果不好。现代多用机械化捣固车进行,其功效高,控制效果好。

## 第六节 无砟轨道

无砟轨道是在坚实基底上直接浇筑钢筋混凝土作为道床以固定轨枕和保持轨道线形;也有采用将轨枕和道床合并成钢筋混凝土"轨道板"的板式轨道结构形式。无论是整体道床的无砟轨道,还是板式结构的无砟轨道,都具有以下优缺点:

优点:①整体性强,稳定性好,易于保持轨道几何形位,有利于铺设无缝线路,适用于全线铺设或养护维修条件较差的区段,如地下铁道、长大隧道内、明桥面桥,以及有特殊需要的路基段落;②养护维修工作量小,不需要太多的"窗口时间",有利于增加行车密度和提高行车速度,尤其适用于客运专线高速铁路。

缺点:①刚度很大,而弹性较小,对施工精度的要求很高;②一旦出现病害,整治起来比较困难;③造价较高,施工技术较复杂。

为了适应高速铁路、城际铁路、客货共线铁路、重载铁路的不同需要,我国铁路常用的无砟轨道结构形式有板式、双块式、弹性支承块式、长枕埋入式4种。其中板式无砟轨道又分为Ⅰ型、Ⅱ型、Ⅲ型,并针对路基、桥梁、隧道、道岔区段的需要,做了适应性设计和适用性规定。

### 一、板式无砟轨道

CRTS Ⅰ型板式无砟轨道(CRTS Ⅰ slab track):在现场浇筑的钢筋混凝土底座上铺装预制轨道板,通过水泥乳化沥青砂浆进行调整,并适应 ZPW-2000 轨道电路的单元板式无砟轨道结构形式。其标准横断面示意图如图 5-7 所示。

CRTS Ⅱ型板式无砟轨道(CRTS Ⅱ slab track):在现场摊铺的混凝土支承层或现场浇筑的钢筋混凝土底座铺装预制轨道板,通过水泥乳化沥青砂浆进行调整,并适应 ZP-2000 轨道电路要求的纵连板式无砟轨道结构形式。其标准横断面示意图如图 5-8 所示。

CRTS Ⅲ型板式无砟轨道(CRTS Ⅲ slab track):在现场浇筑的钢筋混凝土底座上铺装带挡肩的预制轨道,通过自密实混凝土进行调整,并适应 ZPW-2000 轨道电路的单元板式无砟轨道结构形式。其标准横断面示意如图 5-9 所示。

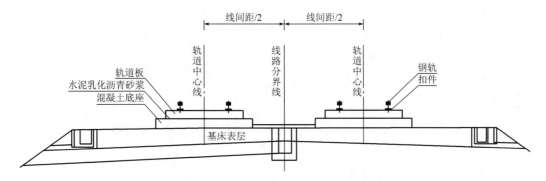

图 5-7 路基地段 CRTS Ⅰ型板式无砟轨道标准横断面示意图

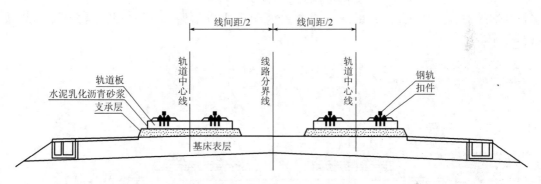

图 5-8 路基地段 CRTS Ⅱ型板式无砟轨道标准横断面示意图

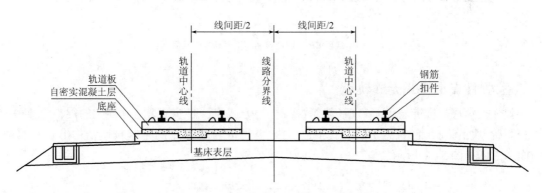

图 5-9 路基地段 CRTS Ⅲ型板式无砟轨道标准横断面示意图

1. 轨道板的结构形式

轨道板是双向配筋的混凝土板。板的外形分为两种：一种是有承轨槽，供隧道直线地段使用；另一种是无承轨槽，供高架桥和曲线地段使用。轨道板尺寸为 4950mm × 2340mm × 180mm，质量约 5000kg。

2. 基础凸起圆形柱

在轨道板两端中央设置的凸起圆形柱，与混凝土灌筑成为一个整体，轨道板与圆柱之间用乳化沥青水泥砂浆填充。圆柱体的作用一是可将纵向和横向力传递给基础，有利于固定板的纵向和横向位置；二是可作为板式轨道铺设和整正时的基准点。

### 3. 乳化沥青水泥砂浆填充层

将水泥砂浆和乳化沥青两种材料结合而成的乳化沥青水泥砂浆新材料具有二者的优点，能得到所要求的强度和弹性，是轨道板成功铺设的重要条件之一。在轨道板与基础层之间填充乳化沥青水泥砂浆，填充层的厚度为 50mm。填充层还可起到调整超高的作用。

### 4. 混凝土基层

基层是现场灌筑而成的，沿钢轨方向每 5m 设一个接缝。曲线超高设置在该层上。

## 二、CRTS 双块式无砟轨道

CRTS 双块式无砟轨道：将预制的双块式轨枕组装成轨排，以现场浇筑混凝土方式将轨枕浇筑到钢筋混凝土道床内，并适应轨道电路的无砟轨道结构形式。其标准断面示意图如图 5-10 所示。

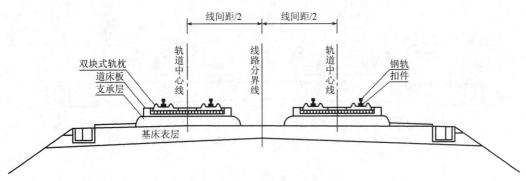

图 5-10 路基地段 CRTS 双块式无砟轨道标准横断面示意图

## 三、弹性支承块式无砟轨道

弹性支承块式无砟轨道：以现场浇筑混凝土的方式将弹性支承块（含预制的混凝土多块、橡胶套靴、块下垫板）浇筑到钢筋混凝土道床内，并适应轨道电路的无砟轨道结构形式。其横断面示意图如图 5-11 所示。

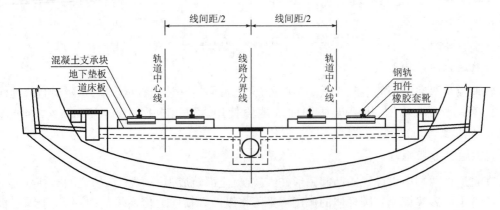

图 5-11 弹性支承块式无砟轨道横断面示意图

钢筋混凝土支承块(等同于轨枕并埋置于混凝土道床里一定深度)用来支承钢轨,并保持轨道的正确几何形位。它必须外形简单,便于加工制造,满足钢轨扣件组装及埋置施工的要求。支承块的外形尺寸,直线上为 500mm×200mm×200mm(长×宽×高);曲线上为 600mm×240mm×200mm。支承块用 C50 级混凝土预制:支承块的钢筋应伸入挡肩,加大抗推能力,底部伸出的弯钩与道床混凝土黏结,增加抗拔能力。承轨台顶面高出道床混凝土顶面至少 30mm,并有轨底坡。当曲线外轨超高大于 35mm 时,承轨台顶面为水平。为便于组装扣件,承轨台上预留有硫黄锚固螺栓孔或预埋螺栓套管。整体道床上支承块的配置,直线上为 1760 对/km,曲线上为 1840 对/km。

钢筋混凝土整体道床的宽度一般为 240cm,厚度为 35cm,用 C30 级混凝土,并设置相应的伸缩缝,防止混凝土道床出现裂缝。伸缩缝的间距,洞口 300cm 范围内用 6.25m,以外用 12.5m 最为相宜。此外,在隧道衬砌沉降缝处,混凝土道床也应设置伸缩缝。伸缩缝的位置要与钢轨接头(或长钢轨焊缝)错开。伸缩缝一般宽 2cm,用木板浸沥青或预制沥青板填塞。

隧道基底的密实程度对消除整体道床产生严重病害的隐患有重要意义。因此,应在灌注道床混凝土之前按施工技术规范和设计要求对隧道基底进行处理。对石质隧底,应用高压水和高压风将基底冲洗干净,并对封底混凝土进行凿毛处理。当隧道设仰拱时,应在仰拱与整体道床之间用低强度混凝土回填,作为铺底。混凝土道床直接浇筑在坚硬完整的岩基上时,如基底欠挖,则应按设计高程加深;如基底超挖,小于 20cm 时,应与道床混凝土一次灌注补足,大于 20cm 时,应先用 C15 级混凝土回填,严禁用浆砌片石或弃渣铺筑。如发现隧底局部地段有软弱岩层、地下水丰富或岩层断裂破碎等不良地质条件或构造时,应采取加固措施,如换填软弱层至坚硬岩层,加设隧道仰拱,增设混凝土底板等。

地下水对整体道床危害极大,合理设置排水设施,迅速排除地下水,是整体道床成败的关键。要求地下水位经常处于混凝土道床底面之下。排水设施有中心水沟式及两侧水沟式两种。前者适用于无地下水的隧道,后者适用于有地下水的隧道。多水隧道的侧沟要求沟底至少应在轨面下 1180mm,无水或少水隧道应在轨面下 670mm。严寒地区有水隧道应采用防冻水沟。混凝土道床顶面,应有流向水沟的 3% 横坡,边墙及靠近混凝土道床一侧的水沟均须预留泄水孔。除整体道床应有良好的排水设施外,还要求隧道有防治水害的综合措施,保证隧道竣工后拱部不漏水,边墙不渗水。

混凝土整体道床轨道与普通轨道衔接处应设置过渡段,使道床弹性逐渐变化。过渡段的形式可采用双楔短木枕过渡段或改变整体道床厚度过渡。

### 四、长枕埋入式无砟轨道

长枕埋入式无砟轨道:以现场浇筑混凝土方式将长轨枕浇筑到钢筋混凝土道床内,并适应轨道电路的无砟轨道结构形式。其横断面示意图如图 5-12 所示。

此外还有道岔区轨枕埋入式无砟轨道:以现场浇筑混凝土方式将预制的混凝土岔枕浇筑到钢筋混凝土道床内,形成整体的道岔区无砟轨道结构。道岔区板式无砟轨道:在现浇的底座或支承层上铺装预制道岔板,通过水泥乳化沥青砂浆或自密实混凝土进行调整,形成整体的道岔区无砟轨道结构。

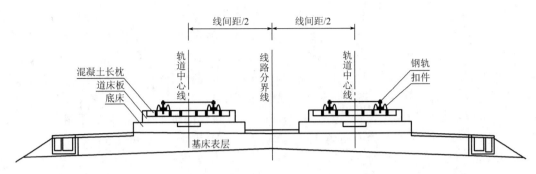

图 5-12 路基地段长枕埋入式无砟轨道断面示意图

# 第七节 道岔

## 一、道岔的功用及类型

道岔是机车车辆从一股轨道转入或越过另一股轨道时必不可少的线路设备,是铁路轨道的一个重要组成部分。道岔具有构造复杂,不仅限制列车速度、行车安全性低,且比较容易损坏、养护维修困难等特点,因此,它与曲线、接头并称为轨道的三大薄弱环节。

最常见的道岔类型是普通单开道岔,简称单开道岔,其数量占各类道岔总数的 90% 以上,其主线为直线,侧线由主线向左侧(称左开道岔)或右侧(称右开道岔)岔出。单开道岔构造相对简单,具有一定的代表性,了解和掌握这种道岔的基本特征,对各类道岔的设计、制造、铺设、养护均有十分重要的意义。

对称道岔是单开道岔的一种特殊形式,整个道岔对称于主线的中线或者右角的中分线,列车通过时无直向及侧向之分。在保持相同的过岔速度的条件下,对称道岔能缩短道岔长度,从而能缩短站坪长度,增加股道的有效长度。对称道岔常用在驼峰下、三角线、工厂支线及城市地铁和轻轨轨线上。

三开道岔,又称复式异侧对称道岔,是复式道岔中较常用的一种形式,常用于铁路轮渡桥头引线、驼峰编组场以及地形狭窄又有特殊需要的地段。此外还有交分道岔和交叉渡线,只在个别特殊场合下使用。

## 二、单开道岔的构造

单开道岔由转辙器、辙叉及护轨、连接部分组成,如图 5-13 所示。单开道岔以它的钢轨每米质量及道岔号数区分类型。目前我国的钢轨有 75kg/m、60kg/m、50kg/m、45kg/m 和 43kg/m 等类型,标准道岔号数(用辙叉号数来表示)有 6、7、9、12、18、24 等,其中 6 号、7 号仅用于厂矿企业内部铁路或驼峰下,其他各号则适用于铁路正线和站线,并以 9 号及 12 号最为常用。在侧线通过高速列车的地段,则需铺设 18 号、24 号等大号码道岔。

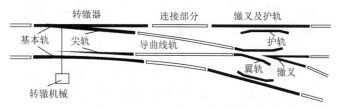

图 5-13　普通单开岔道组成

目前我国铁路干线上大量使用 60kg/m 钢轨固定型辙叉的 12 号单开道岔。为适应既有线提速改造的要求,我国自行设计、制造的新型 60kg/m 钢轨 12 号提速道岔已基本达到了国际先进水平,是我国高速道岔的雏形。

(一) 转辙器

单开道岔的转辙器是引导机车车辆沿主线方向或侧线方向行驶的线路设备,由两根基本轨、两根尖轨、各种联结零件及道岔转换设备组成。

1. 基本轨

基本轨是用一根 12.5m 或 25m 标准断面的普通钢轨制成的,主股为直线,侧股按转辙器各部分的轨距在工厂事先弯折成规定的折线或采用曲线形。通常道岔中不设轨底坡,为改善钢轨的受力条件,提速道岔中基本轨设有 1:40 轨底坡。基本轨除承受车轮的垂直压力外,还与尖轨共同承受车轮的横向水平力。为防止基本轨的横向移动,可在其外侧设置轨撑。为了增加钢轨表面硬度,提高耐磨性并保持与尖轨良好的密贴状态,基本轨头顶面一般还进行淬火处理。

2. 尖轨

尖轨是转辙器中的重要部件,依靠尖轨的扳动,将列车引入正线或侧线方向。尖轨在平面可分为直线形和曲线形。我国铁路的大部分 12 号及 12 号以下的道岔均采用直线形尖轨。直线形尖轨制造简单,便于更换,尖轨前端的刨切较少、横向刚度大,尖轨的摆度和跟端轮缘槽较小,可用于左开或右开,但这种尖轨的转辙角较大,列车对尖轨的冲击力大,尖轨尖端易磨耗和损伤。我国新设计的 12 号、18 号道岔直向尖轨为直线形、侧向尖轨为曲线形。这种尖轨冲击角较小,导曲线半径大,列车进出侧线比较平稳,有利于机车车辆的高速通过。但曲线形尖轨制造比较复杂,前端刨切较多,并且左右开不能通用。曲线形尖轨又分为切线形、半切线形、割线形、半割线形四种,我国铁路主要采用半切线形和半割线形曲线尖轨。

尖轨可用普通断面钢轨或特种断面钢轨制成。用普通断面钢轨制成的尖轨一般在尖轨前端加补强板以增加其横向刚度。用特种断面钢轨制成的尖轨,其断面粗壮、整体性强、刚度大,稳定性比普通断面钢轨好。与基本轨高度相同的称为高型特种断面,较矮者称为矮型特种断面,如图 5-14 所示。

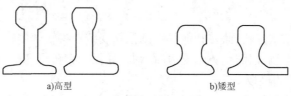

a)高型　　　b)矮型

图 5-14　特种断面钢轨

我国已广泛推广使用矮型特种断面钢轨(简称 AT 轨),取消了普通钢轨尖轨 6mm 抬高量,减小了列车过岔时的垂直不平顺,有利于提高过岔速度,同时可采用高滑床台扣住基本轨轨底,增加基本轨的稳定性和道岔整体性。

尖轨的长度因道岔号数和尖轨的形式不同而异。在我国铁路上,9 号道岔的尖轨长度为 6.25m,12 号道岔直线形尖轨长度为 7.7m,曲线形尖轨长度为 11.3～11.5m,18 号道岔的尖轨长度为 12.5m。

为保证尖轨具有承受车轮压力的足够强度,规定尖轨顶宽 50mm 以上部分方能完全受力,而在尖轨顶宽 20mm 以下部分,则应完全由基本轨受力。尖轨顶宽 20～50mm 的部分,为车轮轮载转移的过渡段。为此,尖轨与基本轨之间应保持必要的轨顶面相对高差,对尖轨各个断面的高度都有具体的规定。

当用普通断面钢轨制作尖轨时,为了减少尖轨轨底的刨切量,将尖轨较基本轨抬高 6mm,如图 5-15 所示。这时尖轨尖端较基本轨顶面低于 23mm,可以避免具有最大垂直磨耗车轮轮缘爬上尖轨。尖轨顶宽 20mm 以下部分完全由基本轨受力。在尖轨整断面往后的垂直刨切终点处,尖轨顶面高出基本轨顶面 6mm,尖轨顶宽 50mm 以上部分完全由尖轨受力。

当采用高型或矮型特种断面钢轨加工尖轨时,尖轨顶宽 50mm,以后部分与基本轨是等高的,如图 5-16 所示。尖轨顶宽 20～50mm 这一段为过渡段。

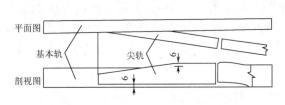

图 5-15 顶面高出基本轨的尖轨(尺寸单位:mm)

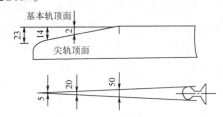

图 5-16 顶面与基本轨等高的尖轨(尺寸单位:mm)

**3. 转辙器上的零配件**

(1)滑床板

在整个尖轨长度范围内的岔枕面上,有承托尖轨和基本轨的滑床板。滑床板有分开式和不分开式两类。不分开式用道钉将轨撑、滑床板直接与岔枕连接;分开式是轨撑由垂直螺栓先与滑床板连接,再用道钉或螺纹道钉将垫板与岔枕连接。尖轨放置于滑床板上,与滑床板间无扣件连接。

(2)轨撑

用以防止基本轨倾覆、扭转和纵横向移动的轨撑,安装在基本轨的外侧。它用螺栓与基本轨相连,并用两个螺栓与滑床板连接。轨撑有双墙式和单墙式之分。提速道岔中由于扣件扣压力足够大,未设轨撑。

(3)顶铁

尖轨刨切部位紧贴基本轨,而在其他部位则依靠安装在尖轨外侧腹部的顶铁,将尖轨承受的横向水平力传递给基本轨,以防止尖轨受力时弯曲,并保持尖轨与基本轨的正确位置。

(4)各种特殊形式的垫板

各种特殊形式的垫板如铺设在尖轨之前的辙前垫板和之后的辙后垫板、铺设在尖轨尖端和尖轨跟端的通长垫板、为保持导曲线的正确位置而设置的支距垫板等。

(5)道岔拉杆和连接杆

道岔拉杆连接两根尖轨,并与转辙设备相连,以实现尖轨的摆动,故又叫转辙杆。连接杆为连接两根尖轨的杆件,其作用是加强尖轨间的联系,提高尖轨的稳定性。

(6)转辙机械

最常用的道岔转换设备的种类有机械式和电动式。机械式转换设备可以为集中式或非集中式,电动式转换设备则为集中式。道岔转换设备必须具备转换(改变道岔开向)、锁闭(锁闭道岔,在转辙杆中心处尖轨与基本轨之间,不允许有4mm以上的间隙)和显示(显示道岔的正位或反位)三种功能。

(二)辙叉及护轨

辙叉是使车轮由一股钢轨越过另一股钢轨的设备。辙叉由叉心、翼轨和联结零件组成。按平面形式分,辙叉有直线辙叉和曲线辙叉两类;按构造类型分,辙叉有固定辙叉和可动辙叉两类。单开道岔上,以直线式固定辙叉最为常用。

1.固定辙叉

直线式固定辙叉分两种,即整铸辙叉和钢轨组合式辙叉。整铸辙叉是用高锰钢浇铸的整体辙叉,如图5-17所示。

高锰钢是一种锰碳含量均较高的合金钢(含锰约12.5%,碳1.2%),具有较高的强度、良好的冲击韧性,经热处理后,在冲击荷载作用下,会很快产生硬化,使表面具有良好的耐磨性能,同时,由于心轨和翼轨同时浇铸,整体性和稳定性好,可以不设辙叉垫板而直接铺设在岔枕上。这种辙叉还具有使用寿命长,养护维修方便的优点。

钢轨组合式辙叉是用钢轨及其他零件经刨切拼装而成的,它由长心轨、短心轨、翼轨、间隔铁、辙叉垫板及其他零件组成,如图5-18所示。辙叉是由长、短心轨拼装而成的,长心轨应铺设在正线或运量较大的线路方向上。为尽可能保持长心轨断面的完整,而将短心轨刨去一部分,使短心轨轨底迭盖在长心轨轨底上,以保持叉心的坚固稳定。这种结构取材容易,无特殊工艺要求,加工制造方便。但这种结构零件多,养护工作量大,目前我国正线上已很少使用。我国常用的标准道岔的辙叉尺寸见表5-9。

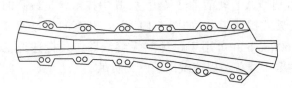

图5-17 整铸辙叉

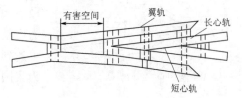

图5-18 钢轨组合式辙叉

标准辙叉尺寸  表5-9

| 钢轨类型(kg/m) | 道岔号数 | 辙叉全长(mm) | $n$(mm) | $m$(mm) | $P_n$(mm) | $P_m$(mm) |
|---|---|---|---|---|---|---|
| 75/60 | 18 | 12600 | 2851 | 9749 | 258 | 441 |
| 75/60 | 12 | 5927 | 2127 | 3800 | 177 | 317 |

续上表

| 钢轨类型(kg/m) | 道岔号数 | 辙叉全长(mm) | $n$(mm) | $m$(mm) | $P_n$(mm) | $P_m$(mm) |
|---|---|---|---|---|---|---|
| 50 | 12 | 4557 | 1849 | 2708 | 154 | 225 |
| 60 | 9 | 4309 | 1538 | 2771 | 171 | 308 |
| 50 | 9 | 3588 | 1538 | 2050 | 171 | 228 |

**2. 可动辙叉**

可动辙叉是指辙叉个别部件可以移动，以保证列车过岔时轨线的连续，消除固定辙叉上存在的有害空间，并可取消护轨，同时辙叉在纵断面上的几何位形不平顺也可以大大减少，从而显著地降低辙叉部位的轮轨相互作用，提高运行的平稳性，延长辙叉的使用寿命。长期的运营实践表明，可动心轨辙叉的使用寿命为同型号高锰钢整铸辙叉的 6~9 陪，养护工作量减少 40%，大大减少了机车车辆通过时的冲击力，提高了过岔容许速度及旅行舒适度。可动辙叉有三种形式。

(1) 可动心轨式辙叉

可动心轨式辙叉中心轨可动，翼轨固定。这种辙叉结构的优点是列车作用于心轨的横向力能直接传递给翼轨，保证了辙叉的横向稳定性。由于心轨的转换与转辙器同步，不会在误认进路时发生脱轨事故，故能保证行车安全。缺点是制造比较复杂，并较固定式辙叉长。

可动心轨辙叉包括两根翼轨、长心轨、短心轨、转换设备及各种联结零件，包括钢轨组合型可动心轨辙叉及锰钢型可动心轨辙叉两大类。

(2) 可动翼轨式辙叉

可动翼轨式辙叉中心轨固定，翼轨可动，又可分为单侧翼轨可动或双侧翼轨可动两种形式。这类辙叉可以设计成与既有固定式辙叉互换尺寸，铺设时可以避免引起站场平面的变动，同时又满足了消灭有害空间的要求。缺点是可动翼轨的横向稳定性较差，翼轨的固定装置结构复杂。

(3) 其他消灭有害空间的辙叉

其他消灭有害空间的辙叉，如德国的 UIC60 型钢轨道岔，是用滑动的滑块填塞辙叉轮缘槽的。

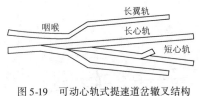

图 5-19 可动心轨式提速道岔辙叉结构

我国从 1972 年开始，先后在一些主要干线上试铺了 12 号弹性可弯心轨活动辙叉道岔，其中技术含量最高的为可动心轨式提速道岔，如图 5-19 所示，其直向通过速度可达到 160km/h 并可用于跨区间无缝线路中。提速道岔为我国主要干线普遍提速做出了巨大贡献。

**(三) 连接部分**

连接部分是转辙器和辙叉之间的连接线路，包括直股连接线和曲股连接线(亦称为导曲线)。直股连接线与区间线路构造基本相同。导曲线的平面形式可以是圆曲线、缓和曲线或变曲率曲线。我国目前铁路上铺设的道岔导曲线均为圆曲线，当转辙器尖轨或辙叉为曲线形时，尖轨或辙叉本身就是导曲线的一部分，确定导曲线平面形式时应将尖轨或辙叉平面一并考虑。

为防止导曲线钢轨在动荷载作用下的外倾及轨距扩大,可设置一定数量的轨撑或轨距拉杆,还可同区间线路一样设置一定数量的防爬器及防爬木撑,以减少钢轨的爬行。

连接部分一般配置8根钢轨,直股连接线4根,曲股连接线4根。配轨时要考虑轨道电路绝缘接头的位置和满足对接接头的要求,并尽量采用12.5m或25m长的标准钢轨。连接部分使用的短轨,一般不短于6.25m,在困难情况下不短于4.5m。

### (四) 岔枕

我国铁路岔枕以木枕为主,近年来还设计和试铺了混凝土岔枕及钢岔枕。木岔枕断面和普通木枕基本相同,长度分为12级,其中最短的为2.60m,最长的为4.80m,级差为0.20m,采用螺纹道钉与垫板连接。

钢筋混凝土岔枕最长的为4.90m,级差为0.10m。混凝土岔枕与Ⅲ型混凝土枕具有较大有效支承面积,采用无挡肩形式,岔枕顶面平直,岔枕中还预埋有塑料套管,依靠扣件摩擦及旋入套管中的道钉承受横向荷载,按 $\phi 7mm$ 配筋。

为了适应大型机械设备养路电务转换设备的安装要求,提速道岔中还设计并采用了钢岔枕。钢岔枕自身还具有足够的刚度,保证了上部构件及转换设备提供良好的支承条件。钢岔枕与垫板、外锁闭设备间设有绝缘部件,底部焊有不规则条块,以增大与道床间的摩擦系数。岔枕的间距应均匀一致。转辙器和辙叉范围内的岔枕间距通常采用0.9~1.0倍区间线路的轨枕间距。道岔钢轨接头处的岔枕间距应与区间线路同类型钢轨接头处轨枕间距保持一致,并使轨缝位于间距的中心。

## 三、单开道岔的几何尺寸

根据对我国铁路上使用的各种机车车辆的检算,我国铁路标准道岔上各部位的轨距值见表5-10。

标准道岔部分的轨距尺寸(mm)　　　　表5-10

| $N$ | 9号 | 12号 | | 18号 |
|---|---|---|---|---|
| | | 直线尖轨 | 曲线尖轨 | |
| $S_1$ | 1435 | 1435 | 1435 | 1435 |
| $S_0$ | 1450 | 1447 | 1437 | 1438 |
| $S_h$ | 1439 | 1435 | 1435 | 1435 |
| $S_e$ | 1450 | 1445 | 1435 | 1435 |

道岔各部分的轨距加宽,应有适当的递减距离,以保证行车的平稳性。尖轨尖端的轨距加宽,应按不大于6‰的递减率向尖轨外方递减。$S_0$与$S_h$的差数应在尖轨范围内均匀递减。导曲线中部轨距加宽的递减距离,至导曲线起点为3m,至导曲线终点为4m。尖轨跟端直股轨距$S_h$的递减距离为1.5m。

我国新设计的提速道岔,除尖轨尖端宽2mm处因刨切引起的轨距构造加宽外,其余部分轨距均为标准轨距1435mm。

道岔各部分的轨距应符合标准规定,如有误差,不论是正线、到发线、站线还是专用线,一

律不得超过 +3mm 或 -2mm,有控制锁的尖轨尖端不超过 ±1mm,较一般轨道的要求更严格。同时还需要考虑道岔轨距在列车作用下将有 2mm 的弹性扩张,由此可以计算出道岔各部分的最小、正常和最大轨距值。

## 四、过岔速度与高速道岔

列车通过道岔的速度是控制行车速度的重要因素之一。道岔容许通过速度受道岔的平面线形、构造形式和构件强度等几个方面因素的影响。列车过岔速度可分解为直向通过速度和侧向通过速度。

（一）影响过岔速度的因素

1. 影响直向通过速度的因素

列车通过道岔时,影响直向过岔速度的因素很多,但主要受道岔平面冲击角、道岔立面线形的限制。

原铁道部制定的行业标准《铁路道岔的容许通过速度》(TB/T 2477—2006)中规定的单开道岔直向允许通过速度见表 5-11。

单开道岔直向允许通过速度  表 5-11

| 钢轨质量 | 道岔号数 | 道岔特征 | 客车通过速度(km/h) | 货车通过速度(km/h) |
|---|---|---|---|---|
| 43kg/m | 18 | 75型、92型道岔,普通钢轨尖轨 | 100 | 70 |
| | 12 | | 95 | 70 |
| | 9 | | 85 | 70 |
| 50kg/m | 18 | | 120[a] | 70 |
| | 12 | | 120[a] | 70 |
| | 9 | | 100[b] | 70 |
| 60kg/m | 30 | 可动心轨辙叉 | 200 | 120 |
| | 18 | 可动心轨辙叉、混凝土岔枕 | 200 | 120 |
| | 12 | Ⅰ型:可动心轨辙叉 | 200 | 120 |
| | | Ⅱ型:固定辙叉、1:40 轨底坡 | 160 | 120 |
| | | AT尖轨固定辙叉无轨底坡、混凝土岔枕 | 120 | 120 |
| | | 组合式尖轨或木岔枕、固定辙叉 | 110 | 90 |
| | 9 | 1:40 轨底坡 | 160 | 90 |
| | | 混凝土岔枕、无轨底坡 | 120 | 90 |
| | | 木岔枕、无轨底坡 | 100 | 90 |
| 75kg/m | 18 | — | — | 120 |
| | 12 | — | — | 120 |
| | 9 | — | — | 120 |

注:a. 等高不分开式护轨或组合式尖轨道岔过岔速度为 110km/h;
　　b. 等高不分开式护轨或组合式尖轨道岔过岔速度为 90km/h。

2. 影响侧向过岔速度的因素

列车通过道岔时,影响侧向过岔速度的因素很多,但主要受转辙器和导曲线这两个部位的限制。

原铁道部制定的行业标准《铁路道岔的容许通过速度》(TB/T 2477—2006)中规定的单开道岔侧向容许通过速度见表5-12。

**单开道岔侧向容许通过速度** 表5-12

| 道岔号数 | 导曲线半径(m) | 客车通过速度(km/h) | 货车通过速度(km/h) |
| --- | --- | --- | --- |
| 30 | 2700 | 140 | 90 |
| 18 | ≥860 | 80 | |
| 18 | 800 | 75 | |
| 12 | 350 | 50* | |
| 12 | 330 | 45 | |
| 9 | 180~190 | 30 | |

注:* 为75kg/m钢轨12号道岔的侧向容许通过速度为45km/h。

(二)高速道岔

高速铁路中的道岔,在功能上和构造上与常速道岔相比,没有原则上的区别,只是对安全性和舒适度的要求更高了。提高列车过岔速度的根本途径是道岔部件采用新型结构和新材料,优化道岔的平面及构造,最大限度地消除或减少影响过岔速度的因素。

近几年来,各国铁路根据高速运行时车轮与道岔的相互作用特点,对高速道岔的平纵断面、构造、制造工艺、道岔区内的轨下基础以及养护维修均进行了大量的研究,设计制造出一系列适用于不同运行条件的高速道岔。

1. 高速道岔的分类

高速铁路道岔仍以单开道岔为主。当前高速道岔主要分为两类:

一类是适用于直向高速行车的道岔(常用号码道岔),在改造客货混流的既有线以提高客车运行速度时,多半保留原有车站的平面布置以避免较大的改造工程量,直向通过速度与区间线路一致。

另一类是直向和侧向都容许高速度通过的道岔(大号码道岔),适用于新建高速客车专用线,能满足高速列车侧向通过时对运行平稳性及乘坐舒适性的要求。

为适应干线的提速,1996年我国研制出了新型提速道岔,可以满足旅客列车以160km/h的速度直向通过,轴重23t的货物列车以90km/h的速度直向通过,各类列车以50km/h的速度侧向通过。

目前我国所使用的最大号码道岔是新设计的60kg/m钢轨38号可动心轨道岔,直向允许客车以250km/h的速度通过,侧向允许以140km/h的速度通过,在秦沈客运专线上试用,其结构特点与12号可动心轨提速道岔类似。

2. 高速道岔的结构特征

尖轨为弹性可弯式,60AT轨制造。道岔导曲线为半径350m的圆曲线,道岔各部轨距均为 1435mm,尖轨局部范围对应的侧股有构造加宽,辙叉采用固定型和可动心轨型两种。固定辙叉采用高锰钢整铸辙叉,趾、跟端为全夹板连接,翼轨缓冲段冲击角较标准道岔减小为 34′。护轨用 50kg/m 钢轨制造,采用分开式结构(H 形),护轨顶面高出基本轨 12mm,直向护轨缓冲段冲击角减小为 30′。直向、侧向采用不等长护轨,直向护轨长 6.9m,侧向护轨长 4.8m。

可动心轨辙叉采用钢轨组合型,心轨用 60AT 轨制造,翼轨用 60kg/m 钢轨制造。岔枕采用木枕和混凝土枕两种形式。均垂直直钢轨布置,岔枕间距均匀一致,均为 600m。凝土岔枕的承载能力大于Ⅲ混凝土轨枕。采用Ⅱ型弹条分开式扣件。

道岔直股全部采用焊接接头,铺于跨区间超长无缝线路区段时,道岔侧股采用焊接与否,视具体情况而定。道岔各部钢轨(除尖轨、心轨外)及垫板下均设有弹性缓冲垫层,并尽可能与区间线路弹性保持连续。整组道岔分段合理,可在厂内组装、机械化铺设。

1. 我国钢轨的长度规格有哪几种?轨重规格有哪几种?
2. 轨道由哪几部分组成?

# 第六章
## CHAPTER SIX
# 轨道几何形位

  轨道是机车车辆运行的基础,直接支承机车车辆的车轮,并引导其前进,因而机车车辆走行部的基本几何形位与轨道的几何形位之间应密切配合。轨道几何形位是指轨道各部分的几何形状、相对位置和基本尺寸。

  从轨道平面位置来看,轨道由直线和曲线组成,一般在直线与圆曲线之间有一条曲率渐变的缓和曲线相连接。轨道的方向必须正确,直线部分应保持笔直,曲线部分应具有相应的圆顺度。

  从轨道横断面上来看,轨道的几何形位包括轨距、水平、外轨超高和轨底坡。轨道的两股钢轨之间应保持一定的距离,为保证机车车辆顺利通过小半径曲线,曲线轨距应考虑加宽。直线段两股钢轨的顶面应置于同一水平面上。曲线段外轨顶面应高于内轨顶面,形成一定超高度,以使车体重力的向心分力得以抵消其曲线运行的离心力。轨道两股钢轨底面应设置一定的轨底坡,使钢轨向内倾斜,以保证锥形踏面车轮荷载作用于钢轨断面的对称轴。

  从轨道的纵断面上看,轨道的几何形位包括轨道的前后高低。钢轨顶面在纵向上应保持一定的平顺度,曲线段外轨超高,应设置适当的超高顺坡,为行车平稳创造条件。

  轨道几何形位正确与否,对机车车辆的安全运行、乘客的旅行舒适度、设备的使用寿命和养护费用起着决定性的作用,影响安全性的因素有轨距、水平、轨向、外轨超高等,这些几何形位超限是产生机车车辆掉道、爬轨以及倾覆的直接原因。影响旅行舒适度的因素有轨距、轨向、外轨超高顺坡及其变化率、缓和曲线线形、前后高低等,这些几何形位因素直接影响机车车辆的横向及竖向的加速度,产生相应的惯性力,在高速铁路和快速铁路中,随着运行速度的提高,该影响越来越显著。影响设备使用寿命和养护费用的几何形位因素包括轨距、轨向、水平、前后高低和外轨超高等,这些因素对钢轨的磨耗和轨道各部件的受力有较大影响,直接影响养护维修的工作量和费用。

# 第一节　机车车辆走行部的构造

机车的走行部由车架、轮对、轴箱、弹簧装置、转向架及其他部件组成。车辆的走行部是转向架,由侧架、轴箱、弹性悬挂装置、制动装置、轮对以及其他部件组成。

轮对是机车车辆走行部的基本部件,由一根车轴和两个相同的车轮组成。轮轴连接部位采用过盈配合,牢固地结合在一起,为保证安全,绝不允许发生任何松动。

我国车辆上使用的车轮有整体轮和轮箍轮两种,但绝大多数是整体辗钢轮,它由踏面、轮缘、轮辋、辐板和轮毂等部分组成,如图 6-1 所示。车轮和钢轨接触的面称为踏面。内燃机车和电力机车动轮的踏面外形和尺寸,与车辆轮相同。轮毂是轮与轴互相配合的部分,辐板是连接轮辋与轮毂的部分。

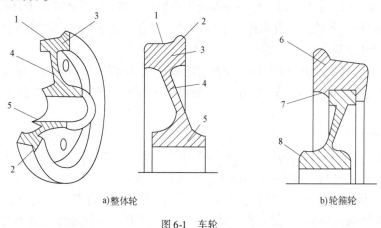

a) 整体轮　　　　　　b) 轮箍轮

图 6-1　车轮

1-踏面;2-轮缘;3-轮辋;4-辐板;5-轮毂;6-轮辋;7-扣环;8-轮心

车轮踏面有锥形踏面和磨耗型踏面两种形式。锥形踏面的母线是直线,由 1∶20 和 1∶10 两段斜坡组成。其中 1∶20 的一段经常与钢轨顶面相接触,1∶10 的一段仅在小半径曲线上才会与钢轨顶面相接触。车轮踏面形成圆锥面,可以减少车轮在钢轨上的滑行,保证踏面磨耗沿宽度方向比较均匀。另外,直线地段上行驶的车辆,当其偏向轨道一侧时,由于左右车轮滚动半径的不同,可自动返回到轨道中线上。这样,虽然车轮的轨迹成蛇行运动,但不会在车轮踏面上形成凹槽形磨损,从而避免车轮通过道岔辙叉时,发生剧烈的冲击和振动。磨耗型车轮踏面是曲线形踏面,将踏面制成与钢轨顶面基本吻合的曲线形状,以减轻轮轨磨耗、降低轮轨接触应力并可改善通过曲线的转向性能。

为防止车轮脱轨,在踏面内侧制成凸缘如图 6-2 所示左侧突起部分,称为轮缘。

车轮位于两股钢轨内侧的竖直面,称为车轮内侧面,而车轮另一侧的竖直面称为车轮外侧面。车轮内侧面与外侧面之间的距离称为车轮宽度(轮幅宽)。

通过踏面上距车轮内侧面一定距离的一点,画一水平线,称为踏面的测量线。由测量线至轮缘顶点的距离称为轮缘高度。由测量线向下 10mm 处量得的轮缘厚度，称为车轮的轮缘厚度($d$)。

取踏面上距车轮内侧面一定距离的一点为基点，规定在基点上测量车轮直径及轮箍厚度。轮对上左右两车轮内侧面之间的距离，称为轮对的轮背内侧距离($T$)。这个距离再加上两个轧缘厚度称为轮对宽度($q$)。

根据《铁路技术管理规程》（以下简称《技规》，2014），我国火车机车车辆轮对的主要尺寸见表 6-1（表中数据未计车轴承载挠曲对于轮对宽度的影响）。

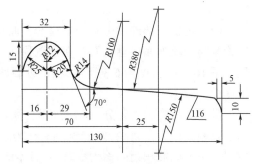

图 6-2　车轮踏面及轨底坡（尺寸单位:mm）

轮对几何尺寸(mm)　　　　　　　　　　　表 6-1

| 车　轮 | 轮缘高度 | 轮缘厚度 $d$ | | | 轮背内侧距离 $T$ | | | 轮对宽度 $q$ | |
|---|---|---|---|---|---|---|---|---|---|
| | | 最大(正常) | 最小 | 最大 | 正常 | 最小 | 最大 | 正常 | 最小 |
| 车辆轮 | 25 | 34 | 22 | 1356 | 1353 | 1350 | 1424 | 1421 | 1394 |
| 机车轮 | 28 | 34 | 23 | 1356 | 1353 | 1350 | 1422 | 1419 | 1396 |

内燃机车、电力机车和车辆的轴箱，装在车轮外侧轴颈上，车轴受荷后向上挠曲，轮对宽度因此略有缩小。一般轮对宽度承载挠曲后的改变值 $\varepsilon$ 可取 +2mm。

为使车体能顺利通过半径较小的曲线，可把全部车轴分别安装在几个车架上。为防止车轮由于轮对歪斜而陷落于轨道中间，安装在同一个车架或转向架上的车轴，必须保持相互之间的平行位置。同一车体最前位和最后位的车轴中心间水平距离，称为全轴距。同一车架或转向架上始终保持平行的最前位和最后位车轴中心间水平距离，称为固定轴距。车辆前后两个转向架中心间的距离称为车辆定距。应当注意，固定轴距和车辆定距是两个不同的概念，固定轴距是机车车辆能否顺利通过小半径曲线的控制因素，车辆定距是转向架中心间距，除长大车外，多在 18m 以内。

为便于较长固定轴距的车体顺利通过小半径曲线，近代发展了径向转向架。

# 第二节　直线轨道的几何形位

轨道的几何形位按照静态与动态两种状况进行管理。静态几何形位是轨道不行车时的状态，采用道尺等工具测量。动态几何形位是行车条件下的轨道状态，采用轨道检查车测量。本教材仅介绍轨道几何形位的静态作业验收标准，其余内容可参见《铁路线路维修规则》。

## 一、轨距

轨距(gauge)是两股钢轨头部内侧与轨道中线相垂直的距离，在钢轨头部内侧面顶面以下

16mm 处量取。

因为钢轨头部外形由不同半径的复曲线所组成,钢轨底面设有轨底坡,钢轨向内倾斜,车轮轮缘与钢轨侧面接触点发生在钢轨顶面下 10~16mm 处,《技规》规定轨距测量部位在钢轨顶面下 16mm 处,如图 6-3 所示,在此处轨距一般不受钢轨磨耗和肥边的影响,便于轨道维修工作的实施。

世界上的铁路轨距分为标准轨距、宽轨和窄轨距三种。标准轨距尺寸为 1435mm。大于标准轨距的称为宽轨距,如 1524mm、1600mm、1670mm 等,俄罗斯、印度及澳大利亚、蒙古等国使用。小于标准轨距的称为窄轨距,日本既有线(非高速铁路)采用 1067mm 轨距。

我国大陆铁路轨距为标准轨距,台湾铁路采用 1067mm 轨距。

轨距用道尺测量,容许偏差值为 +6mm 和 -2mm,即宽不能超过 1441mm,窄不能小于 1433mm。轨距变化应和缓平顺,其变化率正线、到发线不应超过 2‰(规定递减部分除外),站线和专用线不得超过 3‰,即在 1m 长度内的轨距变化值,正线、到发线不得超过 2mm,站线和专用线不得超过 3mm。

为使机车车辆能在线路上两股钢轨间顺利通过,机车车辆的轮对宽度应小于轨距。当轮对的一个车轮轮缘紧贴一股钢轨的作用边时,另一个车轮轮缘与另一股钢轨作用边之间便形成一定的间隙,这个间隙称为游间,如图 6-4 所示。

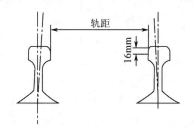

图 6-3 测量轨距示意图

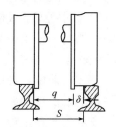

图 6-4 游间示意图
$S$-轨距;$q$-轮对宽度;$\delta$-游间,$\delta = S - q$

轨距和轮对宽度都规定有容许的最大值和最小值。

若轨距最大值为 $S_{max}$,最小值为 $S_{min}$,轮对宽度最大值为 $q_{max}$,最小值为 $q_{min}$,则

$$游间最大值 \delta_{max} = S_{max} - q_{min},游间最小值 \delta_{minx} = S_{min} - q_{max}$$

我国火车机车车辆的轮对宽度 $q$ 值见表 6-1,轮轨游间见表 6-2。

**轮轨游间表**(mm)  表 6-2

| 车轮名称 | 轮轨游间 $\delta$ 值 | | |
|---|---|---|---|
| | 最大 | 正常 | 最小 |
| 机车轮 | 45 | 16 | 11 |
| 车辆轮 | 47 | 14 | 9 |

轮轨游间 $\delta$ 的大小对列车运行的平稳性和轨道的稳定性有重要的影响。如 $\delta$ 太大,则列车运行的蛇行幅度就大,列车左右摆动就大,作用于钢轨上的横向力就大,动能损失就大,轮轨间撞击也大,加剧轮轨磨耗和轨道变形,严重时将引起撑道脱线,危及行车安全。如 $\delta$ 太小,则

增加行车阻力和轮轨磨耗，严重时还可能楔住轮对、挤翻钢轨或导致爬轨事件，危及行车安全。

为了提高列车运行的平稳性和线路的稳定性，减少轮轨磨耗和动能损失，确保行车安全，需要把游间限制在一个合理的范围内。我国根据现场测量和养护维修经验，认为减小直线轨距有利。改道时轨距按1434mm或1433mm控制。尽管轨头有少量侧磨发生，但达到轨距超限的时间得以延长，有利于提高行车平稳性，延长维修周期。随着行车速度的日益提高，目前世界上一些国家正致力于通过试验研究的办法以寻求游间 $\delta$ 的合理取值。

## 二、水平

水平是指线路左右两股钢轨顶面的相对高差。在直线地段，两股钢轨顶面应置于同一水平面上，使两股钢轨所受荷载均匀，并保持列车平稳运行。线路维修时，用道尺或其他工具测量，两股钢轨顶面水平误差不得超过规定值。

《铁路线路维修规则》规定：两股钢轨顶面水平的容许偏差，正线及到发线不得大于4mm，其他站线不得大于5mm。

两股钢轨顶面的水平偏差值，沿线路方向的变化率不可太大。在1m距离内，这个变化不可超过1mm，否则即使两股钢轨的水平偏差不超过允许范围，也将引起机车车辆的剧烈摇晃。实践中有两种性质不同的钢轨水平偏差，对行车的危害程度也不相同。一种偏差称为水平差，就是在一段规定的距离内，一股钢轨的顶面始终比另一股高，高差值超过容许偏差值。另一种称为三角坑，其含义是在一段规定的距离内，先是左股钢轨高于右股，后是右股高于左股，高差值超过容许偏差值，而且两个最大水平误差点之间的距离不足18m。

一般情况下，超过允许限值的水平差，只是引起车辆摇晃和两股钢轨的不均匀受力，并导致钢轨不均匀磨耗。但如果在延长不足18m的距离内出现水平差超过4mm的三角坑，将使同一转向架的四个车轮中，只有三个正常压紧钢轨，另一个形成减载或悬空。如果恰好在这个车轮上出现较大的横向力，就可能使浮起的车轮只能以它的轮缘贴紧钢轨，在最不利的情况下甚至可能爬上钢轨，引起脱轨事故。因此，一旦发现必须立即消除。

## 三、轨向

轨向是指轨道中心线在水平面上的平顺性。严格地说，经过列车的冻灾作用后，原本铺设的直线轨道就会改变为非直线轨道，一般是由许多波长10~20m的曲线所组成的，引起列车的蛇行运动，并加剧轮轨磨损。其曲度很小，故通常不易察觉。在普通线路上，若轨道方向不良，当列车低速运行时，蛇行不太显著；但当列车高速运行时，蛇行就会明显加剧，导致行车平稳性降低。在无缝线路地段，若轨道方向不良，还可能在高温季节引发胀轨跑道事件（轨道发生明显的不规则横向位移），严重威胁行车安全。

《铁路线路维修规则》规定：直线方向必须目视平顺，用10m弦测量，正线上正矢不超过4mm；站线及专用线，不得超过5mm。

## 四、前后高低

轨道沿线路方向的竖向平顺性为前后高低。新铺或经过大修后的线路，即使其轨面是平顺的，但是列车经过一段时间运行后，由于路基状态、捣固坚实程度、扣件松紧、枕木腐朽和钢轨磨耗的不一致，就会产生不均匀下沉，造成轨面前后高低不平，即在有些地段（往往在钢轨接头附近下沉较多），出现坑洼，这种不平顺，称为静态不平顺；有些地段，从表面上看，轨面是平顺的，但实际上轨底与铁垫板或轨枕之间存在间隙（空隙超过 2mm 时称为吊板），或轨枕底与道砟之间存在空隙（空隙超过 2mm 时称为空板或暗坑），或轨道基础弹性的不均匀（路基填筑的不均匀，道床弹性的不均匀等），当列车通过时，这些地段的轨道下沉不一致，也会产生不平顺，这种不平顺称为动态不平顺。随着高速铁路的发展，动态不平顺已广泛受到关注。

轨道前后高低不平顺，危害甚大。列车通过这些地方时，冲击动力增加，加速道床变形，从而更进一步扩大不平顺，加剧机车车辆对轨道的破坏，形成一个恶性循环过程。

一般来说，前后高低不平顺的破坏作用同不平顺（坑洼）的长度成反比，而同它的深度成正比。当车轮通过这些不平顺时，动压力增加。根据试验，连续三个空吊板可以使钢轨受力增加一倍以上。一般来说，长度在 4m 以下的不平顺，将引起机车车辆对轨道产生较大的破坏作用，从而加速道床变形。因此，养路工区绝不允许这种不平顺存在，一旦发现，应在紧急补修中加以消除。

长度在 100～300m 范围内的不平顺，主要起因是钢轨波浪形磨耗，焊接接头低塌，或轨面擦伤等。通过该处的车轮，形成对轨道的冲击作用，行车速度越高，冲击越大。例如，根据沪宁线混凝土轨枕道床板结地段的一个试验，将钢轨人为地打磨成如图 6-5 所示的不平顺（模拟焊接接头打塌后的形状）。列车以 90km/h 的速度通过时，一个动轮产生的冲击力达到 300kN，接近 3 倍静轮重。但是，对这种不平顺，往往容易忽视，轨道检查车也不能完全反映出来。

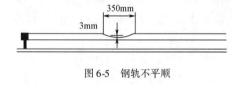

图 6-5 钢轨不平顺

经过维修或大修的轨道，要求目视平顺，前后高低偏差用 10m 弦量测的最大矢度值不应超过 4mm。

## 五、轨底坡

为实现与车轮踏面斜度的匹配，钢轨应向轨道中心倾斜，从而在轨底与轨道平面之间形成横向坡度。

钢轨设置轨底坡，可使其轮轨接触集中于轨顶中部，提高钢轨的横向稳定能力，减轻轨头不均匀磨耗。分析研究指出，轨头中部塑性变形的积累比之两侧较为缓慢，故而设置轨底坡也有利于减小轨头塑性变形，延长使用寿命。

我国铁路在 1965 年以前，由于轨底坡定为 1/20，但在机车车辆的动力作用下，轨道发生弹性挤开，轨枕产生挠曲和弹性压缩，加上垫板与轨枕不密贴，道钉的扣压力不足等，实际轨底坡与原设计轨底坡有较大的出入。另外，车轮踏面经过一段时间的磨耗后，原来 1/20 的斜面也接近 1/40 的坡度，因此 1965 年以后，我国铁路的轨底坡统一改为 1/40。

曲线地段的外轨设有超高，轨枕处于倾斜状态。当其倾斜到一定程度时，内股钢轨中心线将偏离垂直线面外倾，在车轮荷载作用下有可能推翻钢轨。因此，在曲线地段应视其外轨超高值而加大内轨的轨底坡。调整的范围见表 6-3。

内股钢轨轨底楔形垫板或枕木砍削倾斜度　　　　表6-3

| 外轨超高<br>（mm） | 轨枕面最大倾斜 | 铁垫板或承轨槽面倾斜度 | | |
|---|---|---|---|---|
| | | 0 | 1/20 | 1/40 |
| 0~75 | 1:20 | 1:20 | 0 | 1:40 |
| 80~125 | 1:12 | 1:12 | 1:30 | 1:17 |

应当说明，以上所述轨底坡的大小是钢轨在不受列车荷载作用情况下的理论值。在复杂的列车动荷载作用下，轨道各部件将产生不同程度的弹性和塑性变形，静态条件下设置的1/40轨底坡在列车动荷载作用下不一定保持1/40。轨底坡设置是否正确，可根据钢轨顶面上由车轮碾磨形成的光带位置来判定。如光带偏离轨顶中心向内，说明轨底坡不足；如光带偏离轨顶中心向外，说明轨底坡过大；如光带居中，说明轨底坡合适。线路养护工作中，可根据光带位置，调整轨底坡的大小。

## 第三节　曲线轨距加宽

机车车辆进入曲线轨道时，仍然存在保持其原有行驶方向的惯性，只是受到外轨的引导作用才沿着曲线轨道行驶。在小半径曲线，为使机车车辆顺利通过曲线而不致被楔住或挤开轨道，减小轮轨间的横向作用力，以减少轮轨磨耗，轨距要适当加宽。加宽轨距，系将曲线轨道内轨向曲线中心方向移动，曲线外轨的位置则保持与轨道中心半个轨距的距离不变。曲线轨距的加宽值与机车车辆转向架在曲线上的几何位置有关。

### 一、转向架的内接形式

由于轮轨游间的存在，机车车辆的车架或转向架通过曲线轨道时，可以占有不同的几何位置，即可以有不同的内接形式。随着轨距大小的不同，机车车辆在曲线上可呈现以下四种内接形式。

1. 斜接

机车车辆车架或转向架的外侧最前位车轮轮缘与外轨作用边接触，内侧最后位车轮轮缘与内轨作用边接触，如图6-6a)所示。

2. 自由内接

机车车辆车架或转向架的外侧最前位车轮轮缘与外轨作用边接触，其他各轮轮缘无接触地在轨道上自由行驶，如图6-6b)所示。

3. 楔形内接

机车车辆车架或转向架的最前位和最后位外侧车轮轮缘同时与外轨作用边接触，内侧中间车轮的轮缘与内轨作用边接触，如图6-6c)所示。

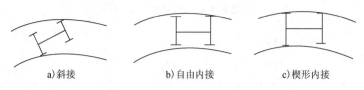

图 6-6 机车车辆通过曲线的内接形式

**4. 正常强制内接**

为避免机车车辆以楔形内接形式通过曲线,对楔形内接所需轨距增加 $\delta_{min}/2$,此时转向架在曲线上所处位置称为正常强制内接。

### 二、曲线轨距加宽的确定原则

如上所述,机车车辆通过曲线的内接形式,随着轮轨游间大小而定。根据运营经验,以自由内接最为有利,但机车车辆的固定轴距长短不一,不能全部满足自由内接通过。因此,在小半径曲线地段,为使机车车辆能顺利通过曲线,减少轮轨磨耗,将曲线内轨向曲线中心方向移动,曲线外轨的位置保持不变。确定轨距加宽必须满足如下原则:

(1) 保证占列车大多数的车辆能以自由内接形式通过曲线。
(2) 保证固定轴距较长的机车通过曲线时,不出现楔形连接,但允许以正常强制内接形式通过。
(3) 保证车轮不掉道,即最大轨距不超过容许限度。

### 三、根据车辆条件确定轨距加宽

大部分的车辆转向架是两轴转向架。当两轴转向架以自由内接形式通过曲线时,前轴外轮轮缘与外轨的作用边接触,后轴占据曲线垂直半径的位置。

《铁路线路维修规则》规定:新建、改建及线路大修或成段更换轨枕地段,按表 6-4 规定的标准进行曲线轨距加宽。未按该标准调整前的线路可维持原标准。曲线轨距加宽递减率一般不得大于 1‰,特殊条件下,不得大于 2‰。

曲 线 轨 距 加 宽　　　　　　　　　　表 6-4

| 曲线半径(m) | 加宽值(mm) | 轨距(mm) |
|---|---|---|
| $R \geq 350$ | 0 | 1435 |
| $350 > R \geq 300$ | 5 | 1440 |
| $R < 300$ | 15 | 1450 |

## 第四节　缓和曲线及外轨超高

### 一、缓和曲线的作用及其几何特征

行驶于曲线轨道的机车车辆,出现一些与直线运行显著不同的受力特征,如曲线运行的离心力,外轨超高不连续形成的冲击力等。为使上述诸力不致突然产生和消失,以保持列车曲线运行的平稳性,需要在直线与圆曲线轨道之间设置一段曲率半径和外轨超高度均逐渐变化的曲线,称为缓和曲线。当缓和曲线连接设有轨距加宽的圆曲线时,缓和曲线的轨距是呈线性变化的。概括起来,缓和曲线具有以下几何特征:

(1)缓和曲线连接直线和半径为 $R$ 的圆曲线,其曲率由零至 $1/R$ 逐渐变化。

(2)缓和曲线的外轨超高,由直线上的零值逐渐增至圆曲线的超高度,与圆曲线超高相连接。

(3)缓和曲线连接半径小于350m的圆曲线时,在整个缓和曲线长度内,轨距加宽呈线性递增,由零至圆曲线加宽值。

因此,缓和曲线是一条曲率和超高均逐渐变化的空间曲线。

## 二、缓和曲线的长度

缓和曲线长度的确定受许多因素影响,其中最主要的是保证行车安全和行车平稳两个条件。

(1)缓和曲线要保证行车安全,使车轮不致脱轨。

(2)缓和曲线长度要保证外轮的升高(或降低)速度不超过限值,以满足旅客舒适度要求。

缓和曲线长度应根据曲线半径,路段旅客列车设计速度和地形条件按表6-5选用。有条件时应采用较该表规定的更大值。

缓和曲线的长度　　　　表6-5

| 路段旅客列车设计行车速度(km/h) | | 140 | | 120 | | 100 | | 80 | |
|---|---|---|---|---|---|---|---|---|---|
| 地形条件 | | 一般 | 困难 | 一般 | 困难 | 一般 | 困难 | 一般 | 困难 |
| 曲线半径(m) | 10000 | 30 | 20 | 20 | 20 | 20 | 20 | 20 | 20 |
| | 8000 | 40 | 20 | 30 | 20 | 20 | 20 | 20 | 20 |
| | 6000 | 50 | 30 | 30 | 20 | 20 | 20 | 20 | 20 |
| | 5000 | 60 | 40 | 40 | 30 | 20 | 20 | 20 | 20 |
| | 4000 | 60 | 40 | 50 | 30 | 30 | 20 | 20 | 20 |
| | 3000 | 70 | 50 | 50 | 40 | 40 | 20 | 20 | 20 |
| | 2500 | 80 | 70 | 60 | 40 | 40 | 30 | 30 | 20 |
| | 2000 | 90 | 80 | 60 | 50 | 50 | 40 | 30 | 20 |
| | 1800 | 100 | 80 | 70 | 60 | 50 | 40 | 30 | 20 |
| | 1600 | 110 | 100 | 70 | 60 | 50 | 40 | 40 | 20 |
| | 1400 | 130 | 110 | 80 | 70 | 60 | 40 | 40 | 20 |
| | 1200 | 150 | 130 | 90 | 80 | 60 | 50 | 40 | 30 |
| | 1000 | — | — | 120 | 100 | 70 | 60 | 40 | 30 |
| | 800 | — | — | 150 | 130 | 80 | 70 | 50 | 40 |
| | 700 | — | — | — | — | 100 | 90 | 50 | 40 |

续上表

| 路段旅客列车设计行车速度(km/h) | | 140 | | 120 | | 100 | | 80 | |
|---|---|---|---|---|---|---|---|---|---|
| 地形条件 | | 一般 | 困难 | 一般 | 困难 | 一般 | 困难 | 一般 | 困难 |
| 曲线半径(m) | 600 | — | — | — | — | 120 | 100 | 60 | 50 |
| | 550 | — | — | — | — | 130 | 110 | 60 | 50 |
| | 500 | — | — | — | — | — | — | 60 | 60 |
| | 450 | — | — | — | — | — | — | 80 | 70 |
| | 400 | — | — | — | — | — | — | 90 | 80 |
| | 350 | — | — | — | — | — | — | 100 | 90 |

### 三、曲线轨道外轨超高

机车车辆在曲线上行驶时，惯性离心力作用将机车车辆推向外股钢轨，加大了外股钢轨的压力，使旅客产生不适感，货物移位等，因此需要把曲线外轨适当抬高，使机车车辆的门身重力产生一个向心的水平分力，以抵消惯性离心力，达到内外两股钢轨受力均匀和垂直磨耗均等，满足旅客舒适感，提高线路的稳定性和安全性。

外轨超高度是指曲线外轨顶面与内轨顶面水平高度之差。在设置外轨超高时，主要有外轨提高法和线路中心高度不变法两种方法。外轨提高法是保持内轨高程不变而只抬高外轨的方法；线路中心高度不变法是内外轨分别降低和抬高超高值一半而保证线路中心高程不变的方法。前者使用较普遍，后者仅在建筑限界受到限制时才采用。

### 四、缩短轨计算

有缝线路曲线地段外股轨线比内股轨线长，为保证两股钢轨接头能够采用对接方式，内股钢轨宜采用厂制缩短轨，为此需进行缩短轨计算。我国自制缩短轨，12.5m 标准轨有缩短量为 40mm、80mm、120mm 三种，25m 标准轨有缩短量为 40mm、80mm、160mm 三种。曲线上内外两股钢轨接头的相错量，在正线和到发线上，容许为 40mm 加所用缩短轨缩短量的一半；在其他站线、次要线和使用非标准长度钢轨的线路上，容许再增加 20mm。

1. 缩短量计算

曲线轨道上外股轨线和内股轨线的长度差即内轨的缩短量。

2. 缩短轨的数量及其配置

计算出缩短量后，选用缩短量为 $k$ 的缩短轨，求出整个曲线上所需的缩短轨根数 $N_0$：

$$N_0 = \frac{\Delta l}{k}$$

显然 $N_0$ 不能大于外轨线上铺设的标准轨根数，否则应改用缩短量更大的缩短轨。确定所采用的哪一种缩短轨并计算出缩短轨根数后，即可从曲线起点开始，计算每个接头对应总缩短量。当实际缩短量小于总缩短量,且差值大于所用缩短轨缩短量的一半时,就应在该处设置一根缩短轨。缩短轨的计算应列表进行。

1. 铁路国际标准轨距为多少?
2. 什么是混凝土整体道床、道岔、无缝线路、到发线有效长度?

# 第七章
## CHAPTER SEVEN
# 铁路路基构造

## 第一节 路基的组成及横断面

### 一、路基工程的组成

铁路路基是铁路线路的重要组成部分。它与桥梁、隧道相连,共同组成一个线路整体。路基工程主要由三部分建筑物组成。

1. 路基主体

路基主体是直接铺设轨道结构并承受列车荷载的部分,如路堤、路堑等。它是路基工程中的主体建筑物。

2. 路基防护和支挡建筑物

路基防护和支挡建筑物属路基的附属建筑物,如挡土墙、护坡等。

3. 路基排水设备

排水设备也属路基的附属建筑物,如排除地面水的排水沟、侧沟、天沟和排除地下水的排水槽、渗水暗沟、渗水隧洞等。

### 二、路基工程的性质和特点

从路基所起的作用来看,路基是轨道的基础;从路基作为一种建筑物来看,它是一种土工结构物,路基作为一种土工结构物,路基工程具有某些不同于一般的钢筋混凝土结构物的独特的特点:

(1)路基主要由松散的土(石)材料构成。路基或者直接以土(石)做建筑材料(如路堤),或者直接建造在地层上(如路堑、支挡建筑物等)。

(2)完全暴露在大自然之中。路基处在各种复杂变化的自然条件之下,如地质、水、降雨、气候、地震等条件,因而它时刻受到自然条件的侵袭和破坏。

（3）路基同时受轨道静荷载和列车动荷载的作用。列车荷载属交通荷载,其特点为多次重复作用。一方面,路基土在重复荷载作用下产生累积变形,而且土的强度会降低,表现出疲劳的特性。另一方面,路基同轨道结构一起组成的这种线路结构是一种相对松散的连接结构,抵抗动荷载的能力弱。

### 三、路基横断面的基本形式

路基横断面是指垂直于线路中心线的断面,依其地形条件不同,有路堤、路堑两种基本形式。此外,还有半路堤、半路堑、半路堤半路堑、不填不挖路基,如图7-1所示。

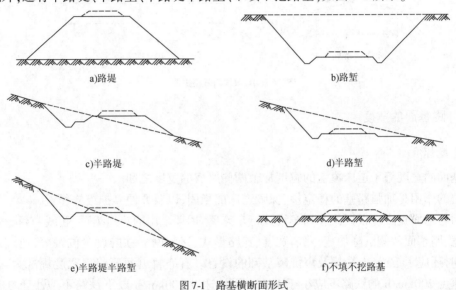

图7-1 路基横断面形式

### 四、路基横断面的各组成部分

#### (一) 路肩高程

路肩高程是指路肩外缘的高程。路肩的高程应保证路基不致被洪水淹没,也不致在地下水最高水位时因毛细水上升至路基面而产生冻胀或翻浆冒泥等病害。《铁路路基设计规范》(TB 10001—2016)规定:路肩的最小高程应包括设计洪水频率标准的水位连同波浪侵袭高和壅水高(如河滩路堤挤压河床时产生壅水现象)在内,再加0.5m富余量,如图7-2所示。设计洪水频率标准应采用1/100,观测洪水(含调查洪水)频率小于设计洪水频率时,应按照观测洪水频率设计;观测洪水小于1/300时,应按1/300频率设计。

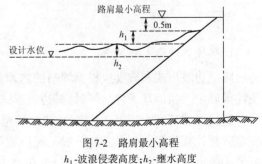

图7-2 路肩最小高程
$h_1$-波浪侵袭高度;$h_2$-壅水高度

## (二)路拱

水的危害是造成路基病害的重要原因,保证良好的排水条件是路基设计的重要原则。因此,路基面不是做成水平状,而是做成有横向排水坡的拱状,称为路拱,以利于排出雨水,避免路基面处积水使土浸湿软化,造成病害。路拱形状为三角形,单线路基的路拱高0.15m,一次修筑双线路基的路拱高0.2m,底宽等于路基面宽度,如图7-3所示,图中 B 为路基面宽度。曲线加宽时,路拱仍保持三角形,仅将路拱外侧坡度放缓。

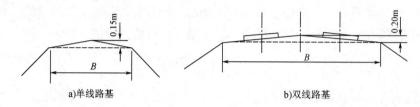

图7-3 单、双线路基路拱图

## (三)路基面的宽度

### 1.宽度标准

路基面的宽度等于道床覆盖的宽度加上两侧路肩的宽度之和。

路肩的作用是加强路基的稳定性,保障道床的稳固,以及方便养护维修作业。

区间路基面宽度应根据旅客列车设计行车速度、远期采用的轨道类型、正线数目、线间距、曲线加宽、路基面两侧沉降加宽、路肩宽度、养路形式、接触网立柱的设置位置等,通过计算确定,必要时还应考虑光、电缆槽及声屏障基础的设置。有砟轨道两侧路肩宽度标准为:客货共线设计速度200km/h的铁路不应小于1.0m,设计速度200km/h以下铁路不应小于0.8m;高速铁路双线不应小于1.4m,单线不应小于1.5m;城际铁路不应小于0.8m;重载铁路路堤不应小于1.0m,路堑不应小于0.8m。

### 2.曲线加宽

在曲线地段,曲线外轨需设置超高。外轨超高是通过加厚外轨一侧枕下道砟的厚度来实现的。由于道砟加厚,道床坡脚外移,因而在曲线外侧的路基宽度亦应根据超高的不同而相应加宽才能保证路肩所需的宽度标准。

## (四)路基边坡

### 1.路堤边坡形式和坡率

路堤边坡形式和坡度应根据填料的物理力学性质、边坡轨道和列车荷载及地基工程地质条件等确定。当地基条件良好时,其边坡形式和坡率应按表7-1采用。

路堤边坡高度大于表7-1的数值时,其超出的下部边坡形式和坡率,应根据填料的性质由稳定分析计算确定;永久边坡,一般工况边坡最小稳定安全系数应为1.15~1.25,地震工况边坡最小稳定安全系数应为1.10~1.15,边坡形式宜用阶梯形;临时边坡,边坡稳定安全系数应不小于1.05~1.10。路堤坡脚外应设置不小于2m宽的天然护道。在经济作物地区,可设宽度不小于1m的人工护道或坡脚墙。

**路堤边坡形式和坡率**　　　　　　　　　　　　　　　　　表7-1

| 填料名称 | 边坡高度(m) | | | 边坡坡率 | | 边坡形式 |
|---|---|---|---|---|---|---|
| | 全部高度 | 上部高度 | 下部高度 | 上部坡率 | 下部坡率 | |
| 细粒土、易风化的软块石土 | 20 | 8 | 12 | 1:1.50 | 1:1.75 | 折线型或台阶型 |
| 粗粒土(细砂、粉砂除外)、漂石土、卵石土、碎石土、不易风化的软块石土 | 20 | 12 | 8 | 1:1.50 | 1:1.75 | 折线型或台阶型 |
| 硬块石土 | 8 | — | — | 1:1.30 | 1:1.30 | 直线型 |
| | 20 | — | — | 1:1.50 | 1:1.50 | 直线型 |

注:1. 当有可靠资料和经验时,可不受本表限制;
　　2. 边坡高度较高时可采用台阶形;
　　3. 路基浸水或填料为粉细砂、膨胀土、盐渍土等时,其边坡形势和坡率应符合《铁路特殊路基设计规范》(TB 10035—2018)的相关规定。

2. 路堑边坡

路堑边坡高度应根据地层岩性、岩体破碎程度、水文条件等综合确定,不宜超过30m。土质、软质岩及强风化的硬质岩路堑应设置侧沟平台,其宽度不宜小于0.5m;路堑边坡在土石分界、透水和不透水层交界面处宜设置边坡平台,宽度不宜小于2m。

(1)土质路堑

土质路堑边坡形式及坡率应根据工程地质和水文地质条件、土的性质、边坡高度、防排水措施、施工方法,并结合自然稳定山坡和人工边坡的调查及力学分析综合确定。当土质路堑边坡高度小于20m时,边坡坡率可按表7-2采用。

**土质路堑边坡坡率**　　　　　　　　　　　　　　　　　表7-2

| 土的类别 | | 边坡坡率 |
|---|---|---|
| 黏土、粉质黏土、塑性指数大于3的粉土 | | 1:1.00~1:1.50 |
| 中密以上的中砂、粗砂、砾砂 | | 1:1.50~1:1.75 |
| 漂石土、卵石土、碎石土、粗砾土、细砾土 | 胶结和密实 | 1:0.50~1:1.25 |
| | 中密 | 1:1.25~1:1.50 |

注:1. 特殊土路堑边坡形式及坡率应按《铁路特殊路基设计规范》(TB 10035—2018)有关规定执行;
　　2. 有可靠的资料和经验时,可不受本表限制。

土质路堑边坡高度大于20m时,其边坡坡率应按表7-2规定并结合边坡稳定性分析计算确定;永久边坡,一般工况边坡最小稳定安全系数应为1.15~1.25,地震工况边坡最小稳定安全系数应为1.10~1.15,边坡形式宜用阶梯形;临时边坡,边坡稳定安全系数应不小于1.05~1.10。较深土质路堑宜在边坡中部或不同地层分界处设置平台,并在平台上设置截水沟或挡水墙,平台宽度不宜小于2m。

(2)岩石路堑

岩石路堑边坡形式及坡率应根据工程地质、水文地质和气象条件、岩性、边坡高度、施工方法,并结合岩体结构、结构面产状、风化程度及自然稳定边坡和人工边坡的调查等因素综合考虑确定。岩石路堑边坡高度小于20m时,边坡坡率可按表7-3采用。

岩石路堑边坡坡率  表7-3

| 岩石类别 | 风化程度 | 边坡坡率 |
| --- | --- | --- |
| 硬质岩 | 未风化、微风化 | 1:0.1~1:0.5 |
| | 弱风化、强风化 | 1:0.3~1:0.75 |
| | 全风化 | 1:0.75~1:1.0 |
| 软质岩 | 未风化、微风化 | 1:0.3~1:0.75 |
| | 弱风化、强风化 | 1:0.5~1:1.0 |
| | 全风化 | 1:0.75~1:1.5 |

注：1. 特殊岩质路堑边坡形式及坡率应按《铁路特殊路基设计规范》(TB 10035—2018)有关规定执行；
　　2. 有可靠的试验资料和经验时，可不受本表限制。

边坡高度大于20m时，边坡坡率、形式等应通过稳定性分析计算确定；永久边坡，一般工况边坡最小稳定安全系数应为1.15~1.25，地震工况边坡最小稳定安全系数应为1.10~1.15，边坡形式宜用阶梯形；临时边坡，边坡稳定安全系数应不小于1.05~1.10。

硬质岩路堑应根据岩体结构、结构面产状、岩性及施工影响范围内既有建筑物的安全性要求等，采用光面爆破、预裂爆破等控制爆破技术或机械开挖施工。

(五) 路基标准横断面

常见的断面形式有以下几种。

**1. 路堤标准横断面**

路堤的标准设计断面系根据土的种类、地面横向坡度及边坡高度等分别给出的，图7-4a)为边坡高度不大于8m，地面横坡 $i \leqslant 1:10$，两侧设有取土坑的一般黏性土路堤标准设计断面。图7-4b)为地面横坡大于1:5而小于1:2.5的黏性土路堤标准设计断面。

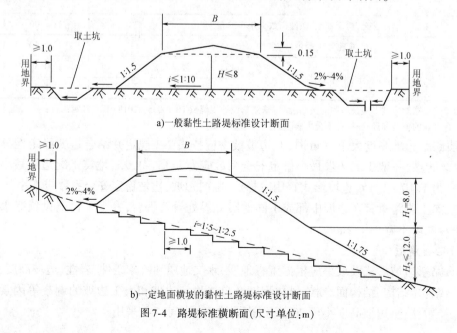

a) 一般黏性土路堤标准设计断面

b) 一定地面横坡的黏性土路堤标准设计断面

图7-4　路堤标准横断面(尺寸单位：m)

2. 路堑标准横断面

图7-5a)为常见的黏性土路堑横断面。图7-5b)为设有侧沟平台的路堑横断面,适用于黄土及黄土类土、细砂土及易风化岩石的路堑。因为这类边坡容易风化剥落,设置侧沟平台以避免侧沟堵塞,方便养护维修。图7-5c)为碎石类、砾石类及粗砂、中砂土的路堑横断面,不需设置侧沟。图7-5d)为不易风化的岩石路堑断面,边坡陡,开挖断面较小。

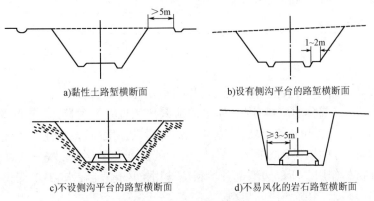

a)黏性土路堑横断面　　b)设有侧沟平台的路堑横断面

c)不设侧沟平台的路堑横断面　　d)不易风化的岩石路堑横断面

图7-5　路堑标准横断面

# 第二节　路堤及路堑

路堤是用土或石填筑的具有一定密实度的道路建筑物。路堤承受着列车和轨道及路堤本身的自重荷载并将这一荷载扩散到地基,因此,必须重视路堤的强度、稳定性和地基的承载力。路堤按填料性质、施工方法不同,一般分为填土和填石两大类。

## 一、路堤

(一)路堤填料

路堤的填料按土石性质和粒径分为块石类、粗粒土和细粒土,还可按填料的渗水性分为渗水土和非渗水土两类。从工程应用的角度看,按填料的性质及适用性,可将各种土、石分成5组,见表7-4。

填料的工程分类　　表7-4

| 填料 | | 组　　成 | 说　　明 |
|---|---|---|---|
| 组别 | 性质 | | |
| A | 优质填料 | 硬块石,级配良好的漂石土、卵石土、碎石土、砂砾、砾砂、粗、中砂 | — |
| B | 良好填料 | 不易风化的硅质或钙质胶结的漂石土,级配不良的漂石土、卵石土、碎石土、砂砾、砾砂、粗、中砂;细粒土含量为15%~30%的漂石土、卵石土、碎石土和砾石土;细砂、黏砂、砂粉土和砂黏土 | — |

续上表

| 填料组别 | 填料性质 | 组　成 | 说　明 |
|---|---|---|---|
| C | 可使用填料 | 易风化的泥质胶结的软块石、细粒土的含量在30%以上的漂石土、卵石土、碎石土、砾石土、粉砂、粉土、粉黏土 | — |
| D | 不应使用填料 | 风化严重的软块石、黏粉土、黏土 | 如使用,需改良 |
| E | 严禁使用填料 | 有机土 | 有机质含量>5% |

## (二)填土路堤

路堤填料按其在路堤不同部位的特点,可以有以下不同要求:

(1)基面以下基床部分的填料,因受列车动荷载作用以及大气降水、气温变化的影响,为了确保其良好的工作状态和几何形状,应选用在压实后动强度高、亲水性差的优良填料。

(2)路堤坡面部分的填料一方面受大气降水和气温变化的影响,另一方面它还起着防止核心土体受力外挤的作用。所以边坡部分填料应选用抗风化,能在水、温度变化中保持稳定和对核心部分土体起疏干、增强作用的填料。

(3)堤身基床以下边坡以内的部分土体,主要受列车即轨道静荷载及路堤本身的自重作用,在路堤施工中应达到要求的密实度,以确保其稳固和减少线路运营后沉降量。

## (三)填土密度的检测方法

填土压实密度的检测方法与填料的性质、工程的重要程度等因素有关,需视不同情况而采用不同方法。下面主要根据土类进行分类。

### 1. 岩块类和砾石土的检测方法

岩块类填料,如果粒径很大,一般无法压实,应将其通过爆破或其他方式裁小。粒径在 25~45cm 的块石需进行人工铺砌并用小片石填塞。粒径小于15cm 的块石,如级配良好,可用重型机械压实。其压实度的检测方法如以锹、锄难以挖动,用撬棍方能使之松动,则可认为已达到紧密程度。

### 2. 粗粒土(粘砂、粉砂除外)的检测方法

(1)相对密度 $D_r$

砂土的密度和孔隙比有着密切的关系。对于压实的砂土可根据其天然孔隙比在上下限即最大最小孔隙比之间的相对位置来确定其密实程度。

(2)标准贯入试验法

标准贯入试验采用质量为 63.5kg 的穿心锤,以76cm 落距,将一定规格的标准贯入器打入土中 15cm(不必记录击数),然后开始记录锤击数目,将标准贯入器再打入土中 30cm,用此 30cm 的锤击数即实测锤击数 $N_{63.5}$。标准贯入试验主要用于测定砂土的相对密实度。

(3)灌砂法或灌水法

当粗颗粒土内含有大量小石料时,也可用挖小坑后用塑料袋装水或装砂量求坑的体积,从而求取原坑内填料的干重度,进而与已定的土的相对密度相比做出判断。

3. 细粒土的检测方法

(1) 压实系数 $K$ 法

用压实后测得细粒土的干重度与同一种土标准击实试验得出的最大干重度相除得到的系数,即 $K = r_d/r_{dmax}$。这一方法是传统的也是最广泛使用的一种检测方法。

(2) 地基系数 $K_{30}$ 法

近年来,国内外已开始利用承压板试验来检测公路、铁路和飞机场跑道等填土或垫层的压实质量。我国在大秦线上首次采用了这一方法。所谓 $K_{30}$ 法是指用直径为30cm的承压板做载荷试验,通过逐级加载得到逐级加载下的沉降量。$K_{30}$ 值大小一般是相应于沉降量为 0.125cm 时的单位荷载,表达式为:

$$K_{30} = P/S = P_{0.125}/0.125 = 8P_{0.125}$$

(3) 核子密度湿度仪法

所谓核子密度湿度仪法,即利用元素的放射性,来测定各种填筑材料的密度和湿度。核子密度湿度仪使用方便、快速、精确可靠,但成本较高,还需特别注意安全使用。

(四) 对填土压实度的要求

对填土的压实要求涉及填料的压实标准。路堤基床以下部位填料的压实标准:对细粒土、粉砂、改良土应采用压实系数和地基系数作为控制指标,对砂类土(粉砂除外)应采用相对密度和地基系数作为控制指标,对砾石类、碎石类应采用地基系数和孔隙率作为控制指标,对块石类应采用地基系数作为控制指标。表7-5 给出了《铁路路基设计规范》(TB 10001—2016)要求的压实标准。

路堤基床以下部位填料的压实标准　　　　表7-5

| 铁路等级及设计速度 | | 填料 | 压实标准 | | |
|---|---|---|---|---|---|
| | | | 压实系数 $K$ | 地基系数 $K_{30}$（MPa/m） | 7d饱和无侧限抗压强度(kPa) |
| 客货共线铁路、城际铁路有砟轨道 | 200km/h | 细粒土 | ≥0.90 | ≥90 | — |
| | | 砂类土、细砾土 | ≥0.90 | ≥110 | — |
| | | 碎石类及粗砾土 | ≥0.90 | ≥130 | — |
| | | 化学改良土 | ≥0.90 | — | ≥250 |
| | 160km/h 120km/h | 细粒土、砂类土 | ≥0.90 | ≥80 | — |
| | | 砾石类、碎石类 | ≥0.90 | ≥110 | — |
| | | 块石类 | ≥0.90 | ≥130 | — |
| | | 化学改良土 | ≥0.90 | — | ≥200 |
| 高速铁路及无砟轨道客货共线铁路、城际铁路 | | 碎石头及细砾土 | ≥0.92 | ≥110 | — |
| | | 碎石类及粗砾土 | ≥0.92 | ≥130 | — |
| | | 化学改良土 | ≥0.92 | — | ≥250 |
| 重载铁路 | | 细粒土、砂类土、 | ≥0.92 | ≥90 | — |
| | | 细砾土 | ≥0.92 | ≥110 | — |
| | | 碎石类及粗砾土 | ≥0.92 | ≥130 | — |
| | | 化学改良土 | ≥0.92 | — | ≥250 |

### (五) 填石路堤

在岩石地段的半填路基或跨越深沟的路堤,可利用挖方路基的石料进行填筑。浸水路基的受水浸淹部分,可用开山石或天然石料(漂石、卵石)进行填筑。当石料不足时,可在路基外部填石、内部填土。但填石部分和填土部分的结合面应设反滤层,以防填土流失,影响路基的稳定。

边坡的外层,一般选用坚硬而未风化的石料填筑,必要时应进行排砌,以增强其稳定性。填石路堤对基底的要求与填土路堤相同。

## 二、路堑

在地面上以开挖方式建成的路基称路堑,路堑是线路通过山区与丘陵地区的一种常见路基形式。

### (一) 路堑类型

路堑按通过地层一般分为土质路堑和岩质路堑,根据地层性质又可分为以下几种:
(1) 土质路堑:包括黏土、砂黏土、黏砂土和粗、中、细、粉等砂类土。
(2) 碎石类土路堑:包括碎石(卵石)土、砾石土和块石土。
(3) 岩石路堑:包括各种岩质和半岩质岩层。
(4) 特殊土路堑:包括黄土、膨胀土、软土、多年冻土等。

### (二) 路堑边坡稳定的影响因素

**1. 地质构造因素和土质条件**

边坡的稳定与岩层的构造、产状、岩性及破碎风化程度都有关系,特别是有薄弱面的路堑的稳定检算与一般边坡不尽相同。

**2. 边坡的高度**

边坡越高,暴露面越大,坡脚压力也越大,边坡越难保持稳定。

**3. 水文条件**

地表水、地下水对边坡稳定的影响很大。

# 第三节　路基基床

## 一、基床的基本要求

基床是指路基上部受列车动力作用和水文气候变化影响较大的土层。其状态直接影响列车运行的平稳和速度的提高,基床是铁路路基最重要的关键部位。对基床的要求主要有三个方面。

1. 强度要求

应有足够的强度以抵抗列车荷载产生的动应力而不致破坏;能抵抗道砟压入基床土中从而防止道砟陷槽等病害的形成;在路基填筑阶段能承受重型施工车辆走行而不形成印坑,以免留下隐患。

2. 刚度要求

在列车荷载的重复作用下,塑性累积变形要小,以避免形成过大的不均匀下沉造成轨道的不平顺,增加养护维修的困难。在列车高速行驶时,基床的弹性形变应满足高速行走的安全性和舒适性要求,同时能保障道床的稳固。

3. 排水性能

基床填料应具有良好的排水性能,能够防止雨水侵入、软化和冻融等危害。

## 二、基床材料和结构

(一) 基床材料分类

根据对原土料的使用方法或加工工艺的不同,路基填料可分为普通填料、物理改良土、化学改良土和级配碎石四大类。普通填料按工程性能和级配特征可分为 A、B、C、D 组四个等级(质量等级),详见《铁路路基设计规范》(TB 10001—2016)附录 A。高速铁路路基主要使用的是普通填料。

1. 普通填料粒组划分

普通填料粒组划分见表 7-6。

普通填料粒组划分　　　　　　　　表 7-6

| 粒　组 | | 颗　粒　名　称 | 粒径范围(mm) |
|---|---|---|---|
| 巨粒 | | 漂石(块石) | $200 \leq d < 300$ |
| | | 卵石(碎石) | $60 \leq d < 200$ |
| 粗粒 | 砾粒 | 粗砾 | $20 \leq d < 60$ |
| | | 中砾 | $5 \leq d < 20$ |
| | | 细砾 | $2 \leq d < 5$ |
| | 砂粒 | 粗砂 | $0.5 \leq d < 2$ |
| | | 中砂 | $0.25 \leq d < 0.5$ |
| | | 细砂 | $0.075 \leq d < 0.25$ |
| 细粒 | | 粉粒 | $0.005 \leq d < 0.075$ |
| | | 黏粒 | $d < 0.005$ |

注:母岩饱和和单轴抗压强度小于 20MPa 的粗粒和巨粒在粒组划分应结合试验和地区经验确定。

2. 普通填料级配特征

(1) A 组填料级配特征

普通 A 组填料可分为 A1、A2 组,并符合表 7-7 的规定。

A 组填料细分表　　　　　　　　　　　　　表 7-7

| 分　类 | | 名　称 | 级　配 | 细粒含量 |
|---|---|---|---|---|
| A1 组 | | 角砾土 | 良好 | <15% |
| A2 组 | 1 | 圆砾土 | 良好 | <15% |
| | 2 | 碎石土 | 良好 | <15% |
| | 3 | 卵石土 | 良好 | <15% |

(2) B 组填料级配特征

普通 B 组填料可分为 B1、B2、B3 组，并符合表 7-8 的规定。

B 组填料细分表　　　　　　　　　　　　　表 7-8

| 分　类 | | 名　称 | 级配 | 细粒含量 | 小于 5mm 颗粒含量 | 0.075~5mm 颗粒含量 |
|---|---|---|---|---|---|---|
| B1 组 | 1 | 角砾土、碎石土、圆砾土、卵石土 | 间断 | <15% | >35% | — |
| | 2 | 砾砂、粗砂、中砂 | 良好 | <15% | — | — |
| B2 组 | 1 | 角砾土、碎石土、圆砾土、卵石土 | 间断 | <15% | ≤35% | — |
| | 2 | 角砾土、碎石土、圆砾土、卵石土 | 均匀 | <15% | — | — |
| | 3 | 角砾土、碎石土、圆砾土、卵石土 | — | 15%~30% 粉土 | — | ≥15% |
| | 4 | 砾砂、粗砂、中砂 | 间断 | <15% | — | — |
| | 5 | 砾砂、粗砂、中砂 | — | 15%~30% 粉土 | — | — |
| B3 组 | 1 | 角砾土、碎石土、圆砾土、卵石土 | — | 15%~30% 粉土 | — | <15% |
| | 2 | 角砾土、碎石土、圆砾土、卵石土 | — | 15%~30% 黏土 | — | ≥15% |
| | 3 | 砾砂、粗砂、中砂 | 均匀 | <15% | — | — |
| | 4 | 砾砂、粗砂、中砂 | — | 15%~30% 黏土 | — | — |

(3) C 组填料级配特征

普通 C 组填料可分为 C1、C2、C3 组，并符合表 7-9 的规定。

C 组填料细分表　　　　　　　　　　　　　表 7-9

| 分　类 | | 颗粒名称 | 级　配 | 细粒含量 | 0.075~5mm 颗粒含量 |
|---|---|---|---|---|---|
| C1 组 | 1 | 块石土 | — | <30% | — |
| | 2 | 块石土 | — | 30%~50% 粉土 | — |
| | 3 | 碎石土、砾石土 | — | 30%~50% 黏土 | <15% |
| | 4 | 碎石土、砾石土 | — | 30%~50% 粉土 | — |
| | 5 | 砾砂、粗砂、中砂 | — | 30%~50% 粉土 | — |
| C2 组 | 1 | 块石土 | — | 30%~50% 黏土 | — |
| | 2 | 碎石土、砾石土 | — | 30%~50% 黏土 | — |
| | 3 | 砾砂、粗砂、中砂 | — | 30%~50% 黏土 | — |
| | 4 | 细砂 | 良好 | <15% | — |

续上表

| 分类 | | 颗粒名称 | 级配 | 细粒含量 | 0.075~5mm颗粒含量 |
|---|---|---|---|---|---|
| C3组 | 1 | 细砂 | 间断或均匀 | <15% | — |
| | 2 | 粉砂 | — | — | — |
| | 3 | 低液限粉土 | — | — | — |
| | 4 | 低液限黏土 | — | — | — |
| | 5 | 低液限软岩 | — | — | — |

(4) D 组填料级配特征

普通 D 组填料可分为 D1、D2 组,并符合表 7-10 的规定。

D 组填料细分表　　　　表 7-10

| 分类 | | 名称 | 细粒含量 |
|---|---|---|---|
| D1组 | 1 | 高液限粉土 | 30%~50% |
| | 2 | 高液限黏土 | 30%~50% |
| | 3 | 高液限软岩土 | 30%~50% |
| D2组 | 1 | 高液限粉土 | <30% |
| | 2 | 高液限黏土 | <30% |
| | 3 | 高液限软岩土 | <30% |

(二) 基床材料选用

应通过地质调绘和勘探、试验工作,查明料源岩土性质、分布和储量,确定填料来源、分类、分组名称、调配方案、改良措施等。优先选用优良填料,并遵循以下几点要求。

1. 基床表层填料

基床表层填料应根据铁路等级、设计速度、轨道类型等,按表 7-11 确定。

基床表层填料选择标准　　　　表 7-11

| 铁路等级及设计速度 | | 粒径限值 | 可选材料类型 |
|---|---|---|---|
| 客货共线铁路及城际铁路 | 200km/h | ≤60mm | 级配碎石 |
| | 160km/h | ≤100mm | 宜选用砾石类、碎石类中的 A1、A2 组填料。当缺乏 A1、A2 组填料时,经经济比选后可采用级配碎石 |
| | 120km/h | ≤100mm | 优先选用砾石类、碎石类中的 A1、A2 组填料,其次为砾石类、碎石类及砂类土中 B1、B2 组填料,有经验时可采用化学改良土 |
| | 无砟轨道 | ≤60mm | 级配碎石 |
| 高速铁路 | | ≤60mm | 级配碎石 |
| 重载铁路 | | ≤60mm | 应采用级配碎石及 A1、A2 组填料 |

## 2. 基床底层填料

基床底层填料应根据铁路等级、设计速度、轨道类型等，按表 7-12 确定。

**基床底层填料选择标准** 表 7-12

| 铁路等级及设计速度 | | 粒径限值(mm) | 可选材料类型 |
|---|---|---|---|
| 客货共线铁路及城际铁路 | 200km/h | ≤200 | 砾石类、碎石类及砂类土中 A、B 组填料或化学改良土 |
| | 160km/h | ≤200 | 砾石类、碎石类及砂类土中 A、B 组填料或化学改良土 |
| | 120km/h | ≤200 | 砾石类、砂类土中的 A、B、C1、C2 组填料或化学改良土 |
| | 无砟轨道 | ≤60 | 砾石类、砂类土中的 A、B 组填料或化学改良土 |
| 高速铁路 | | ≤60 | 砾石类、砂类土中的 A、B 组填料或化学改良土 |
| 重载铁路 | | ≤100 | 砾石类、碎石类土及砂类土中 A、B 组填料或化学改良土 |

## 3. 有机土、膨胀土、盐渍土

有机土(有机质含量大于 5%)严禁作为路基填料使用。膨胀土、盐渍土作为路基填料使用应符合《铁路特殊路基设计规范》(TB 10035—2018)相关规定。

## 4. 可选的填料

普通 A 组填料均为级配良好、细粒含量小于 15% 的碎石土和砾石土，是优秀的填料，应优先选用。B 组填料均为级配较好、细粒含量小于 15% 的角砾土和砾砂土，是良好的填料，应优先选用。C 组填料均为级配较差、细粒含量较高(30%～50%)的砾砂土和砂土，是较差的填料，仅可以选用。D 组填料均为细粒含量较高(30%～50%)的高液限粉土和黏土，是很差的填料，不宜选用。

### (三) 基床结构

路基基床结构分为表层及底层，其厚度应符合《铁路路基设计规范》(TB 10001—2016)规定，见表 7-13。

**常用路基基床结构厚度** 表 7-13

| 铁 路 等 级 | | 基床表层(m) | 基床底层(m) | 总厚度(m) |
|---|---|---|---|---|
| 客货共线铁路 | | 0.6 | 1.9 | 2.5 |
| 城际铁路 | 有砟轨道 | 0.5 | 1.5 | 2.0 |
| | 无砟轨道 | 0.3 | 1.5 | 1.8 |
| 高速铁路 | 有砟轨道 | 0.7 | 2.3 | 3.0 |
| | 无砟轨道 | 0.4 | 2.3 | 2.7 |
| 重载铁路 | 设计轴重 250kN、270kN | 0.6 | 1.9 | 2.5 |
| | 设计轴重 300kN | 0.7 | 2.3 | 3.0 |

注：基床厚度以路肩施工高程为计算起点。

路堤基床为渗水土而其下部为非渗水土时，非渗水土层顶面应设 4% 横向排水坡。路堑基床表层换填渗水土时，其底层顶面应设 4% 横向排水坡。

陡坡地段的半填半挖路基，路基面以下 1m 基床范围内应予以挖除换填，填料应符合基床土的要求。挖方顶面应设 4% 的向外排水坡。

## 三、基床土压实

基床土的压实度,对细粒土和黏砂、粉砂应采用压实系数或地基系数作为控制指标,对粗粒土(黏砂、粉砂除外)应采用相对密度或地基系数作为控制指标,对碎石类土和块石类混合料应采用地基系数作为控制指标。

### 1. 基床表层的压实度

基床表层的压实度应符合表7-14的规定值。

基床表层填料的压实标准　　　　　　表7-14

| 铁路等级及设计速度 | | 填　料 | 压实标准 | | | |
|---|---|---|---|---|---|---|
| | | | 压实系数 $K$ | 地基系数 $K_{30}$ (MPa/m) | 7d 饱和无侧限抗压强度 (kPa) | 动态变形模量 $E_{vd}$ (MPa) |
| 客货共线铁路及城际铁路 | 200km/h | 级配碎石 | ≥0.97 | ≥190 | — | — |
| | 160km/h | 级配碎石 | ≥0.95 | ≥150 | — | — |
| | | A1、A2 组　砾石类、碎石类 | ≥0.95 | ≥150 | — | — |
| | 120km/h | A1、A2 组　砾石类、碎石类 | ≥0.95 | ≥150 | — | — |
| | | B1、B2 组　砾石类、碎石类 | ≥0.95 | ≥150 | — | — |
| | | 砂类土(粉细砂除外) | ≥0.95 | ≥110 | — | — |
| | | 化学改良土 | ≥0.95 | — | ≥500(700) | — |
| | 无砟轨道 | 级配碎石 | ≥0.97 | ≥190 | — | ≥55 |
| 高速铁路 | | 级配碎石 | ≥0.97 | ≥190 | — | ≥55 |
| 重载铁路 | | 级配碎石 | ≥0.97 | ≥190 | — | ≥55 |
| | A1 组 | 砾石类 | ≥0.97 | ≥190 | — | ≥55 |

注:括号内数值为严寒地区化学改良土考虑冻融循环作用所需强度值。

### 2. 基床底层的压实度

基床底层的压实度应符合表7-15的规定值。

基床底层填料的压实标准　　　　　　表7-15

| 铁路等级及设计速度 | | 填　料 | 压实标准 | | | |
|---|---|---|---|---|---|---|
| | | | 压实系数 $K$ | 地基系数 $K_{30}$ (MPa/m) | 7d 饱和无侧限抗压强度 (kPa) | 动态变形模量 $E_{vd}$ (MPa) |
| 客货共线铁路及城际铁路 | 200km/h | A、B 组　粗砾土、碎石类 | ≥0.95 | ≥150 | — | — |
| | | A、B 组　砂类土(细砂除外)、细砾土 | ≥0.95 | ≥130 | — | — |
| | | 化学改良土 | ≥0.95 | — | ≥350(550) | — |
| | 160km/h | A、B 组　砾石类、碎石类 | ≥0.93 | ≥130 | — | — |
| | | A、B 组　砂类土(细砂除外) | ≥0.93 | ≥100 | — | — |
| | | 化学改良土 | ≥0.93 | — | ≥350(550) | — |

续上表

| 铁路等级及设计速度 | | 填料 | 压实标准 | | | |
|---|---|---|---|---|---|---|
| | | | 压实系数 $K$ | 地基系数 $K_{30}$（MPa/m） | 7d 饱和无侧限抗压强度（kPa） | 动态变形模量 $E_{vd}$（MPa） |
| 客货共线铁路及城际铁路 | 120km/h | A、B、C1、C2 组 | 砾石土、碎石类 | ≥0.93 | ≥130 | — | — |
| | | | 砂类土、细粒土 | ≥0.93 | ≥100 | — | — |
| | | 化学改良土 | ≥0.93 | — | ≥350(550) | — |
| | 无砟轨道 | A、B 组 | 粗砾土、碎石类 | ≥0.95 | ≥150 | — | ≥40 |
| | | | 砂类土（粉砂除外）、细砾土 | ≥0.95 | ≥130 | — | ≥40 |
| | | 化学改良土 | ≥0.95 | — | ≥350(550) | — |
| 高速铁路 | | A、B 组 | 粗砾土、碎石类 | ≥0.95 | ≥150 | — | ≥40 |
| | | | 砂类土（粉砂除外）、细砾土 | ≥0.95 | ≥130 | — | ≥40 |
| | | 化学改良土 | ≥0.95 | — | ≥350(550) | — |
| 重载铁路 | | A、B 组 | 粗砾土、碎石类 | ≥0.95 | ≥150 | — | ≥40 |
| | | | 砂类土（粉砂除外）、细砾土 | ≥0.95 | ≥130 | — | ≥40 |
| | | 化学改良土 | ≥0.95 | — | ≥350(550) | — |

注：括号内数值为严寒地区化学改良土考虑冻融循环作用所需强度值。

## 四、基床加固措施

路基基床加固应根据土质及其密度、降水量、地下水类型及其埋藏深度、加固材料来源等，经比选采用适宜的加固措施。基床加固措施的选用应符合下列要求。

1. 就地碾压

路堑基床表层和低路堤基床表层范围内天然地基土的密度不能满足表 7-7 的规定时，可采用重型碾压机械进行碾压。

2. 换土或土质改良

当基床土不能满足规定时，可采用换土或在土中加入石灰、水泥、砂、炉渣等掺和料的土质改良措施。

3. 加强排水

当基床土受水影响时，应增设地面或地下排水设备，拦截、引排或降低、疏干基床范围内的水。

4. 设置土工合成材料

当降水量大，同时基床土为亲水性强的填料时，可在路基面铺设不透水的土工膜或复合土工膜；当水源为地下水时，可在路基面铺设透水的无纺土工织物；当基床土为软弱土层时，可在基床表层铺设土工格室。

5. 综合措施

当并存的诸因素均可诱发基床病害时，可采用上述措施的组合。

## 第四节 路基排水

路基应有良好、完善的排水系统。排水设备应布置合理,与桥涵、隧道、车站等排水设备衔接配合,有足够的过水能力。设计路基排水设备时,应与水土保持及农田水利的综合利用相结合。

### 一、路基地面排水

(一)地面水对路基稳定性的影响

为使路基经常处于干燥、坚固稳定的状态,必须及时地修建好地面排水设施,使地面水迅速排离路基范围,防止地面水停滞下渗和流动冲刷而降低路基的稳定性。

地面水渗入路基本体会降低土的抗剪强度,并成为地下水的补给来源;地面水的流动也是路基边坡面冲刷与坡脚冲刷的原因;此外,地面水还给施工及运营造成许多困难和危害。对路基有危害的地面水,应采取措施拦截引排至路基范围以外。

(二)排除路基地面水的一般原则和要求

(1)为保证路基的稳定,应尽快通过水沟汇集、排离路基范围内的地面水,且水沟位置应设在离路基本体尽可能近一些的位置,以充分发挥其排水效果。

(2)应选择最短的水流通道、地质较稳定、地形较平缓的地带设置水沟。

(3)水沟断面应满足流量要求。水沟断面形状常采用梯形。

(三)排除路基地面水的设施

路基地面排水设备包括排水沟、侧沟、天沟、跌水、缓流井及急流槽等。

1. 排水沟

排水沟(图 7-6)用以排除路堤范围内的地面水。当地面较平坦时,设于路堤两侧,当地面较陡时,应设于迎水一侧。当有取土坑时,可以取土坑代替排水沟。排水沟均应设置在路堤天然护道外。

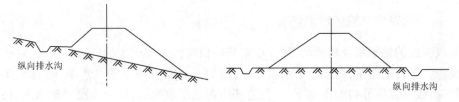

图 7-6 路堤排水沟

## 2. 侧沟

路堑地段侧沟(图7-7)用于排除路基面和路堑边坡坡面的地面水,设于路基面两侧或一侧(半路堑)。

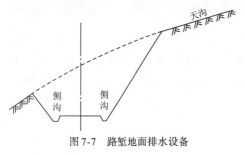

图7-7 路堑地面排水设备

## 3. 天沟

天沟(图7-7)用于排除山坡迎水方向流向路堑的地面水。

## 4. 水沟

水沟的沟底纵向坡度很大时,可修建跌水、急流槽和缓流井等排水设施,以降低沟内流速,降低动能。

（1）跌水

跌水[图7-8a)]主槽底部呈台阶状的急流槽,其构造可有单级和多级两类,每级高差为0.2~2.0m,利用台阶跌水消能。一般应做铺砌防护。

（2）缓流井

缓流井[图7-8b)]是沟底纵坡较陡的水沟,可设计成两段坡较缓的水沟用缓流井连接起来。

（3）急流槽

急流槽[图7-8c)]是用片石、混凝土材料筑成的,衔接两段高程较大的排水设施。主槽纵坡大,水流急。出口设有消力池、消能槛等消能装置。

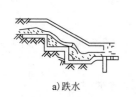 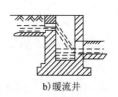 

a)跌水　　　　　　　b)暖流井　　　　　　　c)急流槽

图7-8 水沟底纵坡较大时的地面水排水设施

天沟、侧沟、排水沟、边坡平台截水沟等各类排水沟的出口,应将水引排至路基以外,以防止水流冲刷路基。地面横坡明显地段,排水沟、天沟可在上方一侧设置。若地面横坡不明显,宜在路基两侧设置。路堑顶部无弃土堆时,天沟内边缘至堑顶距离不宜小于5m。当沟内进行加固防渗时,不应小于2m。地面排水设备的纵坡,不应小于0.2‰,地面平坦地带或反坡排水地段,仅在困难情况下,可减少至0.1‰。侧沟、天沟、排水沟的横断面,应有足够的过水能力。

## 二、路基地下水的降低与排除措施

### (一)地下水对路基稳定性的危害

路基范围内的地下水及其活动,往往给路基的稳定性带来很大的危害。例如,对于一般的黏性土及泥质岩石的路堑,由于地下水的存在,增加了路基本体中的含水率,降低了其抗剪强度,在列车荷载及其他外力的作用下,产生路基病害或严重变形;地下水浸湿基床土,将引起翻浆冒泥、冻胀路肩隆起等基床病害;地下水在边坡中的活动,可引起表土滑动、溜坍等边坡变形;地下水常浸湿路堤下部及基床,引起路堤沿倾斜基底滑动;路基傍山的土体中地下水的活动是促进滑坡、崩塌等山体变形的重要原因之一。因此,在路基范围内的地下水,必须给予足够的重视,及时采取排除措施。

(二)路基地下排水设备的主要类型

当地下水位较高或无固定含水层时,可采用明沟、排水槽、渗水暗沟、边坡渗沟、支撑渗沟等。当地下水位较低或为固定含水层时,可采用渗水隧洞、渗井、渗管或仰斜式钻孔等。

1. 明沟及排水槽

明沟是兼排地面水及地下水的排水设备。沟底一般应挖至不透水层[图7-9a)]。若不透水层太深,沟底置于透水层内[图7-9b)],则沟底及水沟边坡应用不透水材料做防护层,以免沟中水渗入土中。

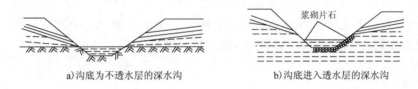

图7-9 深水沟

排水槽也是一种兼排地面水和地下水的设备(图7-10)。排水槽侧壁有渗水孔,侧壁外最好填一层粗砂、细砾石或炉渣组成的反滤层。渗水孔在槽壁的上部,槽内水面以下的槽壁是不透水的,以免水反渗入土中。

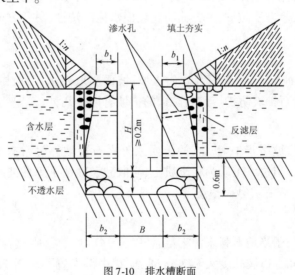

图7-10 排水槽断面

2. 渗水暗沟

渗水暗沟又称盲沟,是一种地下排水设备,用于拦截、排除较深含水层内的地下水,疏干滑体或降低地下水位,采用明挖施工。

渗水暗沟可分为有管渗沟和无管渗沟两种。埋设预制管节而成的渗水暗沟称为有管渗沟。就地砌筑的矩形断面渗水暗沟称为无管渗沟。深埋的渗水暗沟为便于检查、修理,其断面应较大,便于工作人员进出。

按渗水暗沟作用和设置部位,其又可分为截水渗水暗沟、边坡渗水暗沟和支撑渗水暗沟等。

渗水暗沟和渗水隧洞的纵坡不宜小于 0.5%,条件困难时亦不应小于 0.2%。

# 第五节 路基防护及支挡建筑物

## 一、路基坡面防护

路基坡面的地表水流的破坏作用表现为对坡面的洗蚀,最初只是冲走细小颗粒并搬运到坡脚或侧沟中,久而久之,则形成纹沟、鸡爪沟、冲沟,进而破坏路基边坡的稳定性。因此,对路基坡面地面水流的洗蚀应进行坡面防护,并修筑排水设备,保证排水畅通。

(一)植物防护

在坡面播种草种,适用于坡度缓于 1∶1.25 土质或严重风化了的基岩风化层边坡。

(二)坡面的补强及加固

对于不宜采用植物防护的边坡,如炭质页岩和浅变质的泥岩等易风化的岩质边坡,可采用抹面、喷浆、勾缝、灌浆等方法防护,一方面防止坡面水流的洗蚀,另一方面防止风化剥落。

(三)砌石护坡

对缓于 1∶1 的各种土质、土夹石及岩质边坡,坡面受地表水流冲蚀产生冲沟、泥流、小型表层溜坍,均可采用砌石护坡防护。砌石防护的护坡有以下几种。

1. 单层干砌片石

干砌片石适用于边坡缓于 1∶1.25 的土质或土夹石边坡并经常有少量地下水渗出的情况,厚度一般为 0.3m。当边坡土质为粉土质土、松散砂和砂性土等易被冲蚀的土时,干砌片石应设不小于 0.1m 厚的碎石或砂砾垫层。

2. 浆砌片石护坡

浆砌片石护坡适用于当地石料来源丰富,坡度缓于 1∶1 的土质或岩质边坡。浆砌片石的厚度一般为 0.3~0.4m。边坡高度大于 20m 时,应在中部设置不小于 1m 的平台。浆砌片石护坡应设置泄水孔及伸缩缝,并在合适的位置设台阶踏步以利维修。

3. 浆砌片石骨架护坡或混凝土骨架护坡

如图 7-11 所示,常用浆砌片石骨架或混凝土骨架,其内铺草皮或三合土,四合土捶面代替浆砌片石或混凝土。

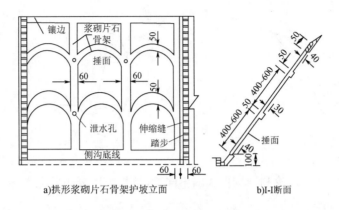

a) 拱形浆砌片石骨架护坡立面  b) I-I 断面

图 7-11 拱形浆砌片石骨架护坡(尺寸单位:cm)

4. 浆砌片石护墙

护墙厚度有等截面、变截面两种。前者墙高一般不超过 10m;后者墙高单级不宜超过 12m,如需加大高度,可做成二级或三级护墙,并设置宽度不小于 1.0m 的平台。为了增加护墙的抗滑稳定性,墙底往往做成 0.2:1 或 0.1:1 的倾斜反坡。

## 二、路基支挡建筑物

路基支挡建筑物是指为使路基本体稳定,或者使与路基本体形状有关的周围土体稳定而修建的建筑物。

在自然力和附加荷载等人为因素的影响下,路基的稳固状态处于不断变化之中。为保证路基稳定,常采用一些加固措施,如改良边坡或地基的土质和设置支挡建筑物等。挡土墙就是其中之一,它被广泛应用于各种土建工程中。它的功能是抵抗土体的侧压力,防止墙后土体坍塌。

在路基工程中,遇高填路堤、陡坡路堤、河岸路堤时,常采用路肩墙(图 7-12)或路堤墙(图 7-13),防止路基边坡或基底滑动,收缩填土坡脚,减少土石方并少占农田;在岸边修建的挡土墙还可保护路基不受水流冲刷,保证库容或减少河床的压缩量。

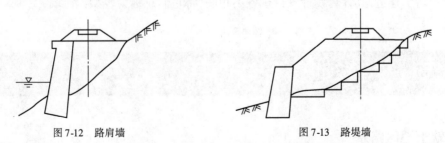

图 7-12 路肩墙   图 7-13 路堤墙

设置在路堑边坡的挡土墙称为路堑墙(图 7-14),可支撑开挖后不稳定的边坡,减少刷方量,降低刷坡高度。路堑挡土墙还常与拦石墙、护墙等综合使用(图 7-15),除支护边坡外还起基础的作用。

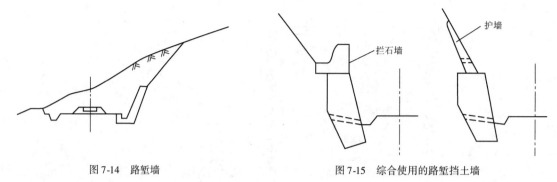

图 7-14　路堑墙　　　　　图 7-15　综合使用的路堑挡土墙

根据建筑材料、计算理论和结构形式的不同,可将挡土墙分为两大类。

1. 重力式挡土墙

主要依靠墙身自重维持稳定的挡土墙称重力式挡土墙。重力式挡土墙用于砌片石、浆砌片石、混凝土等圬工建造,因为石料来源丰富、就地取材方便、不需复杂的施工设备和技术,所以普遍使用。重力式挡土墙墙背有多种形式,其中直线墙背最简单,土压力计算也简便。直线墙背又可分为俯斜式、仰斜式和竖直式,如图 7-16a)、b)、c)所示,如墙背多于一个坡度,则有折线墙背[图 7-16d)]和衡重式挡土墙。

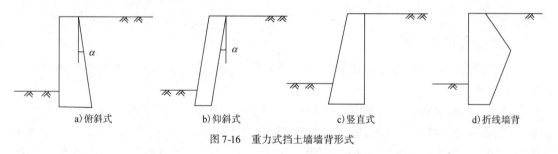

图 7-16　重力式挡土墙墙背形式

2. 轻型挡土墙

从 20 世纪 50 年代以来,由于铁路、公路、驳岸、船台、地下建筑等土木结构的迅速发展,为力求设计经济合理,充分应用新技术,挡土墙的结构形式有了很大的发展,如锚杆挡土墙、锚定板挡土墙、薄壁式挡土墙、抗滑桩及加筋土挡土墙等陆续出现,这些挡土墙多采用钢筋混凝土或不完全由圬工建造,其计算设计理论也各不相同,将它们总称为轻型挡土墙。

# 第六节　特殊地质条件路基

## 一、软土地区路基

(一)软土的类型及性质

所谓软土,从广义上说,就是强度低、压缩性高的软弱土层。根据软土的孔隙比及有机质含量,并结合其他指标,可将其划分为软黏性土、淤泥质土、淤泥、泥炭质土及泥炭五种类型。习惯上常把淤泥、淤泥质土、软黏性土总称为软土,而把有机质含量很高的泥炭、泥炭质土总称为泥沼。

我国各地成因不同的软土都具有近于相同的特性,主要表现为:①天然含水率高,孔隙比大;②透水性差;③压缩性高;④抗剪强度低;⑤具有触变性;⑥流变性显著。

(二)软土地基的加固措施

加固软土基底和路堤的方法很多,国内外均有丰富的经验,并且还在不断发展中。现将国内使用的方法归纳为以下几种类型。

1. 改变路堤本身的结构形式,对地基不做处理

改变路基本身的结构如反压护道、柴排(图7-17、图7-18),铺设土工织物。这类方法施工简便易行,但高路堤不适用。

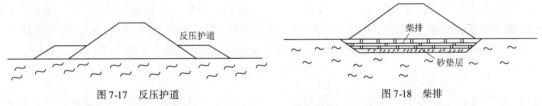

图7-17　反压护道　　　　　　　图7-18　柴排

反压护道是借在路堤两侧填筑一定宽度和一定高度的护道的反压作用,以防止地基被破坏,保证路基稳定的一种有效措施。

反压护道施工简易,既不需要特殊的施工机械和昂贵的材料,也不需要控制施工速度。反压护道用于非耕作区和土源丰富的地区。在耕作区因大量占用农田,影响农业生产,最好不用或少用。

为了保证护道本身的稳定,其高度不能超过极限高度。护道高采用路堤高的1/3~1/2较为合理。反压护道施工时,应与路堤一起按全宽同时填筑,切忌先填路堤,后填护道,以免施工中发生坍滑。

2. 排水固结,提高地基软土的强度

排水固结如排水砂井(图7-19)和排水砂垫层(图7-20)等。其作用是加速地基固结,使强度得到提高。

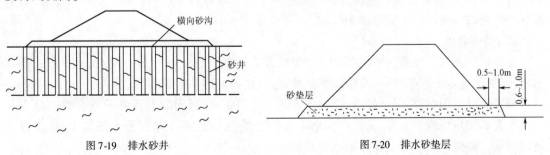

图7-19　排水砂井　　　　　　　图7-20　排水砂垫层

排水砂井是利用各种打桩机具击入钢管,或用高压射水、爆破等方法在地基中获得按一定规律排列的孔眼(这些孔眼具有一定深度和一定直径),并灌入中、粗砂而成。这种砂井在饱

和软弱土中起排水通道的作用,故称排水砂井。排水砂井顶面应铺设砂垫层或砂沟,以构成完整的地基排水系统。

软土地基设置砂井后,改善了地基的排水条件,缩短了排水途径,因而地基承受附加荷载后,排水固结过程大大加快,进而使地基强度得以提高。砂井加固,由于用砂量大,当砂料来源困难时,造价较高。

3. 人工地基

人工地基是在软土地基内设置各种材料制成桩,构成复合地基,或将地表换成性能良好的土料,以提高地基承载力,保证路基稳定的一种方法。其方法包括换土、挤密砂桩和碎石桩等。

(1) 换土

以人工、机械或爆破方法将地基软土挖除,换填强度较高的黏土或砂、砾、卵石等渗水土(图7-21)。此法从根本上改善了地基的性质,效果甚佳,但仅适用于软土层较薄、其上无覆盖层的情况。在液性指数较大的软土中,可采用抛石挤淤的措施以强迫换土,施工简便迅速,不必抽水挖淤,可以取得较好的效果,如图7-22所示。抛石挤淤是一种强迫换土的方法,采用这种方法施工时不用抽水,不用挖淤,施工简便。它适用于湖塘或河流等积水洼地,水量大不易抽干,常年积水表层无硬壳,软土薄、稠度大、片石能沉达底部,一般用于软土层厚为3~4m的情况。

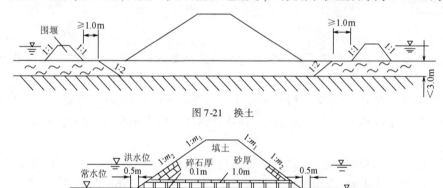

图 7-21 换土

图 7-22 抛石挤淤

当软土上部没有硬壳,软土层本身又比较薄,便于排水时,可以采用人工或机械开挖等方法全部挖除软土,填以强度较高的黏性土或砂卵石等渗水材料。这种处理方法不留后患,效果最好。挖土的深度一般不宜超过2m。

(2) 挤密砂桩

将砂桩打入软土地基,挤密软弱土层,形成复合地基。砂桩与砂井一样,在土中形成排水通路,能加速地基土固结沉降,改善地基整体稳定性,提高地基的承载力。

挤密砂桩采用中、粗混合砂料,含泥率不得大于5%,也可用砂与角砾的混合料。桩在平面上布置成三角形或正方形,桩长不应小于危险滑弧的深度,对于厚度不大的软土,桩长应穿透软弱层。砂桩顶面应铺以砂垫层以利排水。

(3) 碎石桩

碎石桩是采用碎石材料做桩料,并依靠振动沉管机、水振冲器等在软土地基层内做成。碎石桩与桩间的软土形成复合地基,碎石桩对地基起加固、置换作用。由于桩与土体的共同作用,从而提高地基的承载力,降低土层的压缩性。碎石桩的直径较大,常用 0.5~1.0m,一般用未风化的干净砾石或轧制碎石,粒径宜为 20~50mm,含泥率不应大于 10%。

(4)生石灰桩

生石灰桩是用粒径 2~5cm 的生石灰块填入软土孔眼中,形成生石灰桩地基,桩的平面布置与砂井相同。桩径通常为 20~40cm,桩距为桩径的 3 倍左右,桩长视软土层的厚度而定,一般不宜很长,常在 10m 以内。生石灰桩加固软弱地基,可大量减少沉降量,适合对沉降要求严格的工程。

(5)粉体喷射搅拌法

粉体喷射搅拌法是以生石灰粉或水泥等粉体材料作为加固料,通过特制的施工机械,用压缩空气将粉体呈雾状喷入土中,使粉体与原软土搅拌形成石灰(或水泥)黏土混合的柱体。它的强度大,水稳性好,可提高软土地基的承载力,减小沉降量和增加路堤稳定。加固深度一般在 10~15m。

(三)软土地基路堤施工监测

为了保证软基的稳定,施工中的监测控制工作具有特别重要的意义。施工监测的目的是了解填土过程中,地基土竖横向位移及其发展趋势,填土高度-沉降量-时间的变化关系,孔隙水压力的变化情况,科学掌握与分析填土过程中地基的固结及稳定状况,确定安全的填土速率。观测项目一般有以下三个方面。

1.路堤坡脚及坡脚外地基的横向变形和竖向变形观测

观测桩长 1.0~1.5m,预先在路堤两侧坡脚外 2~10m 范围内,顺线路方向埋设 1~3 排。施工期间随着路堤填土的加高,定时用精密经纬仪量测观测桩的横向位移,用水平仪量测各桩顶的高程变化。

2.地基竖向变形及横向变形观测

(1)地表的竖向变形观测

地表沉降一般用沉降板或沉降水杯观测。《铁路特殊路基设计规范》(TB 10035—2018)规定地基中心沉降量的控制值为:路堤中心沉降每昼夜不得大于 2mm,边桩水平位移每昼夜不得大于 10mm。

(2)地基横向变形观测

地基横向变形用测斜仪量测。测斜仪型号较多,如电阻式和加速度式等,其基本原理是量测地基土中测斜管随土位移后的倾角变化,从而求得水平位移。

(3)地基深层沉降变形观测

地基深层沉降观测目前大都采用电磁沉降仪。

3.孔隙水压力观测

地基中孔隙水压力的增长和消散,直接反映地基土的固结程度,因此监测孔隙水压力的大小,可以了解地基任意时刻强度的增长情况,预测地基的变形,控制填土速率。孔隙水压力用孔隙水压力计量测,有钢弦式、水管式、包阻应变式等多种类型。观测方法是在填土前先在预定量测的位置钻孔,将孔隙水压力计埋入预定测点深度,量测时通过地面装置,测得各点孔隙水压力数值,用以分析地基的固结及强度增长,指导施工。

## 二、滑坡地段路基

滑坡是指在一定的地形地质条件下,受各种自然或人为因素的影响,山坡上的不稳定土(岩)体在重力作用下,沿着山坡内部某一软弱面(带)做整体的、缓慢的、间歇性的滑动的现象。

滑坡的防治应以及早治理,一次根治,不留后患为原则。滑坡的防治措施主要有:①消除水的有害作用;②改变滑体重心位置,增强稳定因素;③修建支挡建筑物,防止滑动;④改善滑带土的性质,提高力学强度。可针对不同的具体情况选择使用或采用综合治理的措施。

### (一)滑坡排水和防护工程

水对路基稳定性危害很大,工程实践表明,绝大多数滑坡都是因受到雨水侵蚀和排水不良所引起的。路基病害一般也多发生在阴雨潮湿季节。为此,必须做好排水工程。当河水冲刷路基或山坡坡脚时,还必须做好岸坡的防护工程。

**1. 调节和排除地表水**

在滑坡周界外围稳定地段设置环形截水明沟(一道或几道),防止外来的地面水流入病害区域。在滑坡区域内,充分利用天然沟谷并适当增设排水明沟,布置成树枝形状的排水系统,使地面水流能迅速顺畅地排出滑体以外,并严格防渗。在滑体上的封闭低洼湿地或泉水出露地带,根据具体情况设置引水明沟、槽沟或浅埋渗沟,以排干、疏干该处积水。滑坡区域内外种植适宜于当地生长的灌木和阔叶乔木,可以起蒸发水分、疏干土体、绿化山坡的作用,其根系还可起加固表层土的作用,特别是对浅层和塑性滑坡,效果显著。

**2. 排除地下水**

为截排来自外部补给滑体和滑带的地下水,可根据具体条件选用浅埋或深埋的截水渗沟或渗水隧洞等。为引出和排走地下沟槽或封闭低注盆地中积聚的地下水,按其埋藏位置和深度可选用引水渗沟、引水隧洞,或仰斜钻孔等。为排除浅层滑体内的上层滞水和土中水并疏干表层潮湿土体,可采用边坡渗沟群。为聚集和排除复杂滑体及滑带地层内的多层地下水,可选用渗井、渗管群、渗水隧洞,或渗井群与仰斜钻孔群的组合等。为降低滑带附近潜水或深层地下水的水位,可选用渗沟或隧洞等。

**3. 岸坡防护工程**

滨河地段的路基或不稳定的山坡和滑坡,若因河水冲刷或淘刷地基和坡脚而造成危害时,需设防护工程。

### (二)抗滑支挡工程

抗滑支挡工程中常用的方法有抗滑挡土墙、抗滑桩、锚索工程等。此外还采用其他方法如滑体减重、加压和改善滑带土性质等来治理滑坡。

**1. 抗滑挡土墙**

抗滑挡土墙是整治滑坡常用的有效措施之一,可单独使用,也可与支撑渗沟结合使用。以抗滑桩为主要整治措施,也可用抗滑挡土墙作为辅助措施,分担一部分滑坡推力。抗滑挡土墙一般设置在滑坡前缘。抗滑挡土墙基础必须深埋于滑动面(带)以下的稳定地层中,以免随滑体被推走。

抗滑挡土墙采用重力式,利用墙身重量来抗衡滑体。其优点是:易于就地取材;对机具设备要求不高,施工方便;抗滑作用见效快。但抗滑挡土墙有圬工体积大、开挖量大、施工期长,对滑坡稳定和施工安全不利等缺点。

2. 抗滑桩

抗滑桩是近年来获得广泛应用的一种新型抗滑支挡结构物(图7-23)。抗滑桩埋入滑面以下的部分称为锚固段,埋置于滑面以上的部分称为受力段。抗滑桩的受力段承受滑坡推力作用,并将推力传递到锚固段,在滑床的桩周地层产生反力嵌住桩身。

3. 锚索工程

把锚索(杆)加在抗滑桩上可改善抗滑桩的受力状态,减少桩身内力和变位,从而达到减小桩的断面和埋深,并增大桩的抗滑能力的作用。由钻孔桩、预应力锚索和锚具组成的联合抗滑结构,称为预应力锚索抗滑桩,如图7-24所示。它可将滑坡推力通过锚索传到锚固段的稳固岩层中。

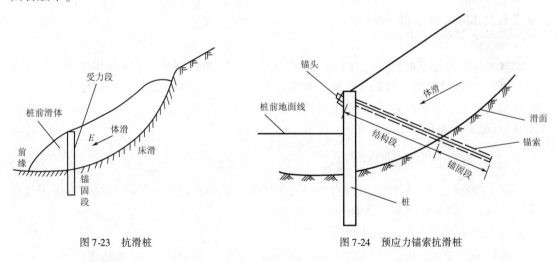

图7-23 抗滑桩　　　　　图7-24 预应力锚索抗滑桩

(三)其他工程措施

1. 滑体减重与加载

有些滑坡的滑面具有上陡下缓的形状,滑坡前缘有一较长地段为可靠的抗滑部分,后缘两侧有稳定岩(土)体。这样,便可在滑坡上部减重,减少滑体下滑力,或在下部抗滑段加载,增加阻止滑体不滑的反力。减重与加载常作为滑坡整治中的辅助措施。

2. 改善滑带土性质的措施

改变滑带土的性质,提高其强度指标以增强滑坡的稳定性,也是整治滑坡的措施。这类措施有焙烧法、灌浆法、孔底爆破灌注混凝土等。

### 三、膨胀土地区路基

膨胀土是指主要由亲水矿物组成,具有吸水膨胀、软化、崩解和失水急剧收缩开裂,并能产生往复变形的黏性土。

含有大量亲水矿物,含水率变化时能产生较大体积变化的岩石为膨胀岩。

#### (一)膨胀性土(岩)的路基病害

**1. 边坡变形**

(1)溜坍

路基边坡上局部表层土体,由于降雨下渗含水率过大以及土的胀缩作用,强度降低而溜坍。

(2)滑坡

和一般滑坡相同,斜坡土体沿土中软弱面滑动。这一软弱面多为裂隙面、层面或其他结构面。由于土体存在滑动趋势,当失去前部支撑时,便产生滑动。膨胀土地段的滑坡,其滑动面土体含水率较大,强度低,有时虽然土体边坡已经放缓,但仍易产生滑动。

(3)坍滑

路基边坡坍滑是膨胀土地段的路堑、路堤边坡经常发生的一种变形现象。不少地段坍滑体厚度不大,但在边坡上却不断扩展。

**2. 路堤下沉**

膨胀土地段的路堤虽然是扰动土,但施工中打碎、压实都很困难。干缩湿胀作用和其他因素影响,使用膨胀土填筑的路堤经常发生不均匀下沉,甚至运营多年的路堤仍然发生不均匀下沉。在路堤下沉变形的同时,伴随发生其他病害,如边坡坍滑等。膨胀土路堤下沉不仅发生于高路堤,甚至3～5m的路堤也如此。

#### (二)膨胀性土(岩)的基床病害

膨胀土特殊的土质条件和工程特性,使其在列车荷载和水的影响下产生的基床病害具有更大的危害性和严重性。其特点如下。

**1. 基床病害广泛存在,成段出现**

膨胀土地段的基床病害是广泛存在的,而且往往不是个别地段产生,而是延长数十米、数百米甚至数千米大段呈现。

**2. 难以整治**

膨胀土基床病害因土质条件特殊,往往发展迅速,程度严重,处理比较困难,难以收到理想的效果。

**3. 不断发生新的病害**

膨胀土地段基床病害的发生比率很高,而且几乎总是有新的地段发生病害。

#### (三)边坡防护加固

为了防止膨胀土(岩)路基的边坡因土的特殊性质而出现病害,必须十分重视边坡的防护与加固,特别是强膨胀土(岩)地区修建的深(高)度较大的路堑和高路堤。边坡防护加固应遵循下列规定:可能发生浅层破坏时,宜采取半封闭的相对保湿防渗措施;可能发生深层破坏时,应先解决整体边坡的长期稳定问题,并采取浅层破坏的防护措施;支挡结构基础埋深应大于气候影响层深度,反滤层应适当加厚(大于或等于0.5m)。膨胀土(岩)路基的边坡加固和一般地区的路基边坡防护与加固相比,有以下特点。

(1)在膨胀土(岩)地区的边坡坡面防护中,应力求减弱大气因素对边坡坡面土的影响,并且在边坡土需加固时,应选用可兼具两种功用的防护、加固设施。能起边坡防护兼具不同程度加固作用的设施有:

①植被防护。植被防护是一种基本防护方法,选用生长迅速,根系发达,能深入土层深处,且枝叶茂密,可减弱地表湿度变化的植物。

②干砌片石护坡。因为干砌片石护坡可改善大气、日晒等对坡面土的影响,所以是一种可取的防护形式。

③喷射混凝土护坡。以钢丝网等网状材料钉在边坡上,而后喷射混凝土,形成防护层,它可起到隔离层作用,减少大气、日晒对边坡土的直接影响。

(2)因为膨胀土(岩)的稳定性低,尤其是应力强度大的坡脚点处,易于失稳坍塌,所以,应按需要对边坡加固。常用的加固设施如下:

①坡脚挡土墙及片石垛。路堑和路堤的坡脚在膨胀土(岩)地区的路基中都是应力强度大而地基承载力多变、易形成病害的地方。所以,修筑坡脚墙是保证边坡稳定的一项措施。坡脚墙为低矮墙,它的基础须埋入稳定土层。路堤的坡脚在可设片石垛时,也可以用支垛做支挡。

②边坡支撑渗沟和骨架护坡。当边坡内有水排出时,可以修支撑渗沟。为支撑边坡表土,防止溜塌,可在支撑渗沟间设拱或做人字形支沟。支撑渗沟底部应有稳固的支承结构和排水设施。

### 四、其他特殊地段路基

1. 浸水路堤

浸水路堤系指设计水位以下受水浸泡的滨河路堤、河滩路基和穿越积水洼地、池塘等地段的路堤。浸水路堤按浸水时间长短可分为长期浸水和季节性浸水两种。

路堤浸水部分的边坡坡度应视浸水深度和填料性质而定,一般可按不浸水条件下的稳定坡度放缓一级。在任何情况下,水下边坡坡度均不得陡于无水条件下的稳定坡度。

当浸水较深、流速较大或浸水时间较长时,为了加强路基的稳定性及抗冲刷能力,或因养护要求时,可在一侧或两侧设置护道。护道宽度根据稳定检算确定,一般采用1~2m(包括护坡宽度)。护道顶面,当为细粒土时,可做成2%~4%的向外排水坡;当为粗粒土时,可做成平坡。护道顶面外缘在平纵剖面上应尽量顺直,避免凹凸不平,出现阻水现象。

路堤浸水部分的坡面应根据流速大小、波浪高度、填料种类及河床地层等因素选用适宜的防护措施。

2. 地震区路基

位于地震区的路基设计,除遵照《铁路路基设计规范》(TB 10001—2016)外,尚应根据《铁路工程抗震设计规范》(GB 50111—2006)中的有关规定进行。

对路基本体及附属工程应采取下述抗震措施:

(1)路堤边坡的坡度在下述情况下,按《铁路路基设计规范》(TB 10001—2016)放缓一级,并根据不同情况采取其他抗震措施。

(2)设计烈度为8度、9度,边坡高度大于10m的一般黏性土路堑边坡,应放缓边坡或采取其他抗震措施。

(3)路堤基底应做好处理,地面横坡陡于1:5的斜坡及半填半挖路基,基底台阶宽度不应小于1.5m,并做好地表水及地下水的排除处理,防止由于地震造成沿基底滑动。

(4)在可能产生液化的土及软土地区,应根据地震烈度及地下水的情况采取相应的抗震稳定措施,如砂垫层、反压护道、砂井、换填及振密等。

3. 黄土地区路基

黄土是指第四纪以来在干旱、半干旱气候条件下陆相沉积的一种特殊土,土颗粒成分以粉粒为主,富含钙质,呈棕黄、灰黄或黄褐色。其主要特征为:含有大量粉粒,含量一般在55%以上;具有肉眼可看见的大孔隙,孔隙比在1.0左右;富含碳酸钙成分及其结核;无层理,垂直节理发育;具有易溶蚀、易冲刷尤其是湿陷性等工程特性,导致黄土地区的路基容易产生多种特有的问题和病害。

黄土路堤经常发生本体下沉、坡面冲刷、坡面滑坍、基床变形等灾害,必须采取相应措施加以处理。为防止雨水冲蚀,大风吹蚀,湿胀干裂对路堤坡面的破坏,对高路堤的边坡部分宜用新黄土填筑,并严格控制压实密度,以减少雨水下渗,防止边坡冲蚀和滑坍,必要时宜设坡面防护工程。

为了减少下沉及其所带来的危害,可采取下列措施:

(1)施工时应按设计要求的压实标准填筑,确保碾压质量。

(2)当地基为湿陷性黄土时,应采取拦截、排除地表水的措施,防止地表水下渗,减少地基土层的湿陷下沉。

(3)当地基土层黄土具有强湿陷性或较高的压缩性,且地基容许承载力低于路基本体自重时,应考虑地基土层在路堤自重作用下所产生的压缩下沉。必要时可采用灌水预先浸湿或中夯夯实的方法提高表层土的密实度,以减少下沉和防止地表水下渗。

(4)对高度大于20m的路堤,设计时应按竣工后期的下沉量,预留路基面每侧的加宽值。

# 第七节 高速铁路路基

## 一、高速铁路路基的特点及需要研究的问题

自20世纪60年代第一条高速铁路在日本建成以来,世界范围内出现了竞相修建高速铁路的热潮,高速铁路的出现对传统铁路的设计、施工和养护维修提出了新的挑战,在许多方面深化和改变了传统的设计方法和观念。就路基工程而言,主要表现为以下三个特点。

1. 高速铁路路基的多层结构系统

高速铁路线路结构已经突破了传统的轨道、道床、土路基的结构形式,既有有砟轨道也有无砟轨道。对于有砟轨道,在道床和土路基之间,已抛弃了将道砟层直接放在土路基上的结构形式,形成了多层结构系统。

2. 控制变形是路基设计的关键

控制变形是路基设计的关键,采用各种不同路基结构形式的首要目的是为高速线路提供一个高平顺、均匀和稳定的轨下基础。由散体材料组成的路基是整个线路结构中最薄弱、最不稳定的环节,是轨道变形的主要来源。它在多次重复荷载作用下所产生的累积永久下沉(残余变形)将造成轨道的不平顺,同时其刚度对轨道面的弹性变形也起关键性的作用,因而对列车的高速走行有重要影响。高速行车对轨道变形有严格的要求,因此,变形问题便成为高速铁路设计所考虑的主要问题。就路基而言,过去多注重强度设计,并以强度作为轨下系统设计的主要控制条件。而现在强度已不成为问题,一般在达到强度破坏前,可能已经出现了过大的有害变形。

3. 在列车、线路这一整体系统中,路基是重要的组成部分

变形问题相当复杂,是一个世界性的难题。日本及欧洲各国虽然实现了高速,但他们都是通过采用高标准的昂贵的强化线路结构和高质量的养护维修技术来弥补这方面的不足的。对于高速铁路,轮、轨系统应该是车轮、钢轨、道床、路基各部分相互作用的整体。因为包括路基在内的轨下系统的垂向变形集中反映在轨面上,并且又直接影响着轮、轨作用力的大小。因此,必须把轮、轨系统的各组成部分放到整个系统中去考察,建立适当的模型,着眼于各自的基本参数和运用状态,进行系统的最佳设计,实现轮、轨系统的合理匹配,尽可能降低轮、轨作用力,以保证列车的高速、安全运行。其中轨上各部分应尽量降低车辆轮载和簧下质量,轨下的道床、路基部分必须提供一个坚实稳定的轨道基础,以减少变形,同时又保持适当的弹性。

4. 高速铁路需要进行以下方面的研究控制

基床的动力特性与路基结构形式、路基工后沉降控制标准、软土地基处理方法与沉降控制效果、软土地基沉降计算理论与预测方法、过渡段主要技术标准与处理方法、高速铁路膨胀土主要技术问题、改良土路基填土及压实质量检测技术。

## 二、高速铁路路基横断面

高速铁路路基横断面形状应为三角形,并设有由路基面中心向两侧成4%的横向排水坡。曲线加宽时,仍应保持路基横断面的三角形形状。

(一)线间距

由于高速列车运行时会产生列车风,相邻线路高速列车相向运行所产生的空气压力冲击波易振碎车窗玻璃,使旅客感到不适,甚至影响列车运行的平稳性,故高速线路的线间距较普通铁路有所增大。其大小取决于机车车辆幅宽、轨距、高速列车相遇产生的风压以及考虑将来铺设渡线道岔等条件。

（二）路肩宽度

路肩虽不直接承受列车荷载作用，但它对保证路基受力部分的稳固十分重要。路肩宽度选择应同时满足敷设接触网支柱，安放通信信号设备，埋设必要的线路标志，通行养路机具等要求。

路肩宽度取决于以下几个因素。

1. 路基稳定的需要，特别是浸水以后路堤边坡的稳定性

路堤浸水后，边坡部分土质会软化，在自重与列车荷载产生的振动加速度的共同作用下，容易发生边坡的浅层滑坡。路肩较宽时，即使发生浅层坍滑，也不会影响路堤承载部分，从而可不影响列车的正常通行。此外，路肩部分需考虑设置电杆、电缆槽位置，路堑地段则需考虑为边坡剥落物留有空地及开挖排水沟时不影响边坡稳定。

2. 满足养护维修的需要

高速铁路虽说是高标准、高质量的线路，但小型、紧急补修还是不可避免的，因此仍需考虑线路维修时搁置或推行小型养路机械所必需的路肩宽度。

3. 保证行人的安全，符合安全退避距离的要求

虽然高速铁路线路是全封闭的，运行期间人员不能进入线路范围，但世界各国依然考虑了行人的安全问题。

4. 为路堤压密与道床边坡坍落留有余地

路堤在建成以后会发生一些沉降，特别是高路堤、软弱地基路堤，即使施工质量很好也会有压密沉降。

我国京沪高速铁路路肩宽度亦根据所采用的机车外形、车辆幅宽、列车长度、行车速度等，参考其他国家的资料考虑上述要求后，提出路基两侧均为1.4m的标准。

（三）路基面宽度

1. 直线地段路基面宽度

直线地段路基面宽度按照以下各表采用：

(1) 常用客货共线非电气化铁路直线地段标准路基面宽度按照表7-16取值。

客货共线非电气化铁路直线地段标准路基面宽度　　　　表7-16

| 项目 | | 单位 | I级铁路 | | | | | | | | II级铁路 | |
|---|---|---|---|---|---|---|---|---|---|---|---|---|
| 设计速度 | | km/h | 200 | | 160 | | | 120 | | | ≤120 | |
| 双线线间距 | | m | 4.4 | | 4.2 | | | 4.0 | | | 4.0 | |
| 单线道床顶面宽度 | | m | 3.5 | | 3.4 | | | 3.4 | | | 3.4 | |
| 道床结构 | | 层 | 单 | 双 | 单 | 双 | | 单 | 双 | | 单 | 双 |
| 道床厚度 | | m | 0.35 | 0.30 | 0.50 | 0.35 | 0.30 | 0.50 | 0.35 | 0.30 | 0.45 | 0.30 |
| 路基路面宽度 | 单线 | m | 7.7 | 7.5 | 7.8 | 7.2 | 7.0 | 7.8 | 7.2 | 7.0 | 7.5 | 7.0 |
| | 双线 | m | 12.3 | 12.1 | 12.2 | 11.6 | 11.4 | 12.0 | 11.4 | 11.2 | 11.7 | 11.2 |

注：表中路基面宽度按照下列条件计算确定，如有变化，应计算调整路基宽度：

(1) 无缝线路轨道、60kg/m钢轨。

(2) I级铁路采用Ⅲ型混凝土枕木，II级铁路采用新Ⅱ型混凝土枕木。

(2)常用客货共线电气化铁路直线地段标准路基面宽度按照表7-17取值。

**客货共线电气化铁路直线地段标准路基面宽度**　　　　表7-17

| 项　目 | | 单位 | Ⅰ级铁路 | | | | | | | Ⅱ级铁路 | |
|---|---|---|---|---|---|---|---|---|---|---|---|
| 设计速度 | | km/h | 200 | | | 160 | | | 120 | ≤120 | |
| 双线线间距 | | m | 4.4 | | | 4.2 | | | 4.0 | 4.0 | |
| 单线道床顶面宽度 | | m | 3.5 | | | 3.4 | | | 3.4 | 3.4 | |
| 道床结构 | | 层 | 单 | 双 | | 单 | 双 | | 单 | 双 | 单 |
| 道床厚度 | | m | 0.35 | 0.30 | 0.50 | 0.35 | 0.30 | 0.50 | 0.35 | 0.30 | 0.45 | 0.30 |
| 路基路面宽度 | 单线 | m | 8.1(7.7) | 8.1(7.7) | 8.1(7.8) | 8.1(7.7) | 8.1(7.7) | 8.1(7.8) | 8.1(7.7) | 8.1(7.7) | 8.1(7.7) | 8.1(7.7) |
| | 双线 | m | 12.5(12.3) | 12.5(12.1) | 12.3(12.2) | 12.3(11.9) | 12.3(11.9) | 12.1(12.0) | 12.1(11.7) | 12.1(11.7) | 12.1(11.8) | 12.1(11.7) |

注：1.表中路基面宽度按照下列条件计算确定,如有变化,应计算调整路基宽度。
（1）路基面处接触网支柱内侧至线路中心的距离为3.1m。
（2）无缝线路轨道、60kg/m钢轨。
（3）Ⅰ级铁路采用Ⅲ型混凝土枕木,Ⅱ级铁路采用新Ⅱ型混凝土枕木。
2.括号外为采用横腹杆式接触网支柱时路基面宽度,括号内为采用环形等径支柱时路基面宽度。

(3)高速铁路标准路基面宽度按照表7-18取值。

**高速铁路标准路基面宽度**　　　　表7-18

| 项　目 | | 单位 | 有砟轨道 | | | 无砟轨道 | | |
|---|---|---|---|---|---|---|---|---|
| 设计速度 | | km/h | 350 | 300 | 250 | 350 | 300 | 250 |
| 双线线间距 | | m | 5.0 | 4.8 | 4.6 | 5.0 | 4.8 | 4.6 |
| 道床厚度 | | m | 0.35 | 0.35 | 0.35 | — | — | — |
| 路基路面宽度 | 单线 | m | 8.8 | 8.8 | 8.8 | 8.6 | 8.6 | 8.6 |
| | 双线 | m | 13.8 | 13.6 | 13.4 | 13.6 | 13.4 | 13.2 |

注：表中路基面宽度计算时按路肩设电缆槽考虑,如有变化,应计算调整路基面宽度。

(4)城际铁路直线段标准路基面宽度按照表7-19取值。

**城际铁路直线段标准路基面宽度**　　　　表7-19

| 项　目 | | | 单位 | 有砟轨道 | | | | | | 无砟轨道 | | |
|---|---|---|---|---|---|---|---|---|---|---|---|---|
| 设计速度 | | | km/h | 200 | | 160 | | 120 | | 200 | 160 | 120 |
| 双线线间距 | | | m | 4.2 | | 4.0 | | 4.0 | | 4.2 | 4.0 | 4.0 |
| 道床结构 | | | 层 | 单 | 双 | 单 | 双 | 单 | 双 | — | — | — |
| 道床厚度 | | | m | 0.30 | 0.35 | 0.30 | 0.50 | 0.30 | 0.45 | — | — | — |
| 路基路面宽度 | 单线 | 路肩不设电缆槽 | m | 7.3 | 7.3 | 7.3 | 7.8 | 7.3 | 7.6 | 6.1 | 6.1 | 6.1 |
| | | 路肩设电缆槽 | m | 7.3 | 7.3 | 7.3 | 7.8 | 7.3 | 7.6 | 6.1 | 6.1 | 6.1 |
| | 双线 | 路肩不设电缆槽 | m | 11.5 | 11.7 | 11.3 | 12.0 | 11.3 | 11.8 | 10.3 | 10.1 | 10.1 |
| | | 路肩设电缆槽 | m | 13.0 | 13.0 | 12.8 | 12.8 | 12.8 | 12.8 | 11.8 | 11.6 | 11.6 |

注：表中数值是按路基面处接触网支柱内侧至线路中心的距离,有砟轨道为3.1m、无砟轨道为2.5m计算的,如有变化,应计算调整路基面宽度。

(5) 重载铁路直线段标准路基面宽度按照表 7-20 取值。

**重载铁路直线段标准路基面宽度** 表 7-20

| 项 目 | | | 单 位 | 有 砟 轨 道 | | | |
|---|---|---|---|---|---|---|---|
| 双线线间距 | | | m | 4.0 | | | |
| 道床结构 | | | 层 | 单 | | 双 | |
| 道床厚度 | | | m | 0.35 | 0.30 | 0.55 | 0.50 |
| 路基路面宽度 | 单线 | 路堤 | m | 8.1 | 8.1 | 8.5 | 8.3 |
| | | 路堑 | m | 8.1 | 8.1 | 8.1 | 8.1 |
| | 双线 | 路堤 | m | 12.1 | 12.1 | 12.7 | 12.5 |
| | | 路堑 | m | 12.1 | 12.1 | 12.3 | 12.1 |

注：表中数值是按路基面处接触网支柱内侧至线路中心的距离，有砟轨道为 3.1m 计算的，如有变化，应计算调整路基面宽度。

**2. 曲线地段路基面加宽值**

曲线地段路基面加宽值应在曲线外侧加宽。曲线加宽值应在缓和曲线内渐变。

(1) 客货共线铁路曲线地段路基面加宽按照表 7-21 取值。

**客货共线铁路曲线地段路基面加宽值** 表 7-21

| 铁 路 等 级 | 设计速度(km/h) | 曲线半径 $R$(m) | 路基面外侧加宽值(m) |
|---|---|---|---|
| Ⅰ级铁路 | 200 | $2800 \leqslant R < 3500$ | 0.4 |
| | | $3500 \leqslant R \leqslant 6000$ | 0.3 |
| | | $R > 6000$ | 0.2 |
| | 160 | $1600 \leqslant R \leqslant 2000$ | 0.4 |
| | | $2000 < R < 3000$ | 0.3 |
| | | $3000 \leqslant R < 10000$ | 0.2 |
| | | $R \geqslant 10000$ | 0.1 |
| | 120 | $800 \leqslant R < 1200$ | 0.4 |
| | | $1200 \leqslant R < 1600$ | 0.3 |
| | | $1600 \leqslant R < 5000$ | 0.2 |
| | | $R \geqslant 5000$ | 0.1 |
| Ⅱ级铁路 | 120 | $800 \leqslant R < 1200$ | 0.4 |
| | | $1200 \leqslant R < 1600$ | 0.3 |
| | | $1600 \leqslant R < 5000$ | 0.2 |
| | | $R \geqslant 5000$ | 0.1 |

(2)有砟轨道高速铁路曲线地段路基面加宽按照表 7-22 取值。

有砟轨道高速铁路曲线地段路基面加宽值　　　表 7-22

| 设计速度(km/h) | 曲线半径 R(m) | 路基面外侧加宽值(m) |
|---|---|---|
| 250 | R < 4000 | 0.6 |
| | 4000 ≤ R < 5000 | 0.5 |
| | 5000 ≤ R < 7000 | 0.4 |
| | 7000 ≤ R < 10000 | 0.3 |
| | R ≥ 10000 | 0.2 |
| 300 | R < 5000 | 0.6 |
| | 5000 ≤ R < 7000 | 0.5 |
| | 7000 ≤ R < 9000 | 0.4 |
| | 9000 ≤ R < 14000 | 0.3 |
| | R ≥ 14000 | 0.2 |
| 350 | R < 6000 | 0.6 |
| | 6000 ≤ R < 9000 | 0.5 |
| | 9000 ≤ R < 12000 | 0.4 |
| | R ≥ 12000 | 0.3 |

(3)有砟轨道城际铁路曲线地段路基面加宽按照表 7-23 取值。

有砟轨道城际铁路曲线地段路基面加宽值　　　表 7-23

| 设计速度(km/h) | 曲线半径 R(m) | 路基面外侧加宽值(m) |
|---|---|---|
| 200 | R < 3100 | 0.5 |
| | 3100 ≤ R < 4000 | 0.4 |
| | 4000 ≤ R < 6000 | 0.3 |
| | 6000 ≤ R < 10000 | 0.2 |
| | R ≥ 10000 | 0.1 |
| 160 | R < 1900 | 0.5 |
| | 1900 ≤ R < 2700 | 0.4 |
| | 2700 ≤ R < 3800 | 0.3 |
| | 3800 ≤ R < 7500 | 0.2 |
| | R ≥ 7500 | 0.1 |
| 120 | R < 1200 | 0.5 |
| | 1200 ≤ R < 1500 | 0.4 |
| | 1500 ≤ R < 2200 | 0.3 |
| | 2200 ≤ R < 5000 | 0.2 |
| | R ≥ 5000 | 0.1 |

(4) 重载铁路曲线地段路基面加宽按照表 7-24 取值。

重载铁路曲线地段路基面加宽值　　　　　　表 7-24

| 曲线半径 R(m) | 路基面外侧加宽值(m) | 曲线半径 R(m) | 路基面外侧加宽值(m) |
| --- | --- | --- | --- |
| 600≤R<800 | 0.5 | 1600≤R<5000 | 0.2 |
| 800≤R<1200 | 0.4 | R≥5000 | 0.1 |
| 1200≤R<1600 | 0.3 | — | — |

(四) 高速铁路路基标准横断面图

高速铁路路基标准横断面如图 7-25 ~ 图 7-30 所示。

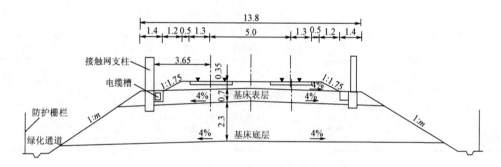

图 7-25　高速铁路双线路堤标准横断面(尺寸单位:m)

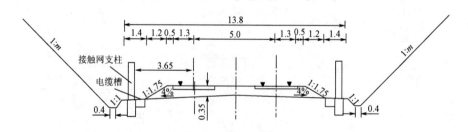

图 7-26　高速铁路双线路堤(硬质岩石)标准横断面(尺寸单位:m)

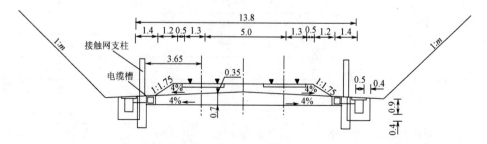

图 7-27　高速铁路双线路堑(软石、风化层、土质)标准横断面(尺寸单位:m)

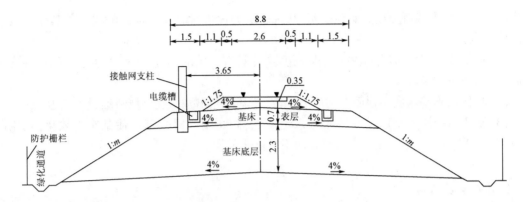

图 7-28 高速铁路单线路堤标准横断面(尺寸单位:m)

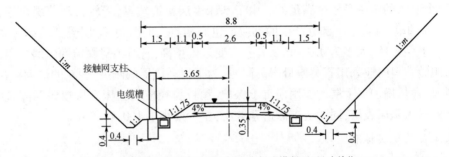

图 7-29 高速铁路单线路堑(硬质岩石)标准横断面(尺寸单位:m)

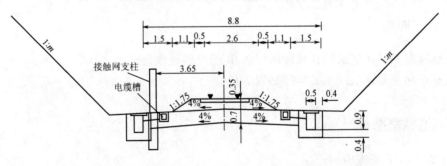

图 7-30 高速铁路单线路堑(软石、风化层、土质)标准横断面(尺寸单位:m)

# 三、高速铁路路基基床

(一)高速铁路路基基床结构

一般情况,高速铁路路基基床是由基床表层和底层组成的两层结构。我国的京沪高速铁路路基基床采用两层结构。

(二)基床表层

1. 基床表层的作用

基床表层是铁路路基最重要的组成部分,它直接承受列车荷载,是轨道的直接基础,常被

称为路基的承载层或持力层。实践表明,基床表层的优劣对轨道变形影响很大。其作用大致有以下几点:

(1)增加线路强度,使路基更加坚固、稳定,并具有一定的刚度,使列车通过时的弹性变形控制在一定范围之内。

(2)将作用到基床底层顶面上动应力扩散,使其不超出基床底层填料临界动应力。

(3)防止道砟压入基床及基床土进入道砟层;防止雨水浸入基床使基床土软化,发生翻浆、冒泥等基床病害,并保证基床肩部表面不被雨水冲刷。

(4)防冻等。

**2. 基床表层结构**

高速铁路路基基床表层一般由两层结构组成。上层大多要求填料变形模量大,渗透系数小,但这两个要求的统一是较难满足的。由于基床表层接近轨道,受较大动荷载作用,即使在厚度不足1m的范围内,上下部分产生的动应变也有相当大的差距,上层受到的动应变比下层要大得多。上层较薄,大多为0.2~0.3m,要求变形模量高,有时还对颗粒的耐磨性提出要求,因此在选用砂石料时应采用石英质母岩。同时,为了提高该层的刚度,颗粒的最大粒径可适当提高,粗颗粒含量增加。下层的作用偏重于保护,颗粒粒径应与基床底层填料匹配,使基床底层填料不能进入基床表层,同时要求渗透系数小,至少要小于$1.0 \sim 4.0 \text{m/s}$。

**3. 基床表层压实标准**

高速铁路路基基床表层的压实标准见表7-14。

(三)基床底层

高速铁路路基基床底层填料只能使用A、B组填料或改良土。

高速铁路路基基床底层压实标准见表7-15。

## 四、高速铁路路堤

(一)基床以下路堤填料要求

高速铁路基床以下路堤填料应满足下列三个基本要求:①在列车和路堤自重荷载作用下,路堤能保持长期稳定;②路堤本体的压缩沉降能很快完成;③其力学特性不会受其他因素(水、温度、地震)影响而发生不利于路堤稳定的变化。因此,只要土质经过处理后能满足上述要求,就可以用作基床以下路堤填料。

对于高速铁路而言,使用的填料应该是最好的。这样既可以减少工后沉降,又可以有较高的安全储备以保证路堤的稳定,并保证不产生病害。因此,首先应该采用现行《铁路路基设计规范》(TB 10001—2016)所要求的优质填料。

(二)基床以下路堤填料的压实标准

室内试验结果表明,填土的压实系数除与路堤的自然压缩量关系密切外,还与填土的水稳性有关。为了保持高速铁路路基的变形稳定性,提高碾压压实度是非常必要的。

1. 路堤高度大于 3.0m

路堤高度大于 3.0m 时,我国高速铁路路堤(基床以下)填料压实标准质量要求见表 7-5。

2. 路堤高度小于 3.0m

高度小于 3.0m 的路堤,其基床应满足现行《铁路路基设计规范》(TB 10001—2016)的要求,不能满足时应采取地基加固处理等措施。

(三) 高速铁路路堤边坡

路堤边坡坡度取决于填土的性质和所处的环境,如抗震、防洪等。根据我国目前积累的经验,只要地基稳定,填土碾压质量符合设计要求,按现行规范确定的路基边坡坡度是稳定的。

高速铁路路堤一般均采用较好的填料,因此世界各国的边坡坡度基本上都相当接近;考虑到高速铁路运营的安全性,为进一步提高路堤安全储备,京沪高速铁路路堤边坡坡度采用表 7-25 的数值。

中国高速铁路路堤边坡坡度　　　　表 7-25

| 填料种类 | 边坡高度(m) | 边坡坡度 | 附　注 |
| --- | --- | --- | --- |
| 细粒土 | 0~8 | 1:1.5 | 超过 12m 于 12m 处边坡平台,平台宽 2.0m。平台以下边坡坡度为 1:2.0 |
|  | 8~12 | 1:1.75 |  |
| 碎石土、卵石土、粗粒土<br>(细砂、粉砂、黏砂除外) | 0~12 | 1:1.5 | 超过 20m 于 20m 处边坡平台,平台宽 2.0m。平台以下边坡坡度为 1:2.0 |
|  | 12~20 | 1:1.75 |  |

1. 路基面宽度取决于哪些因素?
2. 路基基床要求有哪些?
3. 路基边坡的稳定性取决于哪些因素?
4. 简述路基地面排水的类型、作用及适用条件。
5. 简述路基地下排水的类型、作用及适用条件。
6. 简述路基防护的类型、作用及适用条件。
7. 软土地基加固方法有哪些?
8. 试简述软土地区路堤施工观测的意义及内容。
9. 膨胀土路基的主要病害有哪些?
10. 简述滑坡的危害及主要治理措施。
11. 简述高速铁路基床表层的作用。
12. 简述高速铁路基床表层、基床底层和路堤填料的压实标准。

# 第八章
## CHAPTER EIGHT
# 铁路路基施工方法

在铁路线路施工中,路基土石方工程量大、分布不均匀,它不仅与路基工程相关的路基排水、防护与加固等设施相互制约,而且与桥涵、隧道及附属设施相互交错;路基工程的项目较多,如土方、石方及圬工砌体等,在施工方法与技术操作方面各具特点。因此,路基施工在质量标准、技术操作、施工管理等方面具有特殊性。

## 第一节 路基施工的准备工作

路基施工按批准施工设计文件进行。施工单位在路基施工前应做好各项准备工作。施工准备工作内容较多,大致归纳为组织准备、技术准备和物质准备三个方面。

### 一、组织准备

组织准备,主要是建立和健全施工队伍和管理机构,明确施工任务,制定必要的规章制度,确定施工所应达到的目标等。

### 二、物质准备

物质准备,主要包括各种材料与机具设备的购置、采集、加工、调运与储存,以及生活后勤供应等。物质准备工作,必须制订具体计划,如劳动力调配、机具配置及主要材料供应计划,必须服从于保证施工组织计划的顺利实施,常被列为施工组织计划的一个组成部分。

### 三、技术准备

技术准备工作包括以下各项内容。

1. 熟悉设计文件及其工程情况

施工前应取得的文件有:线路平、纵断面图、线路测量控制桩表、水准基点表、断链表、曲线表、线路设计说明书、全线地质资料和水文资料,路基横断面图、路基防护与加固段表、路基说明书以及桥涵表、隧道表等。路基工程施工是线路施工的一部分,所以,路基施工计划纳入全线工程总计划,与其他工程相互协调进行,如明确桥隧分界点、路基土石方工程与桥隧工程的配合等。

2. 现场校核及编制施工计划

现场核查工作有以下几项:

(1)接桩。设计单位现场交桩时,施工单位应核对定测时所打的各种指导施工的测量桩,如导线桩、水准点桩、中桩、边桩、缓和曲线起讫点等,并按施工需要增设控制桩和护桩。

(2)施工复测和断面测量。施工单位接桩后,要组织力量对线路中线、高程、水准点进行贯通复测,视施工需要增补水准点、控制桩,并对路基横断面进行测量放样,放出边桩和方向桩,同时以此作为核实工程量的依据。

(3)核对全线各段地质、水文资料,调查交通道路情况,借土和弃土地点,建筑材料供应条件,并根据各段的工程需要设立基地。基地应设工作人员工作、食宿用房,材料库房,工程机械保养基地,提供水电供应、临时交通道路、通信设施等。

主管部门还应办妥路基用地、施工临时用地、建筑物拆迁、用电迁改、树木砍伐和青苗赔偿等手续。

(4)编制施工计划。根据现场地形、地质条件、土石方数量、运距等,结合工期要求,劳动力及施工机具配备,进行施工方法选择和土石方调配,据以编制施工计划(也可称为施工组织设计)。

3. 施工技术交底

施工前应向所有参加施工人员逐级做详细的技术交底,这是保证施工顺利进行,保证施工质量和安全的重要措施。主要内容有施工方法、施工程序、保证质量和安全的措施、法规等。

4. 土工试验及碾压试验

取土位置确定以后,工地试验室应及时按规定对不同土质现场取样,进行各项土工试验,以检定粒组、最佳含水率、最大干重度等,并确定填土种类。

施工单位在正式施工前,应编制碾压计划,对不同土层填料现场进行碾压工艺试验,取得填铺厚度、碾压方式、遍数等施工控制参数以指导后续施工。

5. 防排水设施及施工防护

施工单位为了防止水对路基的侵害,影响施工,必须在开挖前做好截水沟、排水沟、等防排设施。有泉眼露出时,应按设计要求进行处理。

当路基工程中需采用爆破施工方法时,应将爆破中有飞石危害的区域划为防护区,准备防护用物资,并对爆炸品的储存、运输做安全安排。

在既有线扩建工程中,更应重视施工作业对既有线运营的影响,应采取必要的预防措施。

## 第二节 路堤施工

路堤施工工艺是一种以工序管理为中心,以工序质量保工程质量,以工作质量保工序质量的全面质量管理方法。

按照系统分析原理,路基填筑压实工艺应划分为三阶段、四区段、八流程。

三阶段:施工准备阶段、施工阶段、整修验收阶段。

四区段:填筑区、平整区、碾压区、检测区。

八流程:施工准备→基底处理→分层填筑→摊铺平整→洒水晾晒→碾压夯实→检验签证→路基整修。

各区段或流程内只允许进行该段和流程的作业,不允许几种作业交叉进行。

每个区段的长度应根据使用机械的能力、台车数量确定。为了保证机械有足够的安全作业场地,每区段长度不得小于40m。长度不够或因桥涵隔断不连续时,也应按四个区段程序安排施工。分段工作由主管技术人员、队长、领工员在现场确定。

### 一、基床以下填土路堤的填筑工艺

填土路堤包括填砂卵石(粗粒土)及填黏性土(细粒土)。填筑压实工艺流程如图8-1所示。

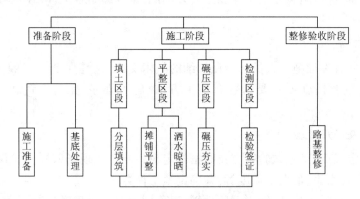

图 8-1 基床以下填土路堤填筑施工工艺

**1. 施工准备**

测量放线,组织有关人员学习设计文件,及设计和施工技术规范,根据填料和施工机械编制施工组织,建立土工试验室,做相关土工试验,准备好现场质量测试仪器设备。

**2. 基底处理**

路基基底应根据施工时的地面和土质的实际条件,按设计文件要求进行处理。

(1)拆迁地面建筑物,砍伐地面种植附着物,清除地面植被,挖除树根。

(2)对于路堤高度大于基床厚度,且原地面横坡缓于1:10的地段。一般经预压后可直接填筑在天然地面上。原地面横坡陡于 1:1 的地段,应先开挖搭接平台,进行台阶处理,搭接平台的宽度不小于 2m,然后进行基底平整和碾压,并根据不同的地表土用不同的试验方法进行基底试验,经检测合格后方能填土。

(3)对于高度小于基床厚度的低路堤,为了保证基床质量,在基床厚度范围内应无软弱土夹层,否则应采取地基改良和加固措施。

(4)如地基表层为软弱土层,应根据软弱土层的性质、厚度、含水率、地表积水深度等,采取排水疏干、挖除换填、抛填片石或填砂砾石等地基加固措施,以保证基底稳固。

(5)基底压实度检查。先使用核子密度仪检验压实系数,再使用 $K_{30}$ 荷载板检验地基系数,最后经技术人员会同监理工程师现场检查核实并签认。

(6)在分层填筑前,应依据技术标准、压实机械性能、填料土质类别,先做填土压实试验段。试验段长度为 100~200m,宽度至少为压路机宽度的 3 倍。压路机走行 3 行,相邻两行中重叠至少 0.3m,3 行碾压相同遍数。

3. 分层填筑

(1)路堤填筑应采取横断面全宽、纵向水平分层填筑压实的方法。当原地面高低不平时,应先从最低处分层填筑,由两边向中心填筑。为保证路堤全断面的压实一致,确保边坡压实质量,边坡两侧各超填 0.4~0.5m,竣工时刷坡整平。

(2)运距在 100~400m 时,使用履带式拖式铲运机运输;运距在 400~500m 时,使用轮式自动铲运机运输;运距在 5000m 以上时,使用汽车配合挖掘机或装载机装运。

(3)根据填土高度及由试验段确定的分层厚度及压实参数,由主管技术人员计算出计划分层数、压路机走行速度、碾压遍数,并绘出分层施工图,向队长、领工员、班长、指挥卸土人员、压路机驾驶员进行书面技术交底。队长、领工员必须认真控制铺土厚度,并配合机械随时调整厚度。

(4)为节省摊铺平整时间,在运送填料时,要控制倒土密度。铲运机应按要求厚度卸铺均匀,一次到位。采用自卸车倒土时,根据车容量计算堆土间距,以便平整时控制各层厚度均匀。

(5)用不同填料填筑路堤时,各种填料不得混杂填筑。

4. 摊铺平整

(1)填筑区段完成一层卸土后,要用推土机进行初平,再用平地机进行终平,做到填铺面在纵向和横向平顺均匀,控制层面无显著的局部凹凸,以保证压路机压轮表面能基本均匀地接触地面进行碾压,达到碾压效果。

(2)对于渗水填料,平整面再做成向两侧 4% 的横向排水坡。为有效控制每层虚铺厚度,初平时应用水平仪控制每层的松铺厚度。在摊铺的同时,应对路肩进行初步压实,并保证压路机压到路肩时不致发生滑坡。

5. 洒水晾晒

(1)细粒土和粉砂、黏砂土填料碾压前应控制其含水率在由试验区段压实工艺确定的施工允许的含水率范围内。

(2)当填料含水率较低时,应及时采用洒水措施,洒水可采用取土场内提前洒水闷湿和路堤内洒水搅拌两种方法。当含水率过大时,可采用取土场内挖沟拉槽降低水位和用推土机松土器拉松晾晒相结合的方法,或将填料运至路堤摊铺晾晒。

6. 碾压夯实

（1）碾压前应向压路机驾驶员进行技术交底，其内容包括碾压起讫范围、压实遍数、压实速度等。

（2）根据填料的不同和路堤的不同部位，不许采用大吨位重型振动压路机进行压实。压实顺序应按先两侧后中间、先慢后快、先静压后振动压的操作程序进行碾压。各区段交接处应互相重叠压实，纵向搭接长度不小于 2m，沿线路纵向行与行之间压实重叠应在 0.4m 以上。

（3）非绿化区边坡压实采用挖掘机改装的压实设备或其他边坡压实机具进行边坡压实，对于设计有绿化要求的坡面采用人工夯拍与种植植被相结合的方法进行。

7. 检验签证

（1）试验人员在取样或测试前必须检查填料是否符合要求，碾压区段是否压实均匀，填筑层厚是否超过规定厚度。填料击实试验采用重型击实标准，操作规程按照现行《铁路工程土工试验规程》（TB 10102—2010）执行。土样发生变化时必须做击实试验。土样没有发生变化，当填筑体积达到 5000m³ 时，需重新做压实试验。

（2）路基填土压实的质量检测应随分层填筑碾压施工分层检测。在填料质量、填筑厚度、填层面纵横方向平整均匀度等符合规定标准的基础上，进行压实系数或地基系数的测定。试验方法及频度按照有关规定要求。凡没有达到标准者，不予签证，下达质量不合格通知单，要求重新压实，直到合格为止。

8. 路基整修

（1）路堤按设计高程填筑完成后，进行平整和测量。恢复中线，每 20m 设一桩，进行水平高程测量，计算平整高度，施放路肩边桩，修筑路拱，并用平碾压路机碾压一遍，使路面光洁无浮土，横向排水坡符合要求。

（2）自检测量。

（3）对于细粒土边坡，依据路肩边线桩，用人工按设计坡率挂线刷去超填部分，进行整修拍实。整修后的边坡应达到转折处棱线明显，直线处平直，变化处要顺。边坡刷去超填部分后应作为一个流程进行整修夯实，做到坡面平顺没有凹凸，压实密度合格。

## 二、基床以下填石路堤的施工工艺

基床以下路堤可用合格的石砟料分层填筑压实，填石路基填料应按规定要求进行鉴别和试验，一般应采用级配较好的硬质岩块，严重风化的软岩不得用于路基填筑，易风化的岩块不得用于路堤浸水部分。每层石砟料虚铺厚度不大于 0.8m，其中块石最大尺寸不得大于 0.3m，不同尺寸的石砟填料按级配填筑。石砟料压实应采用振动碾压实，并通过现场试验确定现场压实参数。

基床以下填石路基压实工艺流程可分为三个阶段、四个主要区段、八个主要工艺流程，如图 8-2 所示。

（一）准备阶段

1. 施工准备

测量放线，组织有关人员学习设计文件、设计和施工技术规范，根据填料和施工机械编制施工组织,建立土工试验室,做相关土工试验,准备好现场质量测试仪器设备。

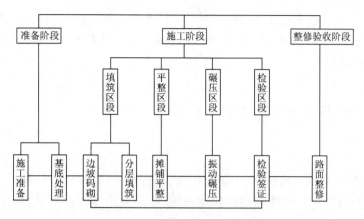

图 8-2　基床以下填石路堤填筑工艺流程

**2. 基底处理**

同基床以下填土路堤。

(二) 施工阶段

**1. 边坡码砌**

边坡码砌与填筑石砟同时进行,以保证靠近边坡的填料碾压密度。到填筑第二层时进度应超前,每层边坡码砌要在碾压前完成。码砌边坡的路基每侧加宽 0.2m,码砌后的边坡坡率应符合设计要求,坡面为大致平整或有规则的台阶,如图 8-3 所示。

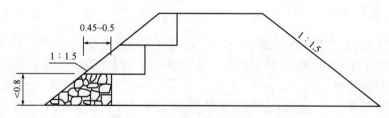

图 8-3　边坡码砌示意图(尺寸单位:m)

**2. 分层填筑**

填筑时,应采用按横断面全宽纵向分层填筑压实。半填半挖地段不得将爆破的岩块直接横向倾填,亦应按照纵向分层填筑压实方法施工。每层填料应用不同粒径的岩块混合填筑,必须严格控制填筑厚度,填筑时对大于 0.3m 的块石要改小或清除出去,并避免大块集中造成孔洞。填筑时,应安排好运行路线,专人指挥卸砟,水平分层填筑,先低后高,先两侧后中央。

**3. 摊铺平整**

整平石砟料是保证压实效果的重要环节,整平要注意使路基在纵向和横向的填筑比较均匀。整平一般使用推土机初步推平,岩块之间无明显的高差,大石块要解体,然后再用平整机摊铺平整,在每层的表面填筑厚 10cm 左右的砾石或粒径不大于 10cm 的碎石,达到层面基本平整,无孤石突出,以保证碾压密实。

### 4. 振动碾压

压实功能及压实方法是压实效果的主要影响因素。采用重型压实机械,碾压先从路两侧向中间逐步展开,碾平时行与行之间要有1/3的重叠量(0.4~0.5m),两个填筑段之间要保证有1~1.5m的重叠量。

### 5. 检验签证

质量检验包括填料、填筑厚度、平整度、$K_{30}$值。

## (三)整修验收阶段

路堤按设计高程填筑完成后,应先恢复中线,进行水平高程测量,计算平整高度,整理整修资料。路面经整修后,用平碾压路机碾压一遍,使路面平顺无浮石,横向排水坡符合设计要求。

# 第三节 路堑施工

## 一、土方路堑的开挖

### (一)土方开挖要求

(1)对适用于种植草皮和其他用途的表土,应储存于指定地点。

(2)对开挖出的各种土方,应尽可能用于路堤填筑。不同种类的土方不应混杂,不适宜填筑的土方应按规定处理。

①在开挖路堑前,应提出弃土的施工方案,报有关单位批准后实施(该方案包括弃土的方式、调运方案、弃土的位置、弃土形式、坡角加固处理方案、排水系统的布置及计划安排等)。方案改变时,应报批准单位复查。

②弃土堆的边坡不应陡于1:1.5,顶面向外应设不小于2%的横坡,其高度不应大于3m。路堑旁的弃土堆,其内侧坡脚与路堑顶之间的距离,对于干燥硬土,不应小于3m;对于软湿土,不应小于路堑深度加5m。

③在山坡上侧的弃土堆应连续,并在弃土堆前设截水沟;山坡下面的弃土堆应每隔50~100m设不小于1m的缺口排水,弃土堆坡脚应进行防护加固。

④严禁在岩溶漏斗处、暗河口处、靠近桥墩台处弃土。

(3)不论开挖工程量和开挖深度大小,土方开挖均应自上而下进行,不得乱挖超挖,严禁掏洞取土。在不影响边坡稳定的情况下采用爆破施工时,应经过设计单位批准。

(4)路堑开挖中,如遇土质变化需要修改施工方案及边坡坡度时,应及时报批。

(二)土方路堑开挖

1. 横挖法

依路堑整个横断面的宽度和深度,从一端或两端逐渐向前开挖的方式称为横挖法,如图8-4所示。横挖法适用于短而深的路堑。

(1)用人力按横挖法挖路堑时,可在不同高度处分几层台阶开挖。台阶高度宜为1.5~2.0m。无论是从两端一次横挖到路基高程还是分台阶横挖,均应设单独的运土通道及临时排水沟。

(2)用机械按横挖法挖路堑且弃土(或以挖作填)运距较远时,宜用挖掘机配合自卸汽车进行。每层台阶高度可增加到3~4m。其余要求与人力开挖路堑相同。

(3)路堑横挖法开挖路堑也可用推土机进行。若弃土或已挖作填土,运距超过推土机的经济运距时,可用推土机推土堆积,再用装载机配合自卸汽车运土。

(4)机械开挖路堑时,边坡应配以平地机或人工分层修刮平整。

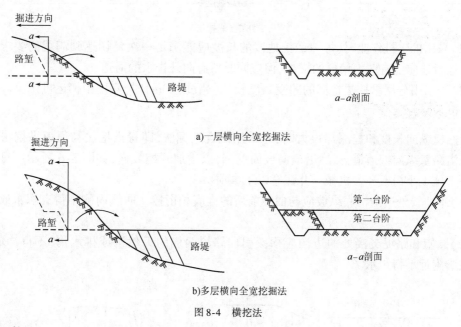

a)一层横向全宽挖掘法

b)多层横向全宽挖掘法

图8-4 横挖法

2. 纵挖法

沿路堑全宽以深度不大的纵向分层挖掘的方法称为分层纵挖法,如图8-5a)所示。分层纵挖法适用于较长的路堑开挖。

先沿路堑纵向挖掘一通道,然后将通道向两侧拓宽,上层通道拓宽至路堑边坡后,再开挖下层通道,如此向纵深开挖至路基高程的方法称为通道纵挖法,如图8-5b)所示。通道纵挖法适用于路堑较长、较深,两端地面纵坡较小的路堑开挖。

沿路堑纵向选择一个或几个适宜处,将较薄一侧堑壁横向挖穿,使路堑分为两段或数段,各段再沿纵向开挖的方法称为分段纵挖法,如图8-5c)所示。分段纵挖法适用于路堑较长,弃土运距过远的傍山路堑,且其一侧路堑不厚的路堑开挖。

(1)当采用分层纵挖法挖掘的路堑长度较短(不超过100m),开挖深度不大于3m,地面坡度较陡时,宜采用推土机作业。

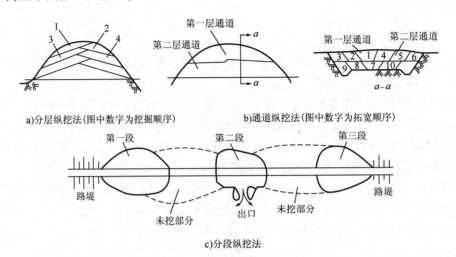

图 8-5　纵挖法

(2)采用推土机作业时,每一铲挖地段的长度应能满足一次铲切达到满载的要求。傍山卸土的运行道应设有向内稍低的横坡,但应同时留有向外排水的通道。

(3)当采用分层纵挖法挖掘的路堑长度较长(超过100m)时,宜使用铲运机作业。

3.混合挖掘法

当路堑纵向长度和挖深都很大时,宜采用混合挖掘法,即将横挖法与通道纵挖法混合使用。先沿路堑纵向挖通道,然后沿横向坡面挖掘,以增加开挖坡面,如图8-6所示。每一坡面应设一个施工小组或一台机械。并注意以下事项:

(1)平曲线外边沟沟底纵坡应与曲线前后的沟底相衔接。曲线内侧不得有积水或外溢现象发生。

(2)路堑和路堤交接处的边沟应徐缓引向路堤两侧的天然沟或排水沟,不得冲刷路堤。路基坡脚附近不得积水。

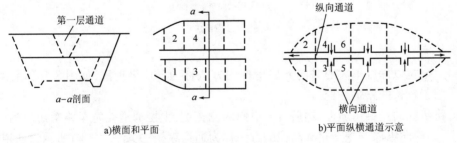

图 8-6　混合挖掘法

注:箭头表示运土及排水方向,数字表示工作面号数。

4.截水排水设施施工要求

(1)所有排水沟渠应从下游出口向上游开挖。

(2)沟基稳固,严禁将排水沟挖筑在未加处理的弃土上。

(3)沟形整齐,沟坡、沟底平顺,沟内无浮土及杂物。

(4)沟水排泄不得对路基产生危害。

(5)截水沟的弃土应用于在路堑与截水沟间筑土台,并分层压实(夯实),筑土台顶设2%倾向截水沟的横坡,筑土台边缘坡脚距路堑顶的距离不应小于设计规定。

### 二、石方路堑的开挖

石方应根据岩石的类别、风化程度和节理发育程度等确定其开挖方式。对于软石和强风化石,能用机械直接开挖的均应采用机械开挖。凡不能采用机械或人工直接开挖的石方,都应采用爆破方法开挖。

石方需用爆破法开挖的路段,如空中有缆线,应查明其平面位置和高度,还应调查地下有无管线,若有则应查明其平面位置和埋设深度,同时应调查开挖边界线外的建筑物结构类型、完好程度、距开挖界距离,然后制订爆破方案。任何爆破方案的制订,都必须确保空中缆线、地下管线和施工区边界外的建筑物的安全。爆破法开挖石方应按以下程序进行:施爆区管线调查→炮位设计与设计审批→配备专业施爆人员→机械或人工清除爆破区覆盖层和强风化岩石→钻孔→爆破器材检查与试验→炮孔(或坑道、药室)检查与废渣清除→装药与安装引爆器材→布置安全岗和施爆区安全员→炮孔堵塞→撤离施爆区和飞石、强地震波影响区内的人、畜→起爆清除瞎炮→解除警戒→测定爆破效果(包括飞石、地震波对施爆压内外构造物造成的损伤及损失)。

石方开挖应充分重视挖方边坡的稳定,宜选用中小炮爆破;开挖风化较严重、节理发育或岩层产状对边坡稳定不利的石方时,宜用小型排炮微差爆破,小型排炮药室距设计坡线的水平距离不应小于炮孔间距的1/2。当岩层走向与路线走向基本一致,倾角大于15°,且倾向铁路侧或者开挖边界线外有建筑物,施爆可能对建筑物地基造成影响时,应在开挖层边界沿设计坡面打预裂孔,孔深同炮孔深度,孔内不装炸药和其他爆破材料,孔的距离不宜大于炮孔纵向间距的1/2。开挖层靠边坡的两列炮孔,特别是靠顺层边坡的一列炮孔,宜采用减弱松动爆破。

开挖边坡外有必须保证安全的建筑物,即使采用减弱松动爆破都无法保证建筑物安全时,可采用人工开凿、化学爆破或控制爆破。

(一)爆破前的准备工作

1. 导洞和药室验收

导洞和药室的几何尺寸应符合设计要求;清除危石和残存石砟,引流裂隙水。

2. 装药

装药时间应尽可能短,以避免炸药受潮。装药自下而上、自里向外逐层码砌平稳、密实。起爆体应平稳安放在设计位置。药包要坚固牢靠,下部药包要能承受上部药包的压力。装药不得在雨雪、大风、雷电、浓雾天气和黑夜进行。起爆体装入药室后,应拆除洞内及洞口一切电源电线,改用绝缘电筒或其他安全照明。

3. 导洞和竖井堵塞

堵塞前,应对装药质量进行检查,并用木槽、竹筒或其他材料保护电爆缆线;在药室外侧砌一道石墙,石墙外 2~3m 一段或洞深至药室拐弯一段用黏土填塞夯实,其余部分用土石分层填塞紧密。堵塞长度应符合设计要求。洞口部分除设计另有规定外,应再砌一道石墙,并用黏土封紧。

竖井和平洞的堵塞材料可就地取材,分层回填至原地面,平洞堵塞长度不应小于最小抵抗线。堵塞过程中,对电爆线路应注意保护,并派专人经常检查、维护,不得损坏。

4. 起爆线路的敷设

敷设线路前,非接线人员和设备应撤至安全地点,并在爆破影响区外设警戒,禁止人、畜进入影响区,截断场内一切设备的电源。然后从药室开始,逐渐向主线和电源方向连接,禁止先接电源和供电设备,并禁止在雷雨天或黑夜进行。接线前,应仔细检查每一个导洞的线路电阻。发现误差超过10%或不能通电时,应查明原因,排除故障。对可疑线路和起爆体应更换。

为保证能安全起爆,可设置必要的复线做起爆线路。接线时,所有接头要求清洁、接触良好,并用绝缘胶布包好扎牢,以保证电阻稳定,电流正常。

(二) 爆破

施爆前,应规定醒目、清晰的爆破信号,并发布通告,及时疏散危险区内的人员、牲畜、设备及车辆等。对不能撤离的建筑物应采取保护、加固措施,并在危险区周围设警戒。起爆前15min,由总指挥发布起爆准备命令,爆破站做最后一次验收检查和安全检查。如无新情况发生,在接到指挥长命令后立即合闸施爆。起爆后应立即拉闸断电。起爆后15min,由指定爆破专业人员进入爆破区内进行安全检查,确认无拒爆现象和其他问题后,方能解除警戒。

(三) 瞎炮处理

爆破后如有瞎炮,应由原施工人员参加处理,采取安全措施排除。对于大爆破,应找出线头接上电源重新起爆,或者沿导洞小心掏出堵塞物,取出起爆体,用水灌进药室使炸药失效,然后清除。对于中小型爆破,可在距瞎炮最近距离不小于0.6m处另行打眼爆破。当炮眼不深时,也可用裸露药包爆破。

(四) 石质路堑边坡清理及基床检验要求

(1) 石质挖方边坡应顺直、圆滑、大面平整。边坡上下不得有松石、危石。凸出于设计边坡线的石块,其凸出尺寸不应大于20cm,超爆凹进尺寸也不应大于20cm。对于软质岩石,凸出及凹进尺寸均不应大于10cm,否则应进行处理。

(2) 挖方边坡应从开挖面往下分级清刷边坡。下挖2~3m时,应对新开挖边坡进行清刷。对于软质岩石边坡可用人工或机械清刷;对于坚石或次坚石边坡,可使用炮眼法、裸露药包法爆破清刷,同时清除危石、松石。清刷后的石质路堑边坡不应陡于设计规定。

(3) 石质路堑边坡如因过量超挖而影响上部岩体稳定时,应用浆砌片石补砌超挖的坑槽。

(4) 石质路堑基床底高应符合设计要求,开挖后的基床基岩面高程与设计高程之差应符合规定要求。如过高,应凿平;过低,则应用开挖的石屑或灰土碎石填平并碾压密实。

(5) 石质路堑基床顶面宜使用密集小型排炮施工,炮眼底高程宜低于设计高程10~15cm。装药时,宜在孔底留5~10cm空眼,装药量按松动爆破计算。

(6) 石质基床超挖大于10cm的坑洼,当有裂隙水时,应采用渗沟连通。渗沟宽不宜小于

10cm,渗沟底略低于坑洼底,坡度不宜小于0.6%,使可能出现的裂隙水或地表渗水由浅坑洼渗入深坑洼,并与边沟连接。如渗沟底低于边沟底,则应在路肩下设纵向渗沟,沟底应低下深坑洼底至少10cm,宽不宜小于60cm;纵向渗沟由填方路段引出。渗沟中应填碎石,并与基床同时碾压到规定的要求。

(五)开挖石方的清运与二次爆破

(1)开挖石方如横向调运或小于100m的纵向调运用做填方时,可用推土机推运,但调运的石块必须符合填料粒径的要求。对于大块石料,可集中于挖方区进行二次爆破。

(2)开挖石方为废弃方时,如装运受装载运输机械的限制,可对个别大石块进行二次爆破。

(3)石方开挖区可分幅或分段进行爆破。

### 三、深挖路堑的施工

路堑边坡的高度等于或大于20m时称为深挖路堑。施工前,应详细复查设计文件所确定的深挖路堑地段的工程地质资料及路堑边坡,并了解土石界限、工程等级、岩层风化厚度及破碎程度、岩层工程特征等。路堑为砂类土时,应了解其颗粒级配、密实程度和稳定角;路堑为细粒土时,应了解其含水率和物理力学性质指标,以及不良地质情况,地下水及其存在形式等。

应根据详细了解的工程地质情况、工程量的大小和工期编制施工组织设计,并据此配备适当的机械设备数量和劳动力。

深挖路堑的边坡应严格按照设计坡度施工。若边坡实际土质与设计勘探的地质资料不符,特别是土质较设计的松散时,应向有关方面提出修改设计的意见,批准后实施。施工土质边坡时,宜每隔10m高度设置平台。平台宽度对于人工施工的不宜小于2m,对于机械施工的不小于3m。平台表面横向坡度应向内倾斜,坡度为0.5%~1.0%,纵向坡度宜与路线纵坡平行。平台上的排水设施应与排水系统相通。施工过程中,如修建平台后边坡仍然不能够稳定或大雨后立即坍塌时,应考虑修建石砌护坡,在边坡上植草皮或设挡土墙。

土质单边坡深挖路堑的施工可采用多层全宽横挖法。土质双边坡深挖路堑的施工宜采用分层纵挖法和通道纵挖法。若路堑纵向长度较大,一侧边坡的土壁厚度和高度不大,可采用分段纵挖法。施工机械可采用推土机或推土机配合铲运机。当弃土运距较远,超过铲运机的经济运距时,可采用挖掘机配合自卸汽车作业或采用推土机、装载机配合自卸汽车作业。

土质深挖路堑,无论是单边坡还是双边坡,靠近边坡3m以内都禁止采用爆破法施工。在距边坡3m以外准备使用爆破法施工时,应先进行缜密设计,以防止炸药量过多,并报请批准。

1. 何谓"三阶段、四区段、八流程"的路堤施工工艺?
2. 土质路堑开挖方法有哪些?

# 第九章 CHAPTER NINE
# 铁路桥梁构造

## 第一节 概述

### 一、中国铁路桥梁发展概况

#### 1. 中国铁路桥梁发展历史

我国铁路桥梁的建设始于19世纪70年代,自1876年建成第一条铁路至1949年的73年间,规模较大的铁路桥几乎全是钢桥。如1906年建成的京汉铁路郑州黄河大桥,全长3015m,共有102孔钢桁梁,是我国黄河上的第一座铁路桥,并于1987年拆除上部钢梁,保留南段5孔桥体,成为国家"工业文物"。1912年建成的津浦铁路泺口黄河桥,全长1255.2m,共有12孔,主跨为3孔悬臂钢桁梁,最大跨度164.7m,是当时跨度最大的钢桥。1937年建成的杭州钱塘江桥,全长1453m,正桥为16孔跨度为65.84m的简支钢桁梁双层公路铁路两用桥。

中华人民共和国成立初期,主要是沿袭日本、苏联、美国、德国、法国等国家的设计和施工经验,续建和修复了被战争破坏的桥梁,逐步形成设计和建设规程、规范。这一时期以货物运输为主发展铁路,桥梁则注重承载力,桥梁结构形式一般为中小跨度简支梁。

20世纪80年代以后,随着经济的发展,我国铁路桥梁的结构形式、结构跨度、设计理论、施工工艺和机具水平都得到发展。21世纪初《中长期铁路网规划》颁布,2007年高铁时代来临,京广高铁天兴洲桥、郑新黄河桥、东平水道桥、京沪高铁大胜关桥、济南黄河桥等一系列大跨度高铁桥梁,将铁路桥梁建设推向新的高峰。

#### 2. 新中国铁路桥梁主要桥型发展

20世纪50年代,我国开始对预应力混凝土梁进行研究与试验,并推广应用。在1978年以前以采用预应力混凝土简支梁为主,开发了跨度32m及以下系列的铁路标准梁。60年代在成昆线上建成中跨64m预应力混凝土悬臂梁桥,70年代在邯长线上建成跨度82m预应力混凝土斜腿刚架桥及在湘桂线红水河上建成的预应力混凝土斜拉桥等。1978年后,预应力技术得到迅速发展与广泛应用。铁路上,预应力混凝土简支梁跨已建造到50m,在南昆线上达到56m,建起多座跨度80m及以上的预应力混凝土连续梁桥。钱塘江双线80m跨度预应力混凝土连续梁,连续长度达1340m,南昆线清水河桥为主跨达128m的连续刚构桥。建于攀钢专线金沙江桥的最大跨度达168m。2008年建成的广珠城际铁路上的容桂水道大桥为(108+2×185+115)m的连续钢构桥。

我国拱桥历史悠久,中华人民共和国成立初期由于缺乏钢材,铁路上修建了不少石拱桥,1966年在成昆线建成一线天空腹式石拱桥跨度为54m。20世纪60—70年代发展钢筋混凝土拱桥及无支架施工方法。铁路上于1959年在詹东线上修建了丹河桥,跨度为88m的上承式钢筋混凝土拱桥。1963年修建了丰沙线7号桥,为跨度150m的中承式钢筋混凝土拱桥。这两座桥都采用了拱架施工法。20世纪70年代后期铁路上很少修建拱桥。进入21世纪,2002年修建水柏铁路北盘江大桥,主桥为236m上承式钢管混凝土提篮拱桥,钢管拱桁架采用有平衡重单铰平面转体法施工,转体施工重量达104000kN。2008年建成的宜万铁路野三河大桥是主桥为净跨124m不对称双线平行双肋中承式复合钢管混凝土桁架拱桥。

20世纪80年代初我国首次在湘桂线建成铁路红水河斜拉桥。由于竖向与横向刚度及索疲劳等原因,纯铁路斜拉桥没有得到发展。2000年建成的芜湖公铁两用斜拉桥,跨度为312m。2008年建成的武汉天兴洲公铁两用长江大桥为504m钢桁梁斜拉桥,双塔三索面三主桁结构,铁路桥面为纵横梁体系,并结合整体道砟槽板,设双层桥面,上层为6车道公路,下层为4线铁路,列车设计时速200km,是世界上荷载最大的公铁两用斜拉桥。

连镇铁路线五峰山长江大桥为我国第一座铁路悬索桥,桥梁总长6409m,其中跨江大桥主桥长1432m,主跨为1092m,采用单跨悬吊钢桁梁悬索结构,上层为8车道高速公路,设计速度100km/h;下层为4线高速铁路,设计速度250km/h,预计2020年通车。

3. 中国铁路桥梁的代表作

1957年武汉长江公铁两用大桥建成是我国钢桥史上第一个里程碑。武汉长江大桥正桥全长1156m,桥跨结构为三联3×128m连续钢桁梁。1969年南京长江公铁两用桥的建成是第二个里程碑。正桥钢梁全长1576m,桥跨结构为128m简支钢桁梁加三联3×160m铆接连续钢桁梁。这座桥是完全依靠我国的技术力量和国产材料建成的长江大桥,标志我国建桥技术达到了独立自主的新水平。1993年九江长江公铁两用大桥是钢桥史上第三个里程碑。正桥钢梁全长1806m,桥跨结构为栓焊,连续刚性桁梁柔性拱。

2000年芜湖长江公铁两用大桥是钢桥史上第四个里程碑。该桥为主跨312m的斜拉桥,主梁为钢桁梁。从此,我国使用国产优质高强度、高韧性钢建造特大跨栓焊桥梁,在材料、工艺、理论方面都达到了国际先进水平。

近十年来,我国高铁桥梁、公铁两用桥梁又取得新的成绩。2011年建成的京沪高铁丹阳至昆山段特大铁路桥,全长164.85km,是世界上最长的铁路桥。2019年建成通车的沪通长江大桥为世界上首座跨度超过千米的公铁两用斜拉桥。平潭海峡公铁两用桥贯通平潭海峡,突破了世界上难以逾越的技术难度,成为世界上第一座真正意义上的公铁两用跨海大桥。连镇铁路线五峰山长江大桥为我国第一座铁路悬索桥,建成后将成为世界上跨度最大、荷载最重、速度最快的公铁两用悬索桥。

## 二、铁路桥梁结构组成与分类

### (一)铁路桥梁的结构组成及尺寸名称

铁路桥梁是供铁路跨越天然障碍物或人工设施的架空建筑物(图9-1)。铁路桥梁是由上部结构、下部结构及防护构造组成的。上部结构也称桥跨结构,梁桥支座以上或拱桥起拱线以上跨越桥孔的结构,一般包括桥面、梁拱及支座等;下部结构包括桥墩、桥台及基础。防护构造包括桥头锥体及护岸等。

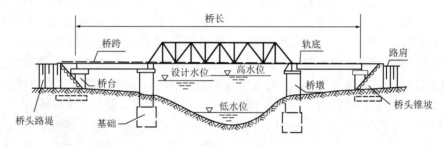

图9-1 桥梁的组成

铁路桥梁有关结构尺寸及名称:

(1)桥梁全长指两岸桥台边墙最外端(包括托盘及基础)间的距离。

(2)桥梁长度简称桥长。桥长对于梁桥,系指桥台挡砟前墙之间的长度。拱桥系指拱上侧墙与桥台侧墙间两伸缩缝外端之间的长度,刚架桥系指刚架顺跨度方向外侧间的长度。

(3)桥梁孔径是多孔桥梁中各孔净跨径的总和,它反映了桥下宣泄洪水的能力。

(4)净跨径是设计洪水位上相邻两个桥墩(或桥台)之间的净距。

(5)计算跨径对于具有支座的桥梁,是指桥跨结构相邻两个支座中心之间的距离。

(6)建筑高度是桥面基本轨底至桥跨结构最下缘之间的距离。

(7)桥下净空高度指由桥跨结构底部至计算水位(通航河流则为计算最高通航水位)的距离。跨线桥为桥跨结构底部及其下线路轨顶或路面的高度。

### (二)铁路桥梁的分类

#### 1. 按桥梁长度分类

为反映桥梁建设规模的大小,铁路桥梁按桥长分类:桥长≥500m为特大桥,桥长≥100m为大桥;桥长>20m为中桥,桥长≤20m为小桥。

#### 2. 按桥梁结构形式分类

按结构形式,桥梁分为梁式桥、拱桥、刚架桥、悬索桥、组合体系桥等。

(1)梁式桥:在竖向荷载作用下无水平反力的结构,以梁作为承重结构抗弯来承受荷载。梁分简支梁、连续梁、悬臂梁等。

(2)拱桥:由拱上建筑、拱圈和墩台组成,在竖直荷载作用下,作为承重结构的拱肋主要承受压力。拱桥的支座既要承受竖向力,又要承受水平力,因此拱桥对基础与地基的要求比梁式桥要高。拱桥按桥面位置可分为上承式拱桥、中承式拱桥和下承式拱桥。

(3)刚架桥:指桥跨结构与墩台连为一体的桥。

(4)悬索桥:悬索跨过塔顶的鞍形支座锚固在两岸的锚锭中,以悬索作为主要承重结构的桥梁。在缆索上悬挂吊杆,桥面悬挂在吊杆上。由于这种桥可充分利用悬索钢缆的高抗拉强度,具有用料省、自重轻的特点,是现在各种体系桥梁中跨越能力最大的一种桥型。

(5)组合体系桥:承重结构系由两种结构形式组合而成,称为组合体系桥。常见的组合体系桥有梁拱组合体系桥、斜拉桥等。

3. 按桥跨结构所用建筑材料分类

按桥跨结构所用建筑材料的不同,铁路桥梁分为钢桥、混凝土桥梁、圬工桥、结合梁桥。

### 三、铁路桥面构造

桥面(图9-2)是桥梁直接承受列车载重的构造。普通铁路桥面一般分为道砟桥面、明桥面。铺设道砟的桥面为道砟桥面。钢桥面一般不铺道砟,而将轨枕直接铺在纵梁上成为明桥面。

高铁桥面的桥上轨道可根据具体情况采用有砟轨道或无砟轨道。有砟轨道轨下枕底道砟厚度不应小于0.35m(当设置砟下胶垫层时含胶垫层厚度)。无砟桥面是通过扣件直接把钢轨和混凝土桥面连接起来的。无砟轨道与有砟轨道相比,其轨道稳定性好,几何状态能持久保持,线路养护维修工作量显著减少,耐久性好,平顺性及刚度均匀性好,且结构高度低,自重轻,道床整洁美观,无高速运行下的道砟飞溅。

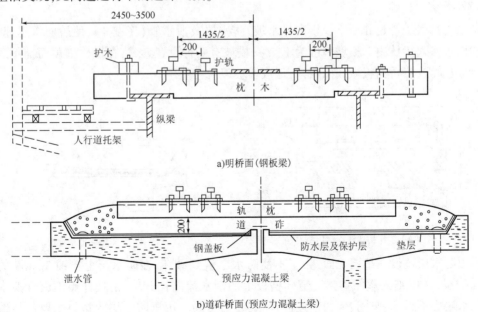

图 9-2

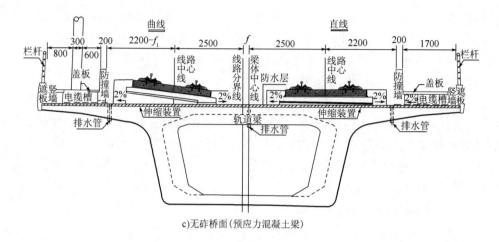

c)无砟桥面(预应力混凝土梁)

图9-2 铁路桥面构造(尺寸单位:mm)

下面主要介绍混凝土梁的道砟桥面。道砟桥面包括道床(或桥面铺装)、排水防水系统、人行道、栏杆、梁缝等。

### 1. 道床

道床指枕木及其周围的道砟层。道床两侧设挡砟墙。梁顶面与挡砟墙构成道砟槽。道床的作用为:减弱列车对桥梁的冲击作用,缓和列车的振动,防止枕木位移,将车轮集中荷载分布到梁顶面,调整轨底的高程。挡砟墙的作用是挡住道砟。为了不使挡砟墙参与梁的共同受力,沿其纵向每隔3~4m,横向设断缝(包括挡砟墙上纵向钢筋断开),缝内填塞防水材料。图9-3是直线、单线桥一般采用的道床尺寸。

### 2. 排水防水系统

排水防水系统为道砟层下设横向排水坡、防水层及泄水管(图9-4),使桥面水迅速排除,防止桥面水渗入梁体内。横坡坡度为1.5%,横坡有两种设置形式:在道砟槽顶面铺垫三角形垫层,形成横坡;将桥面板做成倾斜面,形成横坡以省去垫层。

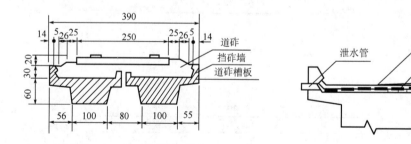

图9-3 道床构造图(尺寸单位:cm)　　图9-4 防水层与泄水管构造

桥面防水层铺设在垫层上面,为了不使防水层遭到破坏,在防水层上再铺3cm厚的水泥砂浆保护层,并用细铅丝网加强。道砟槽板上的雨水流向挡砟墙,沿挡砟墙汇流到泄水管排出。防水层应不透水、坚固、弹韧性强、与圬工黏结牢固。用于防水层的材料主要包括氯化聚乙烯防水卷材和聚氨酯防水涂料。

### 3. 人行道与栏杆

铁路桥梁设置人行道是为了养护人员工作及翻修道床时堆放道砟。道砟桥面应设置双侧人行道。图9-5为一般混凝土简支梁的人行道及栏杆构造图,角钢支架通过预埋用挡砟墙内U形螺栓进行固定。预制混凝土步板铺设在支架上。明桥面应在轨道中心铺设步行板,并在桥梁桥面设置双侧带栏杆的人行道。

### 4. 梁缝

梁缝指梁与梁和梁与台之间的横向伸缩缝、两片梁(对于由两片梁组成的梁跨)之间的纵向构造缝。铁路桥梁缝处理比较简单,在梁缝上设置铁盖板或钢筋混凝土盖板,板下隔一定间距焊有短钢筋,以防止盖板移位。

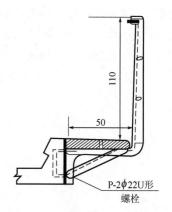

图9-5 一般混凝土简支梁人行道及栏杆构造图(尺寸单位:cm)

### 四、铁路设计荷载

铁路荷载按其性质和发生概率划分为主力、附加力和特殊荷载(表9-1)。主力是经常作用的;附加力不是经常作用的,或者最大值发生概率较小;特殊荷载是暂时的或者属于灾害性的,发生的概率是极小的。

铁 路 荷 载　　　　　　表9-1

| 荷 载 分 类 | | 荷 载 名 称 |
|---|---|---|
| 主力 | 恒载 | 结构构件及附属设备自重、预加力、混凝土收缩和徐变的影响、土压力、静水压力及水浮力、基础变位影响 |
| | 活载 | 列车竖向静活载、公路(城市道路)活载、列车竖向动力作用、离心力、横向摇摆力、活载土压力、人行道人行荷载、气动力 |
| 附加力 | | 制动力或牵引力、支座摩擦阻力、风力、流水压力、流冰压力、温度变化的作用、冻胀力、波浪力 |
| 特殊荷载 | | 列车脱轨荷载、船只或排筏的撞击力、汽车撞击力、施工临时荷载、地震力、长钢轨纵向水平力(伸缩力、挠曲力和断轨力) |

列车荷载根据高速铁路、城际铁路、客货共线铁路、重载铁路四种不同线路类型,按照《铁路列车荷载图式》(TB/T 3466—2016)的规定进行普通荷载和特殊荷载取值。图9-6为客货共线铁路的列车荷载ZKH。

其他荷载详见《铁路桥涵设计规范》(TB 10002—2017)第四章有关规定。

铁路桥涵结构设计应根据结构的特性,按表列荷载,就其可能的最不利组合情况进行组合。

桥涵设计时,仅考虑主力与一个方向(顺桥或横桥方向)的附加力组合。

杆件的主要用途为承受某附加力,在计算时,该附加力应按主力考虑;流水压力不与冰压力组合,两者也不与制动力或牵引力组合;船只或排筏的撞击力、汽车撞击力以及长钢轨断轨力,只计算其中的一种荷载与主力组合,不与其他附加力组合;列车脱轨荷载只与主力中恒载组合,不与主力中活载和其他附加力组合。

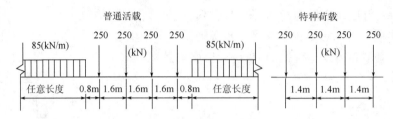

图 9-6　ZKH 客货共线铁路的列车荷载图式

根据各种结构的不同荷载组合,应将材料基本允许应力和地基允许承载力乘以不同的提高系数。对预应力混凝土结构中的强度及抗裂性计算,应采用不同的安全系数。

铁路公路(城市道路)两用的桥梁,考虑承受铁路和公路(城市道路)活载时,铁路活载按本章有关规定计算,公路(城市道路)活载按现行的《公路工程技术标准》(JTG B01—2014)规定的全部活载的 75% 计算,但对仅承受公路(城市道路)活载的构件,应按公路(城市道路)全部活载考虑。

## 第二节　简支梁桥

### 一、钢筋混凝土简支梁

钢筋混凝土简支梁具有构造简单,适应范围广,不受基础条件限制,具有便于使用在曲线地段、易于建造和标准化等特点,在我国广泛采用。我国铁路跨度在 16m 及以下的桥跨结构普遍采用钢筋混凝土简支梁。

钢筋混凝土简支梁分普通高度梁与低高度梁,一般情况采用普通梁。在平原、河网地区和枢纽站场以及城市立交建造桥梁时,当梁的建筑高度受到严格限制时,则可采用压低梁高的低高度梁。

下面以标准设计中直线上 16m 跨度梁为例说明普通高度钢筋混凝土梁的构造及钢筋布置。

图 9-7 为 16m 跨度道砟桥面钢筋混凝土梁构造图。梁全长 16.5m。梁部结构用纵向缝分为两个 T 形块件,主梁高度为 1.9m,道砟槽宽为 1.92m,两片梁的中心跨为 1.8m。跨中部分腹板厚 300mm,靠近梁端部分增厚到 490mm,以适应腹板内斜向拉力变化的需要。考虑钢筋的合理布置和施工方便,下翼缘宽 700mm。道砟槽板厚按规定最小为 120mm,为使道砟槽板与主梁共同工作,在道砟槽板与梁肋相交处设置梗肋,其底坡为 1∶3,板与肋相交处的板厚为 240mm。

挡砟墙设有 5 条断缝,如图 9-7 所示,其目的是使墙不参与主梁的工作,因挡砟墙高于梁顶面许多，如不将它断开，则在竖向荷载作用下挡砟墙顶面承受很大的压力，会导致该处混凝土压碎破坏。基于同样原因，内边墙也设置断缝。

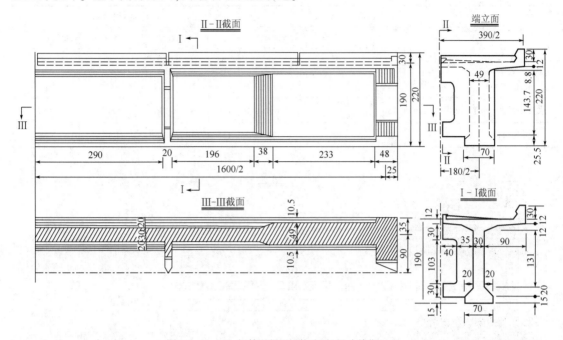

图 9-7  $l = 16m$ 钢筋混凝土梁构造图(尺寸单位：cm)

在梁端以及距梁端 5.25m 处，设有与梁一起灌筑的横隔板。两片梁架好后，应先将横隔板连接好才能通车。中间横隔板厚度为 160mm。端横隔板厚度较大，为 460mm，主要是考虑到维修或更换支座时，需在端横隔板下放置千斤顶，因此端横隔板又称顶梁。为了便于维修检查，所有横隔板中间留有方孔。

钢筋混凝土梁每片梁肋主要受力钢筋、箍筋、斜筋、纵向水平钢筋、联系筋；道砟槽板主筋、分配钢筋。为固定人行道角钢支架，挡砟墙埋有 U 形螺栓；道砟槽板不仅支承在主梁上，同时也支承在横隔板上，因而在横隔板上方的顶部设有垂直于横隔板的钢筋，在横隔板内还设置竖置和水平钢筋。

## 二、预应力混凝土简支梁

国内铁路预应力混凝土简支梁应用跨度一般为 16～32m，最大达 64m，32m 及以下跨度梁采用 T 形或板式截面，40m 及以上跨度梁多采用箱形截面。

预应力混凝土简支梁桥目前使用的种类也越来越多，有后张法预应力简支梁、先张法预应力简支梁、部分预应力简支梁、预应力槽形梁、双预应力梁等。

表 9-2 为后张法铁路预应力混凝土简支梁的部分标准设计技术特征。

图 9-8 为设计时速 200km 客货共线铁路，跨度为 32m 后张法预应力混凝土简支梁概图。梁高 2.7m，上翼缘宽 2.33m，两片梁之间现浇 0.30m 宽接缝，最小厚度 0.15m。上翼缘与腹板相交处厚度为 0.34mm，大于梁高的 1/10。为了使梁体截面重心接近腹板中心线，同时使梁顶具有排水坡度，翼缘板内侧较厚，腹板厚度为 0.24m，仅在梁端 2.0m 范围内为布置锚头逐渐

增厚至0.44m。下翼缘宽0.88m,外缘厚度为0.27m。

后张法铁路预应力混凝土梁标准设计技术特征  表9-2

| 图 号 | 低 高 度 梁 | | | | | 普通高度梁 | | | | |
|---|---|---|---|---|---|---|---|---|---|---|
| | 专桥2082 | | | 专桥2080 | 专桥2024 | 专桥2081 | | | 专桥2066 | 叁桥标2020 |
| 跨度(m) | 8 | 10 | 12 | 16 | 20 | 8 | 10 | 12 | 16 | 16 |
| 梁全长(m) | 8.5 | 10.5 | 12.5 | 16.5 | 20.6 | 8.5 | 10.5 | 12.5 | 16.5 | 16.5 |
| 梁梗中心距(cm) | 170 | 170 | 180 | 180 | 180 | 180 | 180 | 180 | 180 | 180 |
| 梁高(cm) | 55 | 70 | 85 | 110 | 135 | 125 | 140 | 155 | 190 | 160 |

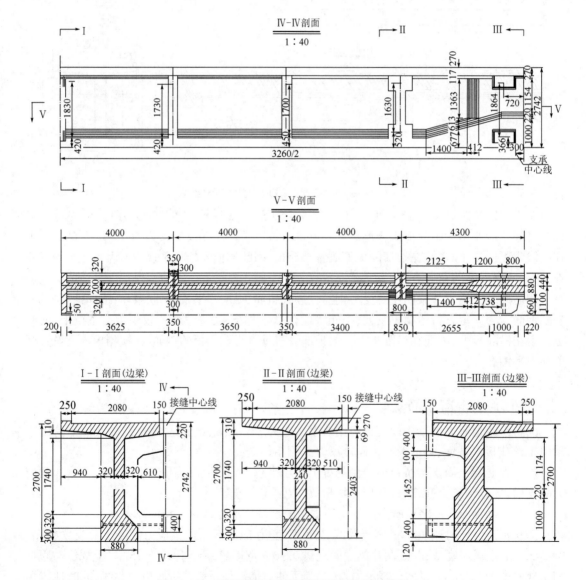

图9-8　32m后张法预应力混凝土简支梁概图(尺寸单位:mm)

### 三、其他形式的预应力混凝土简支梁

铁路简支梁,除以上介绍的钢筋混凝土和预应力混凝土分片式简支梁以外,还有其他形式的简支梁,应用于一些特殊条件,它们在制造、安装、运送和使用等方面各具特色。

**1. 预应力混凝土槽形梁**

预应力混凝土槽形梁(以下简称槽形梁)是一种下承式预应力混凝土铁路桥梁。与上承式预应力混凝土铁路桥梁相比,槽形梁可大大降低建筑高度,跨度越大,建筑高度降低越显著。该类型桥适用于平原河网地区及城市立交等特殊条件。

槽形梁是由行车道板、主梁及端横梁组成的。当列车作用在桥面上时,荷载通过道床板传给主梁,再由主梁传给支座(接近端部的部分荷载则由道床板经端横梁传给支座)。道床板是直接承受荷载,其厚度取决于桥的宽度。一般有砟单线的道床板厚度可取 0.40～0.45m,有砟双线道床板厚度可取 0.60～0.65m。主梁承受由道床板传来的荷载,这种荷载除引起主梁弯曲外,还使主梁受扭和竖向受拉。端横梁主要是起到加强结构的抗扭作用。

在槽形梁的道床板中,除布置横向预应力筋外,道床板作为主梁的下翼缘还要布置纵向预应力钢筋。在主梁的腹板中除布置纵向预应力筋外,为了承受道床板传来的竖向拉应力,还要布置竖向预应力钢筋,所以槽形梁是三向预应力结构。

槽形梁混凝土用量较多,结构复杂,现场施工工作量大,需要较多机械设备,同时梁内钢筋密集、工艺复杂,制作技术要求较高。

我国 1982 年先后在京承(德)线怀柔车站附近,建造一孔 20m 双线铁路槽形预应力混凝土梁桥[图 9-9a)]和京秦(秦皇岛)线通县(现为通州区)西双桥编组站内建成 2 孔 24m 的单线槽形梁桥[图 9-9b)]。

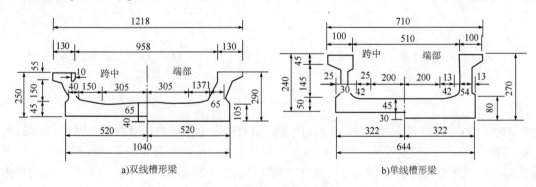

图 9-9　槽形梁横截面图(尺寸单位:cm)

**2. 整孔式预应力混凝土简支梁**

整孔无砟无枕预应力混凝土梁截面形式有 Π 形和箱形两种,主要用于因受运输限界和梁

重限制,不能整孔运送和架设道砟桥面梁的条件。

无砟桥面梁的优点是:桥上不用道砟,桥面宽度由原来的 3.9m 减小至 2.3~2.5m,符合运输限界要求。梁重也相应减轻,跨度24m梁整孔重仅878kN(道砟桥面分片式梁每片重734kN),32m梁整孔重约1200kN(道砟桥面梁每片重1113.7kN),可以满足架桥机的起吊能力。

图 9-10 为跨度 24m 后张 II 形梁横截面图。梁高 210m,两腹板中心距为 160cm,桥面板宽度为240cm。顶板在梁两端厚度为20cm,其余厚14cm,底板在两端厚30cm;其余厚16cm;腹板在两端厚为25cm,其余厚14cm。在支座处梁体内设有二次灌筑的端横隔板,与梁体间设有连接钢筋。横隔板尺寸按约束扭转计算确定。

图 9-11 为跨度 24m 无砟无枕后张单室箱梁跨中横截面图。

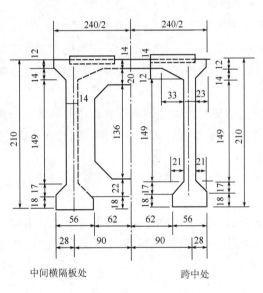

图 9-10　24m 后张 II 形梁横截面图
（尺寸单位:cm）

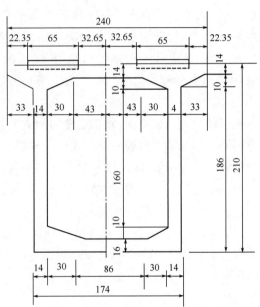

图 9-11　24m 无砟无枕后张单室箱梁
跨中横截面(尺寸单位:cm)

通桥(2005)2322-II 是跨度为31.5m的无砟轨道后张法预应力混凝土简支箱梁(双线)的标准设计,图 9-12 为其概图。箱梁的截面类型为单箱单室等高度简支箱梁,梁端顶板、底板及腹板局部向内侧加厚,内侧的翼缘板也较外侧厚。防撞墙内侧净宽9.4m,桥上人行道栏杆内侧净宽13.2m,桥梁宽13.4m,桥梁建筑总宽13.8m。梁长为32.6m,跨度为31.5m,梁高3.05m,横桥向支座中心距为4.5m。梁体混凝土强度等级为C50。采用整孔预制整孔架设的施工方法。

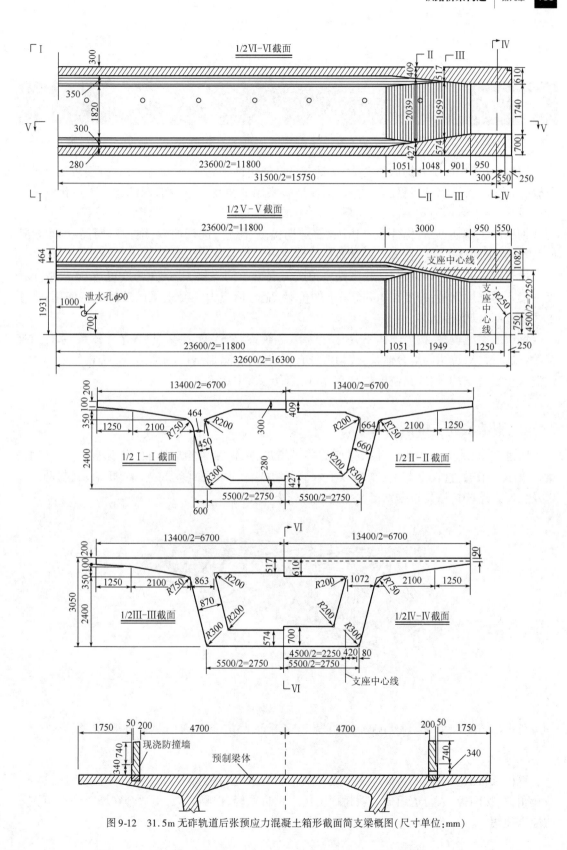

图 9-12 31.5m 无砟轨道后张预应力混凝土箱形截面简支梁概图(尺寸单位:mm)

# 第三节 钢桥

钢材的抗拉、抗压和抗剪强度高,又具有良好的塑性和韧性,易于加工。因此,现代钢桥自重轻、跨度大,其结构形式更趋于合理,形成更多实用的体系。钢桥的构件适合工业化制造与标准设计,便于运输和安装,施工期限短,不受季节限制。

钢桥的主要缺点是:构件容易锈蚀,需定期检查、除锈、进行油漆,维护费用高;列车过桥时,钢桥发出的噪声大。在人口稠密地区推荐使用钢和混凝土结合梁。

由于钢桥的上述特点,目前我国铁路预应力混凝土简支梁,其最大跨度可达64m,故小跨度一般不再采用钢桥;跨度在300m以下的桥梁,应与预应力混凝土梁比较后确定使用;大于上述跨度时,以钢桥居多。

钢桥的类型较多,按力学体系分有简支梁、连续梁、悬臂梁、刚架、拱等单一体系,系杆拱连续梁、悬索桥、斜拉桥等组合体系;按构造分有板式结构、箱形结构、桁梁结构、板桁组合结构及钢混凝土组合结构;按线路位置分有:上承式、下承式、中承式。

## 一、下承式简支钢桁梁桥

跨度在40m以上的钢桥,钢板梁所需梁高增加,用钢量也相应增加,很不经济,应采用桁梁。下承式桁梁桥(图9-13)主要由以下六部分组成:桥面、桥面系、主桁架、联结系、制动撑架以及支座。这些构造是根据钢桁梁承受的荷载来设计的。

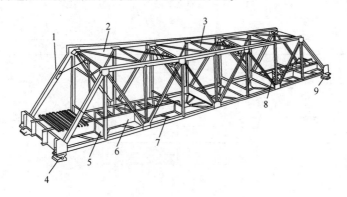

图9-13 下承式钢桁梁

1-桥门梁;2-上平纵联(上风撑);3-横向联系;4-固定支座;5-横梁;6-纵梁;7-下平纵联(下风撑);8-纵梁撑架;9-活动支座

### 1. 桥面

钢桁梁桥面多采用明桥面。主要是供列车和行人通过的部分,由钢轨、护轨、桥枕、护木、防爬角钢、枕间板、人行道组成。明桥面的优点是自重轻,但噪声大,不适合在城市中人口稠密的地方使用。

2. 桥面系

列车活载由桥面传至桥面系，再传给主桁。桥面系由横梁、纵梁以及纵梁间的联结系组成。纵梁的常用间距为 2m，下承式桁梁桥的桥面系位于下弦平面，为减小其建筑高度，纵梁与横梁常布置在同一平面，并采用同一梁高。

3. 主桁架

主桁架是桁梁桥的主要承重结构，它将承受的列车竖向荷载等传给支座。主桁由上弦、下弦和腹杆组成。腹杆又分为斜杆和竖杆，也有的桁架没有竖杆。有斜杆交汇的节点称为大节点，无斜杆交汇的节点称为小节点，节点之间的距离称节间长。

三角形桁架较之其他类型桁架构造简单，用钢量比较经济，是我国中等跨度钢桁梁广泛采用的形式。中小跨度钢桁梁多采用平行弦，它有利于实现设计标准化、制造工业化与安装机械化。大跨度钢桁梁的梁高随弯矩而变化，以使弦杆的截面设计更为合理。

4. 联结系

联结系的主要作用是将两片主桁架联结成几何图形稳定的空间结构，承受各种横向荷载。联结系分为横向联结系与纵向联结系两种。

横向联结系位于桥跨结构的横向平面内，位于梁端称桥门架，位于梁中称中横联。桥门架设在端斜杆平面内，中横联设在竖杆平面内，无竖杆时可设于斜腹杆平面内。桁梁桥中，中横联的间距不大于两个节间。横联的主要作用是提高桥跨结构的抗扭刚度，还可调节两片主桁的受力不均。

纵向联结系设在主桁的上、下弦平面内，分别称作上平纵联和下平纵联。平纵联的主要作用是承受作用于桥跨结构的横向荷载，包括横向风力、列车摇摆力与离心力；此外，平纵联在横向支撑弦杆，减小弦杆在桁架平面外的自由变形长度，尤其对压弦杆特别重要。

5. 制动撑架

桥面系中的横梁是承受竖向荷载的构件。它的竖向抗弯刚度大而横向抗弯刚度小，没有足够的抗弯能力来承受通过纵梁传来的纵向水平制动力。为了不让制动力作用在横梁上，在与桥面系相邻的平纵联内承受制动力的制动撑架。

制动撑架和部分下平纵联以及下弦杆构成的水平桁架，可承受作用于桥跨结构的纵向力，并传递给固定支座。它的另一个作用是减小使横梁侧向挠曲的附加弯矩。跨度小于 48m 的桁梁，允许不设制动撑架。

制动撑架应设于跨中，因该处横梁不随下弦杆变形而挠曲，可以减小制动撑架与弦杆的共同作用。若纵梁设置断缝，则制动撑架应设置在被划分后的各区段正中。

## 二、其他类型的钢桥

（一）钢箱梁桥

钢箱梁桥是主梁为薄壁闭合截面的桥，图 9-14 为各种截面形式的钢箱梁桥。单室钢箱梁桥用于桥宽较小的场合；并列钢箱梁桥，桥宽较大时可采用多个钢箱梁桥；荷载不大、桥面较宽时,可将工字钢与箱梁并用;倒梯形钢箱梁桥用于桥墩墩顶面积不大的场合;单箱多室钢箱梁桥用于荷载较大、桥面较宽的场合;双腹板钢箱梁桥,钢箱梁宽度较小,用于荷载较小、桥面很宽的场合。单室钢箱梁桥、并列钢箱梁桥用于钢筋混凝土桥面板的结合钢箱梁;工字钢与箱梁并用钢箱梁桥、倒梯形钢箱梁桥、单箱多室钢箱梁桥、双腹板钢箱梁桥用于钢桥面板的钢箱梁。

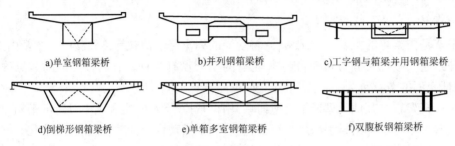

a)单室钢箱梁桥　　b)并列钢箱梁桥　　c)工字钢与箱梁并用钢箱梁桥
d)倒梯形钢箱梁桥　　e)单箱多室钢箱梁桥　　f)双腹板钢箱梁桥

图9-14　钢箱梁截面形式

箱形截面梁主要由顶板、底板、腹板与加劲构件(包括横肋、纵肋和垂直加劲肋)组成;其中顶板又做桥面,分为钢桥面板和钢筋混凝土桥面板两种。为减轻箱梁的自重,往往采用正交异性钢桥面板。

钢箱梁桥与桁梁桥相比有以下特点:质量小、材料省;抗弯和抗扭刚度大;安装和养护方便;更适合连续梁的形式;梁高低,加劲构件与横隔板均设在梁的内部,外形简洁,轻巧美观。

(二)结合梁桥

钢筋混凝土铁路道砟槽板与钢梁(板梁或桁梁)结合成一体共同受力的梁桥,称为结合梁桥。桥面板与钢梁的共同工作靠二者之间的剪力传递器完成。剪力传递器使钢筋混凝土板与钢梁在竖向荷载作用下共同受弯,钢筋混凝土板受压,钢梁主要受拉,充分发挥混凝土和钢材的受力特性。

结合梁主要特点有:结合梁的梁高比同跨度梁都小,比同跨度混凝土梁质量小;起吊质量小,便于制造、安装;由于混凝土参与承压,可节省钢梁上翼缘或上弦杆的用钢量,同时增加梁的竖向及横向刚度,但剪力传递器的钢材用量不小,比钢梁总的钢料节约有限;结合梁的钢筋混凝土板同时用作公路上的桥面板或铁路上的道砟槽板,在活载作用下比全钢梁桥的噪声小,且能适用于曲线及坡道。

基于以上特点,结合梁桥常用于建筑高度受限制的跨线桥、城市立交桥。

(三)连续桁梁桥及悬臂桁梁桥

1. 连续桁梁桥

跨度大于100～120m的多孔桥,采用连续桁梁桥较为合理。由于连续梁桥的最大弯矩比同跨简支梁桥小,因此比简支梁桥可节约钢材8%～10%。连续桁梁桥在桥墩上只设一个支座,墩帽所需尺寸较简支梁桥小。墩身在竖向荷载作用下,只承受中心压力。连续桁梁桥的竖向刚度及横向刚度均比简支梁桥大。行车平顺,冲击力小,有利于铁路高速行车。同等刚度要求下,连续桁梁桥的高度矮一些。连续桁梁桥是超静定结构,可利用调整支座高程调整内力,使其内力分布更趋合理。连续桁梁桥适合采用悬臂法拼装法安装,或采用纵向拖拉及顶推法安装就位。

连续桁梁桥最常采用的每联跨数为三跨,一般不超过五跨,两跨连续应为等跨。三跨时为使各孔弯矩平衡,跨度合理比例为0.8∶1∶0.8。两联以上为了美观也常采用等跨布置,如武汉长江大桥(图9-15)就采用3—3×128m 的布置。

连续桁梁桥的桁高通常为跨度的1/8~1/7。大跨度连续桁梁桥的支点桁高可适当加大至跨中桁高的1.2~1.5倍。连续梁的横向刚度也比简支梁大,故其两片主桁中距与跨度之比也比简支梁桥小。连续桁梁桥的边跨的宽跨比不宜小于1/20,其余各跨不宜小于1/25。

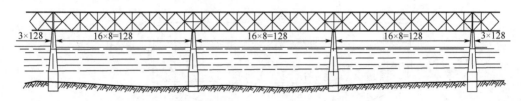

图9-15　武汉长江大桥连续桁梁桥布置图(尺寸单位:m)

2. 悬臂桁梁桥

悬臂桁梁桥(图9-16)邻孔荷载可使跨中弯矩减少,比简支梁桥可节省钢材8%~10%。悬臂桁梁桥是静定结构,梁内力不受支点不均匀沉陷的影响。悬臂桁梁桥的主要缺点在于:挂孔与悬臂衔接处线路有较大折角,于高铁行车不利;铰的构造复杂,维护困难。

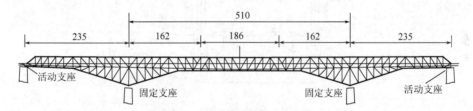

图9-16　悬臂桁梁布置图式(尺寸单位:m)

采用悬臂桁梁桥常常是为了利用较大的集孔(挂孔与悬臂组成的桥孔)跨度较大的孔径。因此悬臂桁梁桥较少做成等跨的。集孔与锚孔的比例和悬臂的长度有关。合理的臂长约为锚孔的0.3倍,集孔跨长约为锚孔的1.3~1.4倍,悬臂太长除了会在锚孔另一端产生负反力外,还会使得桥墩处梁高做得较大。出于美观上的需要,也有将集孔与锚孔做成等跨的。

悬臂桁梁桥的高度对于挂梁及锚梁的跨中部分,可略低于简支梁桥,即跨度的1/7~1/6.5。悬臂至支点处的高度,可为臂长的2/3左右。过小则臂端挠度难以保证。悬臂梁较少做成平行弦。

## 三、公铁两用桥

除少数城市道路用钢桥外,由于经济原因,公路钢桥修建甚少。武汉、南京、九江、江阴、芜湖、枝城等城市跨越长江的重要桥梁,多数建成公铁两用桥。

根据地形及交通要求的不同,公铁两用桥的桥面布置有两种。

1. 公路、铁路分层布置的双层式公铁两用桥

因为汽车爬坡能力较大,所以一般公路在上,铁路在下,图 9-17 是武汉长江大桥桥面布置图。这样布置公路面视野开阔,公路与铁路互不干扰。

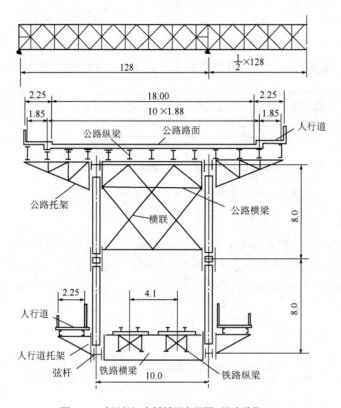

图 9-17  武汉长江大桥桥面布置图(尺寸单位:m)

但如桥高很大,两岸又较平坦时,需要修建较长的公路引桥。为降低公路爬高,如条件许可,也可将上层公路降低,在铁路限界上方梁中穿过。

2. 公路、铁路位于同一平面的并列式公铁两用桥

并列式的优点是可以节省公路引桥,缺点是公路出桥后接线要与铁路交叉,为避免干扰,还要修建立交桥。当两片主桁间宽度不足时,可将公路布置在桁架外侧。如两片主桁间宽度充裕,则可将公路与铁路均布置于桁架内侧。

# 第四节  拱桥

## 一、拱桥构造

拱桥是我国铁路桥梁上使用较广泛的一种桥型。在竖向荷载作用下,拱内产生轴向压力,

从而大大减小了拱圈的截面弯矩,使之成为偏心受压构件,截面上的应力分布比受弯梁的应力分布均匀。因此,拱式结构可以充分利用主拱截面材料的强度,使跨越能力增大。

圬工拱桥省钢材,钢筋混凝土拱无须高强度钢材,跨越能力大。在城郊接合部修建拱桥有其优越性:基础地质条件好,桥型与环境协调,可就地取材,工程费用节省。近十几年来,新创的钢管混凝土拱桥在我国发展迅速,随着数量的增多,跨径与规模也不断增大,分布区域也越来越广。钢管混凝土拱桥由于具有材料强度高、施工方便、跨越能力大、造价较低、造型美观等特点而在铁路桥梁中得到发展。

(一) 拱桥的组成

拱桥由上部结构和下部结构组成。各主要组成部分的名称如图9-18所示。

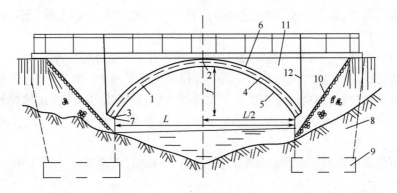

图9-18 拱桥主要组成部分

1-主拱圈;2-拱顶;3-拱脚;4-拱轴线;5-拱顶;6-拱背;7-起拱线;8-墩台;9-基础;10-锥形护坡;11-拱上建筑;12-伸缩缝;$L$-计算跨径;$f$-计算矢高

拱桥上部结构由主拱圈和拱上建筑组成。主拱圈是拱桥的主要承重结构,承受主拱上的全部作用,并将其传递给墩台和基础。由于拱圈是曲线形,一般情况下车辆都无法直接在弧面上行驶,所以在桥面与主拱圈之间需要有传递压力的构件或填充物,以使车辆能在平顺的桥道上行驶。桥面系和这些传力构件或填充物统称为拱上结构或拱上建筑。

(二) 拱桥的类型

拱桥的形式可以按照以下几种不同的方式来进行分类。
(1) 按照主拱圈线型可分为圆弧线拱桥、抛物线拱桥和悬链线拱桥。
(2) 按照拱上建筑的形式可以分为实腹式拱桥和空腹式拱桥。
(3) 按照桥面的位置可分为上承式拱桥、下承式拱桥和中承式拱桥(图9-19)。

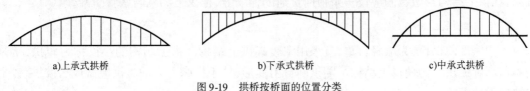

a) 上承式拱桥　　　　b) 下承式拱桥　　　　c) 中承式拱桥

图9-19 拱桥按桥面的位置分类

(4)按照有无水平推力可分为有推力拱桥和无推力拱桥。

(5)按照主拱圈所使用的建筑材料可以分为圬工拱桥、钢筋混凝土拱桥、钢拱桥和钢管混凝土拱桥等。

主拱圈所使用的建筑材料主要有圬工、钢筋混凝土、钢材和钢-混凝土组合结构等。根据材料的特性,圬工拱桥主要用于跨径小,并且能就地取材的情况,但目前使用较少。我国大部分拱桥都采用钢筋混凝土结构,随着设计理论和施工工艺的完善,钢筋混凝土拱桥目前已是具有竞争力的桥型之一。

(6)按照结构受力图示分类。按照主拱圈与行车系之间相互作用的性质和影响程度,可以把拱桥分为简单体系的拱桥、组合体系拱桥。

(7)按主拱圈截面形式分类。拱桥的主拱圈沿拱轴线可以做成等截面或变截面的形式。等截面拱的构造简单,施工方便,因此它是目前普遍采用的形式。变截面拱能较好地适应拱圈内力的变化,用料经济。

主拱圈的拱轴线形状对拱圈截面的应力大小将产生直接影响。一般应尽量使拱轴线与拱圈压力线相吻合,以减小截面的弯矩值。当不计拱圈压缩及其他因素影响时,拱在均匀荷载作用下的压力线为抛物线,抛物线形主要用于大跨径拱桥;在拱顶向拱脚按拱轴线形状逐渐增大的分布荷载作用下,拱的压力线为悬链线;圆弧线线形最简单、易于施工,主要用于小跨径拱桥。

主拱圈横截面通常可用下面几种形式:板拱桥、肋拱桥、双曲拱桥、箱形拱桥、桁架拱。

(三)拱上结构

拱圈以上的结构称为拱上结构(或拱上建筑)。拱上结构有实腹式和空腹式两种。

1. 实腹式拱上结构

实腹式拱上结构构造简单,施工方便,但填料数量较多,恒载较重,一般为小跨度拱桥所采用。该结构有两道边墙,其间灌注片石混凝土或浆砌片石,称为砌背;也可夯填粗砂、砾石、碎石等,称为填背。砌背便于形成道砟槽,铁路中用得较多。在车道两侧设有人行道、人行道外侧设有栏杆。

拱顶处填料厚度(从拱顶至轨底)一般宜小于1m(不得已时不小于0.7m),以减小或消除列车冲击力对拱圈的影响,并将活载均匀分布于拱圈上;桥上道砟厚度一般为45cm,轨枕下厚度不得少于20~30cm,整个道砟槽的宽度在直线桥上不小于3.4m。

边墙顶面宽度一般为50~70cm。为保护边墙,其顶上应盖以檐石(又称帽石)。檐石伸出边墙外不少于10cm,以避免雨水顺边墙流下,可增加桥的美观。檐石高度不小于20cm。

温度降低会引起拱圈及拱上结构收缩变形,从而产生拉应力,导致结构开裂,为避免这种现象,在拱上结构与墩台间应设一条横向贯通的伸缩缝,把拱上结构与墩台断开。

2. 空腹式拱上结构

大中跨度的拱桥,为减轻自重,宜采用空腹式拱上结构。拱上结构的小拱称为腹拱,常采用等截面圆弧拱。为使拱上结构可随拱圈自由变形,位于拱脚上方的腹拱应做成三铰拱,铰上边墙应设伸缩缝。

(四)桥面

当拱圈宽度为 4.4m 以上时,拱上结构的边墙与填充物即形成道砟槽。当拱圈宽度为 3.6m 或 3.0m 时,设置两边带有悬臂的钢筋混凝土道砟槽,桥面宽度一般为 4.9m。

### 二、组合体系桥

桥的承重结构由两种力学性质不同的体系组成时,称为组合体系桥(图 9-20)。主要承重结构采用两种独立结构体系组合而成的桥梁。如拱和梁的组合、梁和桁架的组合、悬索和梁的组合等。组合体系可以是静定结构,也可以是超静定结构;可以是无推力结构,也可以是有推力结构。结构构件可以用同一种材料,也可以用不同的材料制成。

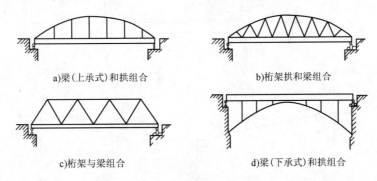

图 9-20 组合体系桥

常见的组合体系桥为拱与梁的组合或桁架与实腹梁的组合。其中梁的部分可以是板梁、箱梁,也可以是桁梁。单跨无推力结构,如系杆拱(钢拱和柔性拉杆组合)、钢梁柔拱、钢梁钢拱三种形式均为简单的拱、梁组合体系桥。较复杂的拱、梁组合体系桥为多跨布置的无推力或有推力的结构体系。

我国 20 世纪 60 年代曾在成昆线上使用过 112m 跨径的钢桁梁-拱组合体系。南京大胜关长江大桥采用竖向刚度大的钢桁梁-钢桁拱组合结构,主跨布置为(108 + 12 + 336 + 336 + 192 + 108)m 六跨连续钢桁拱。

## 第五节 地道桥

由桥梁上、下部结构构成闭合箱形框架,再由单孔或多孔箱形框架形成桥梁,这种结构形式的桥梁称为箱形桥(或框架桥)。当箱形框架的下部不闭合时成门式刚架桥。箱形桥用在公路与铁路立交且公路下穿时,又称为框架式地道桥,或简称地道桥。地道桥是一种被广泛应用于铁路与公路交叉、车站过人通道的桥梁结构形式。

当铁路与公路立交时,可以考虑公路上越或下穿方案。除了铁路路基高程比较低或处于路堑地段外,大多数立交桥均采用公路下穿方案——地道桥方案。图9-21为一座三孔箱形框架式地道桥。该桥是一坐铁路跨越城市道路的地道桥,因为公路等级较高并且有较多的非机动车辆,所以用三孔框架结构。中孔为机动车道,净宽9.0m,净高5.3m。两边孔为非机动车道及人行道,净宽5.3m,净高3.5m。两侧引道各长140m,其中机动车道坡度4%,非机动车道坡度2%。

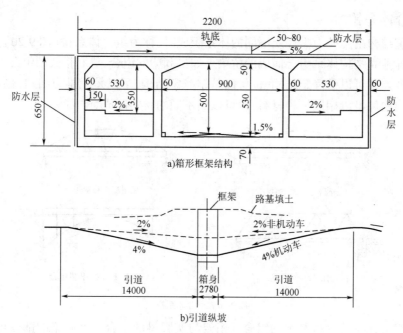

图9-21 三孔箱形框架式地道桥(尺寸单位:mm)

# 第六节 桥梁支座

## 一、支座的作用、类型及布置方式

### 1. 支座的作用

支座是桥跨结构的支承部分。它的作用是将桥跨结构的支承反力传递给墩台,并保证桥跨结构在荷载(包括温度)作用下能满足设计所要求的变形。为此,要求桥梁支座必须具有足够的承载能力,对设计要求的变形的约束应尽可能小,同时便于安装、养护、维修,甚至进行更换。

### 2. 支座的分类

支座按其容许变形的可能性分为固定支座、单向活动支座、多向活动支座,按材料支座可分为钢支座(平板支座、弧形支座、摇轴支座和辊轴支座)、聚四氟乙烯支座(滑动支座)、橡胶支座(板式橡胶支座、盆式橡胶支座、四氟乙烯橡胶支座)、混凝土支座(混凝土铰支座)、铅支座。

3. 支座的布置

简支梁的一端设固定支座,另一端设活动支座。铁路桥规规定,固定支座按下列要求布置:

(1)在坡道上,设在较低一端。

(2)在车站附近,设在靠近车站一端。

(3)在区间平道上,设在重车方向的前端。

除特殊设计外,不得将顺线路方向相邻两孔的固定支座安设在同一桥墩上。

连续梁桥一般每联只有一个固定支座。为避免梁的活动端伸缩缝过大,固定支座宜置于每联的中间支点上,但如该处墩身较高,则应考虑避开,或采取特殊措施,以免墩身尺寸过大。

支座应根据竖向、水平反力大小和位移量、转角变形等因素确定,其形式可按表9-3选择。

支 座 形 式    表9-3

| 跨度(m) | ≤6 | 8 | 10~16 | 20~32 | >32 |
|---|---|---|---|---|---|
| 钢(铸钢)支座 | 垫层支座 | 平板支座 | 弧形支座 | 辊轴(摇轴)支座 | |
| 橡胶支座 | | 板式橡胶支座 | | 板式(盆式)橡胶支座 | 盆式橡胶支座 |
| 其他 | | 弹性垫层 | | — | |

目前,我国的混凝土桥主要用板式橡胶支座和盆式橡胶支座,钢桥主要用钢支座。

## 二、橡胶支座

1. 板式橡胶支座

铁路板式橡胶支座由上支座板、下支座板、承压橡胶板和锚栓组成。按其性能分固定支座、纵向活动支座、横向活动支座、横向活动支座和多项活动支座。承压橡胶板由多层橡胶与加劲钢板叠合而成(图9-22)。

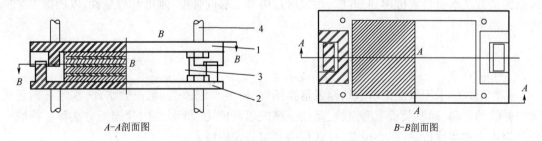

图 9-22 板式橡胶支座
1-上支座板;2-下支座板;3-承压橡胶板;4-锚栓

它的作用机理是:利用橡胶的不均匀弹性压缩实现转角,利用其剪切变形实现水平位移,位移量和支座的厚度有关,支座越厚其位移量越大。钢板能阻止橡胶的侧向膨胀,增加橡胶层的抗压能力,提高支座的承载力。橡胶具有良好的弹性,能满足结构变形的要求,还能吸收部分动能,减轻车辆的冲击作用。橡胶支座构造简单、造价低廉和安装方便,能适应桥跨结构各个方向的变形,利于墩(台)的受力。

支座竖向承载力分 15 级(单位:kN):300、400、500、600、750、875、1000、1250、1500、1750、2000、2250、2500、2750 和 3000。

铁路板式橡胶支座的选用应符合《铁路桥梁板式橡胶支座》(TB/T 1893—2006)的规定。

2. 盆式橡胶支座

铁路盆式橡胶支座将橡胶板放于扁平的钢盆内,盆顶用钢盖盖住。梁的转动和位移通过盆内橡胶块的不均匀压缩来实现。

盆式橡胶支座的主要特点是:将纯氯丁橡胶块放置在钢制的凹形金属盆内,由于橡胶处于有侧限受压状态,其抗压能力增加,提高了支座承载能力;嵌放在金属盆顶面的填充聚四氟乙烯板与不锈钢板相对(摩擦系数小),保证活动支座能满足梁的水平移动的要求。

盆式橡胶支座结构紧凑,承载力大,水平位移大,重力小,支座高度小,转动及滑动灵活,成本较低,适用于承载力为 1500~50000kN 的桥梁,支座设计转动角不小于 0.02rad。

铁路盆式橡胶支座的选用应符合《铁路桥梁盆式支座》(TB/T 2331—2013)的规定。

### 三、钢支座

铁路钢支座主要指竖向承载力为 800~20000kN 的圆柱面支座、柱面支座、摇轴支座、辊轴支座和铰轴滑板支座。铁路钢支座的选用应符合《铁路桥梁钢支座》(TB/T 1853—2018)的规定。

## 第七节 桥梁墩台

桥墩、桥台和基础统称为桥梁的下部结构,它们的主要作用是支承上部结构并将上部结构传来的荷载及本身自重传递到基础。桥梁墩台应有足够的强度、刚度和稳定性,以确保整个桥跨的正常工作。

### 一、桥墩

桥墩形式的采用取决于桥上线路或道路条件、桥下水流速度、墩位处水深、水流方向与桥梁中轴线的夹角、通航及桥下漂流物、基底土壤的承载能力、梁部结构及施工方法等。桥墩一般分为重力式实体桥墩、空心桥墩、柱式桥墩和拼装式桥墩。

1. 重力式实体桥墩

重力式实体桥墩主要依靠自身重力来平衡外力,保证桥墩的稳定,适用于地基良好或桥下有通航、流冰等漂流物的大、中、小桥梁。重力式桥墩一般用混凝土或片石混凝土砌筑,截面尺寸及体积较大,其自重和阻水面积也较大,外形粗壮,很少应用于城市桥梁。重力式实体桥墩按截面形状分为矩形桥墩、圆端形桥墩和圆形桥墩。

(1)矩形桥墩(图9-23):截面为矩形,具有圬工较省、模板简单、施工简便的优点,但对水流的阻力特别大。矩形桥墩一般适用于无水、静水或靠近岸边水流流速小处。山区铁路的跨谷桥及其他旱桥常采用矩形桥墩。

(2)圆端形桥墩(图9-24):截面中间为矩形,两端各加一个半圆,能使水流顺畅地通过桥孔。与矩形桥墩相比,它可减小水流对桥墩周围河床的局部冲刷和水流压力,一般用于斜交角小于15°的桥墩。

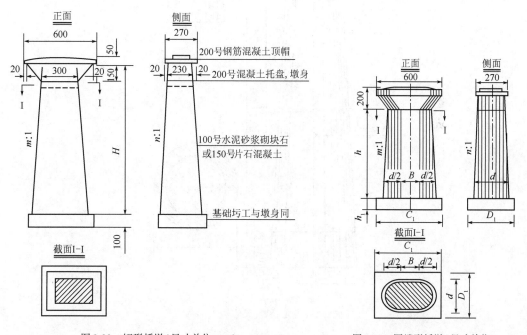

图9-23 矩形桥墩(尺寸单位:mm)　　　　图9-24 圆端形桥墩(尺寸单位:mm)

圆形桥墩不受水流与桥梁轴线斜交角度的限制。当水流流向不稳定或水流与桥梁法线斜交角大于15°时,采用圆形桥墩。由于圆形桥墩各个方向的尺寸相同,能根据桥墩纵、横向受力及使用要求不同的特点采用不同的尺寸,增大了桥墩的阻水面积,故对于斜交角小于15°时及横向宽度较大的桥墩不宜采用。同时,因为截面为圆形,不宜用石料砌筑。

**2. 空心桥墩**

位于山区的桥梁往往桥长且谷深而需要建造高桥墩,如果采用重力式实体墩,则墩身圬工量惊人、墩身的自重大而相应要求地基有较高的承载能力,地震时有较大的惯性力。此时,设计中一般采用空心桥墩,如图9-25所示。混凝土空心桥墩比实体桥墩可节省20%~30%的圬工,钢筋混凝土空心桥墩可节省圬工50%左右。

空心墩的截面形式一般有下列几种:①圆形空心;②双圆孔空心;③圆端形空心;④圆端形中间设纵隔板空心;⑤矩形空心;⑥矩形中间设隔板(双矩形)空心。墩身的立面形式一般有直坡式、台阶式和斜坡式。

空心墩墩壁较薄,在有船、筏和漂流物或受冰压力的河流上,一般不宜采用,以防撞击和磨损墩壁而招致破坏。但根据河流的具体情况,采取下部实体墩身等措施,通过技术经济比较后,仍可采用空心墩。

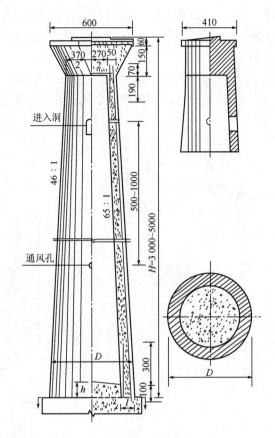

图 9-25 空心桥墩(尺寸单位:mm)

3. 柱式桥墩

柱式桥墩是目前中小跨度铁路旱桥中广泛采用的桥墩形式。这种桥墩既可减轻墩身重量、节省圬工材料,又比较美观、结构轻巧,桥下通视情况良好。柱式桥墩(图9-26)的形式主要有单柱式、双柱式等。柱身截面大多为圆形和矩形。

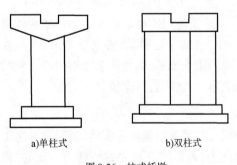

a)单柱式　　　　b)双柱式

图 9-26　柱式桥墩

4. 拼装式桥墩

拼装式桥墩又称装配式桥墩,前述的柱式桥墩及轻型桥墩采用部分构件现浇,部分构件预制,现场组拼而成桥墩时,即拼装式桥墩。采用拼装式桥墩可提高施工质量、缩短施工周期、减轻劳动强度,使桥梁建设向结构轻型化、制造工厂化及施工机械化发展。

拼装式桥墩适用于交通较为方便、同类桥墩数量多的长大干线中的中小跨度桥梁工点。

## 二、桥台

作为桥梁的重要组成部分,桥台起着支承桥跨结构和衔接桥跨与路基的作用,它不仅要承受桥跨传来的荷载及自重,而且还要承受台背填土压力及填土上车辆荷载产生的附加土压力。

桥台由台顶(包括道砟槽及顶帽)台身及基础三部分组成。为了加强桥台与路堤的衔接,桥台尾部应伸入路堤一定的深度,其前端填土应按一定的坡度做成锥体,并铺砌护坡。顶帽设有支承垫石支承桥跨结构,其上设有排水坡。铁路桥梁的桥台台顶设道砟槽用来承托道砟、枕木、钢轨等线路设备,顶面设有排水坡。

桥台本身大多由砌石、片石混凝土或混凝土等圬工材料构成,台帽则一般为钢筋混凝土。重力式桥台依据桥台的形状及台背填土情况分类,常用的有T形桥台、U形桥台、耳墙式桥台、埋式桥台及挖台。铁路桥梁多使用重力式桥台,很少应用轻型桥台。

### 1. T形桥台

T形桥台(图9-27)是一般大、中铁路桥常用的一种桥台形式,桥台后端部分的台身较窄,而前墙较宽,截面为T形。为了改善受力状态,台身后墙做成仰斜式,基础也一般做成前宽后窄的T形。T形桥台比一般实体桥台节省圬工,但由于后墙较窄,道砟槽为钢筋混凝土悬臂,钢筋用量较多,台身长度随着填土高度而增加,所以,当填土较高时,圬工量较大。

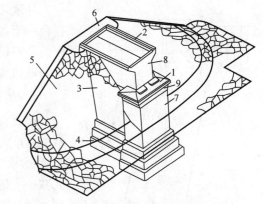

图9-27 T形桥台一般构造
1-台帽;2-道砟槽;3-后墙;4-基础;5-锥体;6-路堤;7-前墙;8-胸墙;9-托盘

T形桥台一般应用于填土高4~12m的铁路桥梁,或用于较小承载力的地基。为适应各种设计情况,编制了单线6~32m跨度梁桥,填土高4~12m的标准图。

### 2. U形桥台

U形桥台(图9-28)由支承桥跨的前墙与连接路基的两翼墙所组成,中空部分填土,以节省圬工。桥台两侧翼墙的受力与挡土墙相同,自上而下由窄变宽,当桥窄、台高时,采用U形桥台就不经济了。因此,对铁路梁桥,适用于填土高度较小($H \leqslant 4m$)地基容许承载能力较低的桥梁。而应用于公路桥梁的U形桥台适用于填土高$H \leqslant 10m$的桥梁。U形桥台的缺点是台后U形中空部分容易积水,冰冻后膨胀,致使墙身产生裂缝,影响桥台使用寿命,故在严寒地区使用时,须选用良好的渗水性填料并须做好排水设施。

### 3. 耳墙式桥台

耳墙式桥台(图9-29)也是铁路梁桥中最常用的桥台形式,公路桥梁中也常采用。与T形桥台相比,耳墙式桥台采用两片耳墙与路堤相连接,代替台尾的实体圬工从而缩短了台长、节省圬工,但耳墙式桥台为了避免根部开裂需配较多的钢筋。

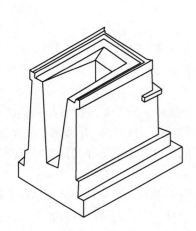

图 9-28 U 形桥台

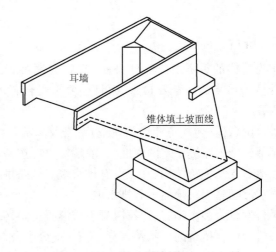

图 9-29 耳墙式桥台

耳墙式桥台适用于填土高为 4~12m 的梁桥。耳墙式桥台由于台身尺寸小,特别适应于深基础或铁路复线、宽桥面的公路桥梁。当填土很高时,锥体坡角伸出台前部分需加固坡角或设挡土墙。

4. 埋式桥台

埋式桥台(图 9-30)埋入锥体填土中。为了减小土压力造成向前的力矩,台身做成后仰形式。埋式桥台可大大节省桥台圬工,但由于将桥台埋入锥体填土中,使锥体伸入桥孔减小了桥下过水面积,从而增加桥的全长,且锥体坡脚易受水流冲刷须进行铺砌及坡脚防护。埋式桥台台身高而基础较短,基底应力大。这种桥台用于桥头为浅滩、溜坡受冲刷较小、填土较高( ≥12m )的桥梁上,且要求地基有较高的承载能力。

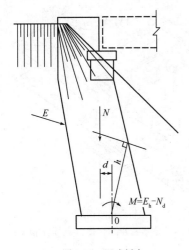

图 9-30 埋式桥台

1. 什么是桥梁的全长、桥梁长度、桥梁孔径、净跨径、计算跨径、建筑高度和桥下净空?
2. 按结构形式桥梁分为哪些种类?并简述桥梁的受力特点。
3. 简述道砟桥面的基本组成。
4. 简述"中-活载"的结构特点。
5. 简述钢筋混凝土简支 T 梁的钢筋布置。
6. 简述后张法预应力混凝土梁的构造及钢筋布置。

7. 简述简支钢桁梁桥的组成。
8. 结合梁桥的特点是什么？
9. 公铁两用桥桥面的常见布置方式有哪些？
10. 简述箱形截面拱桥的特点。
11. 主拱圈的拱轴线常用线形有哪几种？
12. 拱上建筑有哪两种形式？分别适用于什么条件？
13. 地道桥一般采用什么结构形式？
14. 铁路桥梁常用支座有哪几种？
15. 简述桥墩常用形式及特点。
16. 简述桥台桥墩常用形式及适用场合。

# 第十章 铁路桥梁施工方法

## 第一节 墩台施工

墩台的施工方法通常分为两种:桥位处就地施工与预制装配。就地施工较为简单,技术难度较小,但工期较长,特别是对于高墩施工,由于其高空作业困难,所用机具设备和材料较多,多采用滑动模板连续浇筑施工。预制装配法的优点是建桥速度快,预制构件质量有保证,工人劳动强度不大,特别适用于施工场地狭窄、干旱缺水地区及砂石供应困难地区。

### 一、混凝土墩台

(一)提升设备

1. 井架

在施工现场就地灌注桥梁墩台混凝土时,利用井字形钢塔架提升材料非常方便,特别是用于高桥墩,更能显出其优越性。井架一般采用万能杆件拼制,水平截面为 2m×2m,也可采用扣件式小钢管搭设井架。吊斗容量可按实际情况选用,一般为 $0.2 \sim 0.4 m^3$。吊斗沿井架内侧导轨提升至预定位置自行翻斗倾卸,如图 10-1 所示。

对井架基础必须检查验算,并检测地基承载能力,如土质不良,应设法加强或采用扩大基础、换填土壤等措施。基底必须整平,确保井架在施工中不发生沉陷、位移、倾斜等问题。在施工过程中,应加强检查,确保安全。

2. 缆索吊车

山区修建桥梁,由于桥址地形陡峻,机具材料不便运至墩台附近,而桥头两岸地势较高时,宜采用缆索吊车法施工。平原地区跨河亦可采用。缆索吊车既可做垂直运输,又可做水平运输,不受桥高和地形的限制,一套设备可以担任几个墩台甚至全桥的运输任务;可用于挖基运土、吊装模板、吊运混凝土及其他材料等;具有使用方便、节省劳力等多方面的优点。因此,在山区桥梁施工中运用较广泛。我国已建成的高达60～70m的山区高墩桥梁,很多是采用此法施工的。

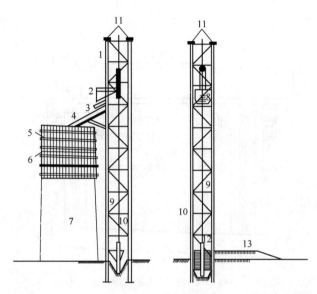

图 10-1　混凝土输送塔架

1-井架;2-吊斗;3-导轨弯头;4-溜槽;5-桥墩模板;6-已灌注混凝土高度;7-桥墩;8-吊斗提升至预定高度后沿弯头滑行自动倾卸;9-正面导轨(按卸料高度弯头);10-两侧导轨;11-缆风绳;12-吊车卸料后返回地面装料;13-上料平台

3. 各种吊机

墩台施工时,可按桥梁施工高度及混凝土运送条件,选用各式履带或轮胎吊机、塔式吊机等。塔式吊机用于地形平坦且桥墩数量较多的工地较为经济。

4. 混凝土泵

泵送混凝土是一种先进的施工方法,它用压力把混凝土通过硬的或软的管道输送到指定地点。泵送混凝土应具有较大的流动性,泵的出口处混凝土坍落度宜为8～12cm。为此,拌和机出料坍落度宜控制在13～17cm。坍落度过小,管道易堵塞;过大则混凝土可能发生离析现象,也可能导致管道堵塞。为了提高混凝土的流动性,减少管道堵塞的危险,可掺加减水剂或加气剂。

常见的混凝土输送泵有两种:一种是移动式混凝土泵,一般只垂直运送混凝土,运送高度在50m左右;另一种是固定式混凝土泵,垂直与水平均可运送,其运送距可在200m以上。

(二)滑动模板施工

滑动模板是用一节模板,连同工作脚手架以整体形式安装在基础顶面,依靠自身的支承和提升系统,在灌注混凝土的同时,模板也慢慢向上滑升,这样可连续不断地灌注混凝土。此法施工的墩台整体性好,施工速度快,高空施工安全。缺点是由于使用了半干硬性混凝土,表面质量难以控制。

根据桥墩类型、墩身坡度、截面形式和提升方式的不同,滑模可以设计成不同的形式。这里介绍电动液压千斤顶提升的圆形空心墩滑模的构造。

圆形空心墩滑模的滑动模板主要由卸料平台、工作平台、内外模板和提升设备等组成,如图 10-2 所示。

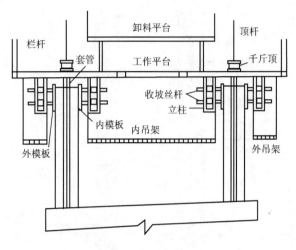

图 10-2　圆形空心桥墩滑模图

## 二、砌筑墩台

砌筑墩台是指用石料、预制块及大块件拼装的墩台,具有就地取材,节省水泥、钢材,经久耐用等特点。在石料供应充分和适宜建造石砌桥墩的条件下,应优先考虑采用石砌桥墩。

(一)砂浆及石料

桥墩台砌石应采用水泥砂浆砌底。砂浆强度按设计规定要求。重要结构的水泥砂浆强度等级应不低于 M10,次要结构及附属工程,砂浆的强度等级应为 M5～M10。

石砌体所用石料应为不易风化的。桥涵所用石料分片石、块石、粗料石三种。用粗料石砌筑的桥、涵的拱圈,所用石料的强度等级应不低于 MU60。用块石砌筑的桥墩台身、涵洞拱圈、涵洞帽石,所用石料的强度等级应不低于 MU45。用片石砌筑的桥墩台身及基础,涵洞的边墙、端墙、翼墙及基础,所用石料的强度等级应不低于 MU45。用片石砌筑的沉井填心、拱桥填腹及铺砌防护工程所用石料的强度等级应不低于 MU30。

1. 浆砌片石

浆砌片石砌筑的实体墩台高度不宜大于 20m。当高度超过 15m 时,应在墩台中部用整齐块石砌一垫层或灌注一层混凝土,其厚度为 0.6～1.0m。当高度超过 6m 时,应全部用块石镶面;高度在 6m 以下,则用浆砌片石镶面。

挤浆法砌筑片石的主要操作:在砌筑第一层石块时,按所挂线选择比较方正的石块做角石先砌,再砌面石,最后砌填腹石。

## 2. 浆砌块石

块石厚度不小于20cm，形状大致呈方形。用于镶面时，外露面应稍加修凿，并按丁顺相间排列，与填腹石连成整体。镶面石的灰缝宽度为1~2cm，上下层错缝不小于8cm。用块石填腹时，水平灰缝不大于3cm，垂直灰缝不大于4cm，填腹石灰缝也要错开。

砌筑步骤与浆砌片石大体相同。块石的砌筑可不按照每块石料的厚度分层，但每隔70~120cm必须找平一次，作为一段。

## 3. 浆砌粗料石

浆砌粗料石用于圆形、圆端形桥墩或破冰棱体的曲面部分及石拱桥的拱圈、拱座等。这些砌块的尺寸与规格要求较高，必须定型加工修凿。粗料石用于镶面时，应水平分层，每层厚度不变或向上递减，但最薄不小于20cm。每层均应按一丁一顺交错排列（图10-3），垂直错缝不小于10cm，灰缝宽度为1.5~2.0cm。

图10-3 粗料石砌筑

## 4. 其他

其他如浆砌大卵石、干砌石等，多用于防护工程或附属工程。

### （二）砌块

砌块分混凝土预制块和片石预制块两种。片石预制块有节约水泥、节省人工、规格准确、强度均匀等优点。砌块设计时应注意以下几点：

（1）块件规格应简单有通用性，以减少块件种类。块件大小要适应设备调运能力。

（2）块件的砌筑面或接合面应粗糙，中间略有凹凸，以利于砂浆胶结。

（3）块件吊环应具有足够的强度，并应设在恰当的部位，使拴吊摘挂方便，又有利于砌块就位。设在砌筑面的吊环，应采用埋头设置，环顶不可高出块件平面，以免影响砌缝。

石砌墩台有就地取材、经久耐用、造价低廉等优点。石料充足的山区铁路，应充分利用当地石料修建墩台。

### （三）勾缝及养护

砌石圬工均宜勾缝，以免灰缝受到风化和侵蚀。勾缝分平缝、凸缝、凹缝三种。凸缝宜低，凹缝宜浅。桥梁墩台镶面勾缝多用凹缝，缝深6~10mm。勾缝砂浆所用砂子应稍细，并不宜使用火山灰水泥，勾缝前应将砌缝修凿20mm深的空隙，洗净灰缝，用水润湿，然后用M10砂浆填塞。

## 三、墩台附属设备

### （一）通信支架及检查设备施工

墩台上的附属设备一般有通信支架、围栏、吊篮等，在空心墩上有进入孔、检查梯、通风孔等。这些设备大部分在灌注混凝土时预先埋设螺栓、型钢、钢管等，待墩台施工完毕后再安装各种附属设备。因此对预埋的铁件,要按设计位置埋设,并且左右位置、水平高度、垂直方向要正确无误。捣固混凝土时要对预埋铁件加以保护,不能因振动而产生位移或倾斜。各种墩台附属设备要避免在建成后凿孔安装。

(二)桥台锥体护坡的施工

1.锥体填土部分

锥体填土必须分层夯打密实,应达到最佳密实度的90%以上。砂砾石土类,应洒水夯填。采用不易风化的块石填料,应注意层次均匀,铺填密实,不可堆填或倾填。有坡面防护的护坡,在锥体填土时,就应留出坡面防护砌筑位置。

为使桥台与路堤连接良好,必要时可在锥体顶面以下1.50m范围内,采用干砌片石实体砌筑。

2.锥体坡面砌筑

锥体坡面砌筑一般采用干砌片石或铺砌大卵石,也可采用预制块砌筑,以及铺草皮等防护办法。使用片石或大卵石砌筑护坡的底层,应以卵砾石或碎石等作为垫层,在砌筑坡面时,随砌随垫保证垫层厚度。坡面以栽砌为主,预制块和大面片石可以码砌,但不如栽砌牢固美观。石料砌筑应相互咬合错缝,其空隙应用小石楔塞实;大卵石要分出层次砌筑,要求上下错缝,左右挤紧,层层压牢。

## 第二节　简支梁的预制和架设

### 一、梁的预制

(一)施工现场

混凝土梁的施工场地的布置主要考虑以下几个方面的问题:
(1)施工便利,场地运输合理。
(2)施工场地应在整个施工期间不被水淹。
(3)力求少用耕地,避免拆迁已有建筑。
(4)场地布置应符合劳动保护、技术安全和防火要求。
(5)力求减少临时建筑费用。
(6)施工场地应注意临时排水,工地雨水和污水应能及时排除。

混凝土梁跨施工应有以下场地和相应设施:①码头、便线、便道;②砂石存放场和水泥仓库;③混凝土搅拌站;④制梁场;⑤前方工点及码头。

(二)模板

现场预制混凝土梁的模板主要按材料分类,一般可分为金属模板、非金属模板、钢木结合模板三种。预制 T 梁制造常采用金属模板,而金属模板一般是由型钢和钢板组成的钢模板。

大型预制构件的模板均设计为拆装式模板。模板的形状和尺寸应符合设计要求。模板结构要有足够的刚度和强度,能承受混凝土的重量和施工过程中产生的各项荷载,在混凝土振捣器的强烈振动下其变形不超过容许误差。模板的拼缝必须严密、不漏浆。模板拼装接头构造要牢固,拆装要方便。

预制 T 梁全套模板是由底模、侧模、端模和挡砟槽等部分组成的。

模板的安装是制梁的重要工序之一。它对加快制梁进度和保证梁体外形尺寸及混凝土质量都十分重要。将运到现场的模板放在制梁台座附近便于吊装的场地上,然后再进行起吊、安装等工作。模板的安装工作与钢筋的绑扎和绝缘塑料管的埋设交错进行。

侧模及端模安装程序为:横扇修整→模扇及底模涂隔离剂→固定端模→安装钢筋骨架→穿预应力筋→立侧模→绑扎桥面钢筋→模板紧固安装上口撑拉杆→模板找正→安装附着振捣器→全面检查→灌注梁体混凝土。

(三) 混凝土浇注

1. 浇注顺序

(1) 输送

混凝土从卸料口卸出后,须经过输送才能灌入模内。输送方法和使用设备应按施工具体情况决定。装运混凝土的料斗活门开口处应不漏浆,以保持混凝土的均匀性。运送道路要平坦,防止混凝土离析。要保证混凝土在规定的时间内灌入模内。同一个台座的梁应一次连续灌筑,以防止预应力值的变化不均。

(2) 浇注

在张拉工作完成后立即浇注混凝土,以减轻温差引起的钢绞线应力改变。对于后张法应在钢筋、制孔器安装好后立即浇注混凝土。

预应力混凝土梁的浇注应依次连续浇注完成。一般均采用斜向分段、水平分层的浇注方法,如图 10-4 所示。

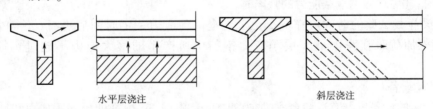

a) 混凝土的浇注方法

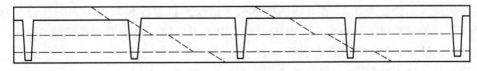

b) 分段、分层浇注顺序

图 10-4　混凝土梁的浇注顺序

### 2. 混凝土的振捣

预应力混凝土梁的浇注必须使用机械振捣,才能达到混凝土密实度、强度及耐久性的要求。

混凝土浇注一般采用以侧模附着式振捣为主、插入式振捣为辅的振动方式。安装在模板上的振捣器,其频率必须一致,否则就会产生干扰。

### 3. 混凝土的养护

在常温下混凝土的养护主要是用潮湿的草袋、麻袋、稻草等覆盖,并常洒水,也可采用塑料薄膜包裹。养护时间与水泥品种和是否掺用塑化剂有关。一般情况下,用普通硅酸盐水泥拌制的混凝土为 7 昼夜以上,用矿渣水泥、火山灰水泥或在施工中掺塑化剂的混凝土为 14 昼夜以上。

自然养护法比较经济,但混凝土强度增长较慢,模板占用时间较长,特别是在低温条件下不能采用。当日平均气温低于 5℃ 时不得浇水,应加以覆盖,防止水分蒸发或受冻。

冬季温度较低,可在养护罩内徐徐加温到 15~20℃,这样既可以保证预养期的温度,缩短养护时间,也可避免梁体产生裂纹。

升温时,升温速度不宜大于每小时 10℃。恒温时间一般为 30h,温度以控制在 50℃ 为宜。降温时,降温速度不宜大于每小时 15℃。

### 4. 拆模

不承重的侧模,在混凝土强度达到 2.5MPa 时,可以拆除。侧模可用千斤顶协助脱模,为使模板单元安全脱模,常用旋转法拆模,其旋转中心可设在侧模的上端或下端。承重的底面模板应在混凝土强度能承受自重和其他可能的外荷载时方能拆除。通常当强度达到设计吊装强度并不低于设计强度的 75% 时,就可起吊主梁,进行下一根梁的预制工作。

### 5. 梁的静载试验

正常生产条件下,应每批(30 孔)或每季度对不同跨度的简支梁各抽验一片。在下列情况下,也应进行静载弯曲抗裂性检验:①采用新结构、新材料、新工艺进行生产时;②生产条件有较大变动时;③出现影响承载能力的缺陷时。

简支梁静载试验的时间应在混凝土承受全部预应力一定时间后进行(不得少于 3 个月),以使外加荷载在跨中最下层预应力钢筋中所产生的最大应力不超过钢筋的弹性极限。

(1) 试验设备

试验所需的设备仪器有试验台座、加力架、千斤顶、油泵、标准油压表等加力和计量设备。试验设备的工作能力控制为 1.5~2.5 倍最大荷载,加载点的间距不应大于 4m。

油压表应采用精度为 0.4~0.6 级的标准表。试验前将千斤顶与油压表配套后在标准精度不低于三级的试验机上进行校正。其最大测读误差不应超过最大控制荷载的 0.5%。油泵则宜采用手动油泵进行单项同步加载控制。

挠度量测可用水准仪,测量标尺最小刻度为 1mm,估读 0.5mm。

检查梁体混凝土裂纹,采用不低于 5 倍、直径不小于 50mm 的放大镜。量测裂纹宽度须用不低于 10 倍的刻度放大镜,读数精度为 0.01mm。

(2) 试验方法及评定标准

梁的加载分两个阶段进行,以加载系数 $K$ 表示加载等级的程序如下:

第 1 阶段:0→基数级→0.6→0.8→静活载级→1.0→逐渐卸载至 0。

第 2 阶段:0→基数级→0.6→0.7→静活载级→1.0→1.05→1.10→1.15→1.20(最大控制荷载)→1.22(必要时)→渐卸载至 0。

每次分级加载保持荷载的时间为 2～5min,但当第 1 阶段达到 $K=1.0$ 及第 2 阶段达到 $K=1.20$ 时,均应持荷 20min。加载和卸载速度不宜过快,加载速度以每秒不超过 3kN 为度。

梁体合格标准为:当梁体承受最大控制荷载时,持荷 20min 后未出现裂纹;梁体在静活载作用下的跨度与计算跨度之比,未超过 1/800,则梁试验合格。

梁体开裂标准为:在某级荷载作用下,裂纹在下翼缘底部边角或底面出现,增加一级荷载后,即有开展或伸长现象,或在上述部位又有新裂纹出现,即认为在某级荷载下,梁体已开裂。

(四) 预应力梁的存放与运输

1. 移梁

当对梁体施加预应力后,即可吊移梁。吊梁可用大型龙门吊将梁从台座上吊起落到运梁平车上,再把梁运到存梁场地,也可用龙门吊直接运梁到存梁场。当存梁场地狭小时,可把梁叠放。没有大型吊机时可用千斤顶顶起梁,在梁下穿入滑轨和滑板,用卷扬机牵引横移梁到存梁场。

无论是吊梁还是顶梁,受力点的位置都必须在梁体规定的允许最大临时支点之外(保证此时梁的临时最小跨度,以防梁跨中上部出现裂纹)。用千斤顶顶梁宜顶梁的上部,当需要在两侧下部设顶点时,顶点位置不宜靠外,防止把梁的托盘顶裂。顶梁时必须用钢垫板及垫木,支垫面积不小于 30cm×30cm。

在顶梁过程中,需要用圆木或钢件构成人字撑支顶梁的上缘,以确保梁体的稳定。梁不能在钢轨滑道上直接滑动,在梁与滑轨之间须设滑板。

2. 存梁

存放场地的面积主要取决于制梁的数量和梁运出厂的时间,以边制梁边运出存梁场的占地面积为最小。通常可按存全部制梁数量的一半考虑。

存梁道的基础应夯实、平整,最好不要有坡度。通常在碎石垫层上铺枕木,钉以双排钢轨作为存梁道。当受高程限制时,可设浆砌片石墩,墩上做钢筋混凝土梁,再在钢筋混凝土梁上固定钢轨。在存梁道的一侧设卷扬机作为移梁拖拉动力。

规划存梁场地应注意以下事项:存梁场地较大时,可采用移梁方式装卸桥梁,但在有条件时,宜采用大跨度吊梁龙门架装卸桥梁;布置装卸线路时,应考虑取送和停放车辆等作业的便利,并避免装卸时与邻近线路的行车互相干扰;规划场地不应设在低洼积水处,同时场内须有可靠的简易排水系统和设施;规划存梁台位宜根据曲、直线梁的跨度、孔数,结合架梁次序、装卸方法等安排。两行桥梁端部宜留出 2m 左右的空间;存梁场的辅助设施如地垄、吊梁龙门轨道、卷扬机房等应在规划时统一布置。

## 二、梁的架设

(一) 梁的架设

架设质量不很大的预制梁,早期曾经采用人字扒杆单吊或抬吊、双扒杆隔河吊架、铺便线纵移或横移等以人力为主的架设方法。但随着施工技术的发展,陆续出现了一些机械化程度高、架设能力大的架设方法。下面主要介绍目前经常使用的几种铁路预制梁的架设方法。

1. 铁路架桥机架梁

铁路架桥机架梁所使用的架桥机有走行设施,可以通过铁路线路在新线和营业线上转移使用。长途挂运时可解体,到达桥头后可以迅速组拼。这种方法的优点是机动性大,可以迅速调运架桥机到全路任意一地方使用,架梁效率高,省人工,费用低,不受墩高、水深等条件的限制。但它也有自己的缺点,即在线路未铺设到桥头时,不能使用,对预制梁的体积、形状及质量都有一定的限制。

2. 龙门吊机架梁

龙门吊机架梁是在紧靠桥墩处铺设运梁便线并组拼两台大型龙门架。龙门架底部都有走行设施,顶部有横向轨道供吊梁小车横移。龙门吊对好位置后,运梁小车送预制梁至龙门架下,吊梁小车随即吊起桥梁横移就位。其优点是可在铺轨尚未到达桥头时进行预架,能缩短工期,架梁效率高。因龙门架高度、跨度、吊重等根据具体要求设计,故对预制梁的规格有较强适应力。缺点为龙门架宽度、高度较大,费工料多,不宜在水流通过地带架梁,桥墩过高时也不宜使用。

3. 双导梁架桥机架梁

双导梁架桥机架梁是在桥孔上架设两片导梁,中间隔一定距离,前端用支腿支到桥梁上,后面部分支托在后方桥墩上,或已经架好的桥面、路基上,总的长度根据悬臂过渡的方式决定。导梁顶面设龙门轨,横跨导梁设龙门吊车两台。吊车顶上的卷扬设施可做横向移动。架梁时运梁台车将梁送入架桥机后端,两台龙门吊车同时吊起梁进到桥孔对位(仅指长导梁架桥机);或者先用前一台龙门吊车吊起前端,让后端继续托在运梁台车上前进,待梁后端进到后一台龙门吊起吊范围内时,再一同吊梁前进(仅指短导梁架桥机)。这种方法不仅继承了龙门吊机架梁的优点,而且还可以在有水流通过的地带以及很高的桥墩上架梁。其缺点是临时组拼的工作量大,费工费时,工效不够高。

4. 自行式吊机架梁

自行式吊机架桥是利用起重量大的轨行式或轮胎式吊机一台或两台,自行行至桥孔下对位,并将运梁台车或汽车拖车送来的预制梁举吊到桥位上。这种方法的优点是机动性强,能自行到现场架吊,不需临时拼装,辅助工程少,架梁效率高。其缺点是吊机自重大,需要有坚固的支托结构和引入便道。

以上介绍的几种架梁方法,应根据预制梁形式、供应方式及桥梁所处地理环境等情况综合选用。

跨度40m以下的钢筋混凝土或预应力混凝土铁路桥梁,可利用铁路运输的有利条件,在桥梁工厂预制,运到铺轨架梁基地或专设的存梁场存放,待铺轨工程接近桥头时,再装运到桥头用铁路架桥机架到桥位。由工厂预制的梁片因受到铁路运输条件的限制,一般分为左右两片制造,待架到桥位上后再焊接成整体。

有必要在铁路未铺设到桥头前进预架的桥梁,或因所架桥梁过宽过重,不能用自己有的铁路架桥机架设时,可根据其具体条件用自行式起重机或临时组拼成的架设机具架设。

(二)桥头作业

为了防止架桥机因路基松软而发生倾覆盖事故,以及避免架桥机结构和机械设备因线路变形发生严重超载现象而受到损害,无论使用哪种架桥机,除非有绝对可靠的根据,都应根据不同情况采用适当的方式进行压道。

压道的技术要求为:压道车的轴重一般要比架桥机最大轴重至少大10%。压道车的压道范围,前方压上桥台1m,后方压到架桥机最大轴重停留地段以外15m。压道次数不得少于3个往返。压道速度一般取1~3km/h,最大不应超过10km/h。对架桥机大轴重停留地点,桥台尾与线路衔接处,个别有疑问的薄弱地段等,应特别放慢速度或者停在该处一段时间任其逐渐沉落。其中桥台尾部的小段路基无须特别注意。线路施工完毕检查合格,即可压道。压道过程中,要经常观测和记录线路变化情况,如线路下沉、两轨左右前后高低差、钢轨枕木回弹和路基情况等。压道过程中路基变化较大的地方,应当起道以后再压。压道以后如果遇到暴雨或长期阴雨,必须重新压道后,方可继续架梁。

## 第三节　其他施工方法

### 一、地道桥顶进法施工

在既有铁路或公路下顶入框架,可根据场地、设备及框架的长度等具体情况采用不同的顶进方法。

1. 单向顶入法

在顶力设备完善的情况下,不论框架与公路、铁路的交角和框架的跨径大小如何,一般都可以用单向顶入法。

该方法是先在需顶进的地方挖工作坑,在坑内做一滑板,在滑板上预制钢筋混凝土桥涵,把框架上端及侧墙做成向前突出的刃脚,其上安装钢刃,再在离桥涵尾部不远的地方修筑一个后背,然后在后背与框架底板之间安设千斤顶。对公路、铁路或其他城市市区道路进行必要的加固,以保证顶进时框架上面线路的安全。最后,借后背的反力用千斤顶将框架顶入路基。顶进时,框架前端部刃角处不断地挖土,随顶随挖,直至框架按设计要求的位置全部顶入路基为止(图10-5)。其工艺流程如图10-6所示。

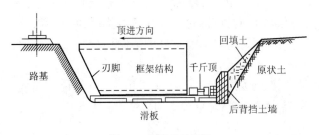

图 10-5 顶进法示意图

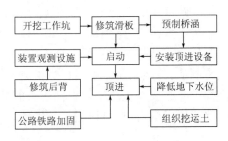

图 10-6 单向顶入法工艺流程

### 2. 中继间法

当框架顶进距离过长，顶力较大、框架埋置深、顶力设备满足不了后背反力的要求时，采用中继间法。

该方法是将框架分成数节，在节间设置中继间千斤顶。前节框架顶进时，以后节框架作为后背，用安装在节与节之间的中继间千斤顶进行顶进。中继间的千斤顶达到最大行程后，前节暂停顶进，而进行后节顶进，此时中继间的千斤顶随着后节的顶进而压缩（回镐），再进行前节的顶进。这样使之交替顶进。顶进的过程中，后背的最大反力仅为最后一节框架的顶力，可使后背设备大为减少。中继间顶进如图 10-7 所示。

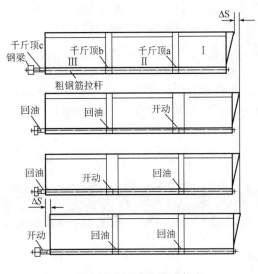

图 10-7 中继间顶进示意图

### 3. 对拉法

当框架桥采用中继间顶进法有困难，后背工程量太大时，可采用对拉法施工。

对拉法同样是在路基两侧各挖一个工作坑，每边预制半节框架，然后从路基一侧顶入多个小空管，将钢绞线或高强钢丝或其他拉杆穿越路基，使两侧的框架连接，互为后背，对拉前进，直至框架对拉就位。对拉法如图 10-8 所示。

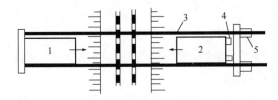

图 10-8 对拉法示意图

1、2-框架桥主体结构段；3-钢绞线；4-千斤顶；5-锚环锚座

### 4. 气垫顶进法

当框架较长，其他方法又不太适用时，常采用气垫顶进法。

滑板是施工的临时设施，是为了减小顶进气垫而使用的。顶进法与单向顶入法基本相同，其特点是在框架底板与地面接触面之间吹入压缩空气形成气垫层，而当气体压力超过箱身自重压力时,则框架将被气体微微抬起,大大减小了摩擦力,达到减小顶进力的目的。气垫顶进法如图10-9所示。

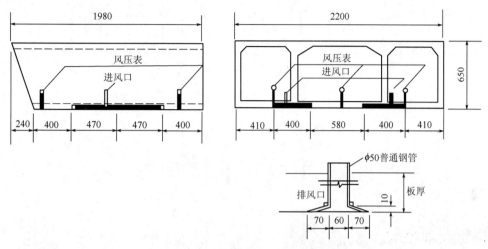

图10-9 气垫顶进法示意图(尺寸单位:cm)

## 二、悬臂施工

悬臂施工法亦称逐段施工法,它是在已建成的桥墩上,沿桥梁跨径方向对称的逐段拼装或浇注的施工方法。采用悬臂施工的必要条件是在施工过程中,需要墩与梁先行固结,此时结构的受力状态呈T形刚构状;当边孔合龙将最后块件放在支座上时,形成一端固结、一端简支的单侧固端梁;拆除梁与墩先行固结的锚固筋,放置支座形成铰接后,此时梁呈单悬臂梁,两跨以上悬臂梁合龙后呈最后的连续梁受力状态。

悬臂施工法通常分为悬臂浇注和悬臂拼装两类。

### 1. 悬臂浇注

悬臂浇注(图10-10)是在桥墩两侧对称逐段地浇注,待混凝土达到一定的强度后张拉预应力筋束,移动机具模板(挂篮),再继续进行下一梁段的浇注,一直推进到悬臂端为止。图10-10表示浇注程序。

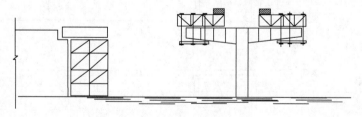

图10-10 悬臂浇注施工示意

悬臂浇注每一梁段的施工周期为7～10天,因工作量、设备、气温等而异。悬臂浇注每节段长2～5m。我国已建的大跨径预应力混凝土梁式桥,大多数采用这种方法施工。

### 2. 悬臂拼装

悬臂拼装施工是将块件分段预制,下部结构完成后,将预制块件运到桥下,用活动吊机逐段起吊,拼装就位,施加预应力,使其逐段对称延伸为悬臂梁。悬臂拼装的基本施工程序是:块件预制→块件移动→堆存及运输→块件起吊拼装(图10-11)。

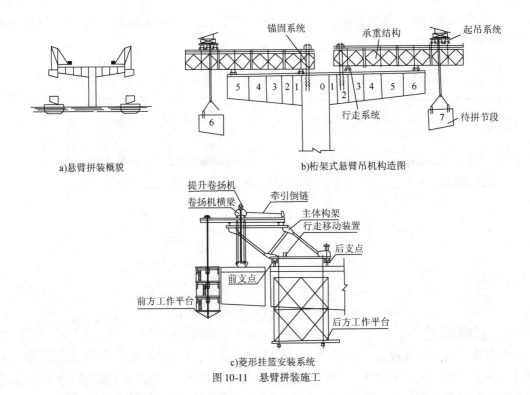

图 10-11 悬臂拼装施工

## 三、顶推法施工

顶推法施工是在沿桥纵轴方向的台后设置预制场地,分节段预制,并用纵向预应力筋将预制阶段与前节段施工完成的梁体连成整体,然后通过水平千斤顶施力,将梁体向前顶推出预制场地,之后继续在预制场地进行下一节段梁的预制,直至施工完成(图 10-12)。

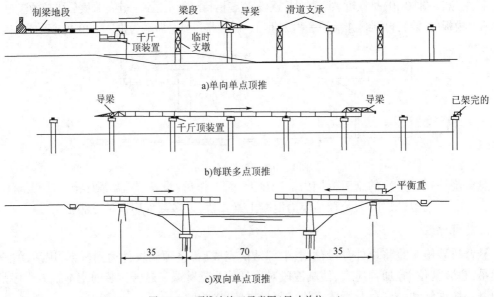

图 10-12 顶推法施工示意图(尺寸单位:m)

顶推法施工是周期性的反复操作过程,以下按三个主要环节进行介绍。

1. 浇注梁段混凝土

浇注梁段混凝土是在桥台后面地基坚实可靠的固定场地上进行的,也可在刚性较好的拼装支架上完成。每块梁段都紧接前一梁段浇注。为了缩短顶推周期,对混凝土可采取早强措施,2~7天就可达到顶推强度。

2. 张拉预应力筋束

在浇注混凝土之后,顶推之前,必须穿预应力筋束并且进行张拉。此部分预应力筋束仅仅是为了满足块件之间连接的要求,以及在顶推过程中,抵消梁体自重产生的弯矩。

3. 顶推

顶推装置是由垂直顶推千斤顶、滑架、滑台(包括滑块)及水平千斤顶组成的。

顶推装置一般设置在紧靠梁段预制场地的桥台或支架上的梁底处。滑架长约2m,固定在桥台或支架上,用镀铬钢板支撑。滑台是钢制方块体,其顶面垫以氯丁橡胶块承托梁体,滑台与滑架之间垫有滑块,滑块由氯丁橡胶板下面嵌一聚四氟乙烯板组成。顶推时,开动液压泵,驱动水平千斤顶推动滑台,由于滑台顶面的橡胶垫块与梁底之间的摩阻力大于滑架与滑块之间的摩阻力,故水平千斤顶能够顺利地推动滑台顶着混凝土梁体前进。水平千斤顶行程一般为1~2m,顶完一个行程后即用垂直千斤顶将梁顶起,梁体离开滑台,水平千斤顶回油后,将滑台退回,随后垂直千斤顶回油,梁体下落到滑台上,开动油泵后,水平千斤顶继续向前顶推,开始下一个顶推过程。在顶推过程中,各个桥墩墩顶均需设置滑道装置,它由混凝土滑台、不锈钢板和滑板组成。顶推需要严格控制梁体两侧千斤顶同步运行。为防止梁体偏移,通常在梁体旁边隔一定距离设有导向装置。图10-13为水平千斤顶与垂直千斤顶联用顶推。

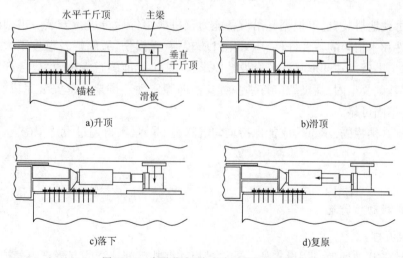

图10-13 水平千斤顶与垂直千斤顶联用顶推

由立模、浇注到顶推、张拉,一个循环需6~8天;顶推完毕就位后,拆除顶推用的临时预应力筋束,张拉通常的纵向预应力筋束以及在顶推时未张拉到设计值的筋束;然后灌浆,封端,安装永久支座,落梁,主体工程完成。

全桥纵向只设一个顶推装置的称为单点顶推法。近年来,也常采用多点顶推施工法。多点顶推是在每个墩台上设置一对小吨位的水平千斤顶,将集中力分散到各墩上的施工法。

## 四、拱桥的有支架施工

(一)拱架

拱架的种类很多,按其使用材料可分为木拱架、钢拱架、扣件式钢管拱架、斜拉式贝雷平梁拱架、竹拱架、竹木混合拱架、钢木组合拱架以及土牛胎拱架等多种形式;按结构形式可分为排架式、撑架式、扇形式、桁架式、组合式、叠桁式、斜拉式等。图10-14为满布式木拱架构造。

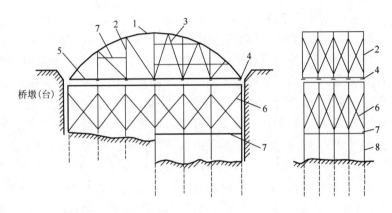

图10-14 满布式木拱架
1-弓形木;2-立柱;3-斜撑;4-卸架设备;5-水平拉杆;6-斜夹木;7-水平夹木;8-桩木

木拱架可就地拼装,也可根据起吊设备能力预拼成组件后再进行安装。拱架的弧形木立柱等主要杆件和木桁架的各种杆件,应采用材质较强、无损伤、无腐烂及湿度不大的木材。拱架制作安装时,拱架尺寸和形状要符合设计要求,立柱位置准确且保持直立,各杆件连接接头要紧密,支架基础要牢固,高拱架应特别注意其横向稳定性。拱架全部安装完成后,应全面检查,确保结构牢固可靠。

支架基础必须稳固,承重后应能保持均匀沉降且下降量不得超过设计范围。

(二)现浇混凝土拱桥

1.拱圈或拱肋的浇筑

(1)浇筑流程

支架设计→基础处理→拼设支架→支设模板→绑扎钢筋→浇注混凝土→养护→拆模→拆除支架。满布式拱架宜采用钢管脚手架、万能杆件拼设,模板可以采用组合钢模、木模等,拱式拱架一般采用六四军用梁(三脚架)贝雷架拼设。

(2)连续浇筑

跨径小于16m的拱圈(或拱肋),应按拱圈全宽度、自两端拱脚向拱顶对称地连续浇注混凝土,并在拱脚处,混凝土初凝前全部完成。如预计不能在限定时间内完成,则需在拱脚处预留一个隔缝并最后浇注隔缝混凝土。

(3)分段浇筑

大跨径拱桥的拱圈,为避免拱架变形而产生裂缝以及减小混凝土的收缩应力,应采用分段浇筑的方法施工。分段长度一般为6~15m。划分拱段时,必须以能使拱架受力对称、均匀和变形小为原则,拱式拱架宜设置在拱架受力反弯点、拱架结点、拱顶及拱脚处,满堂式拱架宜设置在拱顶、$L/4$ 部位、拱脚及拱架节点等处。各段的接缝面应与拱轴线垂直。

2. 卸拱架及注意事项

拱架采用就地浇筑施工时,卸拱架的工作相当关键。拱架拆除必须在拱圈砌筑完成后20~30d,应待拱圈混凝土强度达到设计强度的75%后方可拆除。此外,还必须考虑拱上建筑、拱背填料、连拱等因素对拱圈受力的影响,尽量选择对拱体产生最小应力的时候卸落拱架。为了能使拱架所承受的拱圈重力逐渐传给拱圈自身来承受,拱架不能突然卸除,而应按一定的程序进行。为了保证拱架能按设计要求均匀下落,必须采用专门的卸架设备,大跨径拱桥的卸架设备常用的有砂筒和千斤顶。

(三)石(混凝土砌块)拱桥拱圈砌筑

砌筑拱圈时,跨度小于6m 的拱圈一般按照全宽和全厚,由拱脚向拱顶同时对称砌筑至拱顶封顶合拢。拱跨为6~10m 时,应在拱脚第一轮石留空隙,砌至拱顶放置刹尖石。待拱圈圬工达到设计强度的75%时,再将4条空隙同时插浆捣实,完成全拱砌筑。拱跨超过10m时,应采用分段砌筑的方法。10~20m的拱圈,可按拱圈全宽每半拱分三段砌筑。同时应在拱脚及各分段之间设置空隙,并在分段交界面上设三角支撑以稳定分段位置。跨度大于20m 的拱圈,半跨拱分段的段数、尺寸等按设计规定施工。

砌筑时,在空隙处应设置垫块,隔开空隙两侧拱石,保持应有的宽度。垫石可用铸铁、水泥砂浆或混凝土制成。分段砌筑和设置空隙的目的是避免拱架变形和拱圈开裂,同时借捣填空缝砂浆时产生的挤压力,使拱圈均匀挤压升高,从而脱离模板,以利拱架的拆除。

(四)拱上结构施工

主拱圈拱背以上的结构主要有横墙座、横墙、横墙帽或立柱座、立柱、盖梁、腹拱圈或梁(板)侧墙、拱上结构伸缩缝及变形缝、护拱、拱上防水层、拱腔填料、泄水管、桥面铺装、栏杆系等。

1. 伸缩缝及变形缝的施工

伸缩缝缝宽1.5~2cm,要求笔直,两侧对应贯通。如为圬工砌体,缝壁要清凿到粗料石规格,外露料石要挂线砌筑;如为现浇混凝土侧墙,须预先安设塑料泡沫板,将侧墙于墩台分开,缝内采用锯末沥青,按1:1(质量比)配合制成填料填塞。

变形缝不留缝宽,设缝处可以干砌或用低强度等级砂浆砌筑,现浇混凝土时用油毛毡隔断,以适应主拱圈变形。当护拱、缘石、人行道、栏杆和混凝土桥面跨越伸缩缝或变形缝时,在相应位置要设置贯通桥面的伸缩缝或变形缝(栏杆扶手一端做成活动的)。

2. 拱上防水设施

(1)拱圈混凝土防水

采用优良品质的粗、细集料和优质粉煤灰或硅灰制作高耐久性的混凝土,同时严格控制施工工艺。

(2)拱背防水层

小跨径拱桥可采用石灰土防水层。对于具有腹拱的拱腔防水可采用砂浆或小石子混凝土防水层。大型拱桥及冰冻地区的砖石拱桥一般设沥青毡防水层,其做法常为三油二毡或二油一毡。

3. 拱圈排水处理

拱桥的台后要设排水设施,集中于盲沟或暗沟排出路基外。拱桥的桥面设有纵向、横向的坡度,以利于顺畅排水,行车道两侧离护轮带边缘15~20m处设泄水管。拱桥除桥面和台后应设排水设施外,对渗入拱腹内的水应通过防水层汇集于预埋在拱腹内的泄水管排出。泄水管可采用铸铁管、混凝土管或陶管。泄水管内径一般为6~10cm,严寒地区须适当增大,但不宜大于15cm。宜尽量避免采用长管和弯管,泄水管进口处周围防水层应做积水坡度,并以大块碎石做成倒滤层,以防堵塞。

4. 拱背填充

拱背填充应采用透水性强和安息角较大的材料,一般可用天然砂砾、片石、碎石夹砂混合料以及矿渣等材料。填充时应按拱上建筑的顺序和时间,对称而均匀地分层填充并碾压密实,但须防止损坏防水层、排水管和变形缝。

### 五、拱桥的无支架施工

(一)拱桥悬臂浇筑施工

拱桥就地浇筑施工中,多采用悬臂浇筑法。以下介绍塔架斜拉索法和斜吊式悬臂浇筑两种施工方法。

1. 塔架、斜拉索及挂篮浇筑拱圈

塔架、斜拉索及挂篮浇筑拱圈是采用最早、最多的大跨径钢筋混凝土拱桥无支架施工的方法。这种方法的要点是:在拱脚墩、台处安装临时的钢塔架或钢筋混凝土塔架,用斜拉索(扣索)将拱圈(或拱肋)用挂篮浇筑一段系吊一段,从拱脚开始,逐段向拱顶悬臂浇筑,直至拱顶合龙。塔架的高度和受力应按拱的跨径、矢跨比等确定。斜拉索可用预应力钢筋或钢束,其面积及长度由所系吊的拱段长度和位置确定。用设在已浇完的拱段上的悬臂挂篮逐段悬臂浇筑拱圈(或拱肋)混凝土,整个拱圈混凝土的浇筑工作应从两拱脚开始,对称地进行,最后在拱顶合龙。塔架斜拉索法,一般多采用悬浇施工,也可用悬拼法施工,但后者用得较少。图10-15为塔架、斜拉索及挂篮浇筑拱圈的施工示意图。

2. 斜吊式悬臂浇筑拱圈

斜吊式悬臂浇筑拱圈是借助专用挂篮,结合使用斜吊钢筋将拱圈、拱上立柱和预应力混凝土桥面板等齐头并进,边浇筑边构成桁架的悬臂浇筑方法。施工时,用预应力钢筋临时作为桁架的斜吊杆和桥面板的临时拉杆,将桁架锚固在后面的桥台(或桥墩)上。过程中作用于斜吊杆的力是通过布置在桥面板上的临时拉杆传至岸边的地锚上的(也可利用岸边桥墩做地锚)。用这种方法修建大跨径拱桥时,个别的施工误差对整体工程质量的影响很大,对施工测量、材料规格和强度及混凝土的浇筑等必须进行严格检查和控制。施工技术管理方面值得重视的问题有斜吊钢筋的拉力控制、斜吊钢筋的锚固和地锚地基反力的控制,预拱度的控制、混凝土应力的控制等几项。其施工程序如图 10-16 所示。

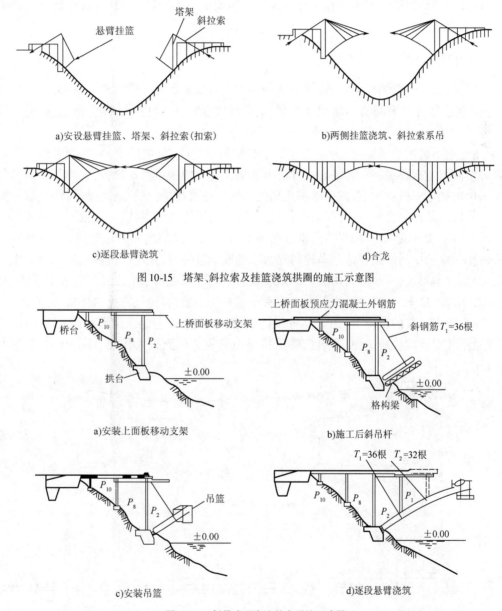

图 10-16　斜吊式现浇法的主要施工步骤

图 10-16a)、b) 为在边孔完成后,在桥面板上设置临时拉杆,在吊架上浇筑第一段拱圈。待此段混凝土达到要求强度后,在其上设置临时预应力拉杆,并撤去吊架,直接系吊于斜吊杆上,然后在其前端安装悬臂挂篮。

图10-16c)、d)为用挂篮逐段悬臂浇筑拱圈。当挂篮通过拱上立柱 $P_2$ 位置后,须立即浇筑立柱 $P_2$ 及 $P_1$ 至 $P_2$ 间的桥面板,然后,用挂篮继续向前悬臂浇筑,直至通过下一个立柱后,再安装 $P_1$ 至 $P_2$ 间桥面板的临时拉杆及斜吊杆 $T_2$,并浇筑下一个立柱及之间的桥面板。每当挂篮前进一步,必须将桥面板拉杆收紧一次。这样,一面用斜吊钢筋构成桁架,一面向前悬臂浇筑,直至拱顶附近,撤去挂篮,再用吊架浇筑拱顶合龙混凝土。当拱圈为箱形截面时,每段拱圈施工应按箱形截面拱圈的施工程序进行浇筑。为加快施工进度,拱上桥面板混凝土宜用活动支架逐孔浇筑。

(二)缆索吊装施工

在峡谷或水深流急的河段上,或在通航的河流上需要满足船只的顺利通行,缆索吊装由于具有跨越能力大,水平和垂直运输机动灵活,适应性广,施工比较稳妥方便等优点,使缆索吊装成为拱桥施工中使用最为广泛的方案。

采用缆索吊机吊装拱肋时,为使在起重索的偏角不超过15°的限度,减少主索横向移动次数,可采用两组主索或加高主索塔架高度的方法施工。一般中小跨径拱桥,为降低主索塔架高度,可采用增加主索横移次数、减少横移距离的方法。主索在纵向的布置应尽可能采取一次跨越的方法;桥址条件允许时,也可采取分次逐段架设、逐段安装的方法;跨径或起重力较大的拱桥,可采取将主索分成两跨、用双跨缆索进行吊装的方法。采用这一方法时,当一跨吊装完成后,只将跑车牵入中间塔架并将跑车轮与起重系的联结轴拆开,跑车即可转入另一跨工作。

拱上构件的吊装,一般应利用拱肋的吊装设备进行。吊装时,可采用一组主索吊装、两组主索吊装或双跨主索单跑车吊运等方法,并宜用横扁担吊装构件,以避免构件横移。

在采用缆索吊装的拱桥上,为了充分发挥缆索的作用,拱上建筑也可以采用预制装配施工。缆索吊装对于加快桥梁施工速度,降低桥梁造价等会起到很大作用。图10-17为缆索吊装布置示意。

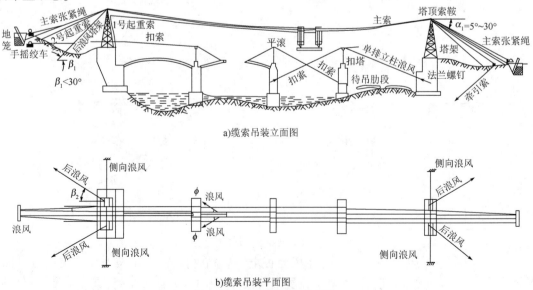

a)缆索吊装立面图

b)缆索吊装平面图

图10-17 缆索吊装布置示意图

(三) 拱桥的转体施工

转体施工法一般适用于单孔或三孔拱桥的施工。其基本原理是:将拱圈或整个上部结构分为两个半跨,分别在河流两岸现浇或预制装配半拱,然后利用机具设备和动力装置将两半跨桥体转动至桥轴线位置(或设计高程)合龙成拱。采用转体法施工的拱桥具有结构合理,受力明确,节省施工用材,减少安装架设工序,变复杂的、技术性强的水上高空作业为岸边陆上作业,施工进度快,不但施工安全、质量可靠,而且在通航河道或车辆频繁的跨线立交桥的施工中可不干扰交通、不影响通航、减少对环境的损害、减少施工费用和机具设备等特点,是具有良好的技术经济效益和社会效益的桥梁施工方法之一。

转体的方法可以采用平面转体、竖向转体或平竖结合转体,目前已应用在拱桥、桁架拱、T形刚构、斜拉桥、斜腿刚构等不同桥形上部结构的施工中。

1. 平面转体

平面转体可分为有平衡重转体和无平衡重转体。有平衡重转体一般以桥台背墙作为平衡重,并作为桥体上部结构转体用拉杆的锚碇反力墙,用以稳定转动体系和调整重心位置。为此,平衡重部分不仅在桥体转动时作为平衡重量,而且也要承受桥梁转体重量的锚固力。无平衡重转体不需要有一个作为平衡重的结构,而是以两岸山体岩土锚洞作为锚碇来锚固半跨桥梁悬臂状态时产生的拉力,并在立柱上端做转轴,下端设转盘,通过转动体系进行平面转体。

(1) 有平衡重平面转体施工

有平衡重转体施工的特点是转体重力大,施工的关键是转体。要把数百吨重的转动体系顺利、稳妥地转到设计位置,主要依靠以下两项措施实现:正确的转体设计;制作灵活可靠的转体装置,并布设牵引驱动系统。目前国内使用的转体装置有两种,都是通过转体实践考验、行之有效的。第一种是以四氟乙烯作为滑板的环道平面承重转体,第二种是以球面转轴支承辅以滚轮的轴心承重转体,如图 10-18 所示。从图 10-18 中可知,转动体系主要由底盘、上盘、背墙、桥体上部构造、锚扣系统、拉杆(或拉锁)组成。

有平衡重平面转体拱桥的主要施工程序如下:制作底盘→制作上转盘→试转上转盘到预制轴线位置→浇筑背墙→浇筑主拱圈上部结构→张拉拉杆,使上部结构脱离支架,并且和上转盘、背墙形成一个转动体系,通过配重基本把重心调到磨心处→牵引转动体系,使半拱平面转动合龙→封上下盘,夯填桥台背土,封拱顶,松拉杆,实现体系转换。

(2) 无平衡重的平面转体施工

采用有平衡重转体施工修建拱桥,转动体系中平衡重一般选用桥台背墙,但随着桥梁跨径的增大,需要的平衡重力急剧增加,不但桥台不需如此巨大的圬工,而且转体质量太大也增加了转体困难。与有平衡中转体相比,无平衡重转体施工时把有平衡重转体施工中的拱圈扣索拉力锚在两岸岩体中,从而节省了庞大的平衡重。锚碇拉力由尾索预加应力传给引桥桥面板(或平撑、斜撑),以压力的形式储备。桥面板的压力随着拱箱转体的角度变化而变化,当转体到位时达到最小。

拱桥无平衡重转体施工采用锚固体系代替平衡重平转法施工,利用锚固、转动、位控三大体系构成平衡的转体系统,其一般构造如图 10-19 所示。

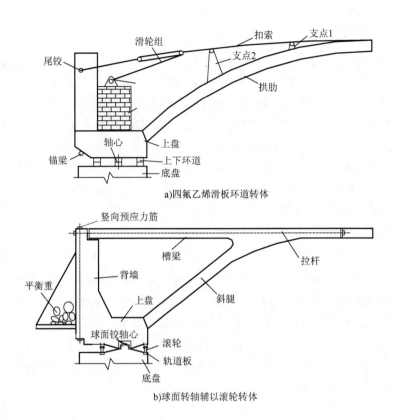

a) 四氟乙烯滑板环道转体

b) 球面转轴辅以滚轮转体

图 10-18 转动体系的一般构造

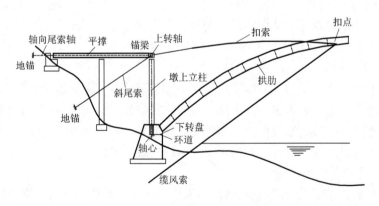

图 10-19 拱桥无平衡重转体一般构造

2. 竖向转体

竖向转体适用于桥址地势平坦、桥孔下无水或水浅的情况。视拱箱(肋)预制(或现浇)的方式不同分为：①俯卧预制后向上转体；②竖直向上预制后再向下转体就位。其中，俯卧预制后向上转体为在一孔中的两端桥墩、台从拱座开始顺桥向各搭设半孔拱架(或土牛拱胎)，在其上现浇或组拼拱箱(肋或钢管肋)，利用敷设在两岸桥台(或墩)上的扣索，先收紧一端扣索，拱箱(肋)即以拱座铰为中心，竖直旋转，使拱顶达设计高程，收紧另一端扣索后合龙。

3. 平竖结合转体

由于受到河岸地形条件的限制，拱桥采用转体施工时，可能遇到既不能按设计高程处预制半拱，也不可能在桥位竖平面内预制半拱的情况（如在平原区的中承式拱桥）。此时，拱体只能在适当位置预制后既须平转又须竖转才能就位。这种平竖结合转体基本方法与前述相似，但其转轴构造较为复杂。当地形、施工条件适合时，混凝土肋拱、刚架拱、钢管混凝土可选用此法施工。

1. 混凝土墩台施工时混凝土的常用提升设备有哪几种？
2. 简述滑膜的基本构造。
3. 简述桥台与路基连接处的基本要求。
4. 简述锥坡施工的基本要求。
5. 简述钢筋混凝土简支梁桥的架设方法。
6. 简述地道桥的施工方法。
7. 简述悬臂的施工方法。
8. 简述顶推施工的方法。
9. 简述混凝土拱桥有支架施工的基本步骤和方法。
10. 简述拱桥无支架施工的方法。

# 第十一章 铁路隧道构造
CHAPTER ELEVEN

## 第一节 概述

### 一、隧道的定义及其结构组成

(一)隧道的定义

1. 隧道

隧道是建筑在地下的通道建筑物。工程中还常将未加支护的毛洞称为坑道。

2. 围岩

围岩指坑道周围一定范围内,对坑道稳定有影响的那部分岩体,或表述为坑道周围一定范围内,受隧道工程施工和使用中车辆荷载影响的那部分岩体。

从工程应用和力学分析的角度来看,显然,围岩的"内边界"就是坑道的周边(开挖轮廓线);围岩的外边界应画在因隧道施工引起应力变化和位移小到可以忽略不计的地方。但从区域地质构造的角度来看,围岩的范围就大一些。围岩范围的大小应视具体的地质条件、结构条件和施工条件这三类影响因素的影响程度而定。岩体力学应用弹塑性理论的分析方法,已经可以给出简化条件下围岩的范围大小和形状(定量数值简化为"半径"),它对隧道工程设计和施工有着重要的指导意义。

3. 岩体

岩体指在漫长的地质历史中,经过造岩、构造变形和次生蜕变而成的地质体,或者将岩体表述为由结构面、结构体及填充物组成的地质体。它被许多不同方向、不同规模、不同性质的地质界面切割成大小不等、形状各异的块体。工程地质学中将这些地质界面称之为结构面,将这些块体称之为结构体,并将岩体看作由结构面和结构体组成的具有结构特征的地质体。

由于在地层中开挖隧道,就将地层岩体划分为三部分:第一部分是坑道范围内将被挖除的岩体,第二部分就是围岩,第三部分是围岩以外的原状岩体。围岩是岩体,但岩体不一定是围岩。

在隧道工程中,对于坑道范围内要被挖除的那部分岩体,主要研究其挖除的难易程度和开挖方式。对于围岩,则主要研究其稳定能力、稳定影响因素,以及为保持围岩稳定所需要的支护、加固措施等。而且比较之下,围岩是否稳定比坑道范围内的岩体是否易于挖除更为重要。因此,人们对围岩的研究更为深入和细致。对于围岩以外的原状岩体,因其与隧道工程无直接关系,一般不予研究,但当其与隧道工程有地质关联时,也应做相应研究。

4. 支护

支护是为维护围岩稳定而施作的人工结构。

(二) 隧道的结构组成

隧道的结构组成是指隧道作为单位工程其结构是由哪些部分组成的,以及每一部分在总体中各起什么作用。按照现代隧道工程理论,隧道结构是由围岩、支护、洞门、附属设施四部分组成的。围岩是天然(且不可替代)的结构部分,也是隧道结构的主体。支护是帮助围岩获得稳定性的人工结构部分,支护结构又分为初期支护和后期支护。洞门是明暗交界处的结构部分。附属设施是功能性构造部分,包括(铁路隧道)大小避车洞、下锚段、人行横洞,洞内排水(沟槽)系统,电力电缆(管槽)系统,辅助通风(巷道)系统。隧道结构组成可用图 11-1 的层次来表达。

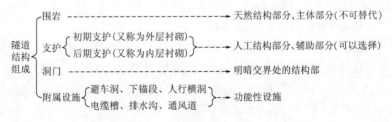

图 11-1　隧道结构组成

## 二、隧道的种类、规模和工程特点

(一) 隧道的种类

隧道的种类很多,从不同的角度来区分,就有不同的分类方法。行业习惯上常按隧道的作用将其划分为交通隧道、输水隧道、市政隧道、矿山隧道四类。专业上按隧道所处的地质条件来分,可以分为土质隧道和石质隧道;按埋置的深度来分,可以分为浅埋隧道和深埋隧道;按隧道所在的位置来分,可以分为山岭隧道、水下隧道、水底隧道和地铁隧道等。以下介绍各种类隧道时,举出了具有代表性的实例。

1. 交通隧道

绝大多数隧道是为交通而建的。交通线上的隧道是提供交通运输的地下通道。交通线上的隧道又分为铁路隧道、公路隧道、航运隧道三种。

交通线上的隧道绝大多数是山岭隧道,多数的水底隧道和水下隧道也是为铁路或公路交通而建的,地铁隧道则是指建筑在城市地下铁路线上的隧道。

(1) 山岭隧道:建筑在铁路、公路交通线上山岭区段的隧道。绝大多数铁路、公路隧道是位于山岭地区的。铁路隧道如京广铁路大瑶山隧道(双线,长 14.295km)、兰新铁路乌鞘岭隧道(2 座单线隧道各长 20.050km)等,公路隧道如西康公路秦岭终南山特长隧道(东线、西线隧道各长 18.020km)。

(2) 水下隧道:建筑在河床或海床以下地层中的交通隧道。当交通线需要横跨河道或海峡,但水道通航需要较高的净空,而桥梁受两端引线高程的限制,无法抬起必要的高度而不适合采用桥梁通过时,或者受天气条件限制不宜采用轮渡或桥梁通过时,可采用水下隧道通过。它不但可以避免限制水道通航和天气条件对交通的影响,而且在战时有较好的隐蔽性,是国防上的较好选择。

水下隧道多采用盾构法施工或掘进机法施工。盾构法(Shield)主要适用于软岩地层施工,掘进机法(TBM)主要适用于硬岩地层施工。

如布鲁诺于 1843 年首次在伦敦泰晤士河下采用高 6.8m×宽 11.4m 的矩形盾构建成了全长 458m 的世界上第一条水下隧道。1890 年,在美国和加拿大之间的圣克莱河下采用直径 6.4m 的圆形盾构建成一条长 1800 余 m 的水下铁路隧道。我国上海 1969 年采用直径 10.2m 的圆形盾构建成全长 2793m 的上海第一条黄浦江打浦路越江公路隧道。1984 年上海采用的直径 11.32m 的圆形盾构建成了黄浦江延安东路越江公路隧道。2008 年上海在崇明越江公路隧道采用的直径 15.42m 的圆形盾构是目前世界上最大直径的盾构,全长 7500m。2008 年武汉长江穿江隧道采用直径 11.38m 的圆形盾构,成功建成长江第一隧,全长 2550m。继此之后南京又以直径 14.96m 的圆形盾构,再次穿越万里长江。

又如日本于 1984 年在津轻海峡建成 54km 余长的海底铁路隧道。英法两国采用隧道掘进机,在英吉利海峡建成海底铁路隧道(2 座铁路隧道,1 座服务隧道,各长约 50km)。

(3) 水底隧道:用沉埋法建筑在河床或海床上的交通隧道或输水隧道,也称为沉管隧道或沉埋隧道。自从美国波士顿于 1894 年建成一条城市水底污水隧道,宣告了一种新的隧道建筑形式——沉埋法的成功诞生。底特律于 1904 年又建成水底铁路隧道。1959 年加拿大迪斯(Deas)隧道工程中,成功地采用水力压接法进行管段水下连接,使得沉埋施工技术变得更加成熟,并很快就被世界各国推广采用。

我国台湾于 1984 年首先建成了高雄海底沉管隧道,1993 年广州珠江建成我国第一条沉管隧道(地铁、公路市政管道共用,长 1.23km),1995 年又在宁波甬江建成我国第二条沉管隧道。我国香港特别行政区穿越维多利亚海湾连接九龙半岛与香港岛的通道中,已建成 5 座沉管隧道,而没有修建一座桥梁。这样既解决了交通问题,又不影响海湾船舶通航,同时,也很好地保持了海湾的自然景观的美感。

(4) 地铁隧道:建筑在城市地下铁路线上的隧道。地下铁道是缓解大城市交通拥挤、车辆堵塞问题的一种城市交通方式,它能够快速、高效、大量地运送乘客。地下铁道主要建在地下,因此地铁隧道在地铁线路中所占的比重就很大。如我国北京已经建成的地铁 1 号线和 2 号环线两条地下铁道线路,全长 38.2km,主体全部在地下。又如英国伦敦地铁全长 408km,地下部分为 167km;美国纽约地铁全长 443km,地下部分为 280km。

(5)航运隧道:建筑在水运交通线上的隧道。在河道受山岭阻碍迂回曲折,流程较长而落差不大的条件下,可以用隧道穿越山岭,截弯取直河道,缩短船只通航航程。显然这种隧道既过水又过船。

### 2. 输水隧道

输水隧道是指用于输送水流的隧道,主要用在水利工程中。输水隧道分为引水隧道、尾水隧道、泄洪隧道、排沙隧道。

(1)引水隧道:又分为两种,一种是把江河之水引入用于农业灌溉、城市生活、工业生产或水库蓄能的输水隧道;另一种是把蓄水引入水力发电机组,驱动水力发电机发电的输水隧道,也称为进水隧道。如陕西省南水北调引乾(佑河)济石(砭峪水库)工程中的秦岭终南山输水隧道,全长18km多,是目前我国最长的输水隧道。

(2)尾水隧道:把从水力发电机排出的尾水输送出去的输水隧道。

(3)泄洪隧道:用于在洪水期间疏导排泄洪水的隧道。

(4)排沙隧道:利用水流的冲刷携带作用排泄水库中淤积的泥沙或排空水库里的水,以保持水利设施正常工作和便于进行水坝检修的输水隧道。

输水隧道按照水在隧道中的充满状态又分为有压隧道和无压隧道:有压隧道因隧道内部充满水而使隧道衬砌既承受围岩压力又承受向外的水压力;无压隧道因隧道内部不充满水,隧道衬砌过水部分既承受围岩压力又承受向外的水压力,不过水部分只承受围岩压力。

### 3. 市政隧道

市政隧道是城市中为供给城市用水、排放城市污水、安置各种市政设施、战时蔽护人员和重要财产等的地下孔道。市政隧道分为给排水隧道、城市管沟、人行地道及人防隧道。

(1)给排水隧道:用于城市供水的隧道,也是用于引流排放城市污水的隧道。

(2)城市管沟:城市中,供给燃气、暖气的管道,以及电力、通信电缆等,都是放置在地下的管沟中的。这些地下管沟多设置在街道两侧人行道地面以下。城市管沟既可以保护各种管线不被破坏和稳定输送,又简化了城市街道地面公共设施,美化了市容。根据管线功能和安全的需要,可将不同管线安设在不同的管沟中,也可将以上几种管线安设于一个大的"共同沟"中。

(3)人行地道:建筑在城市地下专供人员通行的隧道,也称过街地道。它主要是在城市交通繁忙地区,为改变车辆人车混行状况,保证行人安全、提高车辆通过能力而修建的立体交叉地下人行通道。

(4)人防隧道:为满足战争时期用于蔽护人员、重要设备和财产免受袭击破坏的需要,建造于城市(或乡村)的隧道。人防隧道工程除设有给排水、通风、照明和通信设备以外,在洞口处还设置有防爆装置,以阻止冲击波的侵入,并且常做成多口连通,互相贯穿,在紧急时刻,可以随时找到出入口的复杂结构形式。

### 4. 矿山隧道

矿山隧道又称矿山坑道或巷道,是用于穿越地层通向矿床,以便开采矿体的隧道。矿山隧道又分为运输巷道、通风巷道。

(1)运输巷道:从地面向地下开凿的通到矿床的运输通道,通过运输巷道到达矿体后再开辟采掘工作面。运输巷道一般应设置永久支撑,而采掘面只需按采掘工作的需要提供临时支撑。

运输巷道不仅是主要的运输通道,通常情况下也将给排水管道安装在运输巷道中,以便送入清洁水供采掘机械使用,并将废水和地下水排出洞外。同时运输巷道还可以与通风巷道或与通风机加管道构成空气对流的回路。

(2)通风巷道:为了补充新鲜空气,排除机械废气、工作人员呼出的气体,以及地层中释放的各种易燃、易爆、有毒、有害气体,防止燃烧、爆炸、窒息,保证坑道工作环境条件和人员设备安全而设置的巷道。通风巷道应与运输巷道或与通风机加管道构成空气对流的回路。

(二)隧道的规模

隧道工程的规模大小,一般可从长度和断面两个方面来加以区分,我国铁路隧道规模划分如下。

1. 长度等级划分

(1)长度在500m及以下为短隧道。

(2)长度在500m以上至3000m为中长隧道。

(3)长度在3000m以上至10000m为长隧道。

(4)长度在10000m以上为特长隧道。

2. 断面等级划分

(1)断面面积在$10m^2$及以下为小断面。

(2)断面面积在$10m^2$以上至$50m^2$为中等断面。

(3)断面面积在$50m^2$以上至$100m^2$为大断面。

(4)断面面积在$100m^2$以上为特大断面。

(三)隧道工程的特点

隧道工程的特点可归纳如下:

(1)隧道工程主体结构埋设于地面以下,因此,隧道周围区域的工程地质和水文地质条件对隧道施工是否能够顺利进行,起着重要的,甚至是决定性的作用。地质条件不同,则施工方案会有较大的差异。

例如,瑞士圣哥达铁路阿尔卑斯山隧道遇到高温(41℃)和涌水(660L/min),给施工带来很大的困难,最后延期2年才完成。我国在渝怀铁路圆梁山隧道工程中,虽然进行过长时间大量的地质勘察和预报,但仍然突发岩溶性爆喷型突泥($4200m^3$)、突水(14.5万$m^3$/d,持续8min)。同样兰新铁路乌鞘岭隧道也遇到了强流变地层(累计变形量达到50~70cm),实际采用的初期支护参数比原设计参数要大得多。西康铁路秦岭隧道虽然工程规模很大,但整个施工过程进展顺利,没有发生坍塌等事故,究其原因,围岩稳定性很好应是一个重要方面。

(2)隧道是一个狭长的建筑物,作业面受限,施工速度比较慢,往往一些长大隧道的工期也比较长,成为新建线路上的控制工程。

隧道工程不像桥梁、线路等工程那样可以将作业全面铺开,一般情况只有进口与出口两个作业面,即使开设辅助坑道增创作业面,也十分有限。如何在有限的施工空间中最大限度地发挥施工管理的作用,是影响施工进度的关键性问题。在隧道施工中,尽可能多地将施工工序沿隧道纵向展开,进行平行作业,并解决好顺序作业与平行作业之间的关系,是节省时间、加快速度、缩短工期的有效途径。

(3)与桥梁和线路工程相比,隧道施工受昼夜更替、季节变换、气候变化等自然条件的影响较小,因此一般均可以常年全天候稳定地安排施工,但在浅埋区段受地下水影响明显时,应注意规避。

(4)地下工程的施工环境较差,在施工过程中还可能进一步恶化。

例如,爆破产生有害气体、喷射混凝土产生粉尘等,必须采取有效措施加以改善,如人工通风、照明、防尘、排水等,使施工场地符合卫生条件,以保证施工人员的身体健康,提高劳动生产率。

(5)隧道是一种埋设于地下的大型隐蔽工程,建成困难,建好困难,一旦建成要更改就更困难。

在规划和设计中,应认真研究隧道与线路之间的关系,详细调查隧道区域地质等问题;在施工过程中,每一道工序都要严格按有关规定进行,确保隧道工程质量达到标准要求,当工期与质量发生冲突时,应优先保证工程质量。

(6)隧道大多穿越崇山峻岭,工地一般都位于偏僻的深山峡谷之中,往往远离已有交通线,运输不便,物资供应困难。

## 三、隧道工程简史及现状

1. 世界隧道工程建设简史

从各国不同时期建成的具有代表性的隧道工程可以窥见世界隧道工程历史的脉络。世界隧道工程建设历史上,著名的隧道工程有:日本于1984年建成的穿越津轻海峡的青森—函馆的海底铁路隧道(长53.85km,铁路双线+平行导坑),英法两国于1991年联合建成的穿越英吉利海峡加来—多佛的海底铁路隧道(长50.54km,2座铁路单线隧道,1座服务隧道),瑞士、意大利于1906年和1921年建成的米兰—伯尔尼穿越阿尔卑斯山的辛普伦Ⅰ号、Ⅱ号山岭隧道(两座铁路单线隧道长19.80km和19.82km),我国于2000年前后建成的青藏铁路风火山隧道(海拔高度4905m)、新关角隧道(长32645m)(高海拔、缺氧、严寒、永久冻土)。这些长大隧道工程,规模之大、地质条件之困难、结构之复杂、应用新技术之多、投入的人力、物力、财力之巨,耗时之长,无不代表着世界隧道工程技术的领先水平。

截至2018年2月底,世界已建成20km以上铁路隧道排名见表11-1。

**世界上已建成20km以上铁路隧道排名** 表11-1

| 排　名 | 隧道名称 | 国　　家 | 长度(km) |
| --- | --- | --- | --- |
| 1 | 阿尔卑斯山圣哥达基线隧道<br>(德语:Gotthard-Basistunnel) | 瑞士 | 57 |
| 2 | 青(森)—函(馆)海底隧道 | 日本 | 53.85 |

续上表

| 排 名 | 隧 道 名 称 | 国 家 | 长度(km) |
|---|---|---|---|
| 3 | 阿尔卑斯山隧道(Ambin) | 法国—意大利 | 52.11 |
| 4 | 英吉利海峡隧道(英 Channel Tunnel 法 Le tunnel sous la Manche) | 英国—法国 | 51.81 |
| 5 | 洛茨堡山隧道(Loetschberg Base Tunnel) | 瑞士 | 34.6 |
| 6 | 新关角隧道 | 中国 | 32.64 |
| 7 | 瓜达马拉隧道 | 西班牙 | 28.4 |
| 8 | 秦岭隧道 | 中国 | 28.236 |
| 9 | 太行山隧道 | 中国 | 27.848 |
| 10 | 八甲田隧道 | 日本 | 26.455 |
| 11 | 岩手一户隧道 | 日本 | 25.8 |
| 12 | 维也纳森林隧道(Lainzer) | 奥地利 | 23.84 |
| 13 | 南吕梁山隧道 | 中国 | 23.47 |
| 14 | 大清水隧道 | 日本 | 22.228 |
| 15 | 青云山隧道 | 中国 | 22.06 |
| 16 | 吕梁山隧道 | 中国 | 20.75 |
| 17 | 乌鞘岭隧道 | 中国 | 20.06 |

2. 中国隧道工程建设简史

同样,我国隧道工程建设历史悠久,但在1949年以前,隧道设计水平和施工技术比较落后,建成的隧道规模也较小。我国最早建成的铁路隧道是1907年由詹天佑主持建成的京张铁路八达岭隧道。中华人民共和国建立后,随着各项事业的发展,建成了大量的隧道,设计水平和施工技术也有了很大提高。截至2017年底,我国新建铁路隧道5万多座,总延长达2000多公里,居世界第一位,其中青藏铁路新关角隧道长32.645km,长度排名世界第五。

1987年竣工的京广铁路大瑶山隧道(双线,长14.295km),2003年竣工的西康铁路秦岭隧道(Ⅰ线长18.452km,Ⅱ线长18.456km),2000年前后竣工的青藏铁路风火山隧道(海拔高度4905m)、新关角隧道(长32.645km)(高海拔、严寒、永久冻土),石太高铁太行山隧道(27.848km,断面面积160m$^2$)等隧道,在特殊条件下的修建技术方面取得了重大突破。

我国已建成和在建的铁路长大隧道见表11-2。

城市地铁主要工程是区间隧道和地下车站,其长度一般都超过线路总长度的60%,也可归类为铁路隧道工程。

中国已建成和在建的铁路长大隧道列表　　　　表11-2

| 状态 | 序号 | 隧道名称 | 所在线路 | 长度(m) | 备注 |
|---|---|---|---|---|---|
| 已建成 | 1 | 新关角隧道 | 青藏铁路 | 32645 | 天峻县—乌兰县 |
| | 2 | 西秦岭隧道 | 兰渝铁路 | 28238 | 广元—陇南 |
| | 3 | 太行山隧道 | 石太客专 | 27848 | 盂县—石家庄 |
| | 4 | 南吕梁山隧道 | 瓦日铁路 | 23470 | 蒲县—洪洞县 |
| | 5 | 中天山隧道 | 南疆铁路吐库二线 | 22467 | 托克逊县—和硕县 |
| | 6 | 青云山隧道 | 向莆铁路 | 22060 | 永泰县—莆田 |
| | 7 | 燕山隧道 | 张唐铁路 | 21154 | 赤城县—张家口 |
| | 8 | 吕梁山隧道 | 太中银铁路 | 20785 | 吕梁—汾阳 |
| | 9 | 乌鞘岭隧道 | 兰新铁路 | 20050 | 天柱县—古浪县 |
| | 10 | 秦岭隧道 | 西康铁路 | 18456 | 西安—柞水县 |
| | 11 | 平安隧道 | 成兰高铁 | 28400 | 阿坝州茂县 |
| | 12 | 崤山隧道 | 蒙华铁路 | 22800 | 河南省三门峡市 |
| | 13 | 小相岭隧道 | 成昆复线 | 21800 | 越西县—喜德县 |
| | 14 | 当金山隧道 | 敦格铁路 | 20000 | 甘肃省阿克塞县 |
| | 15 | 新华隧道 | 郑万高铁 | 19000 | 大理州南涧县 |
| 在建 | 1 | 高黎贡山隧道 | 大瑞铁路 | 34500 | — |
| | 2 | 云屯堡隧道 | 成兰高铁 | 23000 | — |
| | 3 | 跃龙门隧道 | 成兰高铁 | 20000 | — |
| | 4 | 小三峡隧道 | 郑万高铁 | 19000 | — |

3.隧道施工方法现状

与世界隧道工程的现状基本同步,目前我国山岭隧道工程已普遍采用了"新奥法"施工(如西康铁路秦岭隧道Ⅱ线和在建的兰新铁路乌鞘岭隧道等);在坚硬岩体隧道工程中也已开始采用"掘进机法"施工(如西康铁路秦岭隧道Ⅰ线等);城市地铁浅埋隧道工程中,其区间隧道已较少采用"浅埋明挖法""浅埋暗挖法""浅埋盖挖法"施工,更多地采用"盾构法"施工。武汉等城市地铁工程多次采用盾构法成功穿越万里长江穿江隧道。地铁车站则由"浅埋明挖法"施工转为更多地采用"浅埋盖挖法"施工。在我国近海、河湖条件下沉管隧道(施工方法)也成为重要的比选方法,如港珠澳大桥海底隧道就是采用沉管法施工的成功案例。

4.隧道施工技术现状

在我国隧道工程中,已广泛使用的施工技术有:爆破控制、锚喷支护、管棚超前支护、盾构掘进、深基坑围护、量测监控、注浆加固、电渗固结、冷冻固结、高寒防冻等常规技术;更有超大断面隧道、大断面矩形盾构、沉管隧道水下基础、水下地基加固、管段浮运、海流条件下沉管的水下对接等复杂技术得以成功应用和发展,从而促进了隧道施工方法的改进和发展,使我国隧道工程技术步入世界前列。

5. 隧道施工机械和建筑材料现状

在我国隧道工程领域,机械破岩、盾构掘进和快速衬砌等技术进步,使得盾构的适应性、可靠性、安全性、高速度、耐久性及机动性得到大幅度提高,从而能够完成从坚硬石质地层到含水软弱土质地层等多数地质条件下的隧道施工任务,得到日益广泛的应用。

新型高强合金钢柱齿刃冲击钻头、液压凿岩机、全液压凿岩台车的进步,以及高性能炸药、非电导爆管等新型爆破器材的进步,使隧道爆破质量和掘进速度大幅度提高。

大功率装渣、运渣机械的进步,使出渣运输速度大幅度提高。由于注锚机、混凝土喷射机,以及早强剂、早强锚杆、早强喷射混凝土、钢筋网、型钢拱架或格栅钢架(花钢拱架)的进步,可以快速获得有效支护和保证施工安全。

由于水泥、水玻璃等岩体胶结材料以及深孔钻机和注浆机的进步,可以从根本上改变围岩破碎、松散、软弱性状,从而有效地增强围岩的稳定性和保证施工安全。

整体模板台车、混凝土输送泵、高强度混凝土、管片预制的进步,使得混凝土内层衬砌结构的施工速度大大提高。抗渗混凝土、塑料防水板、无纺渗滤布、弹簧排水盲沟的进步,极大地提高了隧道及地下工程的防水性能。

大功率轴流式通风机和大直径胶布通风管的进步,以及高性能供电系统的进步,极大地改善了隧道内的工作环境条件。

## 第二节 支护结构的构造

前已述及,围岩是天然结构部分,也是主体部分;支护是人工结构部分,也是辅助部分。隧道支护结构的构造与围岩的地质条件、隧道结构条件和隧道施工条件密切相关。隧道工程中常将人工修筑的隧道支护结构称为衬砌。不同条件下,衬砌的构造也不尽相同。一般将人工支护结构分为单层衬砌、复合衬砌和拼装衬砌三种结构类型,如图11-2所示。

### 一、单层衬砌

单层衬砌是在坑道内树立模板架和模板,然后浇灌混凝土而成。它是作为永久性支护结构,从外部支撑围岩的。单层衬砌是按传统松弛荷载理论设计的,其结构层次单一、直观、易于理解和施作,在20世纪90年代以前的隧道工程中应用较多。

由于单层衬砌主要是通过调整衬砌断面形状(弧度)和厚度来适应不同的围岩级别和围岩压力分布情况的,因而,单层衬砌的形状(弧度)和厚度变化较多。就形状而言,单层衬砌常分为"直墙式衬砌"和"曲墙式衬砌"两种形式;就厚度而言,单层衬砌厚度薄则40~60cm,厚则可达100cm。但其形状(弧度)和厚度比较复杂,变化较多,经济性也较差,受力不太合理,已经很少使用。

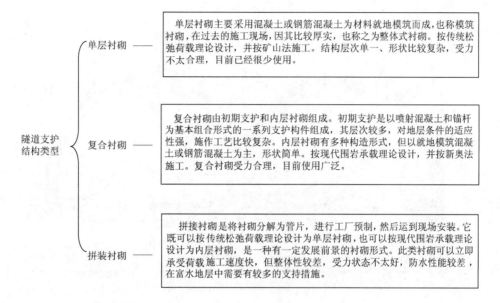

图 11-2　人工支护结构类型

## 二、复合衬砌

(一) 复合衬砌的构造及优缺点

1. 复合衬砌的构造

复合衬砌不同于单层衬砌,它是把支护结构分成多层,在不同的时间先后施作的。顾名思义,它可以是两层、三层或更多层,但目前一般将其分为"初期支护"和"后期支护",即"外层衬砌"和"内层衬砌"两部分,所以也有人叫它"双层衬砌",如图 11-3 ～ 图 11-5 所示。

复合衬砌的形状(弧度)简单,内层衬砌厚度变化较少(多为等厚 30 ～ 50cm)。因此,复合衬砌对不同地层条件的适应性很强,而且在 20 世纪 90 年代以后已在各类隧道工程中广泛使用。

2. 复合衬砌的优缺点

铁道科学研究院和隧道工程局共同进行的模型试验和有限元分析,以及多年应用和研究结果表明,复合衬砌是比较合理的结构形式,具体表现在以下几个方面:

(1)复合衬砌的总体形状比较简单,内层衬砌厚度变化不大(多数为 30 ～ 40cm),且多为等厚度内衬,施工方便。

(2)复合衬砌是将整个人工支护结构分解为初期支护和内层衬砌两大部分,各部分分别起到不同的作用,两部分分别参与并与围岩共同工作,但其直接目的又各有侧重,因而,复合衬砌比较符合隧道——地下工程结构体系的力学变化过程和变化规律。

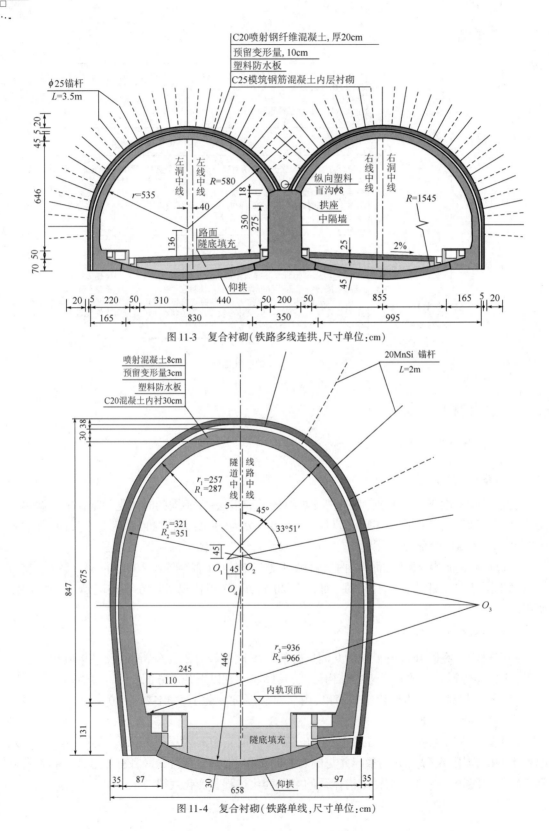

图 11-3  复合衬砌(铁路多线连拱,尺寸单位:cm)

图 11-4  复合衬砌(铁路单线,尺寸单位:cm)

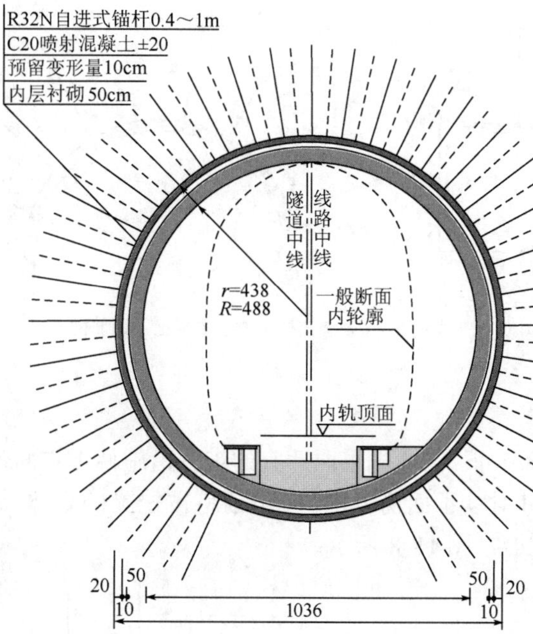

图 11-5　复合衬砌(铁路单线,圆形断面,尺寸单位:cm)

(3)复合衬砌主要靠初期支护来维护围岩稳定和安全,并通过调整初期支护参数来适应地质条件变化,即适应不同的围岩级别以及围岩松弛范围和松弛程度变化。这种适应性既能充分调动并利用围岩自我承载自我稳定的能力,又可以充分发挥支护结构的承载能力和支护材料的力学性能。

(4)复合衬砌中的内层衬砌主要作为安全储备而设置,一般要求在施作初期支护并获得稳定后,再施作内层衬砌,并借用防水层作为结构隔离层,使得内层衬砌的受力状态得以改善。但在必要时,还可以提前施作内层衬砌,以调用其承载能力,保障安全。

(5)与传统的同等厚度的模筑混凝土单层衬砌相比,复合衬砌的受力状态更好,承载能力更高。有研究资料显示,在Ⅳ~Ⅴ级围岩的隧道中,采用锚喷作为初期支护加上模筑混凝土内层衬砌构成的复合衬砌,与单层衬砌相比,工程投资减少 5% ~ 10%,极限承载能力提高20% ~ 30%。

(6)复合衬砌的构造和施工工艺都比较复杂,要从概念上理解其作用比较困难,从技术上掌握其设置准则也比较困难,其施工质量的控制也比较困难,不像单层衬砌那样简单直观、易于理解和控制。

(二)锚喷支护

锚喷支护(图 11-6)是初期支护最基本的结构形式,也是在常规条件下的隧道工程中使用最多的工程措施,因此,人们也常将锚喷支护称为常规支护。锚喷支护常用的材料和结构形式有喷混凝土(有时加钢筋网或钢纤维)、锚杆和钢拱架三种,可根据地质条件和结构条件的变化,组合使用。组合使用时,各部分的比例应根据各自的适应性和实际需要选择和调整。

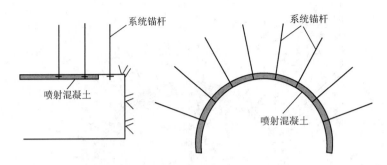

图 11-6　锚喷支护(系统锚杆+喷射混凝土+钢筋网)

### (三) 超前支护

在工作面不能自稳的条件下,需要先采取适宜的工程措施使工作面保持稳定,然后再开挖坑道范围内的岩体。这类针对掌子面前方围岩(包括将被挖除的岩体)而采用的一系列支护措施,称为超前支护,如图 11-7、图 11-8 所示。

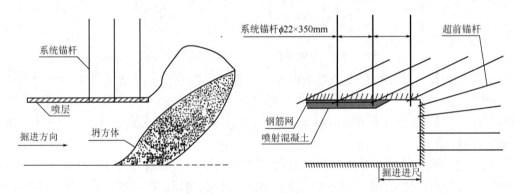

图 11-7　开挖面坍塌失稳示意图及超前锚杆加固前方围岩

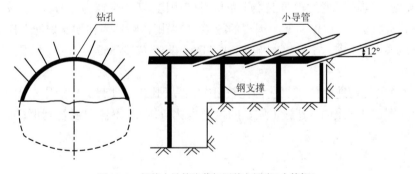

图 11-8　超前小导管注浆加固前方围岩(小管棚)

### (四) 注浆加固

注浆加固是为了改良松散地层的工程力学性能,而将适宜的胶结材料按一定的注浆工艺注入松散地层的工程措施,也称为地层改良。

胶结材料在松散地层中凝结后,一定区域内的松散岩体就变得完整而坚硬起来,其力学性能得以改善。这部分经过改良的岩体作为隧道围岩,其稳定能力就得以增强。就结构和构造而言,改良后的岩体很容易转化为隧道承载结构,相应地,不需要采取过多的其他工程措施,就可以获得洞室的稳定。

隧道工程中常用的注浆加固措施,按工艺的不同分为超前小导管注浆和超前深孔围幕注浆两种。此外,还有一种特殊的暂时性的注浆加固措施,即冻结法。冻结法是利用含水地层在冻结状态下的结构稳定能力,获得围岩的暂时稳定,继而完成坑道开挖和衬砌,获得永久稳定的隧道的施工方法。

(五)内层衬砌

内层衬砌一般是在施作初期支护并使围岩变形基本稳定后再施作的。内层衬砌的构造形式与单层衬砌基本相同,材料常采用混凝土或钢筋混凝土就地模筑,也有采用拼装式钢筋混凝土作为内层衬砌的。在稳定性很好的Ⅰ、Ⅱ级围岩条件下且无地下水时,可省略内层模筑混凝土内层衬砌,或改为喷射混凝土内层衬砌。

内层衬砌厚度不仅与围岩变形速度和变形量有关,更与其施作时机和建筑材料有关。内层衬砌材料主要采用就地模筑混凝土或钢筋混凝土,也有采用预制钢筋混凝土衬砌块拼装内层衬砌的。内层衬砌一般均为等厚截面,变化较少,构造较简单,必要时只将两侧边墙下部稍做加厚,以降低基底应力。

铁路、公路隧道设计规范都提出了内层衬砌圬工截面最小厚度要求。

最小厚度是一个限制性要求,而不是设计值。铁路、公路隧道混凝土及钢筋混凝土内层衬砌最小厚度一般为单线(单车道)25cm,双线(双车道)30cm。高速铁路双线隧道和公路三车道隧道断面尺寸较大,内层衬砌最小厚度值应较大。

修建隧道衬砌的混凝土材料,应满足强度和耐久性要求,在某些环境中,还必须满足抗冻、抗渗和抗腐蚀要求。此外,还应满足就地取材、价格低廉、施工方便及易于机械化施工等要求。

隧道工程常用的衬砌建筑材料有混凝土或钢筋混凝土、喷射混凝土、片石混凝土。隧道施工规范要求:衬砌建筑材料的强度等级不应低于表11-3的规定。

**衬砌建筑材料的强度等级要求**(不低于) 表11-3

| 工程部位 | 混凝土 | 片石混凝土 | 钢筋混凝土 | 喷混凝土 | 水泥砂浆砌片石 |
|---|---|---|---|---|---|
| 拱圈 | C15 | — | C20 | C20 | M10,仅用于超挖部分的回填 |
| 边墙 | C15 | C15 | C20 | C20 | |
| 仰拱 | C15 | C15 | C20 | — | |
| 棚洞盖板 | — | — | C20 | — | |
| 底板 | C10 | — | — | — | |
| 仰拱填充 | C10 | C10 | — | — | |

续上表

| 工程部位 | 混凝土 | 片石混凝土 | 钢筋混凝土 | 喷混凝土 | 水泥砂浆砌片石 |
|---|---|---|---|---|---|
| 水沟、电缆槽身 | C15 | — | — | — | — |
| 水沟、电缆槽盖板 | — | — | C15 | — | — |

注：1. 砌体包括粗料石砌体和混凝土块砌体，用 M10 水泥砂浆砌筑；
  2. 严寒地区洞门用混凝土整体灌筑时，其强度等级不应低 C20；
  3. 片石砌体的胶结材料采用小石子混凝土灌筑时，其最低强度等级相应的适用范围与水泥砂浆同。

### (六) 防水层

在有水地层条件下，为了防止地下水渗流进入隧道内，其内层衬砌一般均采用防水混凝土，并在外层衬砌与内层衬砌之间，敷设一层防水塑料板，构成两道洞内防水层。

## 三、拼装衬砌

### 1. 拼装衬砌的优缺点

虽然就地模筑的混凝土衬砌在我国应用已很广泛，但是，它在灌注以后不能立即承受荷载，必须经过一个养护的时期，因而施工进度受到一定的限制。随着社会不断地向着工业化和机械化发展，隧道施工也提出向工业化和机械化改进，于是出现了拼装式的隧道衬砌，称为拼装衬砌。这种衬砌是在工厂或现场预先制备的构件，运入坑道内，用机械将它们拼装成一环接着一环的衬砌。

国外早在 19 世纪就已开始试用，我国在宝兰铁路线上曾试用过拱部半圆形的拼装衬砌，在黔桂铁路线上试用过"T"字形镶嵌式拼装衬砌，目前在地下铁道工程中采用较多。随着其技术的不断改进和完善，拼装衬砌将是一个有前景的衬砌形式。

拼装衬砌具有下列优缺点：

(1) 一经拼装成环，不需养护时间，即可承受围岩压力。

(2) 预制的构件可以在工厂成批生产，在洞内可以机械化拼装，从而改善了劳动条件。

(3) 拼装时，不需要临时支撑如拱架、模板等，从而节省了大量的支撑材料及劳力。

(4) 拼装速度因机械化而提高，缩短了工期，还有可能降低造价。

(5) 拼装衬砌既可以按传统隧道工程理论作为单层衬砌设计和使用，也可以按现代隧道工程理论作为内层衬砌设计和使用。

(6) 拼装衬砌的整体性较差，受力状态不太好，尤其是接缝多，防水性能较差，必须单独加设有效的防水层，在富水地层中应用时需要有较多的支持措施。

### 2. 拼装衬砌的构造要求

(1) 组装后必须具有良好的整体性，能立即承受荷载，并具有足够的强度和耐久性。

(2) 管片形状简单，尺寸统一，便于工厂预制。

(3) 管片类型少、规格少、配件少，大小和重量合适，便于机械拼装。

(4) 必须加设有效的防水层及排水设施。

## 四、洞门结构的构造

(一)洞门的作用和设计原则

1. 洞门的作用

隧道两端洞口处的结构部分称为洞门。洞门的作用有以下几方面。

(1)减少洞口土石方开挖量

洞口外范围内的路堑是根据边坡岩体的稳定性按一定的坡度开挖的,设置隧道洞门,既可以起到挡土墙的作用,又可以减少路堑土石的开挖量。

(2)稳定边坡、仰坡

由于边坡上的岩体不断受到风化坡面松石极易脱落滚下。边坡太高,难于自身稳定,仰坡上的石块也会沿着坡面向下滚落。有时会堵塞洞口,甚至砸坏线路轨道,对行车造成威胁。建立了洞门就可以减小引线路堑的边坡高度,缩小正面仰坡的坡面长度,从而使边坡及仰坡得以稳定。

(3)引离地面流水

地表流水往往汇集在洞口,如排除不及时,将会侵害线路,妨碍行车安全。修建洞门,可以把流水引入侧沟,保证洞口处于干燥状态。

(4)装饰洞口

洞口是隧道唯一的外露部分,是隧道正面的外观。修建洞门也可以算是一种装饰。在城市附近的隧道,尤其应当配合城市景观要求,予以美化处理。

2. 洞门的设计原则

洞门有洞口环框、端墙式洞门、翼墙式洞门三种基本形式。实际应用中应遵循"早进晚出"的原则,根据洞口范围、地表原始形态和环境保护要求等具体情况,选择适当的洞门形式。值得注意的是,洞门的结构和构造形式出现多样化的趋势,如浙江某高速公路灵溪隧道用假石将洞口装饰成天然洞口,景观效果很好。隧道施工规范规定:洞口段5m范围内应比中段衬砌有所加强,并宜与洞身衬砌整体砌筑。

(二)洞门建筑材料

隧道洞门建筑材料的强度等级不应低于表11-4的规定。

洞门建筑材料　　　　　　表11-4

| 工程部位 | 混凝土或钢筋混凝土 | 片石混凝土 | 砌 体 |
|---|---|---|---|
| 端墙 | C15 | C15 | M10水泥砂浆砌片石、块石镶面或混凝土预制块镶面 |
| 顶帽 | C15 | — | M10水泥砂浆砌粗料石 |

续上表

| 工程部位 | 混凝土或钢筋混凝土 | 片石混凝土 | 砌 体 |
|---|---|---|---|
| 翼墙和洞口挡土墙 | C15 | C15 | M7.5 水泥砂浆砌片石(严寒地区用 M10 水泥砂浆砌片石) |
| 侧沟、截水沟、护坡等 | — | — | M5 水泥砂浆砌片石(严寒地区用 M7.5 水泥砂浆砌片石) |

(三)洞门结构类型

根据洞口段地形、地质条件的不同,常见的洞门形式有端墙式、削竹式洞门、柱式洞门、翼墙式洞门、台阶式洞门、洞口环框、斜交洞门。

### 五、明洞的构造

明洞是用明挖法修建的隧道,即当隧道埋置很浅时,先露天挖出沟槽,然后修建结构物,然后再回填覆盖土石。在山岭隧道中,洞口段多为浅埋,因此明洞多用于深路堑或隧道洞口高边坡上有落石、坍方等危及安全的洞口段。明洞是隧道洞口或线路上起防护作用的重要建筑物,在我国山区铁路线上,曾广泛采用。明洞的构造形式常因地形、地质条件和危害程度的不同,而有许多种形式,采用最多的是拱式明洞和棚式明洞。

拱式明洞的内轮廓和结构形式与一般隧道基本相似,也是由拱圈、边墙和仰拱或铺底组成的。但是,由于采用明挖法施工,其周围土石是在结构完成后回填的,没有自然成拱作用,围岩压力比暗挖隧道还要大,因而结构的截面尺寸要略大一些。拱式明洞抵抗能力较大,适用范围较广。按照它所处的地形条件可以分为路堑拱式明洞和半路堑拱式明洞两种。

### 六、附属设施的构造

为了满足隧道使用功能的要求,除上述的主体结构以外,隧道内还要设置一些附属结构物。

铁路隧道的附属设施主要包括安全避让设施(大小避车洞)、排水设施和电力及通信信号的安放设施等,还有一些专门的构造设备,如洞门的检查梯、仰坡的截水沟、洞内变压器洞库、电力牵引接触网的绝缘梯车间、无人值守增音室等,可以按照具体需要予以布置。在长大隧道中,如果是两洞并行,则还需要在两洞之间设置行人横洞和行车横洞,作为紧急疏散和救援通道。

1. 铁路隧道避车洞

为了保证在隧道内工作的检查、维修人员能避让行驶中的列车,并存放必要的备用材料和停放小型维修机具,隧道内在全长范围按一定间距设置避车洞。避车洞分为小避车洞和大避车洞两种:专供洞内作业人员待避的称为小避车洞;既供洞内作业人员待避,又供停放堆放一些必要的材料和线路维修小型机具的称为大避车洞。

隧道设计规范规定大小避车洞应在隧道全长范围内,在两侧边墙上交错设置。其间距以一侧计:对碎石道床每隔 300m,对整体道床每隔 420m 设大避车洞一处。不分道床种类,每隔 60m 设小避车洞一处。长度在 300～400m 范围内的隧道,可在中央设一处大避车洞。如隧道邻近有农村市镇,或曲线半径不大、视距较短时,小避车洞可以适当增加。

2. 隧道防水设施

隧道防水措施分为模筑混凝土衬砌结构防水、塑料板防水、分区隔离防水、注浆堵水四种,并以结构防水为主,塑料板防水为辅,且塑料板防水是以结构防水为依托的。

3. 隧道排水设施

在实际隧道工程中,尤其是在有压水地层条件下,很难做到完全堵住地下水,因此适当排放地下水,降低水压,是避免地下水渗漏到隧道内的有效措施。除了长度在100m以下,且常年干燥无水的地层以外,一般水文地质条件下的隧道均应设置排水设施,汇集、引流并将其排放到洞外。隧道内的排水设施有汇水盲沟(管)、渗滤布、泄水孔、排水沟和渡槽几种。

在严寒、高寒地区的隧道中,需特别设计保温隔热层等防冻设施,以保证水流不冻,防止因流水冻结而堵死沟身,或因结冰影响行车安全,或因冻融作用破坏衬砌。防冻设施一般是将水沟加深,并用轻质混凝土做成上、下两层,分别铺设盖板,上层用保温材料密实填充,厚度不小于30cm。

4. 电缆槽

照明、通信、信号以及电力等各种电缆穿过隧道时,必须有一定的保护措施,以防止因潮湿、腐烂以及人为破坏而出现的漏电、触电等事故。电缆槽就是沿着衬砌边墙下方设置的用于放置和保护各种电缆的沟槽,如图11-9所示。电缆槽一般设置在排水沟的外侧紧邻边墙脚的位置。电缆槽槽身为混凝土现浇,盖板则是钢筋混凝土板,盖板起防护作用。

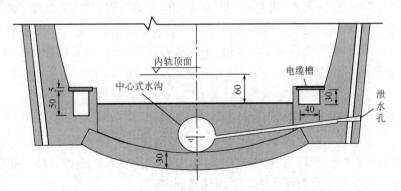

图11-9 中心式排水沟、双侧式电缆槽(尺寸单位:cm)

电缆槽又分为通信电缆槽和电力电缆槽,必须分开设置。由于电缆转弯(半径不允许小于1.2m,以免弯曲折断)和维修接续,电缆槽每隔一定长度,还设置有电缆余长腔。

5. 通风设施的构造

隧道通风可分为施工期间的通风和运营期间的通风。施工期间的通风是临时性的。在运营期间,隧道通风方式分为自然通风、机械通风和混合通风三种。实际隧道施工中,最常使用的是采用轴流式风机通风;在较短的隧道中可采用自然通风,或利用列车活塞作用通风;在长大隧道中则可以借助辅助坑道设置混合通风。

自然通风是利用洞口两端气压差在洞内形成的自然风流和汽车或列车运行所引起的活塞风流来达到通风换气目的,因而是一种简单而又节约能源的通风方式,在选择通风方式时应优先考虑。

在长大隧道中,自然通风往往不能满足洞内空气质量要求,就必须考虑采用机械通风。通风机械一般采用纵向轴流式通风机。轴流风机的安装位置通常是悬吊于拱顶部位,也有设置在侧墙部位的,一般都要占用隧道断面空间,因此在确定隧道净空时,就必须考虑到风机的安装位置,保证风机不侵入建筑限界。在长大隧道中,可考虑采用混合式通风。

我国铁路系统总结了多年的实践经验,并在隧道设计规范中规定了隧道通风方式选择的一般要求:①单线隧道,内燃机车牵引的长度在 2000m 以上、电力机车牵引的长度在 8km 以上,宜设置机械通风。若行车密度较低、自然通风条件较好时,可适当放宽。②双线隧道,应根据行车密度、自然条件等具体情况,确定需要设置机械通风的隧道长度,并选定适宜的通风方式。内燃机车牵引的双线铁路隧道,当 $LN \geqslant 100$ 时[$L$ 为隧道长度(km),$N$ 为行车密度(对/d)],应设置机械通风或混合通风。

## 第三节　围岩的稳定性分级

隧道工程中隧道或坑道是否稳定安全,实质上是指坑道周围一定范围内的岩体是否稳定不坍塌。要判断围岩是否稳定,就需要从认识围岩所处的地质环境条件入手,研究围岩的工程性质,分析影响围岩稳定的因素,研究这些因素是如何影响围岩稳定的,以及影响的程度大小。唯其如此,才能区分不同的地质环境条件,针对不同工程性质的围岩,区分不同的影响围岩稳定的因素,针对不同的影响机理和影响程度,采取必要而又充分、经济而又合理的工程措施,最终获得围岩的稳定与安全。

### 一、成洞的三种情形及影响围岩稳定的因素

人们在长期的隧道工程实践中发现,在地下开挖坑道的过程中,围岩的表现无外乎三种情形:有时不需要任何支撑就可以获得稳定的洞室,有时则需要加以支撑才能获得稳定的洞室,有时由于支撑不及时或不足而导致围岩坍塌堵塞洞室。

显然,出于安全和经济的考虑,以上第一种情形是我们所希望的,第二种情形是经常要做的,第三种情形则是要尽可能避免发生的。然而,在实际隧道工程中,究竟会出现哪种情况受多种因素影响。这些影响因素归纳起来有以下三个方面。

1. 围岩工程地质条件

围岩工程地质条件主要是指围岩所处的原始应力状态,围岩的破碎程度和结构特征,围岩的强度特性和变形特性,地下水的作用等条件。

2. 隧道工程结构条件

隧道工程结构条件主要是指隧道所处的位置、坑道的形状(尤其是顶部形状)、坑道的大小(跨度和高度)等。

3. 隧道工程施工条件

隧道工程施工条件主要是指施工方法(对围岩的扰动程度)、施工速度(围岩的暴露时间)、支护的施作时间(其发挥作用的时机)、支护的力学性能及其与围岩的接触状态。

## 二、围岩的破坏失稳形态

根据长期的工程实践观察,开挖坑道后围岩发生的破坏失稳大致有以下五种表现形态。当然,实际工程中往往因各种因素的影响,使围岩破坏失稳的形态要复杂得多。

1. 脆性破坏

整体状和巨块状岩体,其结构完整,岩质坚硬,在一般工程开挖条件下,大多表现出很强的稳定能力,仅偶尔产生局部掉块。当地应力很强时,则可能发生坑道周边岩石成大小不等的碎片状射出,并伴有响声,工程中将这种现象成为岩爆。岩爆属于脆性破坏。

例如,西康铁路秦岭隧道Ⅱ线平导,DK72+484,埋深1200m,围岩属于Ⅵ类(Ⅰ级)混合片麻岩,曾发生过多次大大小小的岩爆,并砸坏凿岩台车的钻臂。

2. 块状运动

块状或层状岩体受少数结构面切割,其块间或层间结合力较弱,在二次应力作用甚至在自重应力作用下,有向坑道方向运动的趋势。有时可能逐渐形成块体滑动、转动,以及块体挤出、塌落、倾倒等失稳现象。塌落的往往只是局部,其规模一般不会太大,如图11-10a)所示。

例如,大秦线摩天岭隧道,围岩属Ⅴ类(Ⅱ级)花岗岩,某里程坑道顶曾突然掉落约20m³的大石块,造成人员伤亡。若作用于支护或衬砌,则产生巨大的集中荷载。

3. 弯曲折断

层状岩体尤其是有软弱夹层的互层岩体,结构面较发育,层间结合力差,易于错动,抗弯折性能较差。洞顶岩体受自重应力作用易产生下沉弯曲,进而张裂、折断,形成塌落;边墙岩体在侧向水平应力作用下向坑道方向变形挤入甚至滑塌。若作用于衬砌,则产生较大的不均匀荷载,荷载的不均匀性与岩层的产状有关。围岩塌落或滑塌的形态不仅与岩层的产状、层厚及互层组合形式有关,也与二次应力的作用有关,而且其规模一般比块状运动失稳的规模要大一些,尤其是顺层开挖时,如图11-10b)所示。

例如,西延线云南河隧道,某里程,围岩属Ⅳ类(Ⅲ级)泥质板岩,曾因前方开挖面的爆破振动,坑道顶部突然塌落2m×1.5m×0.5m的层状岩块,轻伤一人。

4. 松动解脱

碎裂结构或散体结构的岩体,破碎严重、结构松散,甚至呈粉状或泥土状。表现为随挖随塌,或不挖自塌,怕扰动,灵敏度很高,几乎没有空间效应(硬塑性泥土状岩体有一定空间效应),基本不能自稳。即使利用初期支护使其勉强不坍塌,但其塑性变形也长时间不能停止,具有很强的流变性。

若不能对变形加以及时控制或控制不当,则很可能由于变形积累造成拱顶下沉、边墙挤入、底鼓、洞径缩小,甚至坍方。在有压地下水作用下,还会造成流沙、突泥。工程中一旦发生这类失稳,其规模之大,有时甚至波及地表,造成山体开裂或塌陷洞穴。在隧道工程历史上,此种类型的失稳是很多的。而且处理难度大,人力、资金、材料、时间的消耗和浪费巨大,如图 11-10c)所示。

例如,大秦线军都山隧道 DK285 + 070 ~ + 096 段大坍方。该段围岩属Ⅱ类(Ⅴ级)黏沙土,无水。大坍方是由 DK285 + 072 ~ + 092 段左侧边墙部位开挖后,支护不及时且不充分而发生局部坍塌引起的,并很快发展到拱部。坍方发生后,较大范围受到影响,DK285 + 032 ~ + 070 段喷射混凝土层有开裂掉块现象;DK285 + 110 ~ + 115 段右侧钢拱架下部有明显外移,并伴有掉石现象。

5. 塑性变形

前面列举的成渝铁路复线上的金家岩隧道,虽然其围岩属硬塑性泥土状岩体,有一定空间效应,对扰动的灵敏度不高,开挖坑道后不至于产生大规模坍塌,但其围岩塑性变形长时间不能停止(蠕变和松弛),致使洞径缩小,也属于此种性质的塑性变形失稳,如图 11-10d)所示。

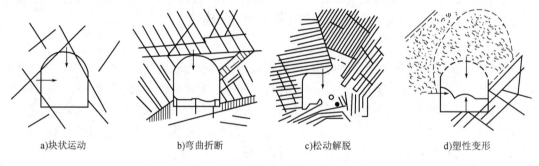

a)块状运动　　b)弯曲折断　　c)松动解脱　　d)塑性变形

图 11-10　围岩破坏失稳的几种形态

## 三、围岩的稳定性分级

1. 分级的目的

岩体所处的地质环境是千差万别的,作为围岩,它给隧道工程带来的问题也是各式各样的。人们对地下空间的要求是各不相同的,但对每一种特定要求下的地质环境和工程问题,不可能都有现成的经验,也没有必要逐一进行从理论到实验的全方位研究。因此,为了工程应用的便利,有必要将围岩按其稳定性的好坏(能力的强弱)划分为有限个级别,以便于进行工程类比。

2. 铁路隧道围岩稳定性分级

《铁路隧道设计规范》(TB 10003—2016)推荐的围岩稳定性分级方法是:以围岩的结构特征、完整状态、岩体强度和围岩的弹性波速度($V_p$)作为基本分级指标,将围岩划分为Ⅰ~Ⅵ共六个基本级别;然后适当考虑地下水和地应力对围岩稳定性的影响程度,对基本级别予以适当修正,确定出围岩稳定性的最后级别(表 11-5)。施工阶段围岩稳定性级别判定,则按施工阶段围岩稳定性级别判定卡来判定。

## 铁路、公路隧道围岩稳定性基本分级表

表 11-5

| 围岩级别 | 围岩主要工程地质条件 | | 围岩开挖后的稳定状态（单线隧道断面） | 围岩弹性纵波速度 $V_p$（km/s） |
|---|---|---|---|---|
| | 主要工程地质特征 | 结构特征和完整状态 | | |
| Ⅰ | 硬质岩,饱和单轴抗压强度 $R_C>60\text{MPa}$,受地质构造运动影响轻微,节理不发育,无软弱面或夹层,层状岩体为厚层,层间结合良好 | 呈巨块状整体结构 | 围岩稳定,无坍塌,可能产生岩爆 | >4.5 |
| Ⅱ | 硬质岩,$R_C>30\text{MPa}$,受地质构造运动影响较重,节理较发育,有少量软弱面(或夹层)和贯通微张节理,但其产状及组合关系不致产生滑动,层状岩体为中层或厚层,层间结合一般,很少有分离现象,或为硬质岩石偶夹软质岩石 | 呈大块状砌体结构 | 暴露时间长,可能会出现局部小坍塌,侧壁稳定,层间结合差的平缓岩层,顶板易塌落 | 3.5~4.5 |
| Ⅱ | 软质岩,$R_C\approx30\text{MPa}$,受地质构造运动影响轻微,节理不发育,层状岩体为厚层,层间结合良好 | 呈巨块状整体结构 | | |
| Ⅲ | 硬质岩,$R_C>30\text{MPa}$,受地质构造运动影响严重,节理发育,有层状软弱面或夹层,但其产状及组合关系尚不致产生滑动,层状岩体为薄层或中层,层间结合差,多有分离现象,或为硬、软质岩石互层 | 呈块、碎(石)状镶嵌结构 | 拱部无支护时可产生小坍塌,侧壁基本稳定,爆破振动过大易坍塌 | 2.5~4.0 |
| Ⅲ | 软质岩,$R_C=5~30\text{MPa}$,受地质构造运动影响较重,节理较发育,层状岩体为薄层、中层或厚层,层间结合一般 | 呈大块状砌体结构 | | |
| Ⅳ | 硬质岩,$R_C>30\text{MPa}$,受地质构造运动影响很严重,节理很发育,层状软弱面或夹层已基本被破坏 | 呈碎石状压碎结构 | 拱部无支护时可产生较大的坍塌,侧壁有时失去稳定 | 1.5~3.0 |
| Ⅳ | 软质岩,$R_C=5~30\text{MPa}$,受地质构造运动影响严重,节理发育 | 呈块、碎(石)状镶嵌结构 | | |
| Ⅳ | 1. 略具压密或成岩作用的黏性土及砂类土。<br>2. 一般钙质、铁质胶结的碎、卵石土、大块石土。<br>3. 黄土($Q_1,Q_2$) | 1、2 呈大块状压密结构,3 呈巨块状整体结构 | | |

续上表

| 围岩级别 | 围岩主要工程地质条件 | | 围岩开挖后的稳定状态（单线隧道断面） | 围岩弹性纵波速度 $V_p$（km/s） |
| --- | --- | --- | --- | --- |
| | 主要工程地质特征 | 结构特征和完整状态 | | |
| V | 石质围岩位于挤压强烈的断裂带内，裂隙杂乱，呈石夹土或土夹石状 | 呈角（砾）碎（石）状松散结构 | 围岩易坍塌，处理不当会出现大坍塌，侧壁经常小坍塌，浅埋时易出现地表下沉（陷）或坍塌至地表 | 1.0~2.0 |
| V | 一般第四系的半干硬至硬塑的黏性土，及稍湿至潮湿的一般碎、卵石土、圆砾、角砾及黄土（$Q_3$，$Q_4$） | 非黏性土呈松散结构，黏性土及黄土呈松软结构 | | |
| VI | 软塑状黏性土及潮湿的粉细砂等 | 黏性土呈易蠕动的松软结构，砂性土呈潮湿松散结构 | 围岩极易坍塌变形，有水时土砂常与水一齐涌出，浅埋时易坍塌至地表 | <1.0（饱和土<1.5） |

注：1. 表中"围岩级别"和"围岩主要工程地质条件"栏，不包括膨胀性围岩、多年冻土等特殊岩土。

2. 关于隧道围岩分组的基本因素和围岩基本分组及其修正，可按国家现行《铁路隧道设计规范》（TB 10003—2016）附录 A 确定。说明如下：

（1）本分级表适用于采用钻眼爆破掘进的隧道工程中。其中"级别"和"主要工程地质条件"栏不适用于膨胀岩、冻土等特殊地质条件；"围岩开挖后的稳定状态"栏只适用于洞径在 15m 以下的隧道。

（2）关于围岩的结构特征和完整状态、围岩受地质构造影响程度划分、围岩节理（裂隙）发育程度划分、岩石强度划分可参见有关地质资料。

（3）遇有地下水时，按表 11-5 调整围岩级别。

3. 其他分类方法

用于隧道及地下工程的围岩分类方法，还有其他几种，比较有代表性的是：泰沙基岩体荷载高度（$h_q$）分类法、弹性波速度（$V_p$）分类法。弹性波速度（$V_p$）分类法（数字化分类指标不直观，专业要求较高）、岩体质量应力比（$S$）分类法（总参工程兵 1984 年 9 月《坑道工程》围岩分类）。

# 第四节　隧道结构设计

隧道结构设计是在隧道位置选定，平面、纵断面和横断面设计已完成的基础上，根据隧道所穿越地层的工程地质条件，即围岩的稳定能力的强弱，拟定相应的支护参数，并提出相应的施工方案。其中隧道横断面设计就是要根据车辆限界确定隧道建筑限界。隧道结构参数包括隧道衬砌的内轮廓（净空）、结构轴线、截面厚度，结构形式、材料种类、施工方法（工艺）等。

## 一、隧道横断面设计

(一)隧道建筑限界和净空

1. 铁路隧道建筑限界

铁路隧道建筑限界 $A$ = 机车车辆最大轮廓尺寸 + 机车车辆技术改造预留空间 + 线路变形和位移 + 列车运行振动、摇动、摆动 + 允许的货物超限尺寸 + 线路铺设误差 + 设备最大尺寸 + 设备安装误差 + 衬砌施工误差 + 衬砌变形和位移。

《铁路隧道设计规范》(TB 10003—2016)重新规定了铁路直线隧道建筑限界的形状和尺寸,以提供足够的设备安装空间,并作为设计隧道支护结构的依据。铁路隧道建筑限界(铁路隧限2-甲、乙)如图11-11所示。

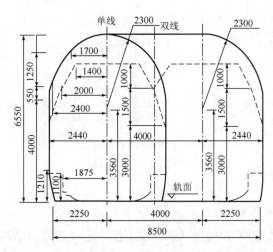

图11-11 铁路隧道建筑限界(铁路隧限2-甲、乙)(尺寸单位:mm)

2. 铁路隧道净空

铁路隧道净空是指轨面以上衬砌内轮廓线所包围的空间。隧道净空的大小应以不侵入隧道建筑限界为准。在此条件下不仅要使隧道净空有较高的面积利用率,宜小不宜大,够用为度,而且要使隧道衬砌结构受力合理,并尽量简化断面形状以便于施工。因此在隧道横断面设计和施工时,实际隧道净空尺寸均比规定的建筑限界略大一些,形状也简单一些。见隧道构造部分。

直线隧道净空如下:

$$直线隧道净空 B = A + 结构受力合理 + 形状便于施工$$

3. 高速铁路隧道的建筑限界及净空

高速铁路隧道横断面净空大小是在满足隧道建筑限界和上述各项空间要求的基础上,增加考虑降低"隧道-列车-空气动力效应",适当加大隧道横断面的大小;同时考虑衬砌结构受力合理,而适当调整衬砌形状,最后获得合理的隧道横断面。高速铁路的曲线半径均较大,且已设置了紧急疏散通道,故位于曲线上的隧道,原则上不考虑曲线隧道净空加宽。

$$D = 直线隧道净空 + 降低空气动力效应$$

根据上述准则,《京沪高速铁路设计暂行规定》(铁建设〔2004〕157号)初步确定的 350km/h 客运专线双线隧道横断面(净空)面积不宜小于 100m², 单线隧道净空面积不宜小于 70m²。我国拟采用的高速铁路隧道建筑限界基本尺寸及轮廓如图 11-12 所示。

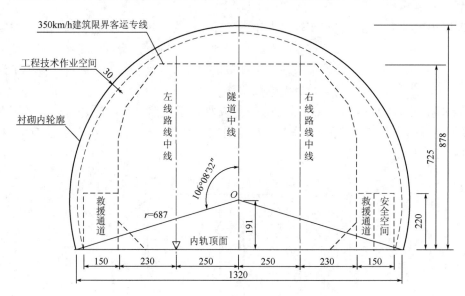

图 11-12 高速铁路隧道建筑限界及净空(尺寸单位:cm)

(二)内层衬砌断面的拟定

**1. 内层衬砌断面拟定原则**

内层衬砌(或单层衬砌)断面的形状和厚度不仅决定着其本身结构受力的合理性,其外轮廓线的形状也决定着坑道断面的形状,并继而影响着围岩的稳定性,因此内层衬砌断面拟定原则是"大小够用为度、形状受力合理、施工简单方便"。

**2. 衬砌材料及截面厚度**

衬砌各截面的厚度是结构轴线确定以后的重点设计内容,要判断在设定的厚度下的截面是否有足够的强度。从施工的角度出发,截面的厚度不允许太薄,太薄将使施工操作困难和质量不易保证。隧道规范中,列举了衬砌各部分最小厚度的数值,可供参考(表 11-6)。最小厚度是一个限制性要求,而不是设计值。实际厚度应按其承受后期围岩压力的大小来确定。

**圬工截面最小厚度(cm)** 表 11-6

| 建筑材料种类 | 隧道衬砌和明洞 | | | 洞门端墙、翼墙和洞口 |
|---|---|---|---|---|
| | 拱圈 | 边墙 | 仰拱 | 挡土墙 |
| 混凝土 | 20 | 20 | 20 | 30 |
| 片石混凝土 | — | — | 50 | 50 |

续上表

| 建筑材料种类 | 隧道衬砌和明洞 | | | | 洞门端墙、翼墙和洞口 |
| --- | --- | --- | --- | --- | --- |
| | 拱圈 | 边墙 | | 仰拱 | 挡土墙 |
| 浆砌粗料石或混凝土块 | 30 | 30 | | — | 30 |
| 浆砌块石 | — | 30 | | — | 30 |
| 浆砌片石 | — | 50 | | — | 50 |

## 二、隧道支护结构设计

### (一) 支护的作用和设计原则

在隧道及地下工程中,基于对围岩"三位一体特性"的认识,人们又进一步认识到围岩与支护的基本关系:围岩是工程加固的对象,支护只是加固的手段;围岩是隧道结构体系的基本承载部分,支护是隧道结构体系的辅助承载部分;围岩是不可替代的天然的结构主体,支护是可以选择的人工施作的结构部分。

由此进一步总结出提供支护帮助的基本原则:"围岩不稳,支护帮助,遇强则弱,遇弱则强,按需提供,先柔后刚,量测监控,动态调整。"这就是现代围岩承载理论关于隧道支护结构设计的基本原则。

### (二) 锚喷支护工程特点

锚喷支护是在洞壁表面先喷射一层混凝土,有时也同时施加锚杆,凝固以后形成一个薄层的柔性支护结构。它允许围岩产生有限度的变形,充分发挥出围岩自身的承载能力,并与围岩共同形成基本稳定的结构体系。因而锚喷支护与传统的钢木构件临时支撑相比较,在工程材料、施工工艺和受力的合理性等方面表现出有明显的特点和优越性能。

1. 灵活性

锚喷支护是由喷射混凝土、锚杆、钢筋网等支护部件进行适当组合的支护形式,它们既可以单独使用,也可以组合使用。其组合形式和支护参数可以根据围岩的稳定状态、施工方法和进度、隧道形状和尺寸等加以选择和调整。它们既可以用于局部加固,也易于实施整体加固,既可一次完成,也可以分次完成,充分体现了"先柔后刚,按需提供"的原则。

2. 及时性

锚喷支护能在施作后迅速发挥其对围岩的支护作用。这不仅表现在时间上,即喷射混凝土和锚杆都具有早强性能,需要它时,它就能起作用;而且表现在空间上,即喷射混凝土和锚杆可以最大限度地紧跟开挖而施工,甚至可以利用锚杆进行超前支护。虽然构件支撑的最大优点是即时承载,而锚喷支护同样具有即时维护甚至超前维护作用,且能容纳必要的支撑构件(如格栅钢架)参与工作。

3. 密贴性

喷射混凝土能与坑道周边的围岩全面、紧密地黏结,使锚杆和钢筋网的点约束作用得以分配和改善,使其发挥协同作用,更可以填补洞壁的凹穴,使洞壁变得圆顺,减少应力集中,抵抗岩块之间沿节理的剪切和张裂,增强支护对围岩的有效约束,体现出"围岩 – 支护"一体化的力学分析和结构设计思想。

### 4. 深入性

锚杆能深入围岩体内部一定深度,对围岩起约束作用。这种作用尤其是以适当密度的径向锚杆群(称为系统锚杆)的效果最为明显。系统锚杆在围岩中形成一定厚度的锚固区,锚固区内的岩体强度和整体性得以提高和加强,应力分布状态也得以改善,其承载能力和稳定能力显著增强。此时隧道的稳定性实际上就是指锚固区的承载能力和稳定能力。

### 5. 柔韧性

锚喷支护具有"既能允许围岩产生有限变形,又能限制过度变形且自身不被破坏"的特性——柔韧性。这主要是由于其施工工艺上的原因:一方面,钢筋网、锚杆具有很好的延展性,喷射混凝土也能喷得很薄,而且它们是被分批次安装、分层次喷射的,因此表现出很好的柔性,从而与围岩协同变形,允许围岩塑性区产生适度变形,使围岩发挥出其自承能力;另一方面,锚杆可以深入围岩内部,钢筋网与之连接,并通过喷射混凝土使之相互联合,进而与围岩紧密结合,表现出很好的韧性,即使产生较大的变形也不会遭到破坏,避免因变形过度而导致坍塌。

### 6. 封闭性

喷射混凝土能全面及时地封闭围岩,这种封闭不仅阻止了洞内潮气和水对围岩的侵蚀作用,而且减少了膨胀性岩体的潮解、软化和膨胀,这是一种空间意义上的封闭。锚喷支护能从围岩表面到内部与围岩紧密结合,及时并方便地对坑道周围薄弱部位的围岩进行加固处理,能够有效地阻止围岩变形过度,使围岩较早地进入变形收敛状态,形成无薄弱部分的承载环(加固区),这是一种力学意义上的封闭。

### (三)《公路隧道设计规范》提供的初期支护工程类比设计

《公路隧道设计规范》(JTG 3370.1—2018)提供的初期支护工程常用喷混凝土厚度一般为 5~20cm,有时也达到 25cm。锚杆间距在表中已有显示,锚杆间距一般不宜大于其长度的一半,Ⅱ~Ⅲ级围岩中的锚杆间距宜为 1.0m 左右,且不得大于规范规定的最大间距。另外,对于大跨度隧道,为节省钢材可以采用长短相间的锚杆支护形式。

锚喷初期支护的设计参数,以及锚喷衬砌的设计参数,可参照下面的附表及相关资料采用,并在施工过程中通过量测进行反馈修正。

#### 1.《铁路隧道设计规范》提供的工程类比设计参数

铁路隧道复合衬砌的设计参数、锚喷衬砌的设计参数见表11-7、表11-8。

#### 2.《岩土锚杆与喷射混凝土支护工程技术规范》提供的隧道锚喷支护工程类比设计参数

《岩土锚杆与喷射混凝土支护工程技术规范》(GB 50086—2015)提供了的隧道锚喷支护参数,可作为我国隧道工程初期支护设计进行工程类比的重要参考,见有关表格。

铁路隧道复合衬砌的设计参数　　　　表 11-7

| 隧道断面 | 围岩级别 | 初期支护 ||||||| 内层衬砌厚度(cm) ||
| | | 喷射混凝土厚度(cm) || 锚杆 ||| 钢筋网 | 钢架 | | |
| | | 拱墙 | 仰拱 | 位置 | 长度(m) | 间距(m) | | | 拱墙 | 仰拱 |
|---|---|---|---|---|---|---|---|---|---|---|
| 单线隧道 | Ⅱ | 4 | — | — | — | — | — | — | 25 | — |
| | Ⅲ | 6 | — | 局部设置 | 2.0 | 1.2~1.5 | — | — | 25 | — |
| | Ⅳ | 10 | 10 | 拱、墙 | 2.0~2.5 | 1.0~1.2 | 必要时设置 | — | 30 | 30 |
| | Ⅴ | 14 | 14 | 拱、墙 | 2.5~3.0 | 0.8~1.0 | 拱墙、仰拱 | 必要时设置 | 35 | 35 |
| | Ⅵ | 通过试验确定 ||||||||||
| 双线隧道 | Ⅱ | 5 | — | 局部设置 | 2.0~2.5 | 1.5 | — | — | 30 | — |
| | Ⅲ | 10 | 10 | 拱、墙 | 2.0~2.5 | 1.2~1.5 | 必要时设置 | — | 35 | 35 |
| | Ⅳ | 15 | 15 | 拱、墙 | 2.0~3.0 | 1.0~1.2 | 拱墙、仰拱 | 必要时设置 | 35 | 35 |
| | Ⅴ | 20 | 20 | 拱、墙 | 2.5~3.0 | 0.8~1.0 | 拱墙、仰拱 | 必要时设置 | 40 | 40 |
| | Ⅵ | 通过试验确定 ||||||||||

铁路隧道锚喷衬砌的设计参数　　　　表 11-8

| 围岩级别 | 单线隧道 | 双线隧道 |
|---|---|---|
| Ⅰ | 喷射混凝土厚度5cm | 喷射混凝土厚度8cm,必要时设置锚杆,长1.5~2.0m,间距1.2~1.5m |
| Ⅱ | 喷射混凝土厚度8cm,必要时设置锚杆,长1.5~2.0m,间距1.2~1.5m | 喷射混凝土厚度10cm,锚杆长2.0~2.5m,间距1.0~1.2m,必要时设置局部钢筋网 |

注:1. 边墙喷射混凝土厚度可略低于表列数值,如边墙围岩稳定,可不设置锚杆和钢筋网;
　　2. 钢筋网的网格间距宜为15~30cm,钢筋网保护层厚度不应小于2cm。

1. 解释:单层衬砌、复合衬砌、拼装衬砌、初期支护、后期支护(内层衬砌)、锚喷支护、超前支护、地层改良、锚杆、喷射混凝土、钢拱架。
2. 隧道支护结构有哪几种类型?
3. 隧道洞门有哪几种结构类型?
4. 隧道附属设施有哪几种?

# 第十二章
## CHAPTER TWELVE
# 铁路隧道施工方法

在大量的隧道及地下工程实践中,人们普遍认识到:隧道及地下洞室工程施工的核心技术问题都归结在开挖和支护两个关键工序上,即如何开挖才能更有利于洞室的稳定和便于支护,如何支护才能更有效地保证洞室稳定和便于开挖。这是隧道及地下洞室工程中两个相互促进又相互制约的问题,其他的工作都可以视为辅助措施。而且围岩稳定与否比坑道内岩体好不好挖更为重要。

## 第一节 施工方法分类、适用条件及选择原则

### 一、隧道施工方法的分类

前已述及,隧道及地下工程的施工方法是开挖和支护等工序的组合,或者定义为为达到规定的使用目的、规定的设计要求、规定的技术标准,使用一定的人员、资金、机械、材料,运用一定的技术措施和管理措施,遵循一定的作业程序,修建隧道及地下洞室建筑物的方法。

按照开挖成形方法、破岩掘进方式、支护结构施作方式或空间维护方式的不同,以及隧道穿越地层的不同,目前一般可以将隧道施工方法分类如下:

(1)矿山法,是传统的施工方法,日本称为"背板法(Poling Board Methed,PBM)",我国又称为钻爆法(Drilling and Blasting Method,DBM)或暗挖法(Undercutting Method,UCM)。

(2)新奥法,是现代的施工方法,山岭隧道最常用,我国称为"锚喷构筑法"(New Austrian Tunnelling Method,NATM)。

(3)明挖法(Cut and Cover Method,CCM)。

(4)盖挖法。

(5)盾构法(Shield Driven Method,SDM)。

(6) 掘进机法(Tunnel Boring Machine,TBM)。

(7) 沉埋法(Immersed Tube Tunnelling Method,ITTM,又称沉管法)。

## 二、隧道施工方法的适用条件

以上各种方法与地层条件、埋深条件、建筑环境条件的适应性见表12-1。

**隧道施工方法及其适用条件** 表12-1

| 地层条件 | 矿山法<br>(背板法) | 新奥法<br>(锚喷构筑法) | 明挖法 | 盖挖法 | 盾构法 | 掘进机法 | 沉埋法 |
|---|---|---|---|---|---|---|---|
| 山岭隧道 | 适用 | 适用、最常用 | 浅埋段适用 | — | 软岩段适用 | 适用 | — |
| 浅埋隧道(软岩、土质) | 可用 | 加特殊措施适用 | 适用 | 适用 | 适用 | — | — |
| 水下隧道(水下地层中) | — | 硬岩段适用 | — | — | 软岩段适用 | — | — |
| 水底隧道(水下河床上) | — | — | — | — | — | — | 适用 |

## 三、隧道施工方法的选择原则

从工程技术的角度来看,隧道围岩工程地质和水文地质条件是影响施工方法选择的主要因素。针对具体的隧道工程,采用何种施工方法,不仅取决于围岩工程地质和水文地质条件,也必然受到隧道工程结构条件和工程施工条件的影响。

因此,隧道施工方法的选择原则是:应根据实际隧道工程上述三个方面的条件,尤其是围岩工程地质条件,充分研究、综合考虑,选择适当的施工方法,并根据各方面条件的变化及时调整和改变施工方法。

所选施工方法必须与工程地质条件的变化相适应,必须与隧道断面大小、形状以及洞室的组合情况相适应,必须与围岩的自稳能力和被挖除岩体的坚硬程度相适应,以尽量减少对围岩的扰动,尽量保持围岩的自稳能力不显著降低,尽量利用围岩自稳能力有效保证围岩稳定和施工安全。所选施工方法必须与施工技术水平相适应,尽可能满足作业空间的要求、施工速度的要求、施工成本控制的要求、工程质量的要求、环境保护的要求、施工组织和管理方面的要求。

地质条件的复杂性和多变性,以及地质勘探、施工技术和人们对工程问题认识的局限性,使得人们在隧道施工过程中不可避免地会遇到预料之外的地质条件的突然变化,甚至发生如流变、坍方、流沙、突泥、涌水、岩爆等工程事故。所以,隧道施工人员,一方面应当根据隧道工程各方面的具体条件加以综合考虑、反复比较,选择最经济、最合理的施工方法,甚至是多种方法、多种技术的综合应用;另一方面应密切关注施工过程中的各种变化,及时根据实际情况调整施工方案、施工方法、施工技术和施工进度等各项计划。

## 第二节　矿山法

### 一、矿山法概述

矿山法因其最早应用于坑道采矿而得名,因其采用"钻眼爆破"方式破岩,故隧道工程中也称之为"钻爆法"。它是采用纵向分段、横向全断面或分部开挖,每一部分开挖成形后即对暴露围岩加以适当的支撑或支护,继而提供必要的永久性人工结构以保持隧道长期稳定的施工方法。矿山法由于支撑或支护结构和材料的不同,人们习惯上将采用钢、木构件作为临时支撑的施工方法称为矿山法,日本隧道界则称为背板法。

早期的传统矿山法主要采用木构件作为临时支撑,施作后的木构支撑只是作为维护围岩稳定的临时措施,待隧道开挖成形后,再逐步地将其拆除,并代之以砌石或混凝土衬砌。由于木构支撑的耐久性差和对坑道形状的适应性差,尤其是支撑撤换工作既麻烦又不安全,且对围岩有进一步扰动,已很少采用。

后来,由于材料的进步和钢材产量的增加,传统矿山法已发展为主要采用钢构件承受早期围岩压力,以维护围岩的临时稳定,然后在此基础上再施作内层衬砌以承受后期围岩压力并提供安全储备。钢构件支撑具有较好的耐久性和对坑道形状的适应性等优点,施作后的钢构件支撑不予拆除和撤换,也更为安全。至今这种方法仍在沿用,比如紧急状态时预防坍方以及坍方的简单处理。

### 二、矿山法施工的基本程序

矿山法是采用木构件或钢构件作为临时支撑,抵抗围岩变形,承受围岩压力,获得坑道的临时稳定,待隧道开挖成形后,再逐步地将临时支撑撤换下来,而代之以永久性单层衬砌的施工方法。它是人们在长期的施工实践中逐步自然发展起来的一种传统施工方法。矿山法施工的基本程序可用框图表示,如图12-1所示。

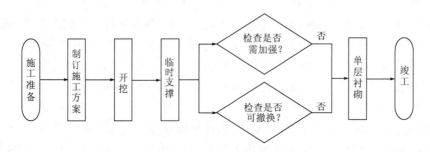

图12-1　矿山法施工的基本程序

### 三、矿山法施工的基本原则

矿山法施工的基本原则可以归纳为"少扰动、早支撑、慎撤换、快衬砌"。

少扰动，是指在进行隧道开挖时，要尽量减少对围岩的扰动次数、扰动强度、扰动范围和扰动持续时间，这与新奥法施工的要求是一致的。采用钢支撑，可以增大一次开挖断面跨度，减少分部次数，从而减少对围岩的扰动次数。

早支撑，是指开挖后应及时施作临时构件支撑，使围岩不致因变形松弛过度而产生坍塌失稳，并承受围岩松弛变形产生的压力——早期松弛荷载。定期检查支撑的工作状况，若发现变形严重或出现损坏征兆，应及时增设支撑予以加强。作用在临时支撑上的早期松弛荷载大小可比照设计永久衬砌的计算围岩压力大小来确定。临时支撑的结构设计亦采用类似于永久衬砌的设计方法，即结构力学方法。

慎撤换，是指拆除临时支撑而代之以永久性模筑混凝土衬砌时要慎重，即要防止撤换过程中围岩坍塌失稳。每次撤换的范围、顺序和时间要视围岩稳定性及支撑的受力状况而定。若预计到不能拆除，则应在确定开挖断面大小及选择支撑材料时就予以研究解决。使用钢支撑作为临时支撑，则可以避免拆除支撑的麻烦和危险。

快衬砌，是指拆除临时支撑后要及时修筑永久性混凝土衬砌，并使之尽早承载参与工作。若采用的是钢支撑又不必拆除，或无临时支撑时，亦应尽早施作永久性混凝土衬砌。

### 四、矿山法的优缺点

矿山法将围岩与单层衬砌之间的关系等同于地上工程的"荷载（围岩）-结构（衬砌）"力学体系。它作为一种维持坑道稳定的措施，是很直观和奏效的，也容易被施工人员理解和掌握。因此直至现在，这种方法常被应用于不便采用锚喷支护的隧道中，或处理坍方等。传统矿山法的一些施工原则也得以继承和发展。曾经使用过的插板法和现在经常使用的超前管棚法及顶管法，可以说是传统矿山法改进和松弛荷载理论发展的极致。

但由于衬砌的实际工作状态很难与设计工作状态达成一致，以及存在的临时支撑难以撤换等一些问题，在一定程度上限制了它的发展和应用。

## 第三节 新奥法

### 一、新奥法概述

新奥法是 20 世纪 50 年代奥地利隧道学家腊布希维兹教授在总结锚喷支护技术的基础上首先提出的，简称 NATM（New Austrian Tunnelling Method）。它是采用锚杆和喷射混凝土作为初期支护，达成坑道的基本稳定，待隧道开挖成形后，再逐步地施作内层衬砌作为安全储备，以保持隧道长期稳定的施工方法。

新奥法主要采用锚杆和喷射混凝土作为维护围岩稳定的初期支护,以帮助围岩获得初步稳定,施作后的锚喷支护即成为永久性承载结构的一部分而不予拆除,然后在此基础上再施作内层衬砌作为安全储备,内层衬砌也称后期支护。初期支护、内层衬砌与围岩三者共同构成了永久的隧道结构体系。

锚杆、喷射混凝土和钢拱架等初期支护直接参与围岩工作,也不受隧道断面尺寸和形状的限制,适用于大多数的地质条件,对某些特殊地质条件在辅助工法的支持下仍然适用,从而使隧道施工的安全性和隧道结构的可靠度均大大增加。

值得注意的是:虽然新奥法和传统矿山法都采用钻研爆破方式掘进,但二者支护方式有着显著的不同,二者的施工原则和理论解释也不同。这种差异反映了人们对隧道及地下工程问题认识的进步和工程理论的发展。新奥法是目前我国山岭隧道工程中广泛使用的施工方法。从隧道工程的发展趋势来看,新奥法仍将是今后隧道工程最常用的施工方法。

## 二、新奥法施工的基本程序

新奥法施工的基本程序可用框图表示,如图12-2所示。

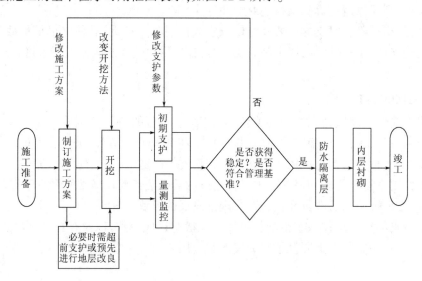

图12-2 新奥法施工的基本程序

新奥法隧道施工机械配套模式如图12-3所示。

a)行车隧道开挖机械配置

图 12-3

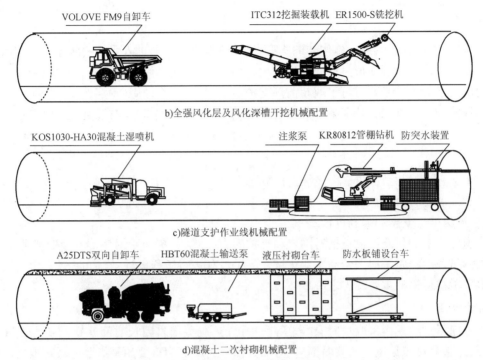

图 12-3 新奥法隧道施工机械配套模式图

### 三、新奥法施工的基本原则

根据对隧道及地下工程基本问题的认识——对"开挖与支护的关系"的认识,对围岩的"三位一体特性"的认识,对支护的"加固和维护作用"的认识,现代"围岩承载理论"认为"围岩是工程加固的对象,是不可替代的;支护是加固的手段,是可以选择的"。

围岩承载理论在新奥法成功应用的基础上,运用岩体力学分析方法,充分考虑围岩在施工过程中的动态变化,逐步形成了"以维护和利用围岩的自承能力为基本出发点,为锚杆和喷射混凝土为主要支护措施,以对围岩和支护的变形和应力进行量测为监视控制手段,来指导隧道和地下工程设计、施工"的基本思路,并进一步总结出提供支护帮助的基本原则,即"围岩不稳,支护帮助,遇强则弱,遇弱则强,按需提供,先柔后刚,量测监控,动态调整"。

根据以上解决问题的基本思路和支护设计的基本原则,作为一种施工方法,新奥法施工的基本原则可以归纳为"少扰动、早锚喷、勤量测、紧封闭"。这四项基本原则的具体含义解释如下。

1. 少扰动

少扰动,是指在进行隧道开挖时,要尽量减少对围岩的扰动次数、扰动强度、扰动范围和扰动持续时间。因此要求能用机械开挖的就不用钻爆法开挖;采用钻爆法开挖时,要严格地进行控制爆破;尽量采用大断面开挖,以减少对围岩的扰动次数;根据围岩类别、开挖方法、支护条件选择合理的循环掘进进尺;自稳性差的围岩,循环掘进尺应短一些;支护要尽量紧跟开挖面,缩短围岩应力松弛时间。

隧道施工中采用大断面短进尺开挖,和光面爆破或预裂爆破掘进(破岩),就是减少对围岩的扰动的具体措施。

2. 早锚喷

早锚喷，是指开挖后及时施作初期锚喷支护，使围岩的变形进入受控制状态。这样做一方面是为了使围岩不致因变形过度而产生坍塌失稳；另一方面是使围岩变形适度发展，以充分发挥围岩的自承能力。必要时可采取超前预支护措施，甚至注浆加固（地层改良）措施。

隧道施工中根据围岩特征采用如喷射混凝土、锚杆、钢拱架和模筑混凝土衬砌等不同类型的支护，并及时调整支护时机、支护参数，以求达到最佳支护效果，就是这一原则的具体措施。

3. 勤量测

勤量测，是指以直观、可靠的量测方法和量测数据来判断围岩（或围岩＋支护）的稳定状态及动态发展趋势，评价支护的作用和效果，以便及时调整支护时机、支护参数、开挖方法、施工速度，确保施工安全和顺利进行。

隧道施工中的量测不仅包括对围岩和支护的直接观察，更包括对围岩和支护变形和应力的专项测量。量测是掌握围岩动态变化过程的手段和进行工程设计、施工的依据，也是现代隧道及地下工程理论的重要标志之一。

4. 紧封闭

一方面紧封闭是指采取喷射混凝土等防护措施，避免围岩因长时间暴露而致强度和稳定性衰减，尤其是对于易风化的软弱围岩；另一方面紧封闭更为重要的是指要适时对围岩施作封闭形支护，使之形成"力学意义上的封闭的承载环"。这样做不仅可以及时阻止围岩的过度变形，保证隧道的稳定，而且可以使支护和围岩能进入良好的共同工作状态，以有效地发挥支护体系的作用。这一点在软弱破碎围岩地段，尤其重要。

所谓"力学意义上的封闭的承载环"，就是围岩＋支护＝无薄弱部位且整体稳定的环状（筒状）结构物。在一般破碎围岩地段的施工中，及时加固薄弱部位；而在软弱破碎围岩地段的施工中，及时修筑仰拱等，正是遵循这一原则的具体措施。

## 四、内层衬砌

1. 内层衬砌的施作时机

就模筑混凝土衬砌的施工技术和工艺而言，采用新奥法施工的内层衬砌，与采用传统的矿山法施工的"单层衬砌"相比较，没有什么区别，但是内层衬砌是复合衬砌的一部分，它在整个隧道结构力学体系中的作用以及施作时机，与单层衬砌有着显著的不同。

按照传统的松弛荷载理论设计和传统矿山法施作的单层衬砌，是主要的承载结构，是需要尽早施作的。但是按照现代隧道工程理论设计和新奥法施作的内层衬砌，却主要是"提供安全储备"，承受后期围岩压力（围岩或围岩加初期支护是承载的主体）。因此，可以在围岩或围岩加初期支护稳定后的适当时机施作内层衬砌。

根据隧道施工相关技术规范，内层衬砌的施作时机可参考以下标准：当各测试项目表明围岩无明显的流变，且位移有较明显的减缓趋势；水平收敛小于 $0.1\text{mm/d}$，拱顶下沉小于 $0.07\text{mm/d}$，而且位移值占总位移值的 80% ~ 90% 以上时，即可施作内层衬砌。

值得注意的是，这一规定只适用于无明显流变性质的围岩条件，在强流变围岩条件下，仅依靠常规参数的初期支护已很难达成围岩稳定,这表明常规锚喷初期支护的有效性降低,需要考虑采用特殊工程措施,方可避免发生护后坍塌,保证施工安全。

2. 内层衬砌的施工方法

复合式衬砌施工的基本程序,一般是先施作初期支护,在初期支护施作完成,隧道已成形,并且达成隧道的基本稳定后,再就地模筑或现场拼装混凝土或钢筋混凝土内层衬砌。在隧道纵深方向,内层衬砌需要分段施作。上部拱墙施工,通常采用整体模板台车配混凝土输送泵分段灌筑。下部仰拱、填充和底板,则只需配备挡头板就可进行灌筑。

在现代隧道工程中,施作锚喷初期支护以后就可以获得洞室的基本稳定,因此,现代隧道工程理论及新奥法均要求:内层衬砌,应尽可能地采用"完全顺作法"施工,即先施作下部仰拱、填充和底板,后施作上部拱墙,由下到上顺序施工。"完全顺作法"具有施工程序简化、无逆作施工缝、施工安全等优点,可以避免结构受力状态的转换,保证内层衬砌的整体性和受力状态良好。

浙江省余杭市安吉县天荒坪抽水蓄能电站工程中,已在其输水隧道(斜井,倾角58°,直径7m)采用整体滑动模板,将整圈衬砌一次模筑完成,成为"完全顺作"的成功案例。

### 五、新奥法的优缺点

1. 优点

(1)各工序的组合和调整的灵活性很大,尤其是与传统矿山法的钢木构件临时支撑相比较,新奥法所惯用的锚喷初期支护具有显著的灵活性、及时性、密贴性、深入性、柔韧性、封闭性等工程特点,使其对不同的地质条件表现出很强的适应性。

(2)施工机械和设备的配套比较灵活,且多数是常规设备,其组装简单、转移方便,机械设备重复利用率高。

(3)新奥法沿用了钢拱架和内层衬砌,改进了设计计算方法。这种沿用并改进的做法既是对方法又是对理论的兼容和继承,表现出很强的兼容性和继承性。长期的实践已使人们积累了丰富宝贵的施工经验,已形成了较为科学合理、完整成熟的施工方案,这是普遍认同的优势。

2. 缺点

与其他方法相比,新奥法施工工序多、相互干扰大、管理难度大;循环作业,施工速度慢;爆破掘进,超欠挖量较大、对围岩扰动大、工人劳动强度大、作业场所环境差。此外由于受施工速度的限制,在长大隧道工程中,为保证工期,往往需要采用辅助坑道来增加施工作业面,相应地增加了工程造价。

## 第四节 其他施工方法

### 一、明挖法

当隧道埋置较浅时,可将上覆一定范围内的岩体及隧道内的岩体逐层分块挖除,并逐次分段施作隧道衬砌结构,然后回填上覆土。这种施工方法称为浅埋"明挖法"。采用明挖法修建的隧道(或区段)称为"明洞"。

明挖法的优点是施工程序简单、明确,容易理解、便于掌握,主体结构受力条件较好,在没有地面交通和环境等限制时,应是首选方法。

按照对边坡维护方式的不同,浅埋明挖法可分为放坡明挖法、悬臂支护明挖法、围护结构加支撑明挖法。应当注意的是,当采用悬臂支护明挖法或围护结构加支撑明挖法时,工程的重点和难点就转化为"深基坑的围护"问题。

## 二、盖挖法

盖挖法施工是先盖后挖,即先以较短的时间完成地下围护结构和结构顶板,并恢复地面交通,然后在围护结构和顶板的保护下挖除土体并完成地下主体结构施工。

盖挖法施工的优点是:结构的水平位移小;结构板作为基坑开挖的支撑,节省了临时支撑;缩短占道时间,减少对地面干扰;受外界气候影响小。其缺点是:出土不方便;板墙柱施工接头多,需进行防水处理;工效低,速度慢;结构框架形成之前,中间立柱能够支承的上部荷载有限。

### 1. 盖挖法的施工程序

早期的盖挖法是在支护基坑的钢桩上架设钢梁、铺设临时路面维持地面交通,待开挖到基坑底后,浇筑底板至浇筑顶板后,再拆除临时路面恢复地面交通。这种方法称为"盖挖顺作法"。后来发展成使用刚度更大的围护结构取代钢桩支撑,不设置临时路面,而是直接使用并施作结构顶板永久路面系统,然后自上而下挖土并浇筑结构底板、侧墙。这种方法称为"盖挖逆作法"。盖挖逆作法施工的基本程序是:围护结构→结构顶板→挖土到基坑底→底板及侧墙→中板及其侧墙,如图12-4所示。

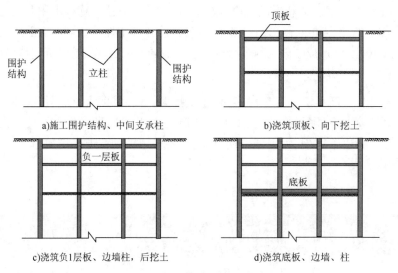

图 12-4 盖挖逆作法施工程序图

目前盖挖法已发展有以下几种变化形式:盖挖半逆作法、盖挖法与暗挖法的组合,(图12-5)盖挖法与盾构法的组合(图12-6)。

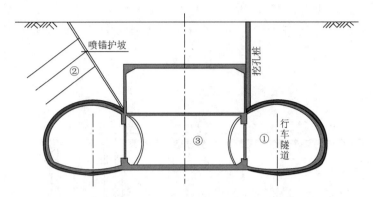

图12-5 盖挖法与暗挖法组合施工程序图
①-用暗挖法修建两个行车隧道及梁柱；②-锚喷护坡、挖孔桩；③-用盖挖法完成其余部分

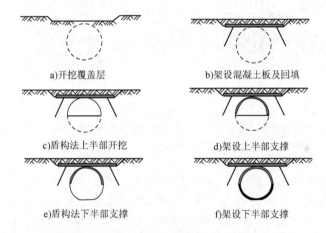

图12-6 盖挖法与盾构法组合施工程序图

2. 施工期间路面交通的协调处置方式

（1）当相邻道路分流疏散车辆时，可考虑封锁交通并全部占用路面，以集中时间完成主体工程，尽早恢复路面交通。

（2）当既有路面交通繁忙，分流有限又不能封锁时，可考虑分条带占用路面，这样既可以维持部分交通，又可以正常施工，但应处理好施工与交通相互干扰的问题，且应注意处理好地下结构的整体性问题。

（3）夜间施工、白天恢复路面交通，这种方式相互干扰太大，施工安排比较复杂，施工安全和交通安全难于保证，一般只在施工初期采用。

## 三、盾构法

（一）盾构及其工作原理

盾构法（Shield）施工的构思是由法国工程师布鲁诺（Brunel）在船板上蛀虫钻孔的启示下于1818年提出的。盾构法是以盾构这种施工机械在地面以下暗挖隧道的施工方法。盾构法是一种集推进、挖土、衬砌等多种作业于一体的大型暗挖隧道施工机械。目前在软弱地质条件下的浅埋隧道工程中,盾构法已经得到很普遍的应用。盾构法施工示意如图12-7所示。

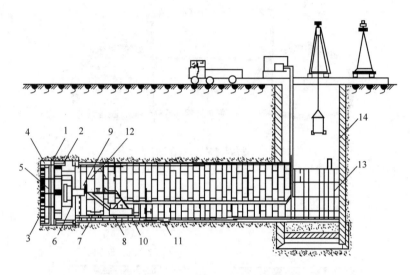

图 12-7　盾构法施工示意

1-盾构;2-盾构千斤顶;3-盾构正面网格;4-出土转盘;5-出土皮带运输机;6-管片拼装机;7-管片;8-压浆泵;9-压浆孔;10-出土机;11-管片衬砌;12-盾尾空隙中的压浆;13-后盾管片;14-竖井

盾构法施工首先要修建预备竖井,在竖井内安装盾构机,然后边推进,边挖土,边衬砌。

盾构机的前端设置一个环行的活动钢筒结构,其作用是承受地层压力和提供地下作业空间。钢筒内的前端设置有支撑和挖掘土体的装置。开敞式盾构机挖掘出的土体由竖井通道送出洞外,闭胸式盾构机则用泥浆搅拌渣土并通过管道送出,挤压式盾构机不出土。

盾构机中段安装有顶推千斤顶,使钢筒可以在地层中推进。推进的反力开始是由竖井后背墙提供的,进入正洞后则由已拼装好的衬砌环提供。尾部设置一个直径略小于前端钢筒直径的钢套筒,前筒推进后,由盾尾套筒(护盾)临时支护围岩。盾构机每推进一环距离,就在盾尾支护下拼装一环衬砌。盾尾套筒向前收缩时的注浆工艺及衬砌拼装工艺,则视地层条件和盾构类型的不同(有水无水、有压无压)而不同。有压、有水须边推进边压注水泥浆,无压无水且围岩可暂时自稳时则可在衬砌后压注豆砾石、水泥浆。压注水泥浆,可使衬砌与围岩保持紧密接触,既阻止地面沉陷,又可起到防水作用。

(二)盾构法的优缺点

由于有盾构的保护,挖掘和衬砌等工作比较安全,这是盾构法的最大特点。其安全性不仅表现为工作人员安全,更表现为能够有效避免围岩坍塌和涌水、流沙等工程事故。盾构的推进、出土、拼装衬砌等全过程可实现机械化、自动化作业,施工速度快,工人劳动强度低。穿越城市地层时,施工噪声和振动很小,对地面环境影响较小。穿越水下地层时不影响河道航运。施工本身基本上不受季节、风雨等气候条件影响。因此,在松软含水地层中修建长隧道时,盾构法具有技术和经济方面的优势。

但盾构法也存在一些不足,如在隧道曲线半径过小时,盾构转向控制比较困难;地层软硬不均匀时,盾构姿态控制较困难;洞顶覆盖土层太薄且为有压含水松软土层时,要完全防止地表沉陷还比较困难;拼装式衬砌的整体防水性能较差,要采用较多的辅助防水措施才能达到防水要求;当采用全气压盾构法施工时,工人在高气压条件下作业,须采取特别的劳动保护措施。这些缺点还有待于在今后实践中进一步研究解决。

(三)盾构的种类及适用的地层条件

盾构的类型很多,可按盾构的断面形状、挖掘方式、盾构前部构造和排水与稳定开挖面方式进行分类。

按盾构断面形状可分为圆形、拱形、矩形和马蹄形四种。圆形因其抵抗地层中的土压力和水压力较好,衬砌拼装简便,可采用通用构件,易于更换,因而应用较广泛。

按盾构前部构造可将分为敞胸式和闭胸式两种。按挖掘方式可将分为手工挖掘式、半机械挖掘式和机械挖掘式三种。

按排除地下水与稳定开挖面的方式可分为人工井点降水、泥水加压、土压平衡式的无气压盾构、局部气压盾构、全气压盾构等。

随着隧道与地下工程的发展,盾构机械的种类越来越多,适用性也更加广泛。一般而言,盾构法主要适用于软弱地质条件下进行暗挖法施工,最适于在松软含水地层中修建隧道,如在江河中修建水底隧道,在城市中修建地下铁道及各种市政设施。有资料显示,盾构法一般适宜于长隧道施工,对于短于750m的隧道被认为是不经济的。常用盾构的性能和适用条件见表12-2。

常用盾构的性能和适用的地层条件　　　　　　　　　表12-2

| 构造类型 | 挖掘方式 | 盾构名称 | 出土措施及开挖面稳定措施 | 适用的地层条件 | 附注 |
|---|---|---|---|---|---|
| 敞胸式盾构 | 手工挖掘 | 普通盾构 | 临时挡板支撑千斤顶 | 稳定性尚可的松散地层 | 根据需要加以气压、人工井点降水及其他地层加固等辅助措施 |
| | | 棚式盾构 | 将开挖面分成几层,利用砂的安息角和棚的摩擦阻力使开挖面稳定 | 无压水砂性土地层 | |
| | | 网格式盾构 | 利用土和钢制网状格棚的摩擦阻力使开挖面稳定 | 硬塑性黏土、淤泥 | |
| | 半机械挖掘 | 反铲式盾构 | 手掘式盾构装上反铲式挖土机出土 | 稳定性较好的硬土地层 | |
| | | 旋转式盾构 | 手掘式盾构装上软岩掘进机出土 | 石质软岩 | |
| | | 旋转刀盘式盾构 | 面板加单刀盘或多刀盘破岩 | 较稳定的软岩、软土地层 | |
| | | 插刀式盾构 | 千斤顶顶推插板,机械或人工挖土 | 稳定性尚可的硬土地层 | |
| 闭胸式盾构 | 手工挖掘 | 半挤压盾构 | 胸板局部开孔,依靠千斤顶推力使土砂从开孔中挤出或自然流出 | 软塑性黏土、淤泥 | 需要时可增加辅助措施 |
| | | 全挤压盾构 | 盾构胸板无孔,不进土,完全挤入淤泥地层中 | 流塑性软土、淤泥 | |

续上表

| 构造类型 | 挖掘方式 | 盾构名称 | 出土措施及开挖面稳定措施 | 适用的地层条件 | 附注 |
|---|---|---|---|---|---|
| 闭胸式盾构 | 半机械挖掘 | 局部气压盾构 | 面板与隔板间加气压 | 有压水松软地层 | 不再加设其他辅助措施 |
| | | 泥水加压盾构 | 面板与隔板间加有压泥水 | 有压水冲积层、洪积层 | |
| | | 土压平衡盾构 | 面板隔板间充满土砂,产生的压力和开挖处的地层压力保持平衡 | 软塑性淤泥、淤泥夹砂 | 需要时可增加辅助措施 |
| | | 网格式挤压盾构 | 胸板为网格,土体通过网格孔挤入盾构 | 软塑性、流塑性淤泥 | |

(四) 盾构法发展现状

自1818年布鲁诺首次提出盾构施工法至今已有180年,世界各国已制成数千个盾构,盾构法已广泛用于城市中修建上下水道,电力、电缆沟隧道,地下铁道,水底隧道等地下工程。各国用盾构法施工的隧道中,大约70%是用于修建上下水道,15%用于修建地下铁道和水底隧道。随着盾构法施工技术的进步和日趋成熟,世界各国采用盾构施工法建造的水底隧道及地铁隧道越来越多,尤其是大直径盾构隧道也日益增多。

1. 国外盾构工法发展状况

1825—1843年布鲁诺首次在伦敦泰晤士河下采用$6.8m \times 11.4m$的矩形断面盾构修建了全长458m的世界上第一条盾构法施工的隧道。1869年英国人巴劳(Barlow)首次采用圆形盾构在泰晤士河底建成外径为$\phi 2.21m$的隧道。

英国人格雷特海德(Greathead)综合了以往盾构施工和气压法的技术特点,较完整地提出了气压盾构法的施工工艺,首创了在盾尾后的衬砌外围空隙中压浆的施工方法,对盾构施工法的发展起了重大推动作用,并于1874年在伦敦地下铁道南线的黏土和含水沙砾地层中成功地应用气压盾构法建造了内径为3.12m的隧道。1880—1890年,在美国和加拿大之间的圣克莱河下用盾构法建成一条直径6.4m,长1800余米的水底铁路隧道。

20世纪初盾构施工法已在美、英、德、法等国推广。20世纪三四十年代,这些国家已成功地使用盾构法建成直径3.0~9.5m的多条地下铁道及过河公路隧道。仅在纽约就采用气压盾构法建成了19条重要的水底隧道,其用途有道路、地下铁道、煤气和上下水道等。20世纪60年代起,盾构法在日本得到迅速发展,除大量用在城市地下铁道施工外,在城市下水道等市政工程中也得以广泛应用,并且日本为此研制了大量新型盾构,如局部气压式、泥水加压式和土压平衡式盾构等,以适应在各种地层中施工。据统计,日本现有2000多个盾构,其中90%用于修建以地下水道为主的各种市政公用设施。同时,与盾构施工的配套设施与管理技术也获得了发展。

2. 中国盾构工法发展状况

我国在第一个五年计划期间,阜新煤矿采用直径2.6m盾构修建疏水巷道。1957年在北京下水道工程中也用过直径为 2.0m 和 2.6m 的盾构。

1963 年上海开始在第四纪软弱含水层中进行直径为 4.2m 盾构隧道工程试验，盾构为手掘式，有 16 个千斤顶，总推力为 $1.96\times10^4$kN，并备有正面支撑千斤顶，隧道衬砌为单层防水钢筋混凝土肋形管片，并采用沥青环氧树脂为接缝防水材料，试验中曾采用降水法和气压法疏干地层的辅助措施。1965 年又采用 2 个直径 5.8m，总推力为 $3.724\times10^4$kN 的网格式盾构，在覆土约 12m 厚的淤泥质黏土层中进行试验，采用气压式推进（气压值为 $8.82\times10^4\sim11.76\times10^4$Pa）建成 2 个试验隧道。1967—1969 年，采用 10.2m 直径盾构及单层钢筋混凝土管片建成上海第一条黄浦江打浦路越江道路隧道，盾构穿越地面以下深度为 17~30m 的淤泥质黏土层和粉砂层，在两岸不同地段采用降水法全出土，全闭胸挤压，气压全出土以及局部挤压方法施工，在河中段还采用了无气压全闭胸挤压法施工。

1984 年上海又制造了直径 11.32m 的盾构，成功地建成了黄浦江延安东路水底道路隧道。20 世纪 70 年代以来，上海、北京、江苏、浙江、福建等地采用不同类型盾构修建了各种不同用途的隧道，仅上海就用盾构法在长江边及海边建成 6 条外径 4.3m 的排水及引水隧道。此外，上海、广州等地采用盾构修建地铁和地下通道，上海地铁 1 号线 14.81km 长的区间隧道采用 7 台盾构进行施工，广州地铁 1 号线也采用 3 台盾构进行 6 个区间的隧道施工。

2008 年 3 月，武汉长江穿江隧道（市政公路）左右洞全部贯通，该隧道分为上下行两个双车道隧道，长度 $2\times2550$km，单洞净空断面直径 10m，均采用复合刀盘泥水加压式盾构。它标志着"万里长江第一隧"工程的成功。近年来，我国还创新设计制造了世界上最大断面（断面宽 11.83m、高 7.27m）矩形盾构"阳明号"，并将其应用于宁波地铁 3 号线施工，于 2016 年 11 月成功穿越长 420m 的区间隧道，刷新了我国乃至世界地铁史。随着我国经济建设的发展，特别是城市建设的发展，盾构法的应用具有广阔的前景。

### 四、掘进机法

1. 掘进机法及其工作原理

掘进机法（Full Face Tunnel Boring Machine，TBM）是在 20 世纪 30 年代开始应用于隧道工程的。它是用特制的破岩机在一个步距内连续破岩进行隧道掘进，多个循环完成隧道掘进的施工方法。

破岩机的工作原理是：利用立足于洞壁上的支撑提供顶推反力，在顶推压力条件下旋转刀盘，带动盘刀在岩面上滚动，并以静压方式切削破岩，并在循环掘进过程中同步完成对已暴露围岩的初期支护。

掘进机切削破碎岩石的机理是：它在掘进时盘形刀沿岩石开挖面滚动，同时通过大刀盘均匀地在每个盘形刀上对岩面施加压力，形成滚动挤压切削而实现破岩。大刀盘每转动一圈，将贯入岩面一定深度，在盘形刀刀刃与岩石接触处，岩石被挤压成粉末，从这个区域开始，裂缝向相邻的切割槽扩展，进而形成片状石渣。图 12-8 显示了掘进机切削岩石的机理。

开敞式掘进机支撑系统的结构形式有 X 形和 T 形两种，作业循环过程如图 12-9、图 12-10 所示。

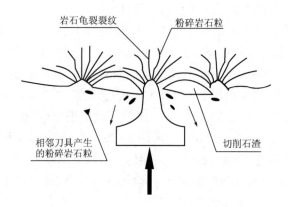

图 12-8　掘进机切削岩石机理示意图

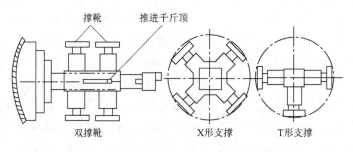

图 12-9　X 形支撑开敞式掘进机的支撑系统

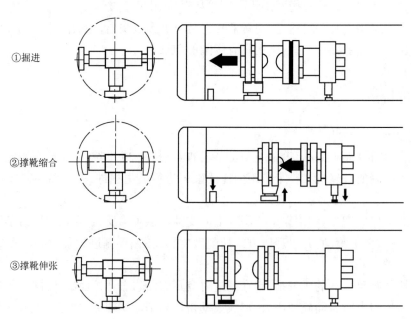

图 12-10　T 形支撑开敞式掘进机掘进循环示意图

(1)掘进循环开始时,前支撑移动到主机架的前端,将撑靴撑紧在洞壁上,仰拱刮板与仰拱处的岩面轻微接触,收回后下支撑,撑紧洞壁,大刀盘转动,同时用推进千斤顶将转动的大刀盘向前推进,进入掘进状态。

(2) 在向前推进到达推进千斤顶的一个行程终点时,大刀盘停止转动,结束掘进。放下后下支撑,同时仰拱刮板支撑大刀盘,此时整个机器的重量全部由前、后支撑支承。

(3) 收回两对水平支撑靴,移动水平支撑到主机架的前端。掘进机掘进方向的调整可以通过后下支撑进行水平、垂直的调整,达到调整目标。

(4) 当水平支撑移到前端限位后,又重新撑紧在洞壁上。此时收回后下支撑,仰拱刮板与仰拱又转换成浮动接触状态。此时掘进机即处于准备进行下一个掘进循环。

2. 全断面掘进机法的优缺点

虽然钻爆法仍是当前山岭隧道施工最普遍的方法,而且是掘进机法不能取代的,但随着掘进机技术的发展和机械性能的改进,掘进机法也表现出钻爆法不可比拟的优点。与矿山法等其他施工方法相比,掘进机法的特点是其掘进、出渣、初期支护、管片衬砌可以同步进行,施工过程是连续的,具有"工厂化"的特点。因此掘进机法具有施工速度快、机械化程度高、工序简化紧凑、对地层扰动小、超欠挖量最小、洞内作业环境条件好、施工安全度高、工人劳动强度较小等优点。

掘进机法受地质条件的限制较大,它主要适用于岩体完整性较好的地层;隧道断面形状限制为圆形;一次性设备投资大;一台掘进机能够开挖的断面尺寸(直径)固定,不可改变;整套机械的使用寿命有限;需要在现场组装、拆卸,转移不便;需要有熟练的技术工人,对管理水平的要求也更高。

3. 掘进机的种类及适用的地层条件

山岭隧道全断面掘进机(简称 TBM)按护盾形式分为开敞式、单护盾和双护盾三种。目前使用较多的主要是开敞式和单护盾全断面掘进机,且主要应用于硬岩地层的隧道掘进。

开敞式掘进机主要适用于围岩稳定性较好的坚硬完整石质岩体地层的隧道。单护盾掘进机主要适用于围岩稳定性不太好的一般破碎的软岩地层或硬土地层的隧道。双护盾掘进机在硬岩及软岩中都可以使用,尤其在围岩稳定性较差的破碎的软岩地层或硬土地层的隧道中,其优越性更突出。

4. 掘进机法发展及现状

由于掘进机法具有以上优点,在工程建设中得到了广泛的应用。据不完全统计,全世界用掘进机法施工的隧道已有 1000 余座,总长度在 4000km 左右。特别是在欧美国家,由于劳动力昂贵,掘进机施工已成为进行施工方案比选时必须考虑的一种方案。

用掘进机完成的大型隧道,如英法两国用 3 年多的时间于 1991 年联合建成的英吉利海峡加来—多佛的海底铁路隧道,由 2 座铁路单线隧道和 1 座服务隧道共 3 座平行的隧道构成,各长约 50km,使用了 11 台掘进机。又如瑞士已于 1997 年建成的长 19km 的费尔艾那隧道,其中有约 9.5km 用掘进机施工。瑞士拟建设的穿越阿尔卑斯山的新圣哥达(Gotthard)铁路隧道,长约 57km,也将采用掘进机施工。美国芝加哥的一项庞大的污水排放和引水地下工程——TARP 工程,有排水隧道大约 40 多 km,全部采用掘进机施工。

我国于 20 世纪 80 年代,首先在甘肃引大入秦工程中,引入日商承包建设的 30A 号水工隧道,采用了一台直径 5.5m 的双护盾掘进机,完成了 11.6km 的掘进,最高月掘进速度突破了 1000m。又在山西万家寨引水工程中,引入了外商意大利 CMC 公司,采用掘进机法施工,承包建设引水隧道获得成功。

1997年底,我国原铁道部首次引入德国维尔特(WIRTH)公司TB880E型掘进机(TBM)两台套,进行西安至安康铁路工程秦岭Ⅰ线隧道施工。该铁路隧道长18.5km,开挖直径8.8m,已于2000年贯通。可以预言,随着掘进机技术性能的不断完善,今后在特长隧道中采用掘进机法施工的案例会越来越多。

### 五、沉埋法

(一)沉埋法及其主要施工程序

沉埋法又称沉管法(Immersed Tube Tunnelling),是修筑水底隧道的主要方法。采用沉管法施工的水底隧道又叫沉管隧道。

沉埋法是先在隧址附近修建的临时干坞内或利用船厂的船台预制管段,预制的管段用临时隔墙封闭起来;同时在设计的隧道位置挖好水底基槽;然后将管段浮运到隧道位置的上方;定位并向管段内灌水压载,使其下沉到水底基槽内;将相邻管段在水下连接起来并做防水处理;最后进行基础处理并回填覆土,打通临时隔墙即成为水底隧道。

沉管隧道一般由敞开段、暗埋段、岸边竖井及沉埋段等部分组成,如图12-11所示。在沉埋段两端,通常设置竖井作为沉埋段的起讫点,竖井是沉埋隧道的重要组成部分,它起到通风、供电、排水和监控等作用。根据两岸地形与地质条件,也可将沉埋段与暗埋段直接相接而不设竖井。

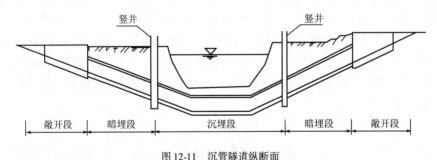

图12-11 沉管隧道纵断面

矩形沉管隧道主要施工程序如图12-12所示。

(二)沉埋法发展及现状

采用沉埋法修筑水底隧道,最早是英国人于1810年在伦敦进行了施工试验,该试验隧道的两个孔道由砖石圬工砌成,外径3.4m,沉于泰晤士河河底,但由于未能解决好管段防水问题,这一试验未能成功。

自从美国波士顿于1894年建成一条城市水底污水隧道,宣告了一种新的隧道建筑形式——沉埋法的成功诞生后,底特律于1904年又建成水底铁路隧道。1959年加拿大迪斯(Deas)隧道工程中,成功地采用水力压接法进行管段水下连接,使得沉埋施工技术变得更加成熟,并很快就被世界各国推广采用。

我国应用沉埋法修筑水底隧道起步较晚,最早是台湾于1984年首先建成了高雄海底沉管隧道,1984年广州和宁波也开始进行沉埋法修建珠江和甬江水底隧道的论证,并对沉埋法的各项关键技术进行了大量的基础理论研究及关键工序的施工工艺研究。1993年在广州珠江建成我国第一条沉管隧道(地铁、公路市政管道共用,长1.23km),1995年又在宁波甬江建成我国第二条沉管隧道。这两座沉管隧道的建成为我国进一步在长江、黄河、海峡修建沉管隧道积累了丰富的经验。香港特别行政区穿越维多利亚海湾连接九龙半岛与香港岛的通道中,已建成5座沉管隧道,而没有修建一座桥梁。这样既解决了交通问题,又不影响海湾船舶通航,同时,也很好地保持了海湾的自然景观的美感。

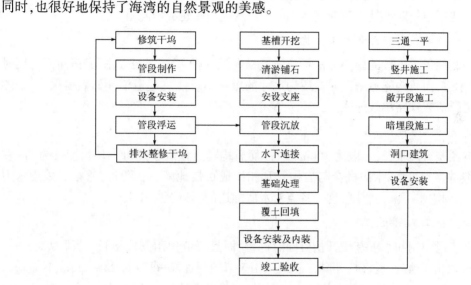

图12-12　矩形沉管隧道主要施工程序

港珠澳大桥海底隧道是世界最长的海底沉管隧道和唯一的深埋沉管隧道,也是我国第一条外海(伶仃洋)沉管隧道。隧道全长5664m,由33节巨型钢筋混凝土结构的沉管对接安装而成,包括28节直线段沉管和5节曲线段沉管,每个标准管节长180m,最大排水量8万t,单个标准管节比一艘巨型航母排水量还大。采用沉管法施工,从东西人工岛两端相对安装33节管段,最大安装深度超过48m。2012年4月29日,港珠澳大桥岛隧工程首节沉管预制启动。2017年7月7日,港珠澳大桥海底隧道贯通,历时5年,刷新了沉管隧道建设规模、速度和技术的世界纪录。

(三)沉埋法的适用条件及优点

1. 沉管法施工条件好

沉管隧道施工时,除接缝防水处理需要少数潜水工进行水下作业外,管段预制在岸上或船坞上作业,其余基槽开挖、管段浮运、管段沉放、基础处理、覆土回填等主要工序都属于水上或水中作业,也无须气压作业,因此施工条件好,施工较为安全,从而避免了在水下地层中进行坑道开挖和支护作业及其各项困难,这一点是其他施工方法不可比拟的。

2. 沉管隧道可浅埋,与两岸道路衔接容易

由于沉管隧道可浅埋,与埋深较大的盾构法施工的隧道相比,沉管隧道路面高程可抬高,

这样,与岸上道路很容易衔接,无须做较长的引道,纵断面线型较好,线路条件也好。

**3. 对河床地质条件、水文条件适应能力强**

由于沉管受到水浮力,作用于地基的荷载较小,因而对各种地质条件适应能力较强。因此沉埋法施工的隧道所需的基槽深度较浅,相应的基槽开挖和基础处理的施工技术比较简单。即使是在深水中进行基槽开挖、管段浮运、沉放和基础处理作业,以及保证隧道的结构稳定,对于潮差和流速的影响也不难解决,如美国旧金山海湾地铁隧道的水面至管段基底深达40.5m,比利时安特卫普斯尔德隧道处水流速度达3m/s,依然成功修建沉埋隧道。

**4. 沉管隧道可做成大断面多车道结构**

采用先预制后浮运沉放的施工方法可将隧道横向尺寸做大,一个公路隧道横断面可同时容纳4~8个车道,而盾构隧道施工时受盾构尺寸的影响不可能将隧道横断面做得很大,一般为公路双车道隧道或铁路单线隧道。

**5. 沉管隧道防水性能好**

由于每节预制管段很长,一般为100m左右(而盾构隧道预制管片每一环长度仅为1m左右),管段接缝数量很少,漏水的机会与盾构管片相比成百倍地减少,而且沉管接头采用水力压接法后,可达到滴水不漏的程度,这一特点对水底隧道的营运至关重要。

**6. 沉埋隧道施工工期短**

由于岸上管段预制和水下基槽开挖可同时进行,而且每节预制管段很长,管段数量少,一条沉管隧道只用几节预制管段(广州珠江隧道只用5节预制管段,每节长22~120m不等),管段浮运沉放也较快,对水上航运的干扰较小,这就使沉管隧道的施工工期与其他施工方法相比要短得多。特别是在水上航运繁忙的河道上建设水底隧道,而管段预制地点又离隧道位置较远时,仍具有优势。

**7. 沉管隧道造价低**

沉管隧道水底挖基槽的土方数量少,而且比地下挖土单价低,管段预制整体制作与盾构隧道管片预制相比所需费用也低,管段接缝少,接缝处理费用就低。因此沉管隧道与盾构隧道相比,每延米综合单价就低。而且由于沉管隧道埋置较浅,隧道总长比深埋地下的隧道要短得多,这样工程总造价可大幅度降低,运营费用也较低。

(四)沉埋隧道管段的结构外形

沉埋隧道横断面的形状,即管段的结构外形,分为圆形和矩形两大类。

(1)圆形管段:圆形管段横断面的内轮廓为圆形,外轮廓有圆形、八角形和花篮形。在造船厂船台上制造的管段一般为圆形管段,因而圆形管段又称船台形管段。这种管段制造时先在船台上预制钢壳,制成后沿船台滑道滑行下水成为浮体,在漂浮状态下灌注钢筋混凝土管段。这种圆形管段内只能设两个车道,在建造四车道时就需制作两管并列的管段。这种制作方式在早期沉管隧道中用得较多。

(2)矩形管段:钢筋混凝土矩形管段一般在临时的干坞中制作,制成后在干坞内灌水使之浮起拖运至隧址沉放。一个矩形断面可以同时容纳4~8个车道。

# 第五节　隧道施工的相关问题

## 一、超前地质预报与监控量测

1. 超前地质预报

现代隧道工程施工要求将超前地质预测预报纳入正常的施工工序中,并根据预测预报的地质、水文条件及其变化,实时调整各项施工技术措施。

《高速铁路隧道工程施工技术指南》(铁建设〔2010〕241号)要求:在高速铁路隧道工程施工过程中,超前地质预测预报应参照《京沪高速铁路工程地质勘察暂行规定》(铁建设〔2003〕13号)、《岩土工程勘察规范》(GB 50021—2017)等有关规定执行。尤其是在地质复杂的长大隧道施工中,应在对区域性地质资料进行分析的基础上,采用综合预测手段,以期更准确地预报地质条件及其变化情况。

2. 监控量测

自20世纪50年代以来,由于对地下工程结构受力特点及其复杂性认识的加深,国际上就开始通过对地下工程的现场量测来监视围岩和支护的稳定性,并根据现场量测结果修正支护参数,调整施工措施,称为量测与监控。量测是监控的手段,监控是量测的目的。量测除在初始设计阶段进行地质初勘和各项静态测试外,更重要的是在施工阶段进行地质详勘和各项动态测试。因此可以理解修正设计是贯穿在整个施工过程中与施工同时进行,它是对初始设计的完善和修正,也是对施工的指导和调整。

近年来,随着岩体力学和测试技术的研究和进步,现场量测又与工程地质、力学分析紧密配合,逐渐形成监控设计的原理和方法,较好地反映和适应了地下工程的动态变化规律。尽管这种方法目前还很不完善,但无疑是今后发展的方向。监控设计充分体现了地下工程中设计和施工一体化思想,也是区别于地上工程设计与施工相对分离的一个重要特征。因此它要求设计、施工人员在技术、施工组织和工程管理等方面进行更为广泛密切的合作。

## 二、防排水与治水原则

在隧道工程中,水的存在是必然的,水是影响隧道正常施工的重要因素之一,也是影响隧道正常运营的因素之一。

在施工期间,地下水的作用不仅降低了围岩的稳定性,尤其是对软弱破碎围岩影响更为严重。水的存在,使得开挖和支护作业十分困难。在某些特殊条件下,若对地下水处理不当,还有可能引发突水、突泥等工程事故,造成更大的危害。此外,由于隧道施工的影响,使得原有的地下、地上水环境发生改变,影响农业生产和生活用水。

在运营期间,地下水常从混凝土衬砌的施工缝、变形缝(伸缩缝和沉降缝)、裂缝甚至混凝土孔隙等通道渗漏进隧道中,使洞内通信、供电、照明等设备处于潮湿环境而发生锈蚀;使路面积水或结冰,造成车轮打滑,危及行车安全;结冰膨胀和侵蚀性地下水的作用不仅使衬砌受到破坏,而且使得以上危害更加严重。

为了避免和减少水对隧道工程施工和使用期的危害,我国隧道工作者在多年的隧道工程实践中,已总结出"截、堵、排相结合,综合治理"的基本原则。

截——在隧道以外将地表水和地下水疏导截流,使之不能进入隧道工程范围内。

堵——以混凝土衬砌为基本的结构防水层,以塑料防水板为辅助防水层,阻隔地下水,使之不能进入隧道内。或者将适宜的胶结材料压注到地层节理、裂隙、孔隙中实现堵水使之不进入隧道工程范围内。注浆堵水措施可以防止地下水大量流失,较好地保护地下、地上水环境。

排——人为设置排水系统,将地下水排出隧道。

综合治理——因地制宜,综合考虑,选择适当治水方案,做到技术可行、费用经济、效果良好、保护环境。这要根据围岩的工程地质条件,地下水的水量大小及埋藏和补给条件,工程结构的设计使用要求,施工技术水平及环境保护要求等情况来选择确定。实际设计中,经常是以衬砌结构防水与塑料板防水相结合,以结构防水为主,并以结构为依托加设塑料板防水层,保护地下及地表水的自然环境,减少对水环境的破坏,并尽量恢复其自然环境。

综合治理的又一层含义是,设计、施工、维修相结合,但以在施工过程中解决好防水问题为主要控制过程,充分结合现场实际,实行点面结合,将大面积渗漏水汇集为局部出水,做好有组织排水,尽可能在施工中就将水治理好。

### 三、辅助作业与通风防尘

修建隧道时为配合开挖、出渣、初期支护及内层衬砌等基本作业而进行的其他作业称为辅助作业。辅助作业多数都不占用关键线路循环时间。辅助作业主要有压缩空气供应、施工供水与排水、施工供电及照明,以及施工通风与防尘。

1. 压缩空气供应

在隧道施工中,常用的以压缩空气为动力的风动机械有凿岩机、混凝土喷射机、锻钎机、压浆机等。这些风动机具所需的压缩空气是由空气压缩机(以下简称空压机)生产,并通过高压风管输送给风动机械的。

风动机械都需要在一定的风压和风量条件下才能正常工作。因此,应注意保证压缩空气具有足够的工作风量和工作风压,同时还应尽量减少管路损失,以节约能源、降低消耗。

2. 施工供水与排水

凿岩、防尘、灌筑衬砌及混凝土养护、洞外空压机冷却等工作都需要大量用水,施工人员的生活也需要用水,因此要设置相应的供水设施。施工供水主要应考虑水质要求、水量的大小、水压及供水设施等几个方面的问题。

3. 施工供电及照明

随着隧道施工机械化程度的提高,隧道施工的耗电量也越来越大,且负荷集中。同时为保证施工质量和施工安全,对隧道施工供电的可靠性要求也越来越高,因而施工供电显得越来越重要。

4. 施工通风与防尘

隧道施工过程中,炸药爆炸、内燃机械的使用、开挖时地层中放出有害气体,以及施工人员呼吸等因素使洞内空气十分污浊,对人体的影响较为严重。通风可以有效地降低有害气体的浓度,供给足够的新鲜空气,稀释并排除有害气体和降低粉尘浓度,降低洞内温度、湿度,改善劳动条件,保障作业人员的身体健康。实际隧道施工中,最常使用的是采用轴流式风机配软管压入式通风,较少采用自然通风。通风需要占用少量循环时间。也就是说当洞内作业区域烟尘浓度较大、温度湿度较高时,都不能安排其他任何作业。

隧道施工作业环境必须符合相关卫生标准。

(1)坑道中氧气含量:按体积计,不得低于20%。

(2)粉尘允许浓度:每立方米空气中含10%以上游离二氧化硅的粉尘为2mg;含10%以下游离二氧化硅的水泥粉尘为4mg;二氧化硅含量在10%以下,不含有毒物质的矿物性和动植物性的粉尘为10mg。

(3)有害气体浓度:①一氧化碳(CO),不大于$30mg/m^3$,当作业时间短暂时,一氧化碳浓度可放宽,作业时间在1h内为$50mg/m^3$,在0.5h以内为$100mg/m^3$,在15~25min内为$200mg/m^3$,在上述条件下反复作业时,两次作业时间间隔必须在2h以上;②二氧化碳($CO_2$),按体积计,不得超过0.5%;③二氧化氮($NO_2$),氧化物换算成二氧化氮应在$5mg/m^3$以下。

(4)瓦斯($CH_4$)浓度:按体积计不得大于0.5%,否则必须按煤炭工业部现行的《煤矿安全规程》处理。

(5)洞内工作地点的空气温度不得超过28℃。

(6)洞内工作地点噪声不宜大于90dB。

5. 管线的布置

风、水、电管线布置应遵循安全、方便、经济、合理的原则,示例如图12-13所示。

## 四、特殊地质地段的施工

当隧道穿越膨胀岩、黄土、溶洞、断层、松散地层、流沙、岩爆、高地温、瓦斯等特殊地质地层时,在整个施工过程中,很可能发生围岩变形甚至坍塌、支护变形、衬砌开裂等各种问题。它不仅严重影响施工进度和质量,更严重地威胁着施工安全。在特殊地质条件下进行隧道施工时,应充分调查、掌握并认识不良地质条件的特殊性,采取恰当的施工方法和有效的防范措施。特殊地质地段的隧道施工时应着重注意以下几点:

(1)施工前应对设计所提供的工程地质和水文地质资料进行详细分析了解,深入细致地做施工调查,制订相应的施工方法和措施,备足有关机具材料,认真编制和实施施工组织设计,使工程达到安全、优质、高效的目的。反之,即便地质并非不良,也会因准备不足,施工方法不当或措施不力导致施工事故,延误施工进度。

(2)特殊地质地段隧道施工,以"先治水、短开挖、弱爆破、强支护、早衬砌、勤检查、稳步前进"为指导原则。隧道选择施工方法(包括开挖及支护)时,应以安全为前提,综合考虑隧道工程地质及水文地质条件、断面形式、尺寸、埋置深度、施工机械装备、工期和经济的可行性等因素而定。同时应考虑围岩变化时施工方法的适应性及其变更的可能性,以免造成工程失误和增加投资。瓦斯地层应特别采取有效措施,防止瓦斯爆炸或燃烧。

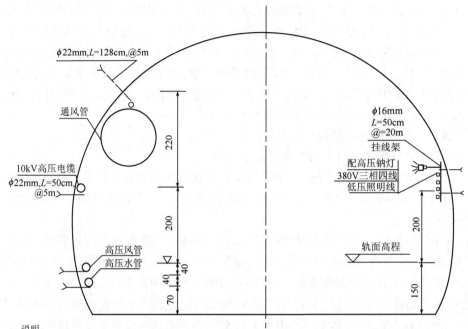

图 12-13　风、水、电管线布置示例

(3)隧道开挖方式,无论是采用钻爆开挖法、机械开挖法,还是采用人工和机械混合开挖法,都应视地质、环境、安全等条件合理选用。如用钻爆法施工时,光面爆破和预裂爆破技术,既能使开挖轮廓线符合设计要求,又能减少对围岩的扰动破坏。爆破应严格按照钻爆设计进行施工,如遇地质变化应及时修改完善设计。

(4)隧道通过自稳时间短的软弱破碎岩体、浅埋软岩和严重偏压、岩溶流泥地段、砂层、砂卵(砾)石层、断层破碎带以及大面积淋水或涌水地段时,为保证洞体稳定可采用超前锚杆、超前小钢管、管棚、地表预加固地层和围岩预注浆等辅助施工措施,对地层进行预加固、超前支护或止水。

(5)采用新奥法施工的隧道,为了掌握施工中围岩和支护的力学动态及稳定程度,以及确定施工工序,保证施工安全,应实施现场监控量测,充分利用监控量测指导施工。对软岩浅埋隧道须进行地表下沉观测,这对及时预报洞体稳定状态,修正施工都十分重要。

(6)特殊地质地段隧道,除大面积淋水地段、流沙地段、穿过未胶结松散地层和严寒地区的冻胀地层等,施工时应采取相应的措施外,均可采用锚喷支护施工。爆破后如开挖工作面有坍塌可能时,应在清除危石后及时喷射混凝土护面。如围岩自稳性很差,开挖难以成形,可沿设计开挖轮廓线预打设超前锚杆。锚喷支护后仍不能提供足够的支护能力时,应及早装设钢架支撑加强支护。

(7)当采用构件支撑作临时支护时,支撑要有足够的强度和刚度,能承受开挖后的围岩压力。围岩出现底部压力,产生底膨现象或可能产生沉陷时应加设底梁。当围岩极为松软破碎时,应采用先护后挖,暴露面应用支撑封闭严密。根据现场条件,可结合管棚或超前锚杆等支护,形成联合支撑。支撑作业应迅速、及时,以充分发挥构件支撑的作用。

(8)围岩压力过大,支撑受力下沉侵入衬砌设计断面,必须挑顶——将隧道顶部提高时,其处理方法是拱部扩挖前发现顶部下沉,应先挑顶后扩挖。当扩挖后发现顶部下沉时,应立好拱架和模板先灌筑满足设计断面部分的拱圈,待混凝土达到所需强度并加强拱架支撑后,再行挑顶灌筑其余部分。挑顶作业宜先护后挖。

(9)对于极松散的未固结围岩和自稳性极差的围岩,当采用先护后挖法仍不能开挖成形时,宜采用压注水泥砂浆或化学浆液的方法,以固结围岩,提高其自稳性。

(10)特殊地质地段隧道衬砌,为防止围岩松弛,地压力作用在衬砌结构上,致使衬砌出现开裂、下沉等不良现象。因此,采用模筑衬砌施工时,除遵守隧道施工技术规范的有关规定施工外,还应注意:当拱脚、墙基松软时,灌注混凝土前应采取措施加固基底。衬砌混凝土应采用高强度或早强水泥,提高混凝土等级,或采用掺速凝剂、早强剂等措施,提高衬砌的早期承载能力。仰拱施工,应在边墙完成后抓紧进行,或根据需要在初期支护完成后立即施作仰拱,使衬砌结构尽早封闭,构成环形改善受力状态,以确保衬砌结构的长期稳定坚固。

1. 隧道施工方法有哪几类?适用条件及选择原则是什么?
2. 传统矿山法(背板法)基本的程序是什么?优缺点及基本原则有哪些?
3. 新奥法施工的基本程序是什么?基本原则有哪些?
4. 新奥法与传统的矿山法有何异同点?
5. 需要采用超前支护或预先进行地层改良的情形有哪些?
6. 明挖法分为哪几种?适用条件如何?
7. 简述盖挖法的种类、施作顺序,盖挖法的优点、盖挖法的适用条件。
8. 简述盾构的种类、优缺点及其适用的地层条件。
9. 简述掘进机法的工作原理、优缺点。
10. 简述掘进机的种类及其适用的地层条件。
11. 简述沉埋法的主要施工程序、适用条件及优点。

# 铁路工程常用技术规范、规程、标准

## 一、设计规范

1. TB 10001—2016 铁路路基设计规范
2. TB 10002—2017 铁路桥涵设计规范
3. TB 10003—2016 铁路隧道设计规范
4. TB 10015—2012 铁路无缝线路设计规范
5. TB 10020—2017 铁路隧道防灾疏散救援工程设计规范
6. TB 10035—2018 铁路特殊路基设计规范
7. TB 10082—2017 铁路轨道设计规范
8. TB 10091—2017 铁路桥梁钢结构设计规范
9. TB 10092—2017 铁路桥涵混凝土结构设计规范
10. TB 10093—2017 铁路桥涵地基和基础设计规范
11. TB 10098—2017 铁路线路设计规范
12. TB 10099—2017 铁路车站及枢纽设计规范
13. TB 10621—2014 高速铁路设计规范
14. TB 10621—2014 高速铁路设计规范
15. TB 10623—2014 城际铁路设计规范
16. TB 10625—2017 重载铁路设计规范
17. T/CRSC 0101—2017 市域铁路设计规范

## 二、施工规程

18. TB 10106—2010 铁路工程地基处理技术规程
19. TB 10120—2019 铁路瓦斯隧道技术规范

20. TB 10180—2016 铁路防雷及接地工程技术规范
21. TB 10181—2017 铁路隧道盾构法技术规程
22. TB 10218—2019 铁路工程基桩检测技术规程
23. TB 10223—2004 铁路隧道衬砌质量无损检测规程
24. TB 10301—2020 铁路工程基本作业施工安全技术规程
25. TB 10302—2020 铁路路基工程施工安全技术规程
26. TB 10303—2020 铁路桥涵工程施工安全技术规程
27. TB 10304—2020 铁路隧道工程施工安全技术规程
28. TB 10305—2020 铁路轨道工程施工安全技术规程
29. TB 10501—2016 铁路工程环境保护设计规范
30. Q/CR 9202—2015 铁路建设项目现场管理规范
31. Q/CR 9204—2015 铁路建设项目工程试验室管理标准
32. Q/CR 9205—2015 铁路工程试验表格
33. Q/CR 9210—2015 铁路路基填筑工程连续压实控制技术规程
34. Q/CR 9211—2015 铁路钢桥制造规范
35. Q/CR 9212—2015 铁路桥梁钻孔桩施工技术规程
36. Q/CR 9213—2017 铁路架桥机架梁技术规程
37. Q/CR 9217—2015 铁路隧道超前地质预报技术规程
38. Q/CR 9218—2015 铁路隧道监控量测技术规程
39. Q/CR 9219—2015 铁路隧道施工抢险救援指南
40. Q/CR 9223—2015 铁路混凝土拌和站机械配置技术规程
41. Q/CR 9224—2015 铁路路路基工程施工机械配置技术规程
42. Q/CR 9225—2015 铁路桥梁工程施工机械配置技术规范
43. Q/CR 9226—2015 铁路隧道工程施工机械配置技术规程
44. Q/CR 9230—2016 铁路工程沉降变形观测与评估技术规程
45. Q/CR 9247—2016 铁路隧道工程风险管理技术规范
46. Q/CR 9511—2014 铁路黄土隧道技术规范
47. Q/CR 9602—2015 高速铁路路基工程施工技术规程
48. Q/CR 9603—2015 高速铁路桥涵工程施工技术规程
49. Q/CR 9604—2015 高速铁路隧道工程施工技术规范
50. Q/CR 9605—2017 高速铁路轨道工程施工技术规程

## 三、验收标准

51. TB 10413—2018 铁路轨道工程施工质量验收标准
52. TB 10414—2018 铁路路基工程施工质量验收标准
53. TB 10415—2018 铁路桥涵工程施工质量验收标准
54. TB 10417—2018 铁路隧道工程施工质量验收标准
55. TB 10424—2018 铁路混凝土工程施工质量验收标准

56. TB 10425—2019 铁路混凝土强度检验评定标准
57. TB 10426—2019 铁路工程结构混凝土强度检测规程
58. TB 10428—2012 铁路声屏障工程施工质量验收标准
59. TB 10443—2010 铁路建设项目资料管理规程
60. TB 10601—2009 高速铁路工程测量规范
61. TB 10751—2018 高速铁路路基工程施工质量验收标准
62. TB 10752—2018 高速铁路桥涵工程施工质量验收标准
63. TB 10753—2018 高速铁路隧道工程施工质量验收标准
64. TB 10754—2018 高速铁路轨道工程施工质量验收标准
65. TB 10760—2013 高速铁路工程静态验收技术规范
66. TB 10761—2013 高速铁路工程动态验收技术规范
67. TB/T 2140—2008 铁路碎石道砟
68. TB/T 2897—1998 铁路碎石道床底碴

## 四、管理

69. 铁路技术管理规程(2014 版)

# 铁道工程概论课程标准(仅供参考)

**适用专业**:道路桥梁工程技术、地下与隧道工程技术等专业
**建议教学时数**:36学时

## 一、课程定位

"铁道工程概论"是高职道路工程、桥梁工程、隧道工程、工程监理、土木工程等专业的选修课程,总学时数36学时,主要为公路系统高职院校学生了解铁路工程概况和尽快适应铁路工程施工企业基层技术岗位工作而开设。

## 二、教学目标

本课程教学目标是使学生了解铁路选线的基本原则,线路设计的基本标准,铁路轨道、路基、桥梁、隧道的结构类型、构造特点及施工方法,获得到铁路工程施工基层技术岗位工作的基本常识。

## 三、教学内容及学时分配

本课程教学目标及学时分配建议见下表。

《铁道工程概论》课程教学内容及学时分配表

| 讲次 | 教学内容 | 计划学时 | 教学情境 |
|---|---|---|---|
| 1 | 第一章 概述 | 2 | 讲授 |
| 2 | 第二章 高速铁路与重载铁路<br>第一节 世界高速铁路<br>第二节 中国高速铁路<br>第三节 世界重载铁路<br>第四节 中国重载铁路 | 2 | 视频:法国高铁、德国高铁、武广高铁 |
| 3 | 第三章 铁路线路设计<br>第一节 铁路等级与主要技术标准<br>第二节 主要自然条件下的选线原则<br>第三节 桥涵、隧道及道口地段的选线<br>第四节 车站设计 | 2 | 视频:青藏铁路 |
| 4 | 第四章 线路平面和纵断面设计<br>第一节 概述<br>第二节 区间线路平面设计<br>第三节 区间线路纵断面设计<br>第四节 桥涵、隧道、路基地段的平纵断面设计 | 2 | 讨论、讲授 |
| 5 | 第五章 铁路轨道结构<br>第一节 轨道的结构类型<br>第二节 钢轨<br>第三节 轨枕<br>第四节 联结零件<br>第五节 有砟轨道碎石道床<br>第六节 无砟轨道<br>第七节 道岔 | 4 | 视频:青藏铁路、长钢轨放送、武广客专、博格板轨道讨论 |

续上表

| 讲 次 | 教 学 内 容 | 计 划 学 时 | 教 学 情 境 |
|---|---|---|---|
| 6 | 第六章　轨道几何形位<br>　　第一节　机车车辆走行部的构造<br>　　第二节　直线轨道的几何形位<br>　　第三节　曲线轨距加宽<br>　　第四节　缓和曲线及外轨超高 | 2 | 讨论、讲授 |
| 7 | 讨论课 | 2 | 讨论 |
| 8 | 习题课 | 2 | 课堂练习 |
| 9 | 第七章　铁路路基构造<br>　　第一节　路基的组成及横断面<br>　　第二节　路堤及路堑<br>　　第三节　路基基床<br>　　第四节　路基排水<br>　　第五节　路基防护及支挡建筑物<br>　　第六节　特殊地质条件路基<br>　　第七节　高速铁路路基 | 2 | 图片、讲授<br>课堂练习<br>视频：武广高铁 |
| 10 | 第八章　铁路路基施工方法<br>　　第一节　路基施工的准备工作<br>　　第二节　路堤施工<br>　　第三节　路堑施工 | 2 | 视频：讲授<br>课堂练习 |
| 11 | 第九章　铁路桥梁构造<br>　　第一节　概述<br>　　第二节　简支梁桥<br>　　第三节　钢桥<br>　　第四节　拱桥<br>　　第五节　地道桥<br>　　第六节　桥梁支座<br>　　第七节　桥梁墩台 | 2 | 图片、讲授<br>课堂练习 |
| 12 | 第十章　铁路桥梁施工方法<br>　　第一节　墩台施工<br>　　第二节　简支梁的预制和架设<br>　　第三节　其他施工方法 | 2 | 视频：天兴洲大桥<br>课堂练习 |
| 13 | 第十一章　铁路隧道构造<br>　　第一节　概述<br>　　第二节　支护结构的构造<br>　　第三节　围岩的稳定性分级<br>　　第四节　隧道结构设计 | 2 | 视频：秦岭隧道<br>图片、讲授<br>课堂练习 |
| 14 | 第十二章　铁路隧道施工方法<br>　　第一节　施工方法分类、适用条件及选择原则<br>　　第二节　矿山法<br>　　第三节　新奥法<br>　　第四节　其他施工方法<br>　　第五节　隧道施工的相关问题 | 2 | 视频：大别山隧道<br>课堂练习 |

续上表

| 讲 次 | 教学内容 | 计划学时 | 教学情境 |
|---|---|---|---|
| 15 | 总复习 | 2 | — |
| 16 | 教学总结、交流教育、学习体会 | 2 | 讨论 |
| 17 | 机动 | 2 | — |
| | 合计 | 36 | — |

# 参 考 文 献

[1] 中华人民共和国行业标准.铁路线路设计规范:TB 10098—2017[S].北京:中国铁道出版社,2017.
[2] 中华人民共和国国家标准.铁路工程抗震设计规范:GB 50111—2006[S].北京:中国计划出版社,2006.
[3] 中华人民共和国行业标准.铁路隧道设计规范:TB 10003—2016[S].北京:中国铁道出版社,2017.
[4] 中华人民共和国国家标准.地下防水工程质量验收规范:GB 50208—2011[S].北京:中国建筑工业出版社,2011.
[5] 中华人民共和国国家标准,盾构法隧道施工与验收规范:GB 50446—2017[S].北京:中国建筑工业出版社,2017.
[6] 中华人民共和国行业标准.铁路路基设计规范:TB 10001—2016[S].北京:中国铁道出版社,2016.
[7] 中华人民共和国行业标准.铁路桥涵设计规范:TB 10002—2017[S].北京:中国铁道出版社,2017.
[8] 中华人民共和国行业标准.铁路特殊路基设计规范:TB 10035—2018[S].北京:中国铁道出版社,2018.
[9] 中华人民共和国行业标准.铁路工程地基处理技术规程:TB 10106—2010[S].北京:中国铁道出版社,2010.
[10] 中华人民共和国行业标准.高速铁路设计规范:TB 10621—2014[S].北京:中国铁道出版社,2014.
[11] 中华人民共和国行业标准.重载铁路设计规范:TB 10625—2017[S].北京:中国铁道出版社,2017.
[12] 杨广庆.路基工程[M].北京:中国铁道出版社,2019.
[13] 池淑兰,孔书祥.路基工程[M].北京:中国铁道出版社,2014.
[14] 曾树谷.铁路轨道动力测试技术[M].北京:中国铁道出版社,2010.
[15] 黎国清.铁路工务检测技术[M].北京:中国铁道出版社,2018.
[16] 秦飞.铁路轨道工程施工技术[M].北京:中国铁道出版社,2014.
[17] 赵立冬.铁路线路养护与维修[M].北京:中国铁道出版社,2016.
[18] 吴耀庭.铁路曲线及其养护[M].北京:中国铁道出版社,2007.